ÉTUDE

SUR LA LÉSION

EN DROIT ROMAIN ET EN DROIT FRANÇAIS.

POITIERS. — TYPOGRAPHIE DE HENRI OUDIN.

ÉTUDE

SUR

LA LÉSION

EN DROIT ROMAIN ET EN DROIT FRANÇAIS

PAR

Alfred TROLLEY

DOCTEUR EN DROIT, AVOCAT A LA COUR DE POITIERS

OUVRAGE COURONNÉ PAR LA FACULTÉ DE DROIT DE POITIERS

(Concours de Doctorat de 1870. — 1re méd. d'or.)

PARIS

COTILLON & FILS, ÉDITEURS, LIBRAIRES DU CONSEIL D'ÉTAT

24, RUE SOUFFLOT, 24

—

1872

Je dédie ce travail à mes Professeurs.

Je crains que dans une œuvre si imparfaite ils ne puissent reconnaître un fruit de leur enseignement ; mais ils aimeront, j'espère, le sentiment de reconnaissance qui me pousse à la leur offrir.

Il en est un [1] dont je ne puis plus que vénérer la mémoire. Je tiens à lui donner une pensée de regret et à lui faire de ce travail un pieux et reconnaissant hommage.

1. M. Abel Pervinquière.

ÉTUDE

SUR LA LÉSION

INTRODUCTION

L'idée du juste et de l'injuste est antérieure
aux conventions humaines, et doit en diriger
les pactes.

PORTALIS.

Omnia honesté !

Pour tirer du mot *lésion* tout ce que renferme son sens
vulgaire, il faudrait, prenant notre nature par ce qu'elle a de
petit et nos biens par ce qu'ils ont de fragile, étudier un à
un les mille préjudices dont nous pouvons être atteints,
et que les lois civiles ou pénales, par des remèdes divers,
cherchent à prévenir ou à réparer. Les limites de ce travail
sont plus étroites que cela.

Notre patrimoine repose tout entier sur le droit. Tout
manque à celui qui est sans droits ; et si la charité le fait
vivre, c'est que, lui faisant des dons, elle lui procure sur la
chose donnée un droit qui pour l'instant forme tout son
patrimoine. Qu'on ne s'y méprenne pas : si l'on jouit d'une
somme d'argent, si l'on touche des revenus, si l'on recueille

un peu de blé sur une terre, c'est le droit qui nous rend ces choses utiles en nous en réservant l'usage. La cause seconde et immédiate de notre bien-être, c'est la chose matérielle, c'est l'état de fait; la cause première et médiate, c'est le droit, dont le fait n'est que l'exercice. Et il en est ainsi parce que les hommes, exerçant sur les choses des prétentions rivales et voulant les plier chacun à leur usage, ont trouvé dans leur raison, pour éviter les luttes, l'idée éternelle du droit, trait d'union entre l'homme et la chose.

Ces idées, quoique abstraites, sont familières aux jurisconsultes; et, grâce à elles, je distingue deux genres de lésion.

Il y a d'abord une lésion qui n'en est pas une aux yeux du jurisconsulte, et que j'appelle *lésion de fait*. C'est le préjudice qui consiste en un changement de l'état de fait sans que notre situation juridique soit en rien modifiée; préjudice qui mérite d'autant moins le nom de lésion qu'il suffit, pour le faire cesser, d'obtenir les moyens d'exercer nos droits dont aucune parcelle n'est éteinte. Le droit peut être violé; tant qu'il peut se montrer au juge avec son étendue et sa vigueur primitives, il n'y a pas lésion; on écoutera vos plaintes, on vous donnera l'appui de la force, le seul qui vous manque; mais on ne vous rendra pas vos droits, parce que vous les avez encore; on n'aura même pas à les restaurer, puisqu'étant intacts en vos mains ils ne demandent qu'à être obéis. Et c'est ainsi qu'en commençant je laisse de côté toutes les violations du droit, notamment le vol, qui semble être la première de toutes les lésions, et qu'un jurisconsulte, au contraire, s'étonnerait de voir étudier ici.

Il y a, en second lieu, une lésion qui seule peut m'intéresser, qui seule mérite ce nom, et que j'appelle *lésion ju-*

ridique. Elle consiste en un préjudice qui n'est que la conséquence d'une situation juridique modifiée, altérée, amoindrie : préjudice contre lequel nos droits éteints ne peuvent réclamer, et que le juge ne peut réparer, puisqu'en le réparant il irait contre le droit. Alors on est lésé, puisqu'on a besoin d'un secours spécial du législateur permettant d'obtenir, non pas l'exercice d'un droit encore vivant, mais la résurrection d'un droit mort, la jouissance d'une situation juridique meilleure.

Ainsi je rejette de ce travail : la *lésion de fait*, la *violation* du droit, le préjudice que le droit réprouve et répare. J'y fais entrer au contraire : la *lésion juridique*, le *changement* du droit, le préjudice que le droit approuve et laisse subsister jusqu'à ce qu'on invoque un secours donné par la loi pour faire remettre le droit dans un autre état.

Cette lésion juridique ne peut résulter que de *faits juridiques* [1], et de faits juridiques légalement existants ; car ce qui est nul au point d'être un pur néant aux yeux de la loi ne peut assurément pas léser. Tels sont les actes absolument dénués de consentement.

Quant aux actes qui ne sont pas nuls de plein droit, mais seulement annulables pour une autre cause que la lésion, ils ont actuellement une existence légale, et ils nous lèsent : ils rentrent sous l'application du remède que la loi donne contre la lésion. — Seulement, ils tombent sous l'application d'un autre remède encore : on peut user contre eux d'un autre recours, d'une autre action : action dont l'étude ne peut trouver place ici, quoiqu'elle ait pour effet ordinaire

---

1. En y ajoutant les événements de force majeure. qui eux aussi font périr nos droits. quand ils en font périr l'objet.

de protéger contre une lésion. Supposez, par exemple, un contrat infecté d'erreur, de dol, de violence, ou bien encore d'incapacité. Ce contrat existe, il me lèse, il modifie mes droits à mon préjudice : je peux seulement le faire annuler. Mais, s'il est vrai que la crainte d'un dommage, d'une lésion, sera sans doute mon mobile d'agir, il n'en est pas moins vrai que, fondant mon action sur l'erreur, le dol, la violence ou l'incapacité, je dispense le juge de rechercher dans l'acte une lésion. C'est l'incapacité, l'erreur, le dol ou la violence qui lui dictera sa sentence de nullité. Ces actions réparent ordinairement une lésion ; mais ce n'est pas la lésion qui en est le fondement légal.

Mais il est une sorte d'incapacité sur laquelle on ne peut glisser de la même façon : c'est la *minorité*. Ce mot désignait à Rome toute autre chose que ce qu'il désigne en France. Mais, qu'on se place sous l'une ou l'autre législation, qu'on parle de minorité ou d'impuberté, de tutelle ou de curatelle, il y a toujours sous ces mots quelque chose qui doit trouver place dans l'étude de la lésion. En droit romain, c'est ce qui nous arrêtera le plus longtemps; et ce sera en droit français une intéressante question que de savoir précisément quelle place l'incapacité du mineur laisse à une lésion juridique et à la nécessité d'invoquer et de prouver cette lésion pour se faire rétablir dans l'intégrité de ses droits amoindris.

On ne pouvait pourtant, soit à Rome, soit en France, donner à la victime d'une lésion, quel que fût son âge, un secours toujours égal. C'est une hardiesse d'annuler, pour le seul désavantage qu'elle cause, une convention librement faite, une parole donnée sans surprise; et si l'une des parties, toute fraude à part, s'est laissé circonvenir, cela peut sembler un bien petit malheur auprès de l'atteinte qu'une rescision soudaine porterait au crédit, à la liberté des contrats, au respect de la foi promise. Qu'on écoute les économistes : ils vous diront que c'est une prétention singulière de vouloir fixer un taux pour la valeur des services rendus ; que, par la force des choses et le seul fait de son acceptation, tout échange de services est bien proportionné ; qu'ils n'ont d'autre valeur que le besoin qu'on en a ou l'agrément qu'ils nous offrent, besoin ou agrément qui se traduit par le prix qu'on en donne. De pareilles idées légitimeraient l'usure; mais on peut les condamner sans ébranler le principe de liberté qui doit régner sur nos conventions. Aussi la rescision pour lésion n'est-elle autre chose qu'un secours qui doit trouver sa légitimité quelque part, le plus souvent dans la faiblesse de la partie contractante. Or, et c'est là que j'en voulais venir, si l'on réfléchit que le mineur, par sa faiblesse naturelle et permanente, attire déjà la protection de la loi, que le majeur au contraire, légalement mûr pour gérer ses affaires, ne peut demander protection que pour une faiblesse accidentelle et factice née d'un concours de circonstances impérieuses, on approuvera la loi d'avoir établi la distinction suivante : au mineur toujours faible et facile à prendre au piége, une rescision toujours ouverte, quel que soit l'acte et quelle que soit la lésion ; au majeur, une protection exceptionnelle, quand on trouvera dans le caractère du contrat, dans l'énormité de la lésion, le devoir d'effacer l'inégalité, le signe d'une faiblesse, la marque d'une erreur insuffisante par elle-même à vicier le contrat, enfin la preuve de ces mille circonstances qui rendraient inique le maintien des rapports de droit nés sous leur empire.

Par là se trouve divisé le sujet de ce travail : 1º lésion soufferte par les mineurs; 2º lésion soufferte par les majeurs.

Aux premiers un secours général; aux seconds un secours exceptionnel. Mais est-ce un même et unique secours restreint plus ou moins dans son application? En France, il faut dire oui; mais à Rome il faut dire non. En France, mineur et majeur, sauf quelques diversités de détail, ont une même action en rescision, avec même procédure, même compétence et mêmes effets. A Rome, au contraire, le mineur est secouru par la *cognitio* du préteur, à l'encontre du droit civil : c'est la *restitutio in integrum;* le majeur est secouru par la sentence du juge, en exécution même du droit civil, et notamment des constitutions impériales. On comprend que cette distinction ne puisse aller qu'avec le droit romain, qui seul contenait dans son sein deux éléments rivaux : l'*ipsum jus* et le *jus prætorium*.

PREMIÈRE PARTIE

DE LA LÉSION EN DROIT ROMAIN

Le droit romain, strict à l'origine, a marché lentement, se laissant pénétrer insensiblement par un esprit de libéralisme et d'équité. Aussi les protections offertes contre la lésion n'ont-elles cessé de grandir jusqu'à Justinien.

Elles sont nulles au berceau de la législation. Sorti de tutelle et âgé seulement de quatorze ans, l'homme *sui juris* capable de se marier et de porter les armes est pleinement capable aussi de contracter et de se ruiner. Il est jeté tout à coup, avec le plein exercice de ses droits civils, dans un monde où tout est conçu avec une simplicité rigide qu'on a peine à s'expliquer autrement que par l'extrême simplicité des mœurs romaines, que rien encore n'est venu corrompre. La loi rend obligatoire une promesse fruit de la crainte, du dol ou de l'erreur [1]; elle rattache à une formule concise et sacramentelle, jamais à l'intention des parties, la cause civile de l'obligation; s'alarmant à l'excès du changement d'un mot dans cette *causa civilis*, elle reste indifférente aux vices de consentement; et la vente elle-même, elle la conçoit d'une façon si peu libérale qu'elle refuse de sous-entendre pour l'acheteur le droit de garantie [2]. Tel était le droit des Douze Tables. Partout l'équité courbait humblement la tête; partout l'esprit restait enseveli sous la lettre; et jusque dans l'office du juge, la bonne foi trouvait peine à se glisser. Qu'on joigne

1. Institut.; § 1. *De except.*
2. Cic., *De officiis*, III, 16.

à ces dangers ceux de l'adolescence, et l'on trouvera bien courte la tutelle romaine. C'était pourtant alors la seule protection donnée au *sui juris*, avec l'incapacité du fou et du prodigue [1].

L'équité avait donc beaucoup à faire. On ne sera pas étonné de la voir bientôt revendiquer sa place et se mêler au droit pour le rajeunir. Elle va inspirer au préteur mille moyens ingénieux de rendre le dol impuissant. C'est à elle que le jeune Romain devra ce secours prétorien de la *restitutio in integrum* contre tout acte entaché de lésion. Et c'est elle qui fera donner au juge et sanctionner par les Empereurs le pouvoir de remédier, sans distinction d'âge, à l'énormité d'une lésion que le caractère du contrat réprouve ou qui est l'œuvre évidente de l'égoïsme en face du malheur.

L'ordre historique, on le voit, conseille de parler d'abord des mineurs de vingt-cinq ans. Jetons un rapide coup d'œil sur l'ensemble des protections qui leur furent accordées, pour en faire ressortir, bien limitée dans son application, cette *restitutio in integrum* sur laquelle devront se porter nos méditations.

CHAPITRE Ier

HISTOIRE DES PROTECTIONS DONNÉES AUX MINEURS CONTRE LA LÉSION.

Les mineurs de vingt-cinq ans furent successivement protégés : par un plébiscite qu'on nomme *Lex Lætoria* ou *Plætoria* ; — par l'Édit du préteur, qui leur donna la *restitutio in integrum* en cas de lésion ; — par Marc-Aurèle, qui leur donna la curatelle ; — sans parler de Septime-Sévère, qui obtint du sénat, pour eux aussi bien que pour les pupilles, la nullité de la vente de leur *prædia suburbana vel rustica* faite sans décret du magistrat, ce qui fut étendu à toutes les choses précieuses.

Voilà les événements qu'il faut apprécier. Quelle fut la portée de

---

1. Je ne parle pas de la tutelle perpétuelle des femmes. Conçue dans l'intérêt des agnats, elle méritait mieux pour la femme le nom d'oppression. Le bon sens public en fit une institution dérisoire, destinée à une prompte décadence.

chacun d'eux? Que fit d'abord la loi Plætoria? Quelle fut, à chaque époque, la place de la *restitutio in integrum* à côté de la curatelle? Comment se limitèrent mutuellement le recours pour incapacité du mineur, et le recours pour lésion dont il est dit que le mineur l'exerce moins comme mineur que comme lésé? C'est un point fort obscur. Voici ce que je prends pour la vérité historique :

La loi Plætoria parut avant l'année 570 [1], à cette époque de rudesse où la loi des Douze Tables, encore maîtresse absolue de l'office du juge, et ne lui laissant d'autre guide que la lettre des conventions (*ea quæ essent nuncupata*), exigeait de lui le triomphe du dol dans tout contrat de droit strict où manquait la clause : *Dolum abesse abfuturumque*. Seuls les rapports du tuteur avec son pupille devaient alors être purs de toute fraude. Des réformes étaient imminentes, et le dol devait voir peu à peu sa liberté resserrée. L'édit d'Aquilius Gallus devait, sous Cicéron, venir le proscrire de tous les contrats, sans y exiger de *clausula doli*. Mais, avant lui, vint la loi Plætoria qui, spéciale aux mineurs, s'occupa du dol commis envers eux. C'est une protection contre le dol, non contre la lésion simple. Tout le monde l'admet ainsi ; et je n'en veux d'autre preuve que le passage [2] où Cicéron, venant de dire qu'il ne faut jamais user d'artifice pour acheter ou vendre plus avantageusement, et voulant montrer ce *dol malhonnête* réprouvé par les lois humaines, formule ainsi sa pensée : « *Atque iste* DOLUS MALUS *etiam legibus erat vindicatus : ut tutela XII Tabulis, et* CIRCUMSCRIPTIO *adolescentium lege Lætoria.* » Ainsi, c'est d'un dol qu'il s'agit, et la loi Lætoria le réprouve envers les mineurs de vingt-cinq ans, comme il était réprouvé par les Douze Tables dans la tutelle, comme il le sera par Aquilius Gallus dans tous les contrats en général, comme il le sera bien mieux encore dans les formules où le préteur glissera les mots *ex fide bonâ, quod æquius melius, ut inter bonos benè agier oportet !*

1. Nous le savons par Cicéron (Brutus, 15), qui fixe à cette époque la mort de Plaute, dont un fragment (Pseudolus, I, 3, 68) suppose l'existence de la loi Plætoria ; Heineccius la place en l'an 490, époque où M. Lætorius Plancianus était tribun. — V. sur ce point : Zimmern, § 121, notes 2, 7; Bonjean, II, p. 451; Mainz, I, § 100.

2. Cic., *De officiis*, III, 15.

Mais quelle est l'arme défensive que la loi Plætoria donne au mineur contre le dol? Elle permet à coup sûr une accusation criminelle, un *judicium publicum rei privatæ* contre l'auteur du dol [1]; il encourra des condamnations pécuniaires et infamantes; il se verra fermé l'accès des fonctions municipales [2]. Mais entendra-t-il prononcer l'annulation du contrat? Aucun texte ne le dit, ni ne le fait supposer; et en admettant l'annulation, on ne saurait pas encore la nature du moyen donné pour y arriver. Ce point me paraît complétement dans l'ombre. Tout ce qu'on peut savoir, c'est qu'il y avait une accusation criminelle. Elle permet de supposer le contrat maintenu, mais n'empêche pas de croire à une annulation mise à côté d'elle. D'un côté on a le silence des textes, la lenteur des innovations romaines, de l'autre la toute-puissance du plébiscite, libre assurément d'effacer le contrat dans l'intérêt du mineur qu'il venait protéger. Enfermé dans le doute, que faire? Suivre le conseil du sage, et s'abstenir de prononcer une nullité que rien ne révèle. Des peines pécuniaires peuvent bien suffire à la réparation d'un préjudice.

Il n'y a pas d'objection à tirer, comme le font Cujas et après lui Savigny, de la loi 7. § 1. Dig. *De except.* On prétend voir dans ce fragment de Paul un vestige de la loi Plætoria. Le fragment, énumérant les exceptions *rei cohærentes* qui passent à ce titre au fidéjusseur, arrive à dire que celui qui s'est porté fidéjusseur *pro minore* xxv *annis circumscripto* peut de ce chef opposer l'exception; et qu'au contraire, si le mineur cautionné n'a subi qu'une simple lésion (*si deceptus sit in re*), le fidéjusseur ne peut exciper de la minorité du débiteur principal. Or, cette exception donnée au *minor circumscriptus* et à son fidéjusseur, que voulez-vous, dit-on, que ce soit, sinon le secours donné par la loi Plætoria?... J'y vois, pour ma part, toute autre chose: j'y vois simplement l'exception de dol que les majeurs eux-mêmes avaient reçue de l'édit, et qui aurait dû, à l'époque où Paul écrivait, avoir depuis longtemps supplanté et fait oublier cette prétendue exception de la loi Plætoria, si elle eût jamais existé. — Mais, me dira-t-on, la loi 7, § 1, n'avait que faire de parler, en finissant, de l'exception de dol; elle avait déjà

<hr>

1. Cic., *De natura Deor.*, III, 30.
2. Table d'Héraclée, 2ᵉ fragment.

commencé son énumération par les exceptions *rei judicatæ*, DOLI MALI, *jurisjurandi, quod metus causa;* et d'ailleurs, si elle voulait en parler de nouveau, elle n'avait que faire de supposer un mineur!... Je comprends fort bien, au contraire, qu'elle ait reparlé de l'exception de dol, et qu'elle l'ait supposée ouverte en la personne d'un mineur : elle voulait, en finissant, opposer ce qu'elle venait de dire au bienfait de la *restitutio,* qui, lui, ne peut être invoqué par le fidéjusseur du mineur. Pour parler de *restitutio,* il fallait parler de mineur ; et pour rendre l'antithèse frappante, elle étudie tour à tour dans ce mineur le dol et la lésion, l'exception prétorienne de dol et le secours prétorien de la *restitutio.*

Les paroles de Suétone, citées par Cujas : « *Lex Lætoria quæ vetat minorem* XXV *annis stipulari* », ne m'ébranlent pas davantage. Encore une fois, si la loi Plætoria eût contenu deux choses, une accusation criminelle et une annulation, celle-ci n'eût pu être, à cause de l'exception de dol, que quelque chose d'éphémère, incapable de vivre jusqu'à Suétone. Quoi de plus naturel que de voir dans ces mots un souvenir du *judicium publicum?* Qu'on critique alors le mot *vetat,* comme disant un peu plus qu'il ne veut dire ; mais ne critiquerait-on pas avec même raison le mot *stipulari,* fort impropre, puisque c'est promettre et non stipuler qui pouvait être défendu ? Et ne critiquerait-on pas encore bien mieux la généralité de la phrase, qui semblerait bannir, comme les autres, les stipulations faites sans dol ?

Mais voici qui est plus grave encore : on trouve généralement dans la loi Plætoria un germe de la curatelle des mineurs; on parle de leur crédit gravement atteint; on cite Plaute faisant dire au jeune Callidore :

> Perii : an non tum lex me perdit quinavicennaria ?
> Metuunt credere omnes. . . . .

Et l'on ajoute ce correctif : ... Mais le mineur pouvait demander pour chaque affaire un curateur spécial dont l'assistance fût une garantie pour ceux qui venaient traiter de bonne foi. Puis on se met à le prouver avec ces mots de Julius Capitolinus sur Marc-Aurèle : « *De curatoribus vero, cum antea non nisi ex lege Plætoria propter lasciviam vel propter dementiam darentur, ita statuit ut omnes adulti curatores acciperent, non redditis causis* ». On les interprète ainsi : avant lui, pas d'autres curateurs que celui qu'un mineur demande *en vertu de la loi Plætoria pour une affaire spéciale*, celui qu'on donne au prodigue et celui qu'on donne au fou ; après lui, tous les mineurs peuvent recevoir des curateurs généraux sans alléguer une affaire spéciale. L'innovation de Marc-Aurèle se bornerait donc à permettre à la curatelle d'*embrasser tout le patrimoine;* et l'historien aurait exprimé cela par les trois mots *non redditis causis;* et le lecteur, pour leur donner ce sens, devrait, après les mots *ex lege Plætoria,* comprendre sans qu'on le lui dise la restriction de cette prétendue curatelle à une affaire spéciale, c'est-à-dire toute une pensée que l'auteur omet, quoique nécessaire pour indiquer l'innovation du prince. Cela ne se conçoit pas ; et ma conviction est que la loi Plætoria n'a jamais parlé de curatelle. Sans faire remarquer, ce qui pourtant a son importance, que si elle eût ouvert une troisième curatelle après celle des fous et des prodigues, Capitolinus, dans sa triple énumération, ne l'eût pas mise la première, mais la dernière, pour suivre l'ordre des temps, bornons-nous à restituer à ce fragment un sens plus vraisemblable et plus facile. C'est du mineur qu'il parle, et il compare la curatelle qui lui est donnée par Marc-Aurèle à celle qu'il pouvait avoir sous l'empire de la loi Plætoria : car, bien que muette sur la curatelle, cette loi, atteignant le mineur dans son crédit, devait lui faire désirer l'appui d'un curateur réservé alors aux fous et aux prodigues. Que fera-t-il donc? Il se dira faible ou léger d'esprit, il se dira prodigue, et il demandera un curateur, sauf à s'en faire délivrer à ses vingt-cinq ans. Ulpien, à la loi 6, Dig. *De curat. fur.*, met le préteur en garde contre une foule de gens qui simulent la folie pour se soustraire par la curatelle aux charges civiles. Je vois dans ce texte postérieur à Marc-Aurèle la réprobation d'une ruse que le mineur avant ce prince employait sans doute fort souvent, et qui par l'honnêteté de son but rencontrait l'assentiment du public et du préteur.

Traduisons maintenant mot à mot la phrase de Capitolinus, et nous comprendrons comment le mineur avant Marc-Aurèle ne recevait de curateur que sous le prétexte de prodigalité ou de folie *(nonnisi propter lasciviam vel propter dementiam)*, et cela par une suite naturelle de la loi Plætoria *(ex lege Plætoria)*; comment, au contraire, cet empereur ordonna que tout mineur reçût un curateur *non redditis causis*, c'est-à-dire simplement comme mineur et sans alléguer tous ces prétextes dont l'emploi ne sera plus désormais dicté que par des calculs indignes d'un citoyen. — Voilà tout ce que dit ce passage. Heineccius [1] et d'autres auteurs y ont puisé la fausse croyance que la loi Plætoria disait quelque chose de formel sur la curatelle, tandis que muette sur ce point, elle n'a fait qu'influer, et on se l'explique aisément, sur l'emploi des causes de curatelle déjà reconnues par la loi.

Dans l'intervalle qui s'écoula depuis la loi Plætoria jusqu'au règne de Marc-Aurèle, le préteur institua pour les mineurs de vingt-cinq ans la *restitutio in integrum*. Comme son nom l'indique, c'est le rétablissement du mineur dans l'intégrité d'un droit qu'il a par son fait perdu ou amoindri. Que faut-il pour cela ? une lésion qu'on puisse attribuer à l'inexpérience ou à l'entraînement de la jeunesse. Un mineur vend son immeuble, il le vend à bon prix, peu importe : s'il dissipe ensuite ce prix, l'acte l'aura lésé en lui ôtant son immeuble pour lui mettre de l'or dans les mains, et il sera rescindé. Tout sera à la discrétion du préteur, qui se réserve la connaissance de l'affaire en ces termes : *quod cum minore* XXV *annis natu gestum esse dicetur.... uti quæque res erit animadvertam.* C'est là plus que jamais le triomphe de l'équité; la voilà qui parle en souveraine, et qui méconnaît fièrement un acte avoué et protégé par le droit civil.

C'est qu'en effet nous n'en sommes plus à nous inquiéter du dol. Le préteur a déjà donné contre lui aux majeurs eux-mêmes une arme redoutable dans ces paroles de l'édit : *Quæ dolo malo facta esse dicentur, si de his rebus alia actio non erit, et justa causa esse videbitur, judicium dabo* [2]. Ce n'eût été qu'un demi-progrès, si, rétablissant un niveau détruit par la loi Plætoria, on eût cessé d'accorder contre les dangers de l'adolescence une protection de plus.

Marc-Aurèle était donc en face de cette protection prétorienne lorsqu'il permit aux mineurs de se dépouiller entre les mains de

---

1. *Antiquités romaines*, liv. I, tit. XXIII, §§ 6 et 8.
2. L. 1, Dig. *De dolo malo.*

curateurs de l'administration de leur patrimoine. Fit-il cesser par là l'utilité de la *restitutio*? La diminua-t-il, et dans quelle mesure ? Toute atteinte portée par la curatelle à la capacité du mineur devait enlever du terrain à la *restitutio*, qui, n'ayant d'autre mission que de lutter contre l'*ipsum jus*, tombait au rang des choses inutiles pour tout acte annulé *ipso jure* par une règle de capacité. Ce qui est nul ne peut pas léser; et ce qui lèse peut seul être rescindé. Marc-Aurèle créa-t-il donc une incapacité? Le moindre nuage sur ce point historique obscurcirait toute l'étude de la *restitutio* pour lésion.

Nul doute que, sous les empereurs Dioclétien et Maximien, le mineur mis en curatelle ne soit incapable à l'instar du pupille et du prodigue interdit. Ces empereurs, en effet, déclarent que la vente faite par un adulte est non avenue comme l'acte d'un interdit s'il avait un curateur, rescindable seulement s'il n'en avait pas [1]. L'année suivante, ils lui imposent pour plaider le *consensus curatoris*, de même qu'au pupille l'*auctoritas tutoris* [2]; et la loi 26, C. *De adm. tut.*, prouve que sous Justinien la même doctrine régnait pour l'adition d'hérédité.

Personne n'hésiterait sans doute à la faire remonter jusqu'à Marc-Aurèle, sans ces paroles de Modestin : « *Puberes sine curatoribus suis possunt ex stipulatu obligari* [3] », paroles où Cujas, Gluck, MM. de Savigny et de Vangerow, M. Machelard et M. Demangeat ont vu une raison invincible de croire que le mineur en curatelle était capable sous Modestin de s'obliger par stipulation [4]. Tous se réfugient dans une prétendue distinction entre la vente et les autres sources d'obligations, les uns l'admettant comme logique, d'autres alléguant que les Romains l'ont admise [5].

Il est aisé de montrer qu'une distinction pareille n'eut jamais

---

1. L. 3, C. *De in int. rest.*
2. L. 2, C. *Qui leg. pers.*
3. L. 101, D. *De verb. oblig.*
4. Gluck, IV, p. 75. — Savigny, *Verm. schrif*, II, n° 18. — Vangerow, I, § 291. — Machelard, *Obligations naturelles*, 1re partie, § 2, art. 4. — Demangeat, *Dr. rom.*, II, p. 406.
5. Telle n'est pas pourtant la théorie de Gluck. Il explique la loi 101, *De verb. oblig.*, en distinguant les contrats par lesquels un mineur engage sa personne comme lorsqu'il promet ses services, de ceux par lesquels il engage ses biens : comme si la promesse de faire n'engendrait pas une dette de dommages-intérêts exigible sur les biens !

cours à Rome. Comment serais-je incapable de vendre, si je suis capable de m'obliger, dans un pays où la vente n'est autre chose qu'un contrat productif d'obligations? Cujas le sent bien, et il cherche à justifier autrement sa thèse : on peut promettre et on ne peut pas vendre, dit-il, parce que vendre fait partie de l'*administration* que le mineur a remise tout entière aux mains de son curateur. Et M. Machelard semble fonder sur la même idée la conciliation historique qu'il essaie entre le langage de Modestin et celui de Dioclétien : « Dans l'origine, dit-il, on ne priva pas le » mineur de la capacité de s'engager malgré la nomination d'un » curateur ; on se contenta de lui retirer l'administration de ses » biens. Tel était sans doute l'état du droit à l'époque de Modes- » tinus, où les conséquences de la curatelle générale introduite par » la constitution de Marc-Aurèle n'avaient pas encore atteint leur » développement légitime. Puis la force des choses conduisit à ce » résultat que celui qui ne peut administrer ne doit pas pouvoir » s'obliger, système logique admis de bonne heure pour le prodigue » à l'égard duquel la curatelle était une institution fort ancienne. » — L'assimilation était rationnelle.... Aussi est-elle formellement » exprimée par Dioclétien et Maximien. »

Mais une idée, pour subsister depuis Marc-Aurèle jusqu'à Dioclétien, doit avoir en raison quelques fondements sérieux. Or quelle est celle qu'on prête aux Romains pendant ce long intervalle de temps? *Vendre* aurait fait partie de ce qu'on appelle *administrer* la fortune ; *promettre* y serait au contraire resté étranger ; et la curatelle, n'enlevant au mineur que l'administration de ses biens, ne lui aurait pas enlevé le droit de s'obliger par promesse. Mais est-il vrai que faire des dettes reste en dehors de la gestion d'une fortune, et que je ne touche pas à mon patrimoine en me donnant des créanciers? N'est-ce pas, dans l'administration, l'acte le plus dangereux et quelquefois le plus nécessaire?

Qu'on dise que le curateur n'est pas, comme le tuteur, donné à la personne, mais aux biens. Ma réponse sera facile : j'écarterai alors toute mission sur la personne en écartant toute idée d'*auctoritas* venant la compléter, et j'expliquerai ainsi qu'un impubère n'ait pas assez d'un curateur pour accepter une hérédité. Mais la mission du curateur sur les biens, je l'envisagerai tout entière sans la mutiler : elle consistera, soit à administrer par lui-même, soit à donner au mineur un consentement (*consensus*) sans lequel il est incapable d'agir, *consensus* qui figure à ce titre dans bien des fragments.

Jamais on n'entendit autrement le pouvoir du curateur. Le prodigue interdit ne pouvait pas promettre; et pourtant l'on pouvait dire de son curateur : *non personæ datur*. M. Machelard avoue qu'entre *s'obliger* et *administrer* il n'y a aucune différence logique, et que quand les Romains cessèrent d'en voir une, ce fut un progrès dû à Dioclétien. Mais quoi ! la loi des Douze Tables donne aux prodigues une curatelle qui leur défend du même coup de s'obliger et de vendre, et voilà que Marc-Aurèle, créant aussi une curatelle, au lieu de copier la chose en copiant le mot, viendra l'animer de cette distinction rétrograde jusqu'à ce que le progrès l'en efface! L'histoire et le droit s'élèvent contre cette pensée.

Comment donc s'expliquer la loi 101 de Modestin ? — Doneau[1] y introduit une négation qui pouvait bien y être à la place du mot *suis*. Noodt[2] y change *obligari* en *obligare*. Vinnius[3] et Puchta[4] y voient le sens suivant : les pubères (à la différence des pupilles) n'ont pas besoin de la *présence* de leurs curateurs pour s'obliger par stipulation. Qu'on regarde enfin le mot *suis* comme l'addition d'un copiste, et la loi change également de sens, ne s'appliquant plus qu'aux mineurs qui n'ont pas reçu de curateurs. On n'a qu'à choisir entre ces divers moyens de rendre la loi 101 impuissante, car tous paraissent également vraisemblables.

On aperçoit maintenant les limites de la *restitutio*. Elle est réservée, en cas de lésion : 1º au mineur qui n'a pas été mis en curatelle, *sine curatore constitutus;* 2º au mineur qui a agi avec l'assistance de son curateur, ou dont le curateur a administré lui-même.

Ces deux idées, quoique certaines, ont besoin d'être justifiées, l'une en droit, l'autre en équité.

En droit, il faut prouver que la curatelle, loin d'être obligatoire,

---

1. Doneau, *Comment.*, lib. XII, cap. XXII, § 50.
2. Noodt, *De pact. et transact.*, cap. XX.
3. Vinnius, Inst., § 9, *De inut. stip.*
4. Puchta, *Curs. der Instit.*, t. II, § 202, *note aa.*

était concédée à la libre demande des mineurs, et que beaucoup de ces mineurs, étant restés sans curateurs, n'avaient contre leurs actes, en cas de lésion, d'autre secours que la *restitutio in integrum*. Cette preuve, c'est Justinien qui la donne au §2, Inst. *de curationibus*: « *Item inviti adolescentes curatores non accipiunt, præterquam in* » *litem ; curator enim et ad certam causam dari potest.* » — C'est Dioclétien, dans la loi 3, C. *De in int. rest.*, où il oppose le *minor curatorem habens* au *minor sine curatore constitutus.* — C'est Papinien, dans la loi 13, § 2, *De tutoribus et curat. : « Minoribus annorum desiderantibus curatores dari solent.* » — Ce sont enfin les textes où l'on prend la peine de nous dire qu'on peut forcer le mineur à recevoir un curateur spécial, si on a à plaider contre lui, ou à le payer, ou à lui rendre ses comptes de tutelle[1], le droit de le demander soi-même pour le mineur n'étant concédé qu'au tuteur pour rendre ses comptes. En voilà assez pour rendre insoutenable l'idée de contrainte qu'on a cru découvrir dans ces mots de Capitolinus sur Marc-Aurèle : « *Ita statuit ut omnes adulti curatores acciperent* », mots qui n'expriment qu'un droit. La curatelle était libre; et c'est là, ce me semble, plutôt que dans la distinction réfutée plus haut entre la promesse et la vente, qu'il faut constater le respect de la capacité. Il ne pouvait aller au législateur de l'époque de la heurter par une si violente contrainte.

Et vainement, abandonnant le droit, se rejetterait-on sur le fait, prétendant que les adolescents de Rome, quoique pouvant rester sans curateurs, n'en étaient jamais dépourvus. Vainement dirait-on à ce propos que tout tuteur devait avertir son pupille de se faire mettre en curatelle, et pouvait même, pour rendre ses comptes, lui en faire nommer un qui sans doute continuait ses fonctions jusqu'à la fin de l'adolescence. Qu'importe, puisqu'une foule d'adultes, ne devenant *sui juris* qu'après quatorze ans, se trouvaient pubères sans avoir jamais passé par les admonestations d'un tuteur et par les comptes de tutelle! D'ailleurs, le fait ne devait-il pas être en harmonie avec tous les textes qui parlent de mineurs sans curateurs, de mineurs contre qui l'on plaide et à qui l'on veut pour la circonstance en faire donner un ?

---

1. LL. 1. et 7, C. *Qui petant tutores.*

La curatelle n'était donc pas chose universelle, ce qu'on s'expliquera aisément si l'on réfléchit qu'arrivant auprès de la *restitutio*, elle semblait moins un abri nécessaire contre la ruine qu'un entourage de conseils, bon pour empêcher les fautes et n'avoir pas à les réparer.

Le secours réparateur de la *restitutio* n'était pourtant point banni lorsqu'on avait agi sous l'égide préservatrice du curateur. C'est son second cas d'application ; et il faut, ai-je dit, y faire apparaître l'équité. Le droit l'admet certainement, puisqu'au titre du Code *Si tutor vel curator intervenerit*, on trouve le témoignage de Dioclétien dans la loi 3, d'Alexandre-Sévère dans la loi 2, d'Antonin Caracalla dans la loi 1. Mais la justice l'admet-elle? Si l'adulte laissé à lui-même a besoin d'une protection, en faut-il une aussi pour celui qu'a assisté un homme expérimenté? A quoi bon mon curateur, si son concours à l'acte est impuissant à le préserver de mes attaques? Sera-t-il bon seulement à relever mon crédit, s'il n'est pas pour les tiers une garantie de plus? — La loi romaine, j'en conviens, peut sembler ici fort prodigue du secours dont naguère encore elle se montrait si avare. Elle l'est plus en effet que le Code Civil. Mais où en était le danger? nulle part? |La *restitutio* était confiée à l'appréciation libre et souveraine d'un magistrat législateur qui n'entrevoyait à son pouvoir d'autres limites que la justice : *uti quæque res erit animadvertam*. L'appui d'un curateur était donc toujours utile à la sûreté des tiers et au crédit du mineur, parce qu'à mesure qu'il rendait la *restitutio* moins juste, il la rendait moins assurée [1]. Mais pourquoi dirait-on d'avance qu'il la rend inique? Est-on aussi bien servi par autrui que par soi-même? et l'indifférence du curateur au sujet de vos affaires ne rend-elle pas légitime un secours de plus? C'était là l'idée romaine ; elle explique la difficulté qu'on fit d'admettre la représentation par mandataire ; elle explique aussi comment la *restitutio* s'étendit sur les pupilles, ce qu'elle ne pouvait faire assurément qu'en l'ajoutant par surcroît au secours de l'*auctoritas*.

---

1. On le voit par la réserve que conseille au préteur la loi 24, § 1, *De min.* : « *Non semper autem ea quæ cum minoribus geruntur rescindenda sunt, sed ad* » *bonum et æquum redigenda sunt ne magno incommodo hujus ætatis homines* » *adficiantur, nemine cum his contrahente.* »

Là-dessus il faudra évidemment revenir ; il faudra étudier les rapports de la *restitutio* avec l'*auctoritas tutoris* et le *consensus curatoris*, avec l'*actio tutelæ* et l'*actio utilis negotiorum gestorum*. Car, après cette esquisse historique, il reste à faire de la *restitutio* des mineurs une étude plus approfondie, d'abord dans sa nature, sa procédure et ses effets, ensuite dans ses conditions nécessaires d'application.

CHAPITRE II.

NATURE, PROCÉDURE ET EFFETS DE LA RESTITUTION DES MINEURS.

Là encore l'histoire aura son rôle. Car comme le dit M. de Savigny, « il ne faut pas se représenter dans un état de fixité, mais bien de progression constante la nature juridique de la restitution », dont « la détermination exacte et rigoureuse, ajoute-t-il, doit servir de base à l'exposé de ses diverses règles ». — Quelle est donc cette nature ?

Restituere in integrum, c'est rétablir quelqu'un dans l'intégrité d'un droit. C'est ainsi qu'on disait: *minor restituitur*. Et comme cela équivaut à restaurer dans son entier le droit perdu ou amoindri, on pouvait fort bien dire aussi : *jus restituere integrum*, ce qui laisse sans fondement les critiques de Doneau sur l'expression *integri restitutio*, souvent employée par Paul [1].

Laissons ces querelles de mots; et nous sachant en face d'une restauration du droit commandée par l'équité, opérée par l'autorité publique, non par une volonté privée, cherchons plutôt à démêler ce qui, au milieu d'une foule de voies de droit ayant même but et même motif, peut caractériser spécialement l'institution dont nous nous occupons.

Lorsqu'un état de droit vient à se manifester, renfermant une lésion dont l'équité exige la réparation, deux voies s'offrent à l'esprit pour l'atteindre : ou indemniser la victime du dommage par

____

1. *Sentences*, 1, XV.

des compensations. — ou effacer le dommage en anéantissant l'état de droit qui le cause; c'est quand le magistrat romain choisit cette seconde voie qu'il choisit l'*in integrum restitutio*. Elle veut dire anéantissement, rescision; et c'est par un étrange abus de généralisation que Paul a pu appeler *integri restitutio in personam* la poursuite du quadruple ou du simple devant le juge par l'action *quod metus causa*[1]. Il paraît oublier ici que, cinq lignes plus haut, il appelait la restitution une voie de droit pour vous réintégrer dans votre chose ou dans votre action, « *redintegrandæ rei vel causæ actio* », définition fort impropre aux voies judiciaires qui réparent le préjudice en respectant le rapport de droit qui le cause, le neutralisant seulement par la création d'un rapport nouveau. Car, lorsqu'un édifice a été remplacé par un autre, il faut détruire celui-ci pour rééditer celui-là; et de même s'il s'agit d'un droit.

Rien de commun donc entre la restitution et les actions personnelles qu'on nomme *doli mali* ou *quod metus causa*. Que les moyens tirés du dol ou de la violence revêtent la forme d'exceptions, peu importe. Il est vrai que par l'*exception* de dol ou de crainte il arrive qu'au lieu d'y avoir une simple indemnité, le défendeur est absous et le droit du demandeur éteint, mais éteint par quoi? par l'effet tout naturel de la novation qu'enferme le quasi-contrat judiciaire et sans laquelle il pourrait encore se produire en justice : tant il est vrai qu'ici l'autorité, sans vouloir le détruire, ne fait que fermer l'oreille au droit qui veut se faire entendre et dont la source est entachée.

Le dol et la violence, outre ces actions et ces exceptions qui ne sont pas des restitutions, pouvaient-ils donner lieu à une restitution véritable? Ces voies de droit devaient-elles s'exclure ou s'unir ? Il est à remarquer qu'un acte dont les effets sont combattus par les voies de droit ordinaires cesse par là même de nuire et de mériter une restitution. Or, les effets du dol et de la violence ont d'assez bonnes entraves dans les actions *doli mali* et *quod metus*, qui toutes deux sont arbitraires : dans la seconde surtout, qui par une condamnation au quadruple assure infailliblement l'exécution de l'*arbi-*

1. *Sentences*. I, VII, § 11.

trium, et qui se donne contre les tiers auxquels l'acte a profité. — Néanmoins les textes sont formels dans le sens d'une restitution pour violence, non point tant les termes de l'Edit, dont la généralité s'y prête sans le commander [1], que des fragments d'Ulpien [2] et de Paul [3] et un rescrit de Gordien au Code [4]. — Quant au dol, c'est également certain par la loi 1, Dig. *De in int. rest.*, et par le § 2, liv. I, tit. VII, des Sentences de Paul. — Ainsi ces deux motifs donnent le choix entre l'action personnelle et la restitution, choix qui, fixé sur l'une, ne peut revenir à l'autre [5]. Et ce choix n'est pas sans raison. Grâce à lui, en effet, la victime du dol ou de la violence peut, par une *actio in rem*, échapper au concours peut-être privilégié des autres créanciers de son adversaire. Grâce à lui, elle peut par une rescision se trouver dégagée des liens de droit multiples, connus *ou inconnus*, dont l'enchaîne, par exemple, une acceptation d'hérédité, et dont l'action personnelle exigerait la détermination, puisqu'elle exige l'évaluation du préjudice causé. Pour le dol en particulier, l'utilité de la restitution frappe davantage encore : car l'action de dol ne se donne pas contre un tiers, à moins que de ce tiers n'ait émané la fraude. De plus, elle est infamante, et pour ce motif la bienveillance du préteur lui préférait la restitution [6].

Certains esprits, frappés de cette dernière remarque, résistent à proclamer l'existence d'une *restitutio ob dolum* paralysant, par une suite nécessaire de la préférence dont elle serait l'objet, l'action personnelle de dol. Mais de quelque façon qu'on se l'explique, ayant d'une part des preuves de l'existence des deux protections, et d'autre part des textes où l'une reçoit la préférence sur l'autre, on a là les deux bouts d'une chaîne dont l'union seule nous échappe. Cherchons cette conciliation dans les conjectures. Peut-être la plus vraisemblable est-elle celle de M. Bonjean, qui restreint à certains cas spéciaux la possibilité d'une *restitutio ob dolum*, au lieu

---

1. L. 1, Dig., *Quod metus* : « *Ait prætor : quod metûs causâ gestum erit ratum* » *non habebo* ».
2. L. 1, Dig., *De in int. rest.* — L. 9 §§ 3 et 4, *Quod metus causa.*
3. *Sent.*, 1, VII, § 2.
4. L. 3, C. *De his quæ vi.*
5. L. 9, § 6, Dig. *Quod metûs.*
6. L. 1, § 6, Dig. *De dolo.* — L. 7, § 1, Dig. *De in int. rest.*

de la généraliser comme on doit le faire pour la *restitutio ob metum* [1].

La crainte, le dol, la minorité, voilà donc trois motifs de restitution. Ils n'étaient pas les seuls : on restituait aussi pour erreur, dans un domaine circonscrit surtout aux déchéances résultant des formes de la procédure, ce qui, à cause de l'affinité du dol avec l'erreur, fortifie la conjecture analogue de M. Bonjean sur la *restitutio ob dolum*. — On restituait en cinquième lieu pour absence, lorsque, venant de vous ou de votre adversaire, elle avait été cause d'une omission de votre part et d'une perte dans vos droits, soit par une prescription que vous n'avez pu interrompre, soit par un procès auquel vous n'avez pu défendre, cas prévus par l'Edit sans l'être limitativement, comme le prouvent ces mots « ...: *item si qua alia mihi justa causa esse videbitur* [2]. »

On cite encore, comme deux motifs de restitution tombés plus tard en désuétude, la *minima capitis deminutio*, par laquelle un débiteur se trouve libéré envers ses créanciers, et l'aliénation qu'on appelle *alienatio judicii mutandi causâ facta*, par laquelle le possesseur de votre chose, prévoyant votre revendication, transmet à un autre sa possession pour vous mettre dans une position plus défavorable en vous le donnant pour adversaire. J'aime mieux mettre ces deux hypothèses tout à fait à part de la restitution ordinaire. J'en donnerai plus bas la raison en ce qui touche la *capitis deminutio*. Pour l'*alienatio judicii mutandi causâ*, disons tout de suite qu'en pareil cas l'existence d'une restitution est plus que douteuse : le mot *restitutio* n'est employé que dans deux textes : la Loi 3, § 4, Dig. *De alien. jud. mut.*, où Gaïus ne lui fait désigner qu'une action en indemnité devant le juge, et la loi 1, Cod. *eodem tit.*, qui lui donnait sans doute le même sens, faisant ce que faisait Paul quand il appelait *restitutio* l'action *quod metûs*. D'ailleurs, sous Justinien, il ne faut parler d'aucune de ces deux restitutions : la première est tombée avec le principe de l'extinction des dettes par la *minima capitis deminutio*; la seconde, si jamais elle a existé, se trouve abolie depuis longtemps par une règle bien plus simple, qui, par

---

1. Bonjean, *Traité des actions*, t. II, p. 449 et 450.
2. L. 1, § 1, Dig. *Ex quib. causis*.

l'effet d'une *ficta possessio*, donne sans restitution l'*actio in rem*
contre celui *qui dolo desiit possidere* [1].

Mais arrêtons là cette digression. Digression pourtant qui n'en
est pas une ! Car elle a permis de voir que partout où il y a restitution, il y a rétablissement d'un état de droit par la rescision
d'un autre, et que c'est même à ce titre qu'une restitution *ob dolum*
ou *ob metum* a pu trouver place à côté des actions personnelles
ayant même cause, le dol ou la crainte, et même but, la réparation
du préjudice.

Donc, parmi les voies de droit qui mènent à une réparation, la restitution a pour caractère spécial d'être une rescision. C'est un cas
d'application de ce remède fort usité à Rome qui consiste à rescinder ce qui nuit. Et il semble que parmi les nombreuses rescisions qui s'offrent au regard, la restitution se distingue en ce que
la partie qui l'implore est tout à la fois victime et cause du rapport
de droit qui la gêne ; elle en a permis la naissance par une intervention ou une abstention ; les deux parties adverses dans un
procès en restitution sont les deux personnes mêmes qu'unit le lien
de droit rescindé ; en un mot, on est en quelque sorte restitué contre
soi-même. Il en est autrement des autres actions rescisoires. L'action Paulienne, par exemple, exercée par les créanciers contre les
actes faits par leur débiteur en fraude de leurs droits, fait rescinder
un lien juridique établi, non entre eux et leur débiteur, mais entre
leur débiteur et un tiers, un lien de droit dont ils ne sont qu'indirectement victimes, dont la naissance leur est étrangère, et qu'ils
n'ont pas plus contribué à former qu'ils ne pouvaient l'empêcher
de naître. De même pour l'action Favienne, si l'on suppose une
fraude aux droits du patron, et non plus des créanciers. Ces deux
actions ne sont que deux exemples au milieu de celles qui vous
permettaient d'attaquer des rapports juridiques nés en dehors de
vous. Et si la restitution s'en sépare, c'est qu'elle exprime quelque
chose de plus, annihilant des rapports de droit dont la naissance
remonte jusqu'à vous.

On dira peut-être : Mais l'adrogation d'un débiteur n'émane en
rien de ses créanciers, qui ne pouvaient l'empêcher, et qui pourtant

---

1. L. 27, § 3; L 36 *pr.*, Dig. *De rei vindic.*

demanderont contre elle une *restitution !* De même l'*alienatio judicii mutandi causâ facta* s'est accomplie en dehors du propriétaire
qui en souffre; elle est indépendante de son intervention ou de son
abstention ; et pourtant elle sera l'objet d'une *restitution !* — Ces
deux cas sont les seuls où cette remarque puisse se faire. Mais
remarquons que ces deux cas de restitution doivent être placés à
part. L'*alienatio judicii mutandi causâ facta* ne donna jamais lieu
à une restitution véritable : ma pensée à cet égard est déjà donnée
et motivée. Quant à la *capitis deminutio,* elle donnait lieu à quelque
chose qui « n'avait de la restitution que le nom, sans aucun de
» ses caractères essentiels », qui « n'était pas laissé à la libre ap-
» préciation du préteur, mais s'accordait sans conditions et sans
» examen préalable des circonstances particulières de l'espèce »,
quelque chose enfin qui « n'était pas soumis aux délais établis
» pour la prescription de la restitution [1] ». C'est vaguement qu'on
qualifie une ou deux fois de *restitutio* cette voie de recours, et j'aime
bien mieux la mettre au rang de l'action Paulienne et des
autres actions fictices rescisoires. C'est conforme au texte le plus
explicite qu'il y ait sur cette matière : je veux parler du § 38,
liv. IV, de Gaïus, où, loin d'employer l'expression si simple de *restitutio,* il parle d'une *actio utilis, rescissâ capitis deminutione,* c'est-
à-dire, ajoute-t-il, *in quâ fingitur (adversarius) capite deminutus non
essĕ.* C'est ainsi qu'on donnait aux créanciers ou au patron, sous le
nom d'actions Paulienne et Favienne, une *actio utilis,* où l'on feignait l'inexistence de l'aliénation frauduleuse ; et c'est ainsi que
dans deux actions fictices dont Gaïus venait de parler immédiatement aux §§ 36 et 37, on feignait, soit l'achèvement d'une usucapion
(c'est la Publicienne), soit la qualité de citoyen chez un étranger
(c'est l'*actio fictitia furti* ou *legis Aquiliœ*).

Chacun de nos pas, comme on le voit, a fait surgir de nouveaux
moyens de se venger d'une lésion soufferte. Et cependant, de toutes
les voies de recours indiquées plus haut et tendant à ce but, celles-
là seules méritent place dans ce travail, qui se distinguent à ce
même signe auquel nous avons reconnu parmi elles la *restitutio
in integrum,* qu'elles effacent une lésion dans laquelle on s'est mis

---

1. Savigny, *Dr. rom.,* VII, p. 218. — L. 2, §§ 1 et 5, Dig. *De cap. min.*

soi-même. Là sont en effet les limites raisonnables du sujet. Que si plus tard s'offre une action ayant ce même caractère, comme sera celle en rescision de la vente pour lésion d'outre-moitié, nous l'accueillerons sans difficulté. Pour le moment, bornons-nous à étudier la restitution.

Nous en avons trouvé cinq ; nous n'en examinerons qu'une : celle des mineurs ; et en voici la raison. S'il est vrai que c'est à l'occasion de la lésion qu'ils causent qu'on demande ce remède contre les fruits malsains de la violence, du dol, de l'erreur ou d'une absence malencontreuse, c'est moins la lésion qu'une de ces quatre circonstances qu'il s'agira de prouver au magistrat, et qui motivera son décret. C'est bien assez, en effet, pour briser un lien juridique, d'y trouver le consentement vicié par quelque côté. Prenons la minorité, tout changera de face : y a-t-il un vice dans le consentement du mineur ? nullement. Son inexpérience lui attire cette protection sans doute ; mais son consentement est pur, et si on brise ce lien qui lui est une lourde chaîne, c'est uniquement parce qu'il en souffre. Aussi fit-on cette maxime : *Minor restituitur non tanquam minor, sed tanquam læsus.*

La restitution des mineurs a donc le privilége de rentrer dans notre sujet, à cause de sa nature qui est celle-ci : une rescision fondée *uniquement* sur une *lésion* où l'on s'est mis *soi-même.*

Envisager en elle son caractère rescisoire était la chose la plus importante. Ce caractère contient les effets de la restitution, et, de plus, fait comprendre la procédure tout à part dont elle est l'objet. Tout cela se mêle au point de ne former qu'une seule et même étude.

Quel que soit le doute qui plane sur l'époque précise où naquit la restitution, et en particulier celle des mineurs[1], il est certain qu'elle a traversé l'un après l'autre l'âge de la procédure formulaire et celui des *judicia extraordinaria.*

Sous le premier de ces deux régimes, la nature seule de la *restitutio* et de ses effets suffirait sans le secours des textes à nous faire savoir qui, du juge chargé de prononcer des sentences, ou du ma-

---

1. Il y a tout lieu de croire que celle-ci existait déjà sous Auguste. On parle, à propos d'elle, de Labéon et d'Offilius. (L. 16, § 1, Dig. *De minór.*)

gistrat investi de l'*imperium*, rendant des décrets et délivrant des formules d'action , pouvait avoir le privilége de faire ce qui est contenu dans ce mot *restitutio*. La restitution, qu'est-ce ? Ce n'est pas la proclamation d'un droit méconnu ; c'est la résurrection d'un droit mort, *redintegratio juris amissi, causæ amissæ*. Les litiges ordinaires, dit Doneau, sont des *actiones juris* INTEGRI ; la demande de restitution est une *actio juris* AMISSI. Elle est , dit-il, une OBLIQUA *juris persecutio*, et l'on comprend cette image : on veut la proclamation d'un droit, mais il est éteint ! il faut le faire revivre , et là est le détour. Il y a donc, dans ce que nous étudions, bien plus qu'une sentence de juge , et M. de Savigny a raison d'y voir *un jugement à une puissance plus élevée*. La sentence applique la loi ; elle ne crée rien ; elle proclame ce que le juge a vu ; et pour qu'elle change le droit, il faut que le juge ait erré. La restitution va contre la loi ; elle la renverse sur elle-même au nom de l'équité ; et sans nulle erreur , elle éteint volontairement le droit qui tout à l'heure brillait de tout son éclat. Est-ce là l'œuvre du juge ? non ; c'est celle du magistrat ; et là il usera plutôt de son *imperium* que de sa *jurisdictio*, de son glaive que de sa balance. Bien plus ! cette résurrection du droit, le magistrat, même dans son glaive, puise à peine assez de pouvoir pour l'opérer avec cette franchise qui n'appartient qu'à la vraie puissance : il lui faudra des subterfuges ; et ne pouvant restituer au droit la vie civile qu'il a à jamais perdue, il en réveillera l'image et la fiction ; si bien que restitué contre la répudiation de l'hérédité de mon père, l'*ipsum jus* me méconnaitra encore et m'interdira tout acte d'héritier, si j'ose m'arroger ce titre et si je ne lui dis humblement : supposez-moi cette qualité qui me manque. Le préteur qui me restitue ne pourra me donner que les actions utiles *ficto me herede* qu'il donne au *bonorum possessor*. Si donc le préteur suffit à peine , comment mettre la restitution dans les mains du juge ?

La compétence en cette matière est donc réservée au magistrat : au préteur d'abord, héritier de la juridiction des consuls, à Rome et dans l'Italie ; aux proconsuls et propréteurs mis à la tête des provinces et successivement nommés sous l'empire *legati* et *præsides* [1] ;

---

1. L. 42, Dig. *De minor.* ; L. 2, C. *Si adv. rem jud.*

au préfet de la ville[1]; au préfet du prétoire [2]; à l'empereur lui-même [3]. En outre, le préteur, qui pouvait déléguer aux magistrats municipaux sa juridiction, pouvait leur déléguer le droit de restituer.

Mais ce droit était tellement inhérent à la juridiction, que si, dans le cours d'une instance devant le *judex*, apparaissait une demande incidente en restitution, il fallait quitter le *judex* et aller devant le préteur, parce qu'elle avait pour préambule nécessaire une *cognitio* de ce magistrat.

On comprend qu'advenant la fusion du jugement et de la juridiction sous la procédure extraordinaire, la compétence en matière de restitution dut s'en ressentir. On distingue bien encore, sous Justinien, un juge *pro tribunali cognoscens*, ayant quelque juridiction, par opposition aux *pedanei judices*, qui sans doute en sont dépourvus. Mais le mot *judex* a perdu toute sa portée, puisqu'on l'applique aux personnes investies de juridiction [4]. Il n'y a donc plus cette ancienne rigueur dans la limite des attributions de chacun. Aussi n'est-il plus besoin, pour qu'un fonctionnaire du degré inférieur ait pouvoir de restituer, qu'il le tienne d'une délégation spéciale de celui qui possède la juridiction; un juge donné *generaliter* et commis simplement à l'instruction d'un procès par le haut fonctionnaire qui peut restituer, peut faire dans cette instance tout ce que son commettant pourrait faire, et notamment statuer sur une demande incidente en restitution [5].

Laquelle, parmi les autorités compétentes en matière de restitution, pourra restituer contre les actes émanés de l'une d'elles, contre le prononcé d'une sentence? Il y a là une occasion de comparer la restitution à l'appel. Chacun des magistrats capables de restituer peut le faire contre les sentences de son inférieur ou de son égal [6], et de même il peut en connaître par voie d'appel. Mais il peut en outre restituer contre ses propres sentences et celles de

---

1. L. 16, § 5, Dig. *De minor.*
2. L. 17, Dig. *De minor.*
3. L. 18, §§ 2, 3, 4, Dig. *De minor.*; L. 3, C. *Si adv. rem jud.*; L. 1, C. *Ubi et apud quem.*
4. L. 3, C. *Ubi et apud quem.*
5. L. 3, C. *Ubi et apud quem.*
6. L. 18 pr., Dig. *De minor.*

son prédécesseur [1], sentences dont on ne pourrait jamais porter l'appel devant lui. Cette différence se comprend : l'appel met en question la justice ou la capacité du juge ; la demande de restitution s'appuie seulement sur la maladresse du plaideur, sur les piéges tendus par son adversaire ; elle n'humiliait pas plus le magistrat que ne le fait chez nous la rétractation obtenue par voie de requête civile.

Il était d'autant plus utile de parler de la restitution contre les actes de l'autorité, qu'à ce propos les textes soulèvent sur les actes du préfet du prétoire une difficulté que laissent non prévue les auteurs modernes. Par une tendance de notre esprit nous rapportons au déléguant tout acte accompli par le délégué en vertu de la délégation. Qu'un magistrat prononce une sentence comme délégué du souverain, comme représentant de la juridiction impériale, *vice sacrâ :* nous y verrons la sentence même de l'empereur, insusceptible d'appel d'abord, insusceptible ensuite d'une restitution accordée par tout autre que par l'empereur. Et cette manière de voir est bien celle des textes : « *Adversus ejus sententiam qui vice principis cognovit solus princeps restituet* », dit la loi 3, C. *Si adv. rem jud.*, dont le témoignage n'est pas isolé : « *Si ab imperatore judex datus cognoscat, restitutio ab alio, nisi a principe qui judicem destinavit, non fiet* [2]. » — « *Imperator rescripsit insolitum esse post sententiam vice suâ ex appellatione dictam alium in integrum restitutionem tribuere nisi solum principem* [3]. » — « *Princeps solus contra sententiam procuratorum suorum in integrum restituere solet* [4]. » Or les préfets du prétoire jugent *vice sacrâ* dans l'étendue de leur préfecture, comme le témoignent la loi 16, C. Théod. *De appellat.*, la Nov. 82, chap. xii, et la Nov. 119, chap. v, qui interdisent à ce titre l'appel contre leurs sentences. Et maintenant, comment s'expliquer qu'au lieu de réserver en pareil cas la restitution au prince suivant le précepte général établi à la loi 3, C. *Si adv. rem*

---

1. L. 16, § 5, Dig. *De minor.*; L. 42, *cod.*; L. 17, *cod.* — Comment se fait-il que M. de Savigny ait émis sans commentaire la théorie suivante : « Tout fonction-
» naire peut accorder la restitution contre les jugements rendus par un fonction-
» naire son égal. Il ne peut l'accorder contre les jugements d'un de ses supérieurs,
» *ni contre les siens propres, ni contre ceux de son prédécesseur.* » (Savigny, *Dr. romain*, VII, p. 217.)
2. L. 18, § 4, Dig. *De minor.*
3. L. 18, § 3, Dig. *De minor.*
4. L. 1, C. *Ubi et apud quem.*

jud., ces deux Novelles et la loi 17, Dig. *De minor.*, permettent aux préfets du prétoire eux-mêmes de restituer contre leurs propres sentences? Il semble y avoir là un démenti à la loi 3, C. *Si adv. rem jud.* Mais non; il n'y faut voir que l'expression d'une chose sous-entendue dans cette loi 3. Comme elle le dit, le prince seul peut restituer contre les sentences rendues *vice sacrâ;* cela exclut la compétence des autres magistrats, tels que le préteur ou le président de la province; cela exclut même la compétence d'un autre préfet du prétoire qui n'aurait pas été l'auteur de la sentence attaquée; mais cela ne touche en rien à la compétence du magistrat même de qui émane cette sentence, et ne porte aucun démenti au principe souverain appliqué par la loi 17, *De minor.*, que tout magistrat peut restituer contre ses propres actes. Là est le seul moyen de concilier ces textes. Et il n'a rien d'invraisemblable; car les textes qui réservent l'affaire au prince ne mettent pas ce dernier en concurrence avec l'auteur même de la sentence rescindable, mais avec d'autres magistrats, comme seraient le préteur et le président. On en est frappé à la lecture des lois 3, C. *Si adv. rem jud.*, et 1, C. *Ubi et apud quem.*

Le prince, en outre, pouvait seul restituer *contra res bis judicatas* [1], c'est-à-dire contre les sentences rendues sur appel. Telle pourrait être l'unique portée de la loi 18, § 3, Dig. *De min.*, citée à l'appui de la discussion qui précède, et qui, réservant au prince la rescision des sentences rendues *vice principis*, les suppose, à dessein ou non, rendues *ex appellatione.*

Remettons-nous sous le régime formulaire d'où ces questions de compétence nous avaient fait sortir. Quelle procédure mènera à la restitution? et quels effets produira la restitution obtenue?

Celui qui la demande emploiera les voies ordinaires pour faire comparaître *in jus* son adversaire : nous verrons bientôt quel il peut être. Il devra la demander en personne ou par l'intermédiaire d'un procureur muni à cet effet d'un mandat spécial; un mandat général de *universis negotiis gerendis* ne suffirait pas [2]. S'il y a doute

---

1. L. 18, § 2, Dig. *De minor.*
2. L. 25, § 1, *De minor.*; L. un., C. *Etiam per procur.* — Covarruvias pense qu'un mandat général suffit, si la restitution est demandée incidemment.

sur l'existence d'un mandat spécial, le procureur doit fournir la caution *ratam rem dominum habiturum* [1]. L'adversaire peut aussi défendre par l'intermédiaire d'un représentant qui doit donner caution *judicatum solvi* [2]. Mais il ne peut, en faisant défaut, arrêter le cours de l'instance, dès qu'il a été régulièrement assigné [3].

Les parties devant le préteur, que fera celui-ci? Il accordera ou refusera la restitution, après une *cognitio* plus large et plus souveraine encore que celle du juge dans un *arbitrium*. Cette étendue de pouvoirs est suffisamment indiquée par ces mots de l'Édit : « *Uti quæque res erit animadvertam.* » Et le monopole du préteur, magistrat unique, élevé à ces fonctions de courte durée par la science et la probité, rendait sans dangers ce pouvoir discrétionnaire.

Le préteur seul, en effet, opérait la restitution, et jamais le juge n'intervenait que pour en tirer des conséquences. Car, dès le rétablissement de l'état de droit antérieur, lequel reparaît de lui-même dès qu'on efface l'état de droit actuel, il y a restitution. Or cette œuvre de rétablir et d'effacer le droit, elle est réservée au préteur. Mais, le droit rétabli, que peut avoir à faire le mineur? cela dépend. N'a-t-il à se plaindre, en venant trouver le préteur, que de sa situation juridique, voulant garder entière sa situation de fait et la préserver d'un changement? Le droit rétabli, la rescision faite, il n'a qu'à rester tranquille et à se tenir sur la défensive, sûr de repousser les attaques qu'on voudrait diriger contre lui en vertu du droit rescindé. Veut-il, au contraire, faire changer le droit et le fait, tous deux s'étant unis contre lui? la simple restitution du droit lui sera insuffisante : il faudra qu'il attaque en vertu du droit rétabli, afin d'obtenir un état de choses favorable à son exercice, et cette attaque pourra être soumise au juge. Ainsi, un mineur a vendu et mancipé son immeuble à des conditions désavantageuses, et il l'a de plus *livré* : il veut qu'on rescinde l'aliénation pour le rétablir dans ses droits, mais il veut aussi qu'on lui fasse rendre l'immeuble, afin d'exercer en fait le droit de propriété. Voilà deux choses dont la première *doit* émaner du préteur, qui, seul, peut

---

1. L. 26, § 1, Dig. *De minor.*
2. L. 26, § 2, Dig. *De minor.*
3. L. 13, pr., Dig. *De minor.*; L. 29, § 2, Dig. *De minor.* — Nov. 119, chap. 6.

rétablir et effacer le droit, mais dont la seconde *peut* émaner du juge, dont le rôle est de définir le droit et d'en ordonner l'exécution. La première, c'est la restitution; la seconde, c'en est la conséquence et la mise en œuvre. Bornée à la première, la restitution n'est pas incomplète, mais insuffisante; et en embrassant la seconde dans une seule et même *cognitio*, dans un seul et même décret, le préteur, non-seulement consomme la restitution, mais fait davantage encore, attirant en outre à son tribunal, par une sorte d'évocation, un litige auquel la restitution donnait occasion de naître et qu'il appartenait au juge de vider.

Ces deux façons d'agir, qu'on peut voir discernées par les textes et par les auteurs sous les noms de *restitutio* REI *vel* JURIS, *redintegratio* REI *vel* CAUSÆ, sont en effet au choix du préteur; et tandis que l'intervention du préteur est *nécessaire* dans la restitution, celle du juge dans sa mise en œuvre est seulement *possible*. Le préteur, lorsqu'on lui demande de rétablir le droit et le fait, de rescinder une aliénation et de faire rendre l'immeuble, est libre d'accorder tout au mineur en évoquant tout à lui, « *cognitione prætorid* », ou de ne lui donner que la restitution du droit en rescindant l'aliénation, « *rescissâ alienatione* », le renvoyant devant le juge avec un litige organisé pour ravoir la chose, « *dato in rem judicio* [1] », *rescissoriâ actione*. Ce dernier procédé maintient scrupuleusement l'*ordo judiciorum* et met en pratique la séparation du *judicium* et du *jus*. Mais il ne s'imposait nullement à la toute-puissance du préteur, qui pouvait *extra ordinem, causâ cognitâ*, ordonner à l'acheteur de rendre l'immeuble [2].

Et loin de penser, comme M. de Savigny, que, du temps de l'*ordo judiciorum* la procédure par *actio rescissoria* fut la plus usitée, j'incline à croire le contraire. Car, en posant l'alternative, les textes témoignent assez du pouvoir qu'avait le préteur de terminer lui-même le litige. S'il le pouvait dans un cas, il le pouvait toujours : il n'avait donc à régler son choix que sur l'utilité. Or, quoi de plus utile que d'abréger la procédure dans le cas, assurément fort commun, où la rescision du droit rendait évidentes les préten-

---

1. L. 13, § 1, Dig. *De minor*.
2. L. 24, § 4, Dig. *De minor*.

tións sur la chose ? Tout au plus le *judex* devait-il être saisi quand le mineur après rescision se trouvait n'avoir qu'un droit litigieux et contestable [1].

Une chose domine cette matière : c'est la liberté du préteur. Aussi je ne refuse pas de croire avec M. Demangeat, qui s'inspire en cela d'une doctrine de Puchta [2], que le préteur prononçait souvent une restitution conditionnelle subordonnée à la vérification par le juge de l'existence d'une condition sans laquelle on ne peut restituer. Qui pouvait interdire au préteur cet abandon de ses droits ? Et d'ailleurs, abandonner un point de fait à l'appréciation d'un juge, est-ce abdiquer son monopole en matière de restitution ? N'est-ce pas toujours lui qui la décrète ? Et s'il la décrète conditionnellement, détachant de sa *cognitio* une question qu'un juge peut résoudre et dont la solution viendra mettre en acte ou rejeter dans l'impuissance la force latente du décret, fait-il autre chose ici qu'user d'un droit inséparable de sa magistrature ? lui dont le langage revêt ordinairement la forme conditionnelle, notamment dans les formules qu'il délivre, lui dont la mission est d'être un foyer unique de science juridique et de s'adonner tout entier à dire le droit, quelquefois à le créer et à le détruire, mais sans devoir abaisser sa dignité et perdre son temps à mille points de fait qu'il laissera juger par une multitude placée sous sa main pour lui rendre ce service ?

Voilà le rôle du préteur et celui du juge dans la restitution. Ils peuvent se combiner dans une restitution conditionnelle. Mais ils se combinent d'une façon plus normale encore dans la procédure par *actio rescissoria* ou *restitutoria*, par *rescissorium* ou *restitutorium judicium*. Les textes emploient indifféremment ces expressions pour désigner la formule d'action qui renvoie devant le juge après restitution. Les interprètes, voulant distinguer par des mots formant antithèse ce qui se passe devant le préteur et ce qui se passe devant le juge dans cette procédure à double ressort, ont inventé (car il n'est dans aucun texte) le nom de *judicium rescindens* pour

---

1. Savigny, *Dr. romain*, VII, § 337. — V. sur ce point : Voët, § 21, IV, 1 ; Bacchovius, *Tract. de act.*, III, ch. XXIX; Vinnius, *ad* § 5 *Inst. de act.*, n° 5.
2. *Pandekten*, § 105. — *Institutionen*, § 177.

le litige sur la restitution, appelant *judicium rescissorium* le litige subséquent que la restitution fait naître. Mais on va voir que cette antithèse détourne les mots de leur vrai sens et conduit à l'équivoque. — Appelez-vous *judicium* la *formule* d'action, comme vous devez le faire avec les textes qui disent l'un pour l'autre *judicium* ou *actio rescissoria* ? Alors pourquoi cette dualité ? Dans le cours de cette procédure, il n'y a qu'une formule : celle que donne le préteur pour renvoyer au *judex*, et que partout on nomme *rescissiorum judicium !* — Appelez-vous *judicium* le jugement, la sentence? Mais alors, donnant à la sentence du préteur (ou plutôt à son décret) le nom de *judicium rescindens*, vous réservez donc celui de *rescissorium* pour la sentence du juge, au mépris des textes unanimes qui l'appliquent à l'acte émané du préteur ! — Enfin, si par *judicium* vous entendez le débat, l'instance, vous avez le double tort de parler d'un débat qui *rescinde* quand resciender est le fait d'un décret, et d'un *judicium rescissorium* qui n'est plus synonyme d'*actio rescissoria*.

L'abolition de l'*ordo judiciorum* simplifia beaucoup cette procédure. Les limites sont effacées et les pouvoirs confondus; magistrat et juge sont synonymes; il n'y aura donc plus cette marche à deux degrés, dont l'un opère et l'autre applique la restitution ; et si une demande de ce genre s'élève incidemment au jugement d'un procès, elle n'en sera plus nécessairement détachée, elle pourra faire corps avec lui.

De plus, les mots action et exception, naguère inapplicables à une demande principale ou incidente en restitution, parce qu'ils impliquaient l'idée d'une formule menant du magistrat au *judex* et dictant à ce dernier ses pouvoirs, si bien qu'on pouvait dire que la demande de restitution engendrait parfois une action, l'*actio rescissoria*, mais n'en était jamais une, ces mots s'y appliqueront très-bien maintenant que le droit commun est l'absence de formules, et qu'on appelle action toute attaque, exception toute défense; ils s'y appliqueront d'autant mieux que ce vague arbitraire qui régnait dans la *cognitio* du préteur en cette matière, est maintenant resserré sous l'influence de la jurisprudence et les efforts des jurisconsultes pour y substituer la précision.

Mais remontons au temps de Gaïus et d'Ulpien pour mieux étudier les *effets* de la restitution dans son âge de virilité.

Déjà nous pouvons les résumer en cet effet général qui est de rétablir l'état de droit primitif : « *Ut unusquisque in integrum jus suum recipiat* [1]. » — Ces mots nous révèlent sa réciprocité. Elle est tout à la fois fort logique et fort juste. Car le droit qui reparaît ne peut reparaître à moitié; et la restitution qui protége n'est pas faite pour enrichir. « *Qui restuitur in integrum, sicut in damno morari non debet, ita nec in lucro* [2]. » — Tous les textes proclament cette réciprocité; aucun n'y porte atteinte, même celui-ci de Celsus : « *Cum minor quam quinque et viginti annis adversus eum cum quo tutelæ egit restituitur, non ideo tutori contrarium tutelæ judicium restituendum est* [3]. » La rescision du jugement rendu sur l'action directe de tutelle peut en effet avoir son caractère de réciprocité sans qu'on rescinde le jugement sur l'action contraire; ces deux actions ne se commandent pas l'une l'autre, et l'idée de Celsus est que la première rescision ne commande pas la seconde; et elle est fort juste, à moins d'une connexité particulière entre les deux actions.

La restitution sera donc efficace pour et contre le mineur, pour et contre son adversaire.

Au mineur, s'il n'a commis d'autre faute que de s'exposer à une attaque en contractant, par exemple, une obligation, elle donnera une exception, une défense toute prête, *rescissâ obligatione;* s'il a perdu un droit de propriété ou de créance en libérant son débiteur, en aliénant son immeuble, ou bien encore en transigeant, elle lui rendra son action *in rem* ou son action *in personam* avec ses sûretés originelles, *rescissâ alienatione* ou *liberatione* ou *transactione;* à moins que le préteur n'aime mieux, ne laissant rien au juge, prononcer lui-même les condamnations qu'entraîne à sa suite le droit rendu au mineur.

Quant à l'adversaire, la restitution lui donnera une exception pour refuser ce à quoi il s'était obligé à propos de l'acte rescindé,

<hr>

1. L. 24, § 4, Dig. *De minor.*
2. L. un., C., *De reput.*
3. L. 28, Dig. *De minor.*

une action pour reprendre ce qu'il avait perdu à propos de ce
même acte. à moins que le préteur, non content de lui donner l'action, ne le dispense d'aller dévant le juge et ne condamne lui-même
le mineur. C'est ainsi que, condamnant l'adversaire à rendre l'immeuble acheté. il condamnera le mineur à rendre le prix perçu.
Avec l'immeuble on rendra les fruits, avec le prix les intérêts [1] ; et
on tiendra compte à l'acheteur de ses dépenses nécessaires ou utiles, ainsi que des dégradations dont il se serait enrichi. De tout cela
il faudrait prendre l'inverse s'il s'agissait, non d'une vente, mais
d'une acquisition onéreuse faite par le mineur [2]. — Règles analogues
pour l'échange ; règles analogues pour la *datio in solutum* [3]. —
Dans tous les cas, une juste compensation peut s'établir entre les
intérêts et les fruits dus de chaque côté [4].

Remarquons, au surplus, que le mineur ne sera obligé de rien
rendre que ce dont il se trouve enrichi par le contrat au jour de la
demande [5]. En sorte que s'il a dissipé le prix perçu en vertu d'une
vente, et perçu sans une sentence du juge, il n'en devra rien rendre;
il est alors doublement restitué contre la vente et contre la
réception du prix. Il semblerait dès lors n'en devôir que rarement
les intérêts, puisqu'il ne les aura presque jamais capitalisés. Mais
c'est là une idée fausse. qui lui ferait réaliser un gain contraire au
droit et à l'équité. Ce sont les besoins de la vie, non les entraîne-
ments de la jeunesse, qui lui ont fait dépenser son revenu ; et si la
restitution devait lui faire rendre ensuite les fruits sans compensation, elle dépasserait singulièrement son but et ferait bien plus que
le protéger : elle l'enrichirait soudain en appauvrissant de même
l'acheteur, qui sans aucun doute a de son côté consommé les
fruits.

La même réciprocité a lieu, avec ses conséquences naturelles,
dans la restitution accordée contre l'acceptation ou la répudiation
d'une hérédité (ou d'une *bonorum possessio*). Mais il y a ici plusieurs
remarques à faire. — La première, c'est que le préteur, ne pouvant

<hr>

1. L. 24, § 4, Dig. *De minor.*
2. L. 27, § 1, Dig. *De minor.*
3. L. 40, § 1, Dig. *De minor.*
4. L. 40, § 1, Dig. *De minor.*
5. L. 27, § 1, *in fine*, Dig. *De minor.*

faire des héritiers ni enlever à personne ce titre, ne peut, en restituant le mineur contre sa répudiation, que lui donner des actions utiles *ficto se herede* contre les débiteurs de cette hérédité, et en le restituant contre son acceptation, ne peut que lui permettre, en gardant sa qualité d'héritier, de n'être pas traité comme tel et de s'abstenir en rendant tout ce qu'il aura recueilli [1]. — La seconde, c'est que tout acte légalement fait par celui qui était alors héritier, ou par le *curator bonorum*, doit être respecté par le mineur restitué ou par l'hériter mis en sa place [2]. Les actes pourtant qui n'auraient été que l'exécution d'un testament dont la restitution opère la chute à la façon d'une répudiation ne peuvent assurément subsister. Qu'on suppose donc un héritier ab intestat venant à défaut d'un héritier testamentaire restitué contre son acceptation : on devra donner à cet héritier ab intestat une *condictio* contre les légataires payés par le mineur. C'est là le sens de la loi 5, Dig. *De condict. indebiti*. La seule chose que dise à cet égard la loi 22, Dig. *De minor.*, c'est qu'une indemnité pour ces choses ne peut être demandée *au mineur*, « *a minore ea refundenda non sunt.* » Si donc il s'agissait d'affranchissements, ils seraient nécessairement maintenus, et la perte en retomberait sur l'héritier ab intestat.

La restitution du mineur contre son acceptation, équivalant à une répudiation, ouvre pour son cohéritier le droit d'accroissement. Ce cohéritier sera-t-il alors obligé aux legs mis à la charge du mineur, sans *condictio* pour reprendre aux légataires ce que le mineur leur a payé? C'est se demander si l'accroissement a lieu *cum onere*. Or il n'en est ainsi que du *jus caduca vindicandi* sous les lois caducaires, et de l'accroissement sous Justinien. — Même question pour le colégataire d'un mineur restitué contre l'acceptation d'un legs : est-il soumis aux charges qui pesaient sur le mineur? Non, s'il exerce le droit d'accroissement, soit avant les lois caducaires, soit sous ces lois dans les cas où il est encore admis, soit sous Justinen en cas de conjonction *re tantum*. Il y sera soumis au contraire s'il exerce le *jus caduca vindicandi*, ou s'il exerce au temps de Justinien l'accroissement en vertu d'une conjonction *re et verbis*.

---

1. L. 7, § 5, Dig. *De minor.*
2. L. 22, Dig. *De minor.*

Les réflexions que je viens de faire sur le droit d'accroissement renferment une application d'un principe général qu'il faut maintenant formuler et développer. — C'est que les effets de la restitution ne sont pas toujours restreints aux deux parties qu'unissait le rapport de droit rescindé, au mineur et à son adversaire naturel, au mineur et à son acheteur s'il s'agit d'une vente. Ils s'étendent parfois à certaines personnes, majeures ou non, étrangères pourtant à la formation du rapport de droit qui lèse le mineur; et bien plus! ces personnes peuvent, non-seulement se ressentir de la restitution prononcée, mais encore se trouver parties dans l'instance en restitution.

On sera mieux fixé sur ce double point, quand nous aurons vu successivement les diverses personnes qui peuvent avoir intérêt à se prévaloir d'une restitution ouverte au profit d'un mineur, ou à qui le mineur peut avoir intérêt à l'opposer.

Nul doute n'est possible quant aux héritiers et successeurs universels, soit du mineur, soit de son adversaire naturel. Ils ne méritent pas d'être appelés des *tiers*, puisqu'ils continuent la personne de l'une ou de l'autre partie. La restitution prononcée doit être efficace pour ou contre eux ; et si elle n'est pas prononcée encore, elle sera utilement demandée par eux ou contre eux. Le droit à la restitution est donc transmissible; Ulpien le dit formellement [1].

Il est également cessible [2]. Car la cession est une sorte de transmission qui fait du cessionnaire pour la chose cédée le représentant de la personne du cédant. Et même, la cession du droit de restitution, comprise de plein droit dans la tramsmission à titre universel du patrimoine dont il fait partie, peut l'être aussi dans une transmission à titre particulier, lorsque le droit de restitution adhère en quelque sorte à l'objet transmis. Suis-je légataire ou donataire d'un bien engagé ou grevé d'une servitude par un acte rescindable? je pourrai poursuivre cette rescision ; car on donne ou lègue tous les droits qu'on a sur l'objet du legs ou de la donation. Et j'aurai de même la restitution si je suis acheteur et qu'on m'ait vendu le bien comme libre de toute charge.

1. L. 18, §   Dig. *De minor*.
2. L. 24, pr., Dig. *De minor*.

Ce qui est fort simple pour les successeurs à titre universel ou particulier du mineur ou de son adversaire, l'est moins pour ceux qu'on appelle proprement des *tiers*, et à qui n'est allée aucune part des droits ou des obligations des parties. Nous allons à ce point de vue étudier la situation de diverses personnes ; et cette étude sera la démonstration de la règle générale suivante : *Activement*, le profit ou l'exercice de la restitution ne va pas au delà du mineur (I). — *Passivement* au contraire, elle peut atteindre des tiers (II).

I. — Le motif qui limite à la personne du mineur le bienfait de la restitution est l'esprit de faveur de l'Édit : ne secourant que les mineurs, il empêche les tiers majeurs de la demander ; et il va même plus loin : il les empêche d'en profiter quand le mineur l'a obtenue. La restitution, en effet, loin d'opérer envers et contre tous, civilement et absolument, l'extinction de l'obligation du mineur, de façon à éteindre par voie de conséquence toutes les obligations accessoires, n'a pour résultat que la sécurité personnelle du mineur, idée qu'on formule ainsi : *Magis dicitur persona eximi ab obligatione quam liberari*, et qui fait donner à l'exception produite par la restitution le nom d'*exceptio personæ cohærens*, comme cela ressort de la loi 7. § 1, *in fine*, Dig. *De except.*

L'effet le plus notable qu'il faille attribuer à ce caractère personnel de la libération du mineur restitué, c'est la persistance du lien accepté par ses *fidéjusseurs*. Mais c'est là un point qui a souvent reçu et mérite encore les honneurs d'une discussion.

Sans doute, la fidéjussion, utile aux créanciers pour s'assurer contre des obstacles de fait tels que l'insolvabilité de leurs débiteurs, n'a pas la puissance de suppléer à la nullité, à la non-existence de l'obligation principale, puisqu'elle puise en elle sa propre vitalité. Mais on ne peut pas dire que la restitution ait sur une créance l'effet de l'anéantir à ce point qu'elle ne puisse plus être au cautionnement une base suffisante. Et pour n'en pas douter, il suffirait de remarquer que la restitution laisse subsister une obligation naturelle, et que l'obligation naturelle peut être cautionnée. La dégénérescence de l'obligation du mineur en obligation naturelle est une éventualité qu'on peut mettre au même rang que celle de l'insolvabilité. Et si le cautionnement a eu pour objet de les prévenir toutes, s'il est intervenu *in omnem causam*, et qu'on ne puisse y voir aucune restriction expresse ou tacite, on ne voit pas pourquoi le créancier n'y trouverait pas la sûreté qu'il y a cherchée, pourquoi le fidéjusseur pourrait prétendre à autre chose qu'à son recours contre le mineur cautionné, recours impuissant lui-même si le mineur, comme il en a le droit, s'est fait aussi restituer contre lui.

Ces idées sont un pur reflet de la justice et du droit; et si l'on veut bien s'attacher à elles, on comprendra comment il se peut faire que, malgré certains textes mis au service de l'opinion contraire, la persistance de la fidéjussion dans son étendue primordiale puisse être énergiquement affirmée.

Débarrassons-nous de ces textes : .

La loi 51, Dig. *De procuratoribus*, dit qu'un mineur n'est pas un *defensor idoneus*, parce qu'il est restituable *ainsi que ses fidéjusseurs*. Mais cela ne prouve rien, sinon que malgré la règle contraire, que je me réserve d'appuyer sur des textes formels, les cautions données par un mineur qui lui-même a été accepté comme *defensor pourront* invoquer la restitution, et cela se comprend sans peine : car en pareil cas la minorité du *defensor* a sans doute été ignorée et l'éventualité de la restitution non prévue, ce qui fait qu'il n'y aura pas eu fidéjussion *in omnem causam*.

La loi 89, Dig. *De acq. vel omitt. hereditate*, décharge également les fidéjusseurs fournis pour des dettes héréditaires par un pupille qui obtient ensuite par voie de restitution la faculté de s'abstenir de la succession dans laquelle il s'était d'abord immiscé. Mais je ferai ici la même réponse : comment les fidéjusseurs pouvaient-ils se défier d'une restitution? il s'agit d'un *pupille :* il n'a pu s'immiscer qu'avec l'*auctoritas tutoris*, ce qui fait supposer une bonne succession, et éloigne de l'esprit toute idée de restitution future!

Qu'il s'agisse d'un mineur *defensor* ou d'un mineur héritier, on doit croire que les fidéjusseurs ont intercédé, comme dit Doneau [1], « *non simpliciter, sed pro minore sub certæ personæ qualitate* », et comme dit Noodt [2], « *pro minore non tanquam minore sed tanquam defensore aut herede* », qualité, ajoute-t-il, dont la disparition fait disparaître avec elle la cause de la fidéjussion. A vrai dire, ils

---

1. Doneau, *De jure civili*, lib. XXII, c. XIV, § 12.
2. Noodt, II, p. 93.

n'ont pas cautionné *in omnem causam;* ils n'ont cautionné que la solvabilité ; ce serait augmenter leur engagement que les rendre responsables de la restitution ; et s'ils n'en sont pas responsables, ils en profitent forcément.

C'est assurément cette pensée qui perce dans ces mots d'Ulpien : « *ut solet* INTERDUM *fidejussori ejus prodesse* [1]. » Oui, la caution invoquera *parfois* le bénéfice de la restitution. Donc, elle ne l'invoquera pas toujours. Et si de ces deux idées la première peut s'expliquer par de nombreuses exceptions, d'autant mieux fondées qu'elles se rattachent à l'ignorance de l'âge, et que les majeurs sont restituables *ob errorem,* la seconde ne peut se formuler que comme une règle remontant à ce principe partout proclamé que le bienfait de l'Édit, s'attachant à l'âge, s'attache à la personne. Que dis-je ? ces deux idées, par leur combinaison, concourent à nous donner la véritable formule de la règle en ces termes : *persistance* de la fidéjussion *avec son étendue primordiale.*

Il y aura donc un point de fait soumis à l'appréciation du magistrat : la manière dont la caution s'est engagée permet-elle ou non de croire que le cautionnement embrasse l'éventualité de la restitution ? permet-elle ou non de l'en rendre responsable ? « *In summâ perpendendum erit prætori cui potius subveniat, utrum creditori an fidejussori* [2]. » — Ce n'est pas là se demander si la restitution met ou non obstacle à la persistance du cautionnement ; il est certain qu'il persiste avec l'étendue qu'il avait et qu'il faut lui conserver.

Qu'on ouvre les Sentences de Paul, on y trouvera ces mots : « *Qui sciens prudensque se pro minore obligavit, si id consulto con-* » *silio fecit, licet minori succurratur, ipsi tamen non succurretur* [3]. » Ici la caution a dû tout prévoir et tout garantir. Car celui qui *sciemment* s'offre en sûreté d'une créance sujette à restitution prend vraisemblablement sur lui la responsabilité de cet événement.

Rien ne s'accorde mieux avec cette pensée que ces paroles d'Ulpien : « *Facilius in mandatore dicendum erit non debere ei subvenire ;* » *hic enim velut adfirmator fuit et suasor ut cum minore contrahere-*

---

1. L. 3, § 4, Dig. *De minor.*
2. L. 13, pr., Dig. *De minor.*
3. Paul, liv. I, tit. IX, § 6.

» *tur* [1]. » On sera plus sévère pour le *mandator credendæ pecuniæ*, parce qu'ayant donné l'impulsion il est censé s'être soumis à une responsabilité entière.

Mais il y a encore d'autres textes à opposer au fidéjusseur. Il y a la loi 95, § 3, Dig. *De solut.* de Papinien, dont l'obscurité s'éclaircit à la lumière des Basiliques et des corrections de Cujas. En voici la substance : le fidéjusseur qui hérite du *reus* se trouve par confusion libéré comme fidéjusseur, étant tenu comme *reus*. Or, qu'on suppose un *reus* mineur et que son fidéjusseur lui succède : ce fidéjusseur absorbe en lui deux obligations : celle du *reus*, celle du fidéjusseur. La première, il peut, en qualité d'héritier de mineur, la faire frapper de restitution; resterait contre lui la seconde, si la confusion ne l'avait éteinte. Et Papinien cherche à prouver que la confusion l'a éteinte : en vain, dit-il, voudrait-on le nier sous prétexte qu'auprès de l'obligation du *reus* sujette à rescision, celle du fidéjusseur joue le rôle principal, ayant été acceptée par lui *sine contemplatione juris prætorii*, c'est-à-dire sans arrière-pensée d'invoquer le secours prétorien; non; malgré cela, l'obligation principale du mineur, rescindable, mais non encore rescindée, était l'obligation principale et a absorbé en elle celle du fidéjusseur, qui ne s'est plus trouvé tenu que comme *reus* restituable; on ne peut assimiler sa position à celle de l'héritier qui aurait cautionné l'*obligation naturelle* de son auteur, et qui, lui, reste tenu comme fidéjusseur, parce qu'il n'a pas succédé à une obligation principale suffisante pour absorber et éteindre son obligation secondaire. — Concluons : Si le fidéjusseur qui succède au mineur cautionné ne peut, sans l'extinction produite par la confusion, se trouver libéré de sa fidéjussion, et demander utilement la restitution du chef de son auteur, c'est que son lien de fidéjusseur subsiste indépendant de la minorité et de la restitution du *reus*. En un mot, c'est la confirmation de cette phrase de Paul : « *Quod si* » *deceptus sit in re, tunc nec ipse (minor) ante habet auxilium quam* » *restitutus fuerit,* NEC FIDEJUSSORI DANDA EST EXCEPTIO [2] », phrase qui n'exprime pas, comme le prétend M. de Savigny, la nécessité pour le fidéjusseur d'attendre une restitution prononcée sur la

---

1. L. 15, pr., Dig. *De minor.*
2. L. 7, § 1, *in fine*, Dig. *De exceptionibus.*

demande du mineur lui-même, mais l'impossibilité absolue pour lui de s'en prévaloir.

D'ailleurs, ce principe serait suffisamment affirmé déjà par les lois 1 et 2, C. *De fidej. minor.* Tout s'accorde avec cette idée que la libération par restitution est *personæ cohærens,* ou plutôt n'est pas une libération véritable, à la différence du sénatus-consulte Velléien, qui, libérant civilement le débiteur principal, libère aussi les fidéjusseurs.

— L'effet que ne peut avoir la minorité du *reus* au profit de son fidéjusseur, la minorité d'un fidéjusseur ne peut l'avoir non plus en principe contre son cofidéjusseur majeur. Qui dit cofidéjusseurs dit bénéfice de division; c'est ce bénéfice que la minorité de l'un ne peut enlever à l'autre en principe. Je dis *en principe :* car ici encore, tout dépend de savoir à quoi se sont étendues les prévisions du fidéjusseur majeur, et s'il a aperçu dans l'avenir, pour la braver, la chance de perdre le bénéfice de division par la *restitution* de son coobligé, aussi bien que la chance de le perdre par son *insolvabilité.* S'il a dû la prévoir, il en souffrira comme il souffrirait de l'insolvabilité, parce que son accession à l'obligation a pour objet d'offrir au créancier une sûreté contre ces événements, qu'ils arrivent dans la personne du *reus* ou dans la personne des autres coobligés.

De là il suit qu'un fidéjusseur qui s'oblige d'abord *seul,* n'aura le bénéfice de division que si le mineur qui s'est obligé *après lui* n'est ni insolvable ni restitué. La restitution de ce mineur remettra le majeur dans sa situation première, c'est-à-dire dans les liens d'une obligation *in solidum* dont nul concours ne divise le fardeau. Pourquoi? Parce qu'en se portant caution, il a voulu garantir la dette à lui seul, et n'a pas pu compter sur une division postérieure de son obligation. C'est là la pensée de Papinien [1], mais il l'exprime mal : il prévoit, comme je viens de le faire, le cas de l'intervention du mineur *après coup;* comme moi, il oppose au premier fidéjusseur la restitution obtenue par le mineur; mais il motive sa décision par ces mots : « *propter incertum ætatis ac restitutionis* ». qui, pris à la lettre, ne la motiveraient pas le moins du monde. Ce n'est pas l'ignorance de l'âge et de la restitution possible du coobligé futur qui peut nous rendre plus sévère pour le coobligé antérieur. Au

---

1. L. 48, § 1, Dig. *De fidejussoribus.*

contraire, cette ignorance parlerait en sa faveur, s'il n'était repoussé par l'ignorance de l'*accession* future d'un coobligé. Le motif qui le repousse, le motif que Papinien veut dire et qu'il dit mal, c'est non pas l'*incertum* portant sur la *minorité* du coobligé futur, mais l'*incertum* portant sur son *intervention* même.

De même que la restitution du fidéjusseur mineur enlève le bénéfice de division au cofidéjusseur qui n'avait pas pu compter l'acquérir, de même elle l'enlève au cofidéjusseur qui avait dû compter le perdre par cet événement.

S'il s'agit de deux fidéjussions *simultanées*, dont l'une émane d'un mineur, le coobligé majeur a pu compter acquérir le bénéfice de division. Reste à savoir s'il a entendu s'exposer à le perdre en cas de restitution de l'autre; et dans l'examen de cette question, l'on doit tenir compte de l'ignorance où il se trouvait de l'âge du mineur. En ce cas, il n'a certainement voulu assurer le créancier que contre l'insolvabilité de son cofidéjusseur; et la perte que cause la restitution doit plutôt retomber sur le créancier instruit de l'âge de son débiteur, que sur le coobligé qui l'ignorait et à qui le créancier aurait pu et dû l'apprendre. Le contraire étendrait après coup les limites primitives de sa cofidéjussion et de sa responsabilité.

Mais quand tout s'est fait sciemment, quand l'état de minorité n'a été caché à personne, le coobligé majeur assure le créancier contre tous les obstacles prévus au recouvrement de sa créance, tant contre l'insolvabilité du *reus* et du cofidéjusseur que contre leur restitution à l'un ou à l'autre, si l'un ou l'autre est mineur; et le bénéfice de division dans ces deux hypothèses lui est refusé.

C'est là le motif que donne Papinien, lorsqu'il déclare dans la loi 48. pr., Dig. *De fidej.*, que le cofidéjusseur d'une femme perd le bénéfice de division : « *ignorare non debuit mulierem frustra inter-* » *cedere* ». Il pouvait ici donner un motif de plus : c'est qu'à la différence de la restitution, qui n'éteint pas, à proprement parler, la fidéjussion du restitué, mais le protége contre elle, le sénatus-consulte Velléien éteint au contraire civilement la fidéjussion de la femme, et ne laisse aucune base au bénéfice de division qui veut pour exister une dualité dans la fidéjussion [1].

---

1. *V.* sur la question du fidéjusseur et du cofidéjusseur, Machelard, *Obligations naturelles*, 1re partie, § 2, art. 4.

— Le résumé de tout ce qui précède, c'est l'affirmation de ce principe que la restitution ne s'étend pas au delà de la personne du mineur. Et si son fidéjusseur demeure obligé en vertu de cette règle, on comprend sans peine qu'il en soit ainsi de son codébiteur solidaire.

— Les mêmes raisons font que le père reste obligé *de peculio*, *quod jussu* ou *de in rem verso*, malgré la restitution obtenue par son fils mineur ; et qu'à plus forte raison il ne peut exercer lui-même, à moins d'un mandat spécial, le droit à la restitution ouvert en la personne de ce fils. Cette proposition semblerait une grosse erreur si l'on s'en tenait à la loi 27, pr., Dig. *De minor.*, où Gaïus permet formellement au père de demander pour son fils et *malgré lui* la restitution, parce qu'il y a intérêt, étant tenu *de peculio*, — ce qui suppose que cette restitution lui profite. Mais, quelque formel qu'il soit, ce texte isolé ne peut pas nous arrêter ; car il est en opposition, non-seulement avec les principes du droit qui revêtent d'un caractère personnel le bienfait de la restitution, mais avec l'opinion exprimée par Ulpien dans la loi 3, § 4, Dig. *De minor.* : il vient de parler du fils de famille admis à se faire restituer ; il ajoute : « Ce secours peut-il profiter au père comme il profite quelquefois au fidéjusseur ? » et il répond : *nec puto profuturum*.

— Une affaire commune entre un majeur et un mineur peut être sujette à restitution en faveur de ce dernier. Là encore il faudra, conformément aux principes, secourir exclusivement le mineur, à moins que l'indivisibilité de la chose qui fait l'objet de l'affaire ne force d'agir autrement et d'étendre au majeur le profit de la restitution.

Ainsi, qu'il s'agisse de la vente d'un fonds, chose très-divisible : le communiste majeur n'a rien à prétendre, et on ne restituera le mineur que pour la partie dont il était propriétaire, sauf à permettre à l'acheteur de rendre en entier l'immeuble qu'il n'eût peut-être pas acheté pour partie.

Mais qu'il s'agisse d'une affaire commune dont le but est une chose indivisible, comme la concession d'une servitude réelle sur un immeuble indivis entre un majeur et un mineur : quels droits chacun des deux constituants peut-il puiser dans la minorité de l'un d'eux ? Ce qui est certain, c'est que le constituant majeur ne peut prendre l'initiative d'agir en restitution contre le titulaire de la servitude. Mais que le constituant mineur prenne cette initiative : qu'en résultera-t-il? il sera restitué et pourra s'opposer à l'exercice de la servitude; mais par la force des choses, qui ne permet pas qu'une servitude soit exercée sur une part *indivise* et ne le soit pas sur l'autre, le fonds entier sera dégrevé. Il le faut pour que le mineur n'ait pas dans la restitution un secours illusoire. De cette façon, le majeur est déchargé *per socium* de la servitude passive, à cause de l'indivisibilité qui fait que l'on retiendrait aussi *per socium* une servitude active que, *seul titulaire*, on aurait perdue par non-usage ou autrement [1].

II. — Activement, avais-je dit, le profit ou l'exercice du droit de restitution s'arrête au mineur. Cette proposition a reçu son développement.

Passivement, ai-je ajouté, il peut atteindre des tiers. On le comprend aisément, car s'il y a du côté du mineur la considération de l'âge qui limite à sa personne le droit d'agir et le profit de l'action, aucun motif ne limite à tel ou tel adversaire l'obligation de répondre aux poursuites.

Nous venons de voir deux communistes jouant le rôle de demandeurs. Donnons-leur le rôle inverse : ils subiront tous deux les conséquences de l'action du mineur; mais il n'y aura pas, à proprement parler, des tiers atteints par la restitution. Que deux communistes vendent à un mineur un fonds indivis entre eux : il va de soi que le mineur lésé devra agir contre eux deux, car tous deux sont unis à lui par le lien du droit qu'il attaque. De même en matière de servitudes : deux communistes ont obtenu d'un mineur leur voisin, pour leur immeuble indivis, la concession d'une servitude active ou la remise d'une servitude passive ; le mineur attaque cette concession ou cette remise : il devra agir contre eux deux; autrement, ni son immeuble ne serait affranchi, à cause du principe de Paul : « *Servitus et per socium nobis retinetur* », ni l'immeuble de ses voisins ne serait grevé de nouveau de l'ancienne servitude, parce qu'on ne peut grever de servitude une part indivise, ni en grever le fonds entier sans le concours de ses copro-

___

1. L. 5, Dig. *Quem. serv. amitt.*

priétaires. Ainsi prononcée contre eux deux, la restitution aura effet contre eux deux; mais ce ne sont pas des *tiers* qui ont paru dans l'instance.

— Quand la restitution fait revivre une créance éteinte, elle la fait revivre avec ses sûretés originelles, avec les gages, avec les cautions, et contre tous les codébiteurs, encore bien que son extinction soit venue d'une acceptilation faite à un seul d'entre eux [1].

— Le père ou le maître ayant puissance sur l'adversaire du mineur, peut être actionné en restitution *de peculio* ou *de in rem verso* [2].

— Que dire maintenant des *tiers possesseurs* qui, sans avoir contracté avec le mineur et sans avoir succédé aux obligations de son adversaire, se trouvent avoir en leurs mains la chose dont l'a dépouillé l'acte rescindable ou rescindé? Quel effet a contre eux la restitution prononcée, et quel rôle peuvent-ils être forcés de jouer dans l'instance? Ce sont là deux questions qui se touchent, mais ne se confondent pas, et qui s'unissent dans la formule suivante : La restitution est-elle *in rem* ou *in personam*?

Ces questions supposent évidemment une restitution qui tend à vous rendre, non des droits de créancier, mais des droits de propriétaire appuyés d'une *actio in rem*. Ainsi, j'ai laissé usucaper mon immeuble, et celui qui l'a usucapé peut l'avoir revendu. Ou bien, j'ai vendu cet immeuble à bas prix, et mon acheteur l'a revendu à son tour. Dans les deux cas, je tends à reconquérir ma propriété. Le pourrai-je toujours?

La loi 15, Dig. *De minor.* de Gaïus suppose qu'on le pourra quelquefois, puisqu'elle donne, en cas de restitution, un recours à l'acheteur subséquent contre son vendeur : « *Sed ubi restitutio* » *datur posterior emptor reverti ad auctorem suum poterit. Per* » *plures quoque personas si emptio ambulaverit, idem juris erit.* » Cela concorde bien avec l'effet général de la restitution qui est « *ut unusquisque in integrum jus suum recipiat* ». Cela concorde surtout avec les principes soutenus par Ulpien [3], et consacrés par

----

1. L. 27, § 2, Dig. *De minor.*
2. L. 24, § 3, Dig. *De minor.*
3. L. 41, Dig. *De rei vind.*; L. 29, *De mort. causâ donat.*

Justinien sur la résolution des droits *ipso jure*. Cela concorde enfin avec la puissance du préteur qui devait pouvoir, dans l'insuffisance même des règles de l'*ipsum jus*, condamner par son décret le détenteur lui-même pour sauvegarder les droits du mineur. Ainsi les principes semblent dire que la résurrection du droit de propriété du mineur par la rescision de la mancipation, de la tradition, de l'usucapion, doit être un signal de mort pour toute autre propriété rivale, qu'elle doit mettre entre les mains du mineur une *actio in rem* ayant effet contre tous, et qu'à plus forte raison le préteur tout-puissant peut, si l'on a appelé le détenteur, le condamner envers le mineur rétabli dans sa propriété.

Mais, justement parce qu'il faut s'abandonner ici à la toute-puissance du préteur dont le seul maître est l'équité, il arrivera souvent qu'il épargnera le possesseur. Aussi faut-il distinguer :

Il faut distinguer d'abord suivant la nature du fait juridique contre lequel on se fait restituer.

Est-ce un de ces faits qui n'ont point le caractère d'un contrat, où il n'y a pas deux parties se voyant et se parlant? est-ce, par exemple, une usucapion? est-ce une répudiation ou une acceptation d'hérédité? Je puis, l'usucapion rescindée, l'acceptation ou la répudiation rescindée, me poser à l'égard de tous comme propriétaire, revendiquer ou repousser à l'égard de tous la qualité d'héritier [1]. La restitution est *in rem*.

Mais est-ce un acte qui met en présence deux parties? est-ce une vente? est-ce même un jugement à la suite duquel mes biens sont saisis et vendus? Il faudra être plus circonspect. La présence d'une personne qui a traité avec le mineur, que le mineur connaît et qui seule est coupable de l'avoir circonvenu, fait comprendre qu'à moins de motifs graves puisés dans l'intérêt du mineur, on doit se contenter d'exiger de cette seule personne les réparations qu'elle peut fournir. Ce n'est pas une conjecture, c'est l'affirmation même d'Ulpien. A la loi 13, § 1, Dig. *De min.*, qui commence par ces mots : « INTERDUM *autem restitutio et in rem datur minori, id est* » *adversus rei ejus possessorem, licet cum eo non sit contractum...* », il prévoit le cas d'achat suivi de revente, et dit que *parfois, interdum,*

---

1. L. 17, pr.; L. 30, § 1, Dig. *Ex quib. caus. maj.*

le mineur pourra demander à être restitué *adversus possessorem* pour éviter la perte de sa chose, *et hoc vel cognitione prætoriá vel rescissá alienatione, dato in rem judicio,* ajoutant qu'au dire de Proculus, Labéon pensait qu'il en devait être ainsi encore bien que le premier acheteur fût solvable, si le tiers acquéreur connaissait la provenance de l'immeuble, et encore bien qu'il eût ignoré cette provenance si le premier acheteur se trouvait insolvable. On n'épargnait donc le tiers acheteur que s'il y avait et ignorance chez lui et solvabilité chez le premier acquéreur. Et Paul appuie de la même manière sur ces deux circonstances dans la loi 14, où il invoque le témoignage de Pomponius, et qui devient plus claire encore par le voisinage de la loi 15, où Gaïus parle du recours en garantie du tiers acquéreur dépouillé.

Voilà comment le tiers possesseur peut être atteint. Il le sera de deux manières : « *vel cognitione prætoriá* », c'est-à-dire par un décret intimant au possesseur l'ordre de restituer, *vel rescissá alienatione, dato in rem judicio* », c'est-à-dire par la dation d'une action rescisoire *in rem,* pouvant s'exercer contre le tiers acquéreur.

Le préteur a le choix entre ces deux façons de l'atteindre lorsqu'il est présent ou dûment appelé devant lui, ce qui sera l'ordinaire. Mais, quoi que fasse le préteur, la personne dont la présence est surtout nécessaire au débat, c'est celle qui la première a attiré à elle les droits de propriété du mineur ; car c'est elle qui, ayant concouru à l'acte attaqué, sera en mesure d'éclairer le magistrat ; et c'est elle d'ailleurs qui sera victime en fin de compte, soit qu'on la condamne seule en épargnant le détenteur, soit qu'on l'expose au recours du détenteur condamné. Aussi ce dernier pouvait-il la faire mettre en cause si le mineur avait négligé de l'appeler.

Ainsi doit être comprise cette idée d'une *restitutio in rem.* On veut dire uniquement par là une restitution donnée *adversus possessorem.* Les mots *in rem* ou *in personam* ne s'appliquaient pas à la demande de restitution avec le même sens qu'ils avaient en s'appliquant aux formules ordinaires d'action, mais avec le sens qu'ils eurent pour toutes les actions en général après l'abolition des formules.

Le mineur, soustrait à ses obligations civiles par la restitution, restait néanmoins soumis à une obligation naturelle. Je ne m'arrêterai pas à prouver qu'aux yeux des Romains le pupille qui contractait sans l'*auctoritas tutoris* était obligé naturellement, bien qu'il ne se fût pas enrichi : cela m'entraînerait bien loin ; je me borne à citer les textes qui en font foi [1]. Mais alors, comment supposer aux Romains une doctrine différente touchant le mineur restitué [2] ? La restitution ne ressemble pas aux autres modes de libération : par elle « *magis dicitur persona eximi ab obligatione quam liberari.* ». On en conclut que l'obligation des débiteurs accessoires continue de subsister. On peut bien en conclure aussi qu'il reste quelque chose au fond de la conscience du mineur, quelque chose qui n'a aucune vie actuelle et ne peut s'élever contre lui, mais qui, fortifié après sa majorité par un acte volontaire comme le payement, la ratification, la novation, peut servir de cause à cet acte et l'empêcher d'être pris pour une libéralité, quelque chose enfin comme un germe que peut encore féconder l'honnêteté du mineur mieux éclairée que l'esprit du juge.

CHAPITRE III

CONDITIONS D'APPLICATION DE LA RESTITUTION DES MINEURS. — MINORITÉ.

Nous connaissons l'arme donnée au mineur, sa nature, son maniement, sa vertu. Quand sera-t-il permis de l'employer ? c'est ce que nous ne savons encore que superficiellement. Il faut donc voir les conditions d'application de la restitution : en d'autres termes, les questions que doit embrasser la *cognitio* du préteur et les solutions qu'elles réclament.

---

1. L. 3, § 4, Dig. *De neg. gest.* — L. 21, pr., Dig. *Ad legem Falcid.* — L. 127, Dig. *De verb. oblig.* — L. 25, § 1, Dig. *De novat. et deleg.* — L. 95, §§ 2 et 4, Dig. *De solut. et lib.*

2. *V.* sur cette question Machelard, *Obligations naturelles*, Ire partie, § 2, art. 4.

La première chose à dire, c'est qu'ici le préteur était souverain juge, ayant l'équité seule pour guide. Mais lui-même dans son édit s'était tracé quelques règles, et d'autres avaient été peu à peu reçues en jurisprudence et en doctrine, parce qu'elles étaient écrites dans cette justice même qui inspirait le préteur. Lisons l'édit avant de les étudier : « *Quod cum minore* XXV *annis natu* » *gestum esse dicetur, postulante eo, quandiu minor erit, perpetuo;* » *postquam major factus erit, exinde intra annum quo primum de* » *ea re experiundi potestas erit, uti quæque res erit animad-* » *vertam.* »

On demande la restitution contre un acte juridique, un *gestum*, expression dont le sens est fort large [1], et dont le développement se confondra avec la recherche que nous aurons à faire des divers genres de lésion qui peuvent motiver une restitution. Ce *gestum*, on pourra l'attaquer, mais à deux conditions générales : 1° minorité chez celui de qui émane le *gestum;* 2° lésion causée au mineur par le *gestum* attaqué. Mais malgré la réunion de ces deux conditions, un nombre assez grand d'exceptions particulières pourront rendre inadmissible la restitution, soit au nom des principes généraux du droit, soit au nom de l'Edit qui, nous venons de le voir, établit une cause de déchéance par la prescription.

Le préteur ne soumet à la restitution que les faits juridiques qu'un *mineur* accomplit ou laisse s'accomplir. Le demandeur devra donc prouver le fait de la minorité à l'époque de l'acte.

Et ici il a un privilége tout spécial. Ordinairement le temps se compte par *jour,* non par *heure* [2]. « *Jam minor non est qui diem* » *supremum agit anni vicesimi* », dit Ulpien à propos de la loi *Ælia Sentia*, qui interdit d'affranchir avant vingt ans, *nisi vin-dictâ* [3]. De cette façon on aurait refusé de restituer celui qui, né *le soir*, aurait contracté *le matin* de son vingt-cinquième anniversaire. Mais on n'admettait pas ici ce genre de calcul. Il faut, en matière

---

1. L. 7, pr., Dig. *De minor.* « *Gestum sic accipimus qualiter qualiter,* dit Ulpien, *sive contractus sit, sive quid aliud contigit.* »
2. L. 5, Dig. *Qui test. facere possunt.*
3. L. 1, Dig. *De manumissionibus.*

de restitution, compter le temps *a momento ad momentum* [1]; et, jusqu'à la dernière heure de sa vingt-cinquième année, le mineur sera restituable. — Je n'ai pas à prouver cette exception aux règles ordinaires, puisque je viens de citer un texte; mais j'ai à la justifier, et on peut le faire par l'esprit de faveur et d'équité, qui, dictant au préteur l'institution elle-même, devait aussi lui dicter cette pensée. Sans doute il ne suffirait pas de dire ici que les dangers, la faiblesse, l'inexpérience sont à la fin du jour aussi redoutables qu'au commencement: car on pourrait répondre qu'ils ne sont pas moindres le lendemain matin, et que partout où l'on pose une limite, un trait de temps, il faut regarder d'un œil différent deux moments qui se touchent. Le tout est de savoir où poser la limite, s'il est bon d'attendre que l'heure sonne, ou s'il doit suffire que le jour commence; or un édit fait pour protéger les mineurs pouvait-il substituer à la computation naturelle du temps, cette computation civile qui se serait tournée contre eux? Qui sait même s'il n'a pas tranché la question par son langage, et si ce n'est pas à dessein qu'il a dit : « *Minore* xxv *annis natu* » , plaçant par le mot *natu* le point de départ du délai, non dans le jour de la naissance, mais dans la naissance elle-même?

Celui qui est né dans un mois ou dans un jour intercalaire, ce jour ou ce mois ne se représentant pas à sa vingt-cinquième année, à quel moment sera-t-il majeur? Avant César, il y avait un mois intercalaire qu'on insérait tous les deux ans à la suite du mois de février raccourci de quelques jours. Celui qui naissait pendant ce mois était considéré par Caton comme né dans le dernier jour de février [2]. Depuis César, l'année ordinaire ayant été allongée d'un mois, on intercale un jour tous les quatre ans, sous le nom de *posterior dies*, entre le 7e et le 6e jour qui précèdent les kalendes de mars; ce 6e jour se trouve ainsi répété, le *posterior* d'abord, le *prior* ensuite, d'où *bis sextus dies*, jour *bissextil*, année *bissextile* [3]. Or, peu importe que dans une année bissextile on naisse POSTERIORE *vel* PRIORE *die bissexto;* ces deux jours n'en font

____

1. L. 3, §.3, Dig. *De minor.*
2. L. 98, § 1, Dig. *De verb. sign.*
3. L. 98, pr., Dig. *De verb. sign.* — Macrob., *Saturn.*, 2, c. 14. — Censorinus, *De die natali*, c. 20.

qu'un, et l'on aura pour anniversaire le 6ᵉ jour non intercalaire, celui qu'on appelle *prior* dans les années bissextiles, et qui seul se retrouve dans les années ordinaires [1].

L'acte d'un majeur échappe à toute restitution, encore bien qu'il ait été commencé en minorité. Il n'a d'existence que quand il est achevé, et Ulpien, se posant la question, décide qu'il faut en considérer la fin [2] : solution qu'il applique ensuite, avec Celsus, à l'exemple tout particulier d'un procès sur l'action de tutelle. Mais il prend soin d'ajouter avec le même Celsus, que la fraude en cette matière ne peut jamais triompher, et que si l'acte n'a traîné en longueur que par un calcul de l'adversaire pour préserver d'une attaque ce qu'il prévoyait bien devoir y donner prise, il faudra restituer, d'autant mieux qu'alors on est tombé dans le piége étant encore mineur. « *Vere dicitur*, dit Doneau, *totam hanc machina-* » *tionem et damnum amissæ actionis structum esse cum mi-* » *nore.* »

C'est encore vainement qu'un majeur, pour se faire restituer contre ses actes, alléguerait qu'il a contracté pour un mineur en qualité de *gérant d'affaires*. On le repousserait comme n'étant pas l'objet de la protection prétorienne : « *Prætor enim minoribus* » *auxilium promisit, non majoribus* [3] ». Qu'un majeur, nous dit Paul, se porte, sans mandat, défenseur d'un mineur en justice : l'âge du mineur dont il a pris la cause ne permettra ni à lui ni à ce mineur lui-même de faire anéantir cette chose jugée [4]. On le comprend, car le mineur n'y a pas eu la moindre participation ; rien n'émane de lui, tout vient du majeur, et dans de telles conditions, tout est irrévocablement consommé.

Si l'on suppose un acte accompli en exécution d'un *mandat* donné par un mineur, les idées romaines sur la représentation par mandataire, empêchant de voir en cet acte un acte de mineur, semblent nous commander de le mettre encore à l'abri de la resti-

---

1. L. 98, pr., Dig. *De verb. sign.* — Voët, IV, 4, § 1.
2. L. 3, § 1, Dig. *De minor.*
3. L. 3, § 4, Dig. *De minor.*
4. L. 46, Dig. *De minor.*

tution, et c'est ce que l'on fait quand le mandataire est solvable et peut indemniser le mineur des suites du mandat [1].

Un majeur ne peut donc attaquer ses actes. Son héritier, fût-il mineur, ne le peut pas davantage. Bien plus! je me plains d'un acte fait par moi en minorité, mais qui n'était que la conséquence naturelle, nécessaire, accessoire, d'un autre acte accompli par mon auteur, lequel était majeur : mon père, par exemple, a donné un gage à son créancier; sa mort m'ayant fait son héritier, le créancier fait vendre le gage pendant ma minorité; j'attaque non la constitution du gage, mais la vente : serai-je écouté? — Ou encore, mon père a acheté un bien *cum lege commissoriá*; après sa mort et pendant ma minorité, le vendeur veut se prévaloir de la résolution de la vente; j'attaque, non la vente, mais sa résolution, et la revente qui s'en est peut-être suivie : pourrai-je triompher? — Non, répondent à ces deux questions la loi 2, C. *Si adv. vend. pign.*, et la loi 38, Dig. *De minor.*, parce que ce n'est pas avec vous, mais avec votre père, que le vendeur ou le créancier avait contracté. — On doit accepter cette solution; mais on peut la trouver rigoureuse : car il y a ici un fait du mineur en ce sens qu'il s'est abstenu d'un paiement par lequel il aurait empêché la vente du gage ou la résolution. Ce fait du mineur, s'il lui cause préjudice, pourquoi ne le révoquerait-on pas? Néanmoins, les textes le défendent, et ne donnent au mineur qu'un recours contre son tuteur ou curateur en cas de négligence de sa part, une action personnelle contre le vendeur du gage en cas de mauvaise foi, mais jamais le droit de faire révoquer la vente et de reprendre le gage.

C'est l'acte d'un mineur qui tombe sous le coup de l'Édit. Il y tombe, encore bien qu'il ait pour but la gestion de la chose d'un majeur. Comment y échapperait-il? Émanant d'un mineur, il doit être attaquable du moment que ce dernier en souffre? — Cette seconde condition pourrait au premier abord sembler ici faire défaut. C'est la chose du majeur, dirait-on, qui a été mal gérée. C'est donc le majeur qui, à titre de *dominus rei*, profiterait de la restitution si on restituait. — Sans doute on ne peut nier l'intérêt

____

1. L. 23, Dig. *De minor.*

du majeur dans l'affaire; c'est lui qu'on aperçoit le premier. Mais si l'on regarde au delà, on verra le refus de restitution causer une perte au mineur même de qui l'acte émane; car le majeur, qui ne peut assurément souffrir de la gestion qu'il ignore, peut rejeter le dommage sur le mineur par l'action *negotiorum gestorum*. Quel moyen a ce dernier de s'en garantir, sinon d'obtenir une restitution dont il cédera le bénéfice au maître?

Quid si le mineur était mandataire? Il y a encore sans doute acte de mineur. Mais ici il y a cette différence avec la gestion d'affaires que le mandant qui a voulu l'opération doit en supporter la perte, et que l'action *mandati*, loin d'être un moyen pour lui de la rejeter sur le mandataire mineur, sera pour ce dernier un moyen de la lui faire accepter tout entière. Elle sauve le mineur de cette même lésion que lui causait au contraire l'action de gestion d'affaires dans le cas précédent. Le sauvant de la lésion, elle le rend non recevable à demander une restitution qui servirait plus au majeur qu'à lui : « *eo modo majori potius consuleretur cujus damno res sit cessura* ». C'est là ce que dit Paul, tout en admettant l'intervention du préteur si l'insolvabilité du mandant rendait inutile au mineur l'action *mandati* [1].

Tous les mineurs sont protégés contre eux-mêmes par le bienfait de l'Édit. Il n'y a pas de distinction à faire.

Nous avons déjà vu qu'il n'y a pas à faire exception pour le mineur assisté d'un tuteur ou d'un curateur [2]. Les textes sur ce point ont été cités. Bien plus ! quand c'est le tuteur ou le curateur qui a agi seul en vertu de son pouvoir d'administration, le mineur est restituable : il y a en effet dans l'acte du tuteur ou du curateur l'acte du mineur lui-même, le principe de la représentation par autrui ayant ici peu à peu gagné du terrain. — Dans ces deux cas du mineur assisté et du mineur représenté, il resterait à se demander si le recours contre le tuteur ou le curateur n'exclut pas la restitution

---

1. L. 23, Dig. *De minor*.

2. Les femmes mineures étaient restituables, même au temps où elles ne pouvaient qu'avec un tuteur faire des actes valables, c'est-à-dire sujets à restitution.

en écartant le préjudice. C'est ce que je ferai plus à propos en traitant de la nécessité d'une *lésion*.

Il n'y a rien non plus qui doive faire repousser le mineur dans sa sujétion à la puissance d'autrui, là où cette dépendance respectant sa capacité lui a permis de se léser.

Le fils de famille mineur, s'il s'est lésé, pourquoi ne serait-il pas restitué? Est-ce l'équité qui manque? Elle abonde au contraire. La présence du père de famille, absorbant tous les droits en sa personne, a laissé à ce jeune homme peu d'occasions de s'exercer aux affaires; elle l'a tenu loin de cette mêlée où s'agitent et se croisent les intérêts des hommes; son inexpérience prolongée lui est un titre de plus au secours du préteur. Mais quand l'obtiendra-t-il? Quand c'est lui et non son père qui y aura intérêt; quand c'est à lui et non à son père que devait aller le gain omis et qu'est allé le dommage. Car il y a deux règles à observer ici : 1º le fils non lésé ne peut se faire restituer; 2º la restitution ne peut ni profiter au père ni être invoquée par lui.

Qu'un fils de famille mineur se nuise à lui-même par un fait relatif à son *peculium castrense*, par l'abandon d'un droit qui ne devait s'ouvrir pour lui qu'après la mort de son père, ou d'un droit purement personnel comme un *legatum militiæ :* il pourra se faire restituer, *quoniam ipsius interest* [1]. Hors de là, le fils acquiert tout à son père : jamais donc, hors de là, l'omission d'acquérir ne pourra le faire restituer, puisqu'au père seul en irait le profit. Mais comme jamais le fils ne peut directement obliger son père, mais que toujours il s'oblige lui-même, toujours aussi ce fils pourra se faire restituer contre ses obligations, sans que son père en tire aucun profit, puisqu'il a été dit plus haut que la restitution ne délivrait jamais un père des actions *quod jussu, de peculio* ou *de in rem verso*, dont il était tenu à propos de l'obligation de son fils mineur.

Mentionner ici l'action *quod jussu*, c'est supposer que le consentement ou l'ordre du père pouvait présider à l'engagement du fils sans enlever à celui-ci le secours d'une restitution. C'est en effet

---

1. L. 3, §§ 7 et 10, Dig. *De minor.*

ce qu'admettait le droit romain : le *jussus patris* n'avait ici aucune influence [1].

Faut-il ôter à cette proposition sa forme absolue? Faut-il refuser au mineur la restitution dans le cas tout spécial d'un *prêt d'argent reçu par l'ordre du père?* Cette exception est admise par d'anciens auteurs, comme Cujas, et par des auteurs allemands comme Burchardi et Puchta [2]. Mais je la rejette avec M. de Savigny [3]. On ne l'appuie en effet que sur deux fragments, dont la lettre se prête indifféremment à l'une ou à l'autre opinion. Et comme il faut, en toute question de droit, donner aux textes équivoques le sens le plus conforme aux principes généraux et à l'équité, comme nulle exception, si elle est arbitraire, ne peut se passer d'un texte clair qui la commande impérieusement en excluant toute alternative, il suffit pour placer le prêt d'argent sous l'application du droit commun, de faire les deux preuves suivantes : l'exception prétendue serait arbitraire; les textes invoqués peuvent s'expliquer sans elle.

Quelle considération pourrait empêcher de qualifier d'arbitraire une exception relative à l'emprunt fait *jussu patris* ?

Est-ce la dignité de la puissance paternelle, compromise par une restitution, qui vient appeler faute l'impulsion du père? Non : car, de l'aveu de tous, on restitue, hors du cas d'emprunt, le fils obligé *jussu patris*; et l'emprunt est au premier rang des actes blâmables.

Est-ce l'absence réelle de lésion garantie par l'intervention et l'obligation accessoire du père? Non encore, et pour la même raison. Pas plus que les autres actes, l'emprunt ne reçoit de l'approbation paternelle le caractère absolu d'acte utile. Il le sera souvent; mais le père peut faire de faux calculs; il en peut faire d'égoïstes; et le fils qui n'en serait pas victime dans d'autres contrats n'en peut être victime ici. Pourquoi, ici comme ailleurs, l'absence de lésion, au lieu d'être aveuglément présumée comme une suite de l'ordre du père, ne resterait-elle pas une des matières de la *cognitio* du préteur?

1. L. 3, § 4, Dig. *De minor.*
2. Cujacius, *in* L. 3, § 4, Dig. *De minor.* app., t. I, page 998. — Burchardi, pages 239-248. — Puchta, *Vorlesungen*, p. 213.
3. Savigny, *Dr. rom.*, VII, app. XVIII.

Est-ce la ressource qu'a le mineur d'opposer *ipso jure* le sénatus-consulte Macédonien, qui, écartant ici l'idée de lésion, pourrait justifier l'exception relative au prêt, ou plutôt soustraire cet acte à la restitution par une pure conséquence des règles? Non encore : car si l'argument prouvait quelque chose, il serait également bon pour l'emprunt *sine jussu patris* qu'on n'a jamais eu l'idée de soustraire aux coups du préteur. Ah ! sans doute, dans les deux cas, il faudra refuser de restituer si le sénatus-consulte suffit à garantir de tout préjudice. Mais il n'y suffira pas toujours, et son insuffisance permettra la restitution. Le sénatus-consulte est inutile en effet toutes les fois que le prêteur d'argent prouve une ignorance légitime de la qualité de fils de famille [1]; et, sans supposer qu'il la prouve, il peut en l'alléguant susciter au mineur un procès coûteux et ennuyeux, préjudice capable de motiver une restitution [2]. Or que fait ici l'ordre du père? suffit-il pour empêcher de prétexter d'ignorance? et le père n'a-t-il pas pu ordonner l'emprunt sans que le créancier le sache? Laissons donc dans chaque espèce le magistrat juge de cette question.

Faudrait-il voir enfin, comme Cujas, dans le refus de restitution une récompense due à la loyauté dont le créancier a fait preuve en ne voulant prêter qu'avec le consentement du père? Mais ce consentement peut non-seulement n'avoir pas été provoqué par le créancier, mais avoir été ignoré de lui. Il est certain que s'il y est pour quelque chose il y aura dans l'espèce refus de restitution parce que le sénatus-consulte suffit sûrement à couvrir le mineur. Mais il n'y aura là pour le créancier rien qui ressemble à une récompense. C'est si peu là l'esprit du législateur romain qu'il laisse entière contre lui la menace de l'exception tirée du sénatus-consulte. Si le créancier s'adresse au père par l'action *quod jussu*, il ne subira ni exception ni restitution. Mais s'il s'adresse au fils, de l'aveu de tous il encourra l'exception; quelle raison y a-t-il pour qu'il n'encoure pas la restitution dans les cas où l'exception serait impuissante?

Elle est donc arbitraire, cette prétendue dérogation au droit commun pour le prêt d'argent. — Abordons les textes : l'y trouverons-nous nécessairement écrite ? Loin de là ; et des deux sens qu'on

____

1. L. 3, pr. et L. 10, Dig. *De senatus-consulto macedoniano.*
2. L. 6, Dig. *De minor.*

peut leur prêter, celui qui applique la règle me paraît le plus raisonnable.

On invoque Ulpien à la loi 3 § 4, Dig. *De minor.* — Vers la fin de cette loi on trouve la phrase suivante : « *Si igitur filius convenia-* » *tur postulet auxilium ; si patrem conveniat creditor auxilium cessat,* » *exceptâ mutui datione ; in hâc enim si filius jussu patris mutuam* » *pecuniam accepit non adjuvatur* », et on traduit ainsi : « Qu'on actionne le fils, il sera restitué ; qu'on actionne le père (par l'action *quod jussu*), il faudra qu'il paye. *Secus* en cas d'emprunt : là en effet le fils qui a emprunté par ordre du père n'est pas restitué. » Ce sens est, dit-on, nécessaire, par la raison suivante. Les mots *non adjuvatur* qui terminent la phrase expriment un refus de restitution, et l'expriment comme une exception. Exception à quoi ? non pas évidemment à la phrase immédiatement précédente, relative au père, puisqu'elle aussi exprime un refus de restitution (*auxilium cessat*), mais nécessairement à la phrase qui précède celle-ci, et qui donnait en effet la restitution au fils (*postulet auxilium*).

Mais qu'on approfondisse un peu plus. Qu'on voie d'abord dans le mot *auxilium*, dans le mot *adjuvari*, non-seulement la restitution, mais toute espèce de secours, comme cela doit être ; — qu'on réfléchisse qu'en arrivant à parler du prêt comme cas d'exception, Ulpien devait songer au secours du macédonien, c'est-à-dire à une protection de plus ; — que cette protection de plus venait fort à propos atténuer, non pas la règle écrite pour le fils, puisque le fils est restituable, mais bien la règle énoncée pour le père, puisque le père non restituable peut au contraire user de l'exception du sénatus-consulte à moins d'ordre émané de lui ; — qu'enfin les mots : « *si filius jussu patris mutuam pecuniam accepit non adjuvatur* » peuvent justement désigner cette arme du sénatus-consulte qu'on ne refuse au père qu'en cas du *jussus;* — et l'on aura tout le sens de cette loi, sens d'autant plus probable qu'il rattache l'exception à ce qui la précède, au lieu de la rattacher à une idée séparée d'elle par tout un membre de phrase qui forme une seconde règle.

Voici donc ce sens tel que je le conçois : Ulpien, ayant développé cette idée qu'on doit secourir même les fils de famille dans les choses qui les intéressent, se demande ensuite si ce secours doit profiter au père tenu *quod jussu* ou *de peculio;* il dit non, et il ajoute : « Le fils actionné sera secouru sans doute; mais si on attaque le père, celui-ci sera désarmé (*auxilium cessat*), à moins pourtant qu'il ne s'agisse d'un prêt , car alors il faudrait son *jussus* pour le priver du secours du sénatus-consulte.

Voilà un texte écarté. Prenons l'autre. C'est un rescrit de Gordien formant la loi 2, C. *De filiof. minore :* « *Si frater tuus,* dit-il, *cum* » *mutuam pecuniam acciperet, in patris fuit potestate,* NEC JUSSU EJUS, » *nec contra senatusconsultum contractum est , propter lubricum* » *ætatis adversus eam cautionem in integrum restitutionem potuit* » *postulare.* »

L'empereur dit qu'on a pu demander la restitution si on n'a emprunté *nec jussu patris nec contra senatusconsultum.* C'est donc qu'on ne le pourrait pas si on avait emprunté *jussu patris !* Voilà le langage des adversaires.

Il faut faire justice de cet argument *a contrario.* L'empereur répondait parce qu'on l'avait consulté; et il est clair qu'il a voulu reproduire dans sa réponse l'hypothèse qui lui était soumise par la consultation; l'absence d'une des circonstances qu'il mentionne n'exige pas plus une solution contraire, que l'absence d'un des faits contenus dans les considérants d'un arrêt ne s'oppose à ce qu'on juge de même un procès analogue. Pourquoi également n'argumenterait-on pas de ces autres mots du rescrit : « *si in patris fuit potestate* » pour exclure *a contrario* la restitution dans le cas où l'emprunteur n'aurait pas été en puissance de père ?

Tout bien examiné , on doit donc conserver le droit commun. On doit restituer le fils mineur qui emprunte même par ordre de son père dans toutes les espèces où le sénatus-consulte macédonien ne paraîtra pas au préteur suffisant pour le garantir d'une lésion. C'est ce que j'aurai occasion de rappeler en traitant bientôt de la nécessité de la lésion.

—Comme le démontre victorieusement M. de Savigny[1], la *filia-familias* peut s'obliger civilement comme le *filiusfamilias.* Il y a donc lieu de répéter pour elle ce qui a été dit pour les obligations des fils de famille en matière de restitution. — Et comme la femme

1. Savigny, *Dr. rom.*, II, app. v.

in manu est *loco filiæ*, il faut le répéter encore pour la femme *in manu*.

— Du fils de famille on arrive sans effort à un autre mineur *alieni juris* : le mineur *esclave*. Mais quelle différence ! Le fils de famille, libre et citoyen, est capable de s'obliger. S'il peut s'obliger, une lésion peut l'atteindre, et la restitution le protége. Mais l'esclave, que nous dit-on de lui ? » *Servus nullum caput habet.* » — « *Servi pro* » *nullis habentur.* » — « *Servus autem ex contractibus non obligatur* [1]. » — « *In personam servilem nulla cadit obligatio* [2]. » — Comment donc serait-il lésé, si sa *servilis conditio* rend ses actes nuls ? En acquérant ou négligeant d'acquérir, il acquiert ou néglige d'acquérir pour son maître seul ; en promettant, il n'oblige personne. Il y a bien un mineur ; mais il n'y a pas une lésion possible ; il n'y a pas à parler de restitution [3].

Mais cette malheureuse victime d'une aveugle barbarie, jetée comme une chose dans le commerce, et privée elle-même du commerce des choses, ne pouvait être dépouillée du seul bien qui reste à toute créature, si déshéritée qu'elle soit : l'espérance. La liberté seule avait du prix pour l'esclave ; et c'est vers elle qu'il aspirait du fond de la servitude. Il pouvait y acquérir des droits. Un fidéicommis pouvait la lui avoir destinée. Qu'on suppose alors qu'un acte de sa part en compromette l'exécution : le voilà bien lésé ; et s'il est mineur, on le restituera.

Inutile d'ajouter que le maître, obligé par exemple *de peculio* par les contrats de son esclave mineur, ne peut opposer cette minorité aux créanciers qui le poursuivent. En confiant un pécule à son esclave, il commet une imprudence. D'ailleurs nous avons déjà vu qu'en prenant sur le pécule on n'est pas censé prendre au fils de famille ou à l'esclave. C'est au père ou au maître majeur qu'on prend, et ce n'est pas lui que l'Edit protége [4].

— L'étude du mineur dans diverses conditions, comme celles de fils ou d'esclave, m'a déjà fait parler comme par anticipation de la nécessité d'une lésion et de divers signes auxquels on reconnaît

---

1. L. 43, Dig. *De oblig. et act.*
2. L. 22, pr., Dig. *De reg. juris.*
3. L. 3, § 11, Dig. *De minor.*
4. L. 3, § 11, et L. 4, Dig. *De minor.*

qu'elle existe ou fait défaut. Il le fallait : parfois plusieurs points de vue se mêlent forcément. Parlons maintenant uniquement de la lésion nécessaire pour motiver la restitution.

CHAPITRE IV

CONDITIONS D'APPLICATION DE LA RESTITUTION DES MINEURS (SUITE). — LÉSION.

Le *cum minore gestum* ne peut être l'objet d'une restitution qu'autant qu'il a causé au mineur une *lésion*, c'est-à-dire *un changement préjudiciable de l'état du droit*. C'est ici surtout que s'exerce le pouvoir d'appréciation du préteur et que son rôle peut se trouver difficile. C'est du reste à celui qui allègue la lésion de la prouver.

Nul taux n'a été fixé par l'Edit pour la quotité de la lésion. Le magistrat est souverain, et peut même faire droit à un simple intérêt de cœur, comme serait l'attachement du mineur à une terre patrimonale qu'il s'est laissé enlever par l'enchère d'autrui, sans perte pécuniaire, sacrifiant par légèreté des souvenirs de famille qu'il regrette maintenant [1]. C'est ce qu'on appelle la lésion *d'affection*.

Aussi je trouve superflues les discussions auxquelles on se livre afin de prouver que la règle *De minimis non curat prætor* est ou n'est pas applicable ici. On ne peut poser de règle ni dans un sens ni dans l'autre. « *Animadvertam uti quæque res erit* », a dit le préteur. Pourquoi se croirait-il obligé de restituer s'il juge l'intérêt trop minime? Est-ce que les circonstances ne se diversifient pas à l'infini, et la nature des circonstances n'est-elle pas ici la seule règle? Je n'en veux que deux exemples : 1° Une chose du mineur a été vendue; aucune loi n'en prohibait la vente : pourra-t-on toujours se faire restituer contre l'acquéreur? Non, il faudra avoir subi par cette vente un *grande dammum* [2]. 2° Sur une condamna-

1. L. 35, Dig. *De minor*.
2. L. 49, Dig. *De minor*.

tion prononcée contre moi, mes biens ont été saisis et vendus : je peux me faire indemniser par l'adversaire; mais contre les acquéreurs de mes biens, me rendra-t-on toujours l'action *in rem* en me restituant *contre la vente?* Non, s'il n'y a pas pour moi un *grande damnum* dans le maintien de cette vente[1]. Qu'est-ce à dire? sont-ce là deux dispositions dont il faille conclure *a contrario* que dans toute autre espèce un dommage insignifiant liera le préteur? Point du tout, c'est un conseil donné à ce dernier. Déjà la loi 24, § 1, Dig. *De minor.*, ne nous a-t-elle pas montré l'intérêt du crédit des mineurs comme un motif pour lui d'être prudent et réservé? Eh bien ! il sera prudent si on a vendu une chose que la loi permet d'aliéner sans décret, c'est-à-dire une chose mobilière, une chose dispendieuse à conserver, dont la vente est un acte de bonne administration et demande à n'être pas entravée. (C'est le cas de la loi 49, Dig. *De minor.*) Il sera encore prudent, s'il a en face de lui une vente accomplie sous les auspices de l'autorité publique, dont la garantie ne doit pas être absolument dérisoire pour les tiers. (C'est le cas de la loi 9.) Ayant à décider entre des intérêts si graves, le préteur exigera que le mineur ait reçu une rude atteinte; mais entre le dommage énorme et le dommage insignifiant, il y a place encore pour la restitution. Et c'est l'examen particulier de la cause qui peut seul montrer l'insignifiance du dommage. Si l'on repousse alors le mineur, c'est à cause de l'insuffisance de la lésion, insuffisance appréciée souverainement par le magistrat. dont le pouvoir discrétionnaire est inséparable ici de son intervention.

Donceau prête aux deux lois 9 et 49 un sens tout à fait arbitraire : il y voit la nécessité pour ces deux cas spéciaux d'une lésion *d'outre-moitié*. Mais nul texte n'a fixé ce taux, et l'indétermination que comportent les mots *grande damnum* est fort en harmonie avec le pouvoir souverain que l'édit donne au magistrat.

Non-seulement la quotité, mais la source de la lésion varie. L'édit parle d'un *gestum*, c'est déjà fort général. et Ulpien ajoute encore qu'on entendait cela *qualiter qualiter, sive contractus sit, sive quid aliud contigit* [2], ce qui interdit par exemple de voir dans

---

1. L. 9, Dig. *De minor.*; *Si adr. rend. pign.*
2. L. 7, pr., Dig. *De minor.*

les mots *cum minore gestum* la nécessité d'un fait bilatéral. L'Edit embrasse tout fait ou toute omission du mineur qui modifie le droit à son détriment. En supposant même que le droit est resté debout avec son étendue primitive, ne serait-il que modifié dans sa manière d'être, que dépouillé de son évidence et devenu litigieux, cela suffit. On dit souvent que le meilleur procès ne vaut jamais rien : est-ce peu d'en subir les frais et le désagrément avec la menace de le perdre, et peut-on refuser de restituer, *cum intersit minorum litibus et sumptibus non vexari* [1] ?

Peu importe aussi que l'acte ou l'omission ait pour effet une perte ou le manque d'un gain. « *Hodie certo jure utimur*, dit » Ulpien, *ut et in lucro minoribus succurratur* [2]. » Mais à tout il faut donner un sens raisonnable. On ne peut restituer un mineur pour avoir manqué un gain qu'un autre avait le droit et le moyen d'empêcher, et qui aurait été pour cet autre une perte, un amoindrissement de ses droits, *lucrum ex alterius pœnâ vel damno faciendum*. Négligez d'accepter une bonne succession : vous omettez là un gain ; et comme on ne peut pas dire que ce gain eût été un tort causé à l'héritier subséquent, puisque l'hérédité ne lui revenait qu'après vous, vous serez restitué. Mais en vain vous plaindriez-vous d'avoir omis d'usucaper la terre de votre voisin. Combien d'autres mineurs auraient pu l'usucaper et ne l'ont pas fait !

M. de Savigny [3] met sur le même rang la perte d'une action pénale comme l'action d'injures ou de vol, parce qu'elle eût appauvri le défendeur de tout ce qu'eût gagné le demandeur. Sans vouloir admettre ici la restitution que rejette formellement la loi 37 pr., Dig. *De minor.*, je crois que la raison qu'il en donne et le point de vue où il se place ne sont pas d'une exactitude parfaite. D'abord, la perte d'une action pénale n'est pas un manque de gain, c'est une perte réelle, la perte d'un droit déjà ouvert en votre personne. Dès lors, suffirait-il, pour fermer la bouche au mineur, de lui dire que le gain qu'il retirerait de l'exercice de l'action perdue appauvrirait le défendeur ? Mais, répondrait-il avec raison, si j'ai un créancier, l'exercice de ma créance l'appauvrira toujours ;

I. L. 6, Dig. *De minor*.
2. L. 7, § 6, Dig. *De minor*.
3. Savigny, *Dr. rom.*, VII, p. 125.

et pourtant, si je m'en démunis, vous me restituerez ! Il faut donc une autre raison pour repousser le mineur qui redemande son action pénale. Il faut que ce cas soit l'objet d'une exception. Il l'est en effet pour des motifs d'un ordre élevé, parce qu'à ce genre d'actions s'attache l'idée de vengeance et de ressentiment, que cette idée s'efface par l'oubli qu'amène le temps comme par un pacte de remise, et qu'on ne veut rien de rétrospectif en cette matière, même de la part d'un mineur. N'est-ce pas aussi comme une exception aux règles générales, que Tryphoninus, venant de parler de l'action d'injures, refuse ensuite la restitution au mari mineur qui a perdu son action en accusation d'adultère en laissant écouler 60 jours ? Pourquoi la refuse-t-il ? Parce qu'au bout de 60 jours l'accusation est réputée calomnie, quel que soit l'âge du mari. De même l'injure et le vol, après pacte ou prescription, sont réputés oubliés sans que la minorité puisse y rien changer. Il n'y a donc là que des cas exceptionnels qui seraient mieux placés et devront être rappelés dans le chapitre suivant.

Mais, quant aux actions pénales qui n'ont rien de privé, qui mènent ou à une peine corporelle ou à une amende pour le fisc, il suffit des règles ordinaires pour exclure la restitution. En perdant le droit de l'exercer, le mineur n'a ni amoindri son patrimoine, ni négligé de l'augmenter. Qu'a-t-il perdu ? le moyen d'assouvir un mauvais sentiment de son cœur, qui déjà ne s'abrite plus sous le voile d'une juste indignation.

En général, une perte peut revêtir deux physionomies : 1º mettre hors du patrimoine une chose qui y était entrée : soit un droit réel, une *actio in rem*, soit un droit de créance, une *actio in personam ;* 2º y faire entrer une chose qui n'y peut compter que comme une charge. — Ces deux genres de lésion sont discernés par la loi 44, Dig. *De minor.*, qui en mentionne un troisième, celui dont il vient d'être parlé en premier lieu : l'omission d'un gain qui vous revenait de droit.

L'esprit découvre maintenant les mille causes qui peuvent léser un mineur et motiver une restitution. Une énumération serait impossible. Mais on peut citer : — dans le droit des choses : toutes les manières d'aliéner la propriété ou les autres droits réels, comme la mancipation, l'*in jure cessio*, l'usucapion, le non-usage ; — dans le droit des obligations : tous les contrats réels, verbaux, littéraux ou consensuels, la fidéjussion, la transaction, les quasi-contrats, les divers pactes qui obligent *ipso jure* ou *exceptionis ope*, enfin les actes extinctifs des obligations, comme le paiement ou la dation en paiement, la novation, l'acceptilation, le mutuel dissentiment ; sans parler de la prescription ; — dans le droit de succession : l'acceptation d'une mauvaise hérédité civile ou prétorienne, la répudiation d'une bonne, le refus d'un legs avantageux, l'acceptation d'un legs onéreux ; — dans le droit de la famille : l'adrogation ; — dans le droit de la procédure : la *litis contestatio* d'abord, la sentence ensuite ; et, pour entrer dans les détails, les déchéances pour expiration de délais, la désertion de l'instance, l'aveu fait ou omis, la délation de serment, le défaut prononcé, l'oubli d'une exception dans la formule, l'omission d'une *præscriptio* qui eût empêché l'épuisement de l'action, la *plus-petitio*, l'exagération dans la *condemnatio* si on est défendeur, la *minus-petitio* dans cette *condemnatio* si on est demandeur, l'omission d'une allégation *in judicio*, l'emploi moins avantageux de l'action *de peculio*, au lieu de l'action *quod jussu*, etc. : toutes choses qui, du reste, motiveraient une restitution pour erreur.

C'est donc en vain qu'on opposerait au mineur un acte marqué du sceau de l'autorité publique. « *Et si nihil facile mutandum est ex* « *solemnibus, tamen ubi æquitas evidens poscit subveniendum est* [1]. » On peut restituer contre un jugement ; et déjà, au point de vue de la compétence, nous avons pu comparer la restitution avec l'appel, comparaison qui nous a montré comme sujets à restitution les jugements rendus par l'empereur lui-même. — Vous a-t-on accordé la restitution contre une répudiation d'hérédité : vous pourrez ensuite la demander pour échapper aux effets de votre acceptation [2]. On ne vous opposera pas votre inconstance ; règle pourtant qui n'était pas absolue, car Justinien y porte atteinte dans la loi 8, § 6, C. *De bon. quæ lib.* — Mais contre un refus de restitution par le magistrat, on ne peut avoir d'autre ressource que l'appel. On ne peut autrement présenter une seconde demande, à moins qu'étant fondée sur des

---

1. L. 7, pr., Dig. *De int. rest.*
2. L. 7, § 9, Dig. *De minor.*

moyens nouveaux, elle ne soit réellement une affaire nouvelle échappant à l'exception de chose jugée [1].

Avec tant de sources de lésion, est-il étonnant que parfois l'une d'elles soit soustraite à la restitution par quelque principe d'ordre public ou d'équité? En effet, outre certains actes omis à dessein dans l'énumération que je viens de faire, parce qu'ils sont inattaquables, les actes énumérés eux-mêmes le seront aussi, quoique entachés de lésion, s'ils se produisent dans telles ou telles conditions spéciales. Il y aura là matière pour un chapitre.

Mais restons encore dans les généralités; et sans nous occuper de tel ou tel acte, voyons dans quels cas le mineur qui se dit et qui paraît lésé pourra être repoussé en vertu du droit commun comme ne l'étant pas.

Une lésion qui n'est pas causée *ipso actu* n'est pas regardée comme suffisante. Qu'un mineur accepte une bonne succession, qu'ensuite le feu du ciel détruise les maisons qui en font partie, qu'une épidémie soudaine fasse mourir les esclaves ou le bétail et le laisse en perte : on lui répondra, s'il réclame, que l'acte en lui-même ne l'a pas lésé, qu'il l'a été par un cas fortuit, et que le cas fortuit a ce privilége d'anéantir nos droits sans retour, fussions-nous mineurs. Mais le mineur triompherait si l'acte, en l'exposant à des risques faciles à prévoir, apparaissait comme désavantageux dès le commencement. Il échange un fonds de terre contre un esclave qui, à la différence du fonds, peut mourir ou s'enfuir; il achète un esclave malade; il accepte une succession dont l'actif en grande partie se compose ou de maisons tombant en ruines ou d'esclaves et peut-être même d'esclaves malades; puis les pertes qu'on devait prévoir se réalisent : il sera restitué. L'acte même l'a bien lésé, puisque la valeur même de l'équivalent reçu se trouvait déjà diminuée par une chance de perte que sa légèreté seule a pu lui faire accepter [2]. Et je suis porté à croire qu'il suffirait qu'un acte eût un caractère aléatoire, pour qu'émanant d'un mineur il fût uniquement jugé sur son résultat ; parce qu'étant en face d'un

---

1. Code *Si sæpius in int.*
2. L. 11, §§ 4 et 5, Dig. *De minor.*

mineur et d'une chance prévue lors du contrat, c'est à l'irréflexion qu'on attribuera volontiers le fait de s'y être exposé.

On aurait tort d'assimiler au dommage résultant d'un cas fortuit le fait du mineur d'avoir dissipé le prix d'une vente consentie par lui. L'acte lui-même le lésait : car un jeune dissipateur est d'avance mis en perte par la conversion de ses biens en argent.

— En présence d'un désavantage qui ressort des clauses mêmes de l'acte, ne demande-t-on pas autre chose? Donnera-t-on d'une main prodigue ce remède de la restitution, lorsque le mineur n'en a pas besoin, protégé qu'il est par l'*ipsum jus*? Laissera-t-on le droit prétorien faire double emploi avec le droit civil? Jamais : car ce double emploi porte en lui la preuve qu'il n'y a pas lésion, ce mot devant s'entendre uniquement d'une perte au point de vue du droit, d'une *amissio jure*, d'un tort que le droit nous cause et que ne paralyse aucun recours de droit.

Tout *gestum* entaché de nullité est inoffensif et insusceptible de restitution. Cela comprend les actes faits par le mineur sans l'*auctoritas tutoris* ou le *consensus curatoris*, la vente d'un immeuble du mineur *sine magistratus decreto*, tout contrat *bonæ fidei* entaché du dol de l'autre partie, et *à fortiori* les actes qui seraient nuls même émanés d'un majeur. Le mineur est sûr en effet que le juge, sans même le besoin d'une exception, refusera l'exécution de l'acte à n'importe quel demandeur [1].

Il faut en dire autant des déchéances qu'on voudrait opposer à un mineur et qu'un mineur ne peut pas encourir. Quelles sont à ce sujet les distinctions à faire en matière de prescription? Sur ce point la comparaison du droit de Justinien ou droit antérieur est assez difficile. On ne saurait même aborder ce dernier dans ses détails, qui ne sont pas tous clairs. Nous savons seulement qu'il y avait : — des prescriptions qui ne couraient pas contre les mineurs : celle de la *querela inofficiosi testamenti*, celle de dix ou vingt ans [2]; — d'autres qui couraient contre eux, sauf restitution [3];

---

1. L. 16, pr., §§ 1, 2 et 3, Dig. *De minor.*
2. L. 3. C. *Quibus non objic. longi temp. præscr.*
3. L. 5, C. *In quib. caus. necesse non est :* « . . . *in omnibus casibus in quibus* » *vetera jura currere quidem temporales præscriptiones adversus minores conces-* » *serunt, per in integrum autem restitutionem eis subveniebant. . .* »

— d'autres enfin qui couraient sans restitution : les 60 jours donnés au mari pour l'accusation d'adultère, les 5 ans donnés pour constater l'état d'un défunt, les prescriptions des actions pénales [1]. Que fait Justinien ? Il déclare que nulle prescription ne courra plus contre les mineurs, parce qu'il vaut mieux conserver leurs droits que chercher un remède après la blessure. Mais à côté des prescriptions qui ne courent plus, et contre lesquelles il n'est pas besoin de restituer, Justinien laisse courir, et toujours sans restitution, les prescriptions citées plus haut, que l'ancien droit laissait déjà sans remède, et auxquelles il faut ajouter maintenant celle de trente ans établie par Honorius, et à plus forte raison celle de quarante ans. Justinien, de son côté, établit deux prescriptions nouvelles : 1° une prescription de 12 ans, amenant la déchéance du mari qui s'est obligé à la restitution d'une dot qu'il prétend ne lui avoir pas été comptée ; 2° la péremption d'instance par trois ans. Toutes deux courent contre les mineurs. Est-ce avec ou sans restitution ? Question sans intérêt quant à la première, qui jamais ne s'accomplira pendant la minorité du mari. Quant à la seconde, Justinien nous dit que le mineur n'aura droit à la restitution qu'en cas d'insuffisance du recours qu'il peut avoir contre son curateur ou tuteur [2].

Aux prescriptions qui ne courent pas contre les mineurs, il faut joindre certaines déchéances, et déclarer aussi la restitution superflue contre elles. Le sénatus-consulte Silanien frappe d'indignité l'héritier d'un homme qui a péri de mort violente, quand cet héritier fait adition avant que les esclaves héréditaires aient été mis à la question ; — une mère qui passe un an sans faire nommer un tuteur à son fils impubère est déchue du droit de lui succéder ; — un créancier n'a qu'un moyen en principe de constituer son débiteur *in morâ* et de faire courir les intérêts : c'est de l'interpeller. Ces déchéances pourraient motiver de la part d'un mineur une demande de restitution, s'il pouvait les encourir. Mais le débiteur d'un mineur est constitué *in morâ ipso jure* [3]; la mère mineure n'est pas déchue, faute de faire nommer un tuteur à son fils [4]; et le sénatus-

---

1. L. 37, pr., Dig. *De minor*.
2. L. 13, § 11, C. *De judiciis*.
3. L. 3, C. *In quib. caus*.
4. L. 2, C. *Si adv. delict*.

consulte Silanien n'a pas de prise sur un héritier mineur [1].

Toutes les fois que l'acte est ainsi frappé d'impuissance et peut laisser au mineur toute sa quiétude, il n'est pas besoin de réfléchir pour trouver la restitution superflue. Mais si l'acte vaut, si le mineur ne trouve dans la loi que le droit de lui faire la guerre, ou même le simple droit de se venger par ailleurs du préjudice qu'il en éprouve, et si l'on veut savoir quel rôle, dans cette hypothèse, pouvait jouer la restitution, il faudra faire appel à tout ce qu'on a de sagacité. On ne peut se livrer bien longtemps à la lecture des textes sans demeurer convaincu qu'en cette matière la meilleure règle est de n'en pas chercher, et de faire intervenir, pour établir l'accord, la souveraineté du préteur, juge des situations les plus diverses. Cela va s'éclaircir par l'étude de plusieurs exemples.

La loi 23, Dig. *De minor..* nous dit qu'un mineur, contre ses actes de mandataire, ne pourra se faire restituer s'il a l'action *mandati* contre un mandant solvable, et qu'avec l'insolvabilité de son mandant commencera seulement son droit à obtenir la restitution. Cela se justifie par cette idée qu'autrement la restitution profiterait au mandant-majeur, qui doit subir les suites fâcheuses des opérations commandées par lui.

L'exception du S.-C. Macédonien devrait également, ce me semble, fermer le droit à la restitution, tant qu'elle repousse péremptoirement l'action. *Secùs* si, rendue impuissante par l'ignorance légitime du créancier, ou seulement insuffisante à garantir le mineur les chicanes de son adversaire, elle peut s'allier à l'idée d'une lésion.

L'action et l'exception *quod metùs causâ* ou *de dolo* ont-elles ce même pouvoir d'exclusion? Je ne le crois pas, et voici pourquoi : il y a une restitution pour dol, une restitution pour violence; sont-elles exclues par les actions *quod metùs causâ* et *de dolo?* Bien loin de là : l'action de dol en qualité d'infamante doit toujours céder le pas à la restitution, ce qui fait croire que le mineur pouvait et devait même invoquer sa minorité préférablement au dol. Quant à l'action de crainte, elle marchait auprès de la restitution pour crainte, sous la main du violenté, libre de prendre l'une ou l'autre, à son choix [2]. Si tels étaient les rapports de l'action personnelle et

----

1. L. 1, C. *In quib. caus.*
2. L. 9. § 6. L. 21. §§ 5 et 6. Dig. *Quod metus.* — L. 3, C. *De his quœ vi.*

de la restitution pour violence, comment croire différents les rapports de la même action personnelle et de la restitution pour
minorité? La restitution pour violence n'a-t-elle pas, comme la
restitution pour minorité, le caractère d'*extraordinarium auxilium*,
qu'Ulpien donne comme étant le motif décisif de l'exclusion de
celle-ci, dès qu'on est protégé *communi auxilio et mero jure?* C'est
donc que l'action personnelle peut n'être pas une protection suffisante. Et en effet, si j'ai intérêt (et nous avons vu que c'était fré-
quent) à me faire restituer plutôt qu'à agir *quod metûs causâ*, en
perdrai-je le droit parce que je suis mineur, ou bien faudra-t-il
exiger de moi une demande de restitution fondée *sur la violence,*
en sorte que ce ne sera plus le *commune auxilium*, le *merum jus,*
mais un *extraordinarium auxilium*, qui viendra fermer la porte à
un autre *auxilium* du même genre? Et tout cela pour m'asservir
à faire la preuve souvent difficile et toujours ignominieuse d'une
violence, quand je suis tout prêt à prouver ma minorité, ce qui
n'implique ni difficulté ni ressentiment ! Concluons-en que l'action
quod metûs causâ laisse place à la restitution pour minorité, parce
qu'elle laisse place à la lésion.

La diversité des solutions montre déjà que s'il y a une règle en
cette matière, elle est bien flexible. Le critérium, ici, est de voir si le
recours ordinaire suffit ou non à écarter toute lésion, si son insuffisance dépend ou non de l'insolvabilité de celui contre qui il est
donné, enfin s'il n'y a pas encore quelque autre considération qui
oblige d'attendre cette insolvabilité pour restituer. Mais en général
l'insolvabilité n'est pas nécessaire pour qu'on envisage le recours
de droit ordinaire comme insuffisant et comme non exclusif de
restitution.

C'est ce que vient prouver la décision des lois romaines au sujet
du recours donné contre les tuteurs ou curateurs, c'est-à-dire de
l'*actio tutelæ* et de l'*actio negotiorum gestorum utilis.* Ce recours
s'allie à la restitution sans qu'on ait besoin de supposer l'insolvabilité du tuteur. Cette thèse me semble évidente, malgré les objections qu'on a dressées devant elle. Elle repose sur des textes
formels : — la loi 3, C. *Si tutor vel curator intervenerit*, qui restitue les mineurs « *licet personali actione a tutore vel curatore jus*
» *suum consequi possint* »; — la loi 5, C. *eodem tit.*, qui dit : « *Mi-*

» *nores tam restitui quam tutorum vel curatorum damna sequi,*
» NULLO EIS PRÆJUDICIO PER ELECTIONEM GENERANDO, *placuit* »; — la
Nov. 1, chap. IV, § 1, qui dit d'une façon générale : « *Est eis duplex*
» *quoddam subsidium : et per restitutiones, et per viam contra negli-*
» *gentes tutores vel curatores.* » — Cela est plutôt confirmé que
contredit par la loi 45, § 1, Dig. *De min.,* qui dit : « *Antoninus res-*
» *cripsit eum qui fraude tutoris adversarium suum diceret absolutum*
» *et agere cum eo ex integro vellet,* LICENTIAM *habere prius cum tutore*
» *agere* », ce qui n'exprime rien autre chose qu'un choix laissé au
mineur. — Cela se concilie encore avec la loi 39, § 1, Dig. *De min.,*
qui, à propos d'une vente faite par le curateur, ne tire aucune
conséquence du recours possible contre un curateur solvable, sinon
l'obligation du mineur en cas de restitution d'indemniser l'acheteur de ses impenses faites de bonne foi. — Un seul texte exige
formellement l'insolvabilité : c'est la loi 13, § 11, C. *De judiciis,*
déjà citée, sur les péremptions d'instance. Mais comment prévau-
drait-il, par exemple, sur les lois 3 et 5 que je viens d'extraire du
Code, au titre *Si tutor vel curator?* N'est-il pas clair que c'est une
disposition spéciale motivée par l'intérêt d'ordre public qui a
dicté à Justinien cette institution de la péremption par trois
ans ?

Vainement lutterait-on contre la loi 3, C. *Si tutor,* qui donne
aux mineurs le secours prétorien « *licet personali actione a tutore*
» *vel curatore jus suum consequi possint.* » Comment a-t-on pu dire
qu'elle prévoit le cas d'un curateur insolvable? que *jus suum*
consequi ce n'est pas se remplir de ses droits, mais les invoquer
sans fruit? *Petere,* c'est demander; *consequi,* c'est obtenir. L'idée
de Dioclétien dans cette loi, ce n'est pas, d'ailleurs, une restriction
à la restitution : il l'aurait exprimée par les mots *pourvu que...,*
à moins que... ; c'est une concession de la restitution quand même,
licet... D'ailleurs, ce texte ne fût-il pas positif, les autres le seraient assez, par exemple la loi 5, au même titre, qui donne un
choix entre les deux recours, alors que l'opinion contraire ne
pourrait subsister qu'avec l'obligation de discuter d'abord le
curateur. — Tout montre que la loi romaine s'est inspirée de cette
idée fort juste, qu'un recours contre un curateur, même solvable,
ne supplée pas entièrement la restitution, qu'il suscite au mineur

un procès plus difficile, exigeant la preuve d'un lien d'obligation entre le curateur et lui, d'un lien créé par une faute. Qu'importe qu'Ulpien défende de restituer le mineur qui est *communi auxilio et mero jure munitus?* Il n'entend parler là que d'une sauvegarde complète, dont les avantages soient égaux à ceux de la restitution. Ne dit-il pas lui-même un peu plus bas qu'une simple *condictio* n'est pas un rempart suffisant et exclusif de restitution [1]? Qu'importe encore l'axiome : *Qui habet actionem ad rem recuperandam, ipsam rem habere videtur?* S'il devait s'entendre à la lettre, on repousserait tout revendiquant, sous prétexte qu'il a la chose, puisqu'il a l'action. — Que dire maintenant de l'argument qu'on tire de la loi 22, Dig. *De min.*, qui défend de restituer le mandant mineur contre les actes de son mandataire, à moins d'insolvabilité de celui-ci? Qui n'aperçoit la différence profonde que recouvre ici une analogie apparente? A Rome, le mandataire agit en son nom, si bien qu'eût-il un mandant mineur, son acte est et demeure acte de majeur, soustrait à la restitution par des principes qui ne se relâchent que devant la perte considérable que l'insolvabilité peut causer au mandant, et qui résulte indirectement du mandat son ouvrage. Mais qu'est-ce qui nous retient pour le tuteur ou le curateur? N'a-t-on pas de bonne heure admis ici une représentation réelle de la personne, et derrière l'acte du curateur ne voit-on pas l'acte du mineur? N'est-ce pas ce dernier qui est obligé, *ipse minor gessit et obligatur*, et n'est-ce pas pour cette seule raison qu'au lieu de lui refuser péremptoirement la restitution, sauf à prévoir le cas d'insolvabilité, on la lui donne comme étant de droit commun ?

Au reste, si la restitution cause au tiers qui doit la subir quelque dommage imputable au curateur : si, par exemple, la vente à lui faite d'un bien du mineur étant rescindée, ce dernier n'a pas de prix à lui rendre parce qu'une faute du curateur est cause que le prix versé ne lui a pas profité, il me semble impossible de refuser à ce tiers un recours contre le curateur. Peut-être est-ce une *condictio*. Peut-être, et j'incline à le croire, est-ce l'action même du mineur que celui-ci sera forcé de lui céder : car le mineur doit

---

1. L. 16, § 2, *in fine*, Dig. *De minor.*

rendre ce dont l'acte l'a enrichi, et, à défaut du prix perdu ou dissipé, il reste encore enrichi de ce recours. De la sorte, le tiers pourra se faire indemniser, à charge par lui de prouver la faute du curateur, obligation à laquelle le mineur a voulu échapper en se faisant restituer.

Avons-nous examiné tous les cas où la lésion manque? Non; en voici une nouvelle catégorie. Elle renferme les actes imposés au mineur par une nécessité ou de fait, ou juridique, ou seulement morale.

Tel esclave menacé de mourir m'est d'une nécessité impérieuse : je l'achète, et il meurt : pas de restitution, parce qu'il n'y a pas de lésion. J'aurais subi peut-être un grand dommage en ne l'achetant pas : son achat, même suivi de sa mort, ne m'a pas lésé [1]. Telle est l'influence de la nécessité de fait.

J'ai reçu de mon débiteur plusieurs fidéjusseurs. Ayant à les poursuivre, je divise mon action entre eux tous, parce qu'ils sont tous solvables et que l'empereur Adrien ordonne la division de l'action entre les fidéjusseurs solvables lors de la *litis contestatio. Lite contestatâ*, survient l'insolvabilité de l'un d'eux; elle va retomber sur moi, suivant le rescrit d'Adrien : puis-je me faire restituer contre la division que j'ai faite de mon action, afin d'opérer une division nouvelle entre ceux qui sont demeurés solvables, et de leur faire supporter cette perte? Non, car la division que j'ai faite de mon action, c'est le droit qui me l'imposait. « *Non deceptus* » *videtur actor, jure communi usus* [2]. » — « *Non videtur circum-* » *scriptus esse minor qui jure sit usus communi* [3]. » Telle est la nécessité de droit.

Enfin, il y a de ces nécessités de convenance qui font qu'on ne peut réellement se dire lésé pour s'y être soumis. Une femme mineure qui constitue une dot à son mari, un mari mineur qui fait à sa femme une donation *propter nuptias*, ou des cadeaux de fiançailles, tout cela *congruenti moderatione*, demanderaient en vain la restitution. On ne pourra pas croire qu'ils se soient fait là une

---

1. L. 11, § 4, *in fine*, Dig. *De minor*.
2. L. 51, § 4, Dig. *De fidejus*.
3. L. 9, C. *De in int. rest*.

condition pire. On les plaindrait plutôt d'avoir agi autrement. Un époux ne sera restitué que pour une donation ou une constitution de dot excessive, comme lorsqu'une femme, constituant en dot tout son patrimoine, s'expose à l'ignominie d'une incarcération ou d'une cession de biens sur la poursuite de ses créanciers, ou aussi lorsque, ayant déduit ses dettes, elle s'expose seulement à n'avoir plus de quoi vivre, avec un mari que sa propre ruine empêchera peut-être de la nourrir [1].

C'est également par suite d'une nécessité de convenance exclusive de lésion que la loi 11, C. *De transact.*, met à l'abri de la restitution une transaction intervenue entre deux frères sur l'exécution d'un fidéicommis laissé par leur père et conçu de façon à faire retour de l'un à l'autre, en cas que l'un mourrait sans postérité. Peu importe désormais l'événement : la transaction n'a-t-elle pas eu l'avantage d'assurer l'harmonie entre les deux frères et d'écarter du cœur de chacun tout désir de survivre à l'autre ?

Ces diverses hypothèses peuvent, sans trop de subtilité, être considérées comme exemptes de lésion, et non comme faisant exception aux règles générales. Les limites, à un certain moment, deviennent difficiles à poser. Mais nous pouvons fermer là l'étude des deux conditions fondamentales de la restitution : la minorité et la lésion, pour voir les cas où l'acte d'un mineur entaché de lésion sera cependant inattaquable.

CHAPITRE V.

CAS EXCEPTIONNELS OU LE MINEUR LÉSÉ N'EST PAS RESTITUABLE.

Les motifs qui peuvent, malgré la lésion, amener la défaite du mineur, peuvent se trouver dans sa propre personne (I), ou dans celle de son adversaire (II), ou dans l'acte même qu'il vient attaquer (III).

I. — Il y a en droit romain une concession du prince appelée *venia ætatis*, qui, opérant une sorte d'émancipation du mineur, le

---

1. L. 9, § 1, Dig. *De minor.* — L. 1, C. *Si adv. donat.* — L. un., C. *Si adv. dot.*

rend désormais capable de se léser sans restitution possible. Elle est plus efficace en ce point que l'assistance du curateur ; elle équivaut à une majorité précoce, que le mineur peut obtenir à vingt ou à dix-huit ans, suivant son sexe, à condition que le prince ait trouvé la demande justifiée par l'aptitude du mineur *ad res suas bene gerendas* [1]. Elle ne laissait subsister l'influence de l'âge que sur un point : la nécessité d'un décret pour aliéner ou hypothéquer les fonds de terre, par suite du S.-C. rendu sous Septime-Sévère. Mais elle proscrivait là aussi la restitution. Car la vente faite sans décret était nulle *ipso jure*, et, faite avec décret, devait par l'effet de la *venia ætatis* être inattaquable. C'est ainsi que j'entends ces mots de Justinien : « *Ut similis sit in ea parte conditio minorum omnium, sive* » *petita sit. sive non ætatis venia* [2]. » Tout doit s'entendre *secundum subjectam materiam ;* or ici Justinien s'occupe de la nécessité d'un décret ; et ce qu'il veut laisser subsister, c'est non pas la restitution s'il y a eu décret, mais la nullité *ipso jure* s'il n'y en a pas eu.

Mais, pour les donations, la restitution subsiste pleine et entière, malgré la *venia ætatis* [3].

L'obtention de cette *venia*, remontant à l'époque où la minorité est encore pure, puisque son but est de la modifier, prête évidemment à la restitution, mais sans que cela puisse porter atteinte aux actes faits postérieurement. Dans ces actes, d'ailleurs, le mineur s'est donné comme semblable à un majeur, et nous verrons qu'un adversaire trompé sur ce point est parfaitement en sûreté.

II. — La personne de l'adversaire écarte parfois la restitution. Si le mineur est en face de son ascendant ou de son patron, il ne pourra se faire restituer. C'est mis hors de doute par Justinien [4]. Peu importe qu'il soit lésé ou non, et qu'il l'attribue à une tromperie ou à sa propre inexpérience. Peu importe que le père ou le patron soit connu ou non comme peu honorable. Justinien bannit toute distinction : il jaillit toujours de cette procédure quelque

---

1. L. 2, C. *De his qui ven.*
2. L. 3, C. *De his qui ven.*
3. L. 39, § 13, Dig. *De adm. et peric. tut.*
4. L. 2, C. *Qui et adv. quos.*

flétrissure ; et Justinien pratique ce que disait Paul à propos des parents naturels : « *Una est omnibus parentibus servanda reveren-* » *tia* [1] ». — Il faut pourtant admettre la restitution là où elle n'implique aucun manque de déférence, là où l'on ne dit pas : « Vous avez abusé de moi »; car Justinien veut lever le doute des anciens; et leur doute était celui-ci : « *an liberi parentes suos, vel liberti patro-* » *nos in querimoniam deducere possent,* QUASI NON RITE IN EOS VER- » SATOS. » Or je me demande comment pareil reproche pourrait s'adresser au père ou au patron, quand la lésion résulte d'un acte auquel celui-ci est demeuré étranger, et que c'est une circonstance postérieure et indépendante qui a mis le père ou le patron *in loco adversarii.* Par exemple : institué héritier, je répudie; mon père accepte ; je veux plus tard me faire restituer contre ma répudiation : c'est contre mon père que j'intenterai la demande, et il ne pourra m'opposer sa qualité de père [2], car en quoi peut-il être blessé? Je demande une chose contraire à son intérêt, mais non contraire au respect filial; je ne lui fais pas l'ombre d'un reproche : quel rôle pouvait-il jouer dans ma renonciation? J'ai peut-être répudié au mépris de ses conseils ! — On peut supposer une situation inverse : l'acte entaché de lésion est imputable au père; mais ce n'est pas lui qui joue le rôle d'adversaire, et il est même hors de cause : on restituera alors sans difficulté. C'est ce qui arrive lorsqu'un père ayant donné d'abord une chose à son fils mineur, et l'ayant ensuite donnée à un tiers avec le consentement de son fils, celui-ci réclame contre ce consentement [3]. C'est ce qui arrive surtout quand l'inter- vention du père s'est bornée à un *jussus*, ou à une *auctoritas* s'il était tuteur [4]. Mais, comme la mise en péril de la *reverentia* doit servir de *criterium*, on repoussera le fils toutes les fois que l'attaque, même dirigée contre un étranger, pourra, par suite d'un lien de ga- rantie unissant ce dernier au père, forcer le père à intervenir dans l'instance et à se trouver en face des reproches de son fils. Pour en

---

1. L. 6, Dig. *De in jus voc.* — Ce n'est pas qu'on doive rester victime du dol de son père ou de son patron. S'il n'y a alors ni restitution ni action de dol, il y a une action *in factum*, qui épargne au père des qualifications ignominieuses. L. 11, Dig. *De dolo malo.*
2. L. 8, § 1, C. *De bon. quæ lib.*
3. L. 2, C. *Si adv. donat.*
4. L. 29, pr., Dig. *De minor.*

avoir un exemple, on n'a qu'à supposer un tiers auquel le père a vendu et non pas donné la chose de son fils avec le consentement de ce dernier. — Est-il bien nécessaire de soustraire à la prohibition les cas où la demande de restitution n'a pas d'autre but que la *négation* des liens de patronat ou de puissance paternelle? Telle est la demande formée contre une adrogation [1]. Telle est la demande formée contre une sentence de nullité dont le père avait fait frapper l'émancipation par lui faite [2].

—L'immunité de l'ascendant et du patron était seule admise. On aurait grand tort de croire qu'il y eût pour l'adversaire *mineur* un privilége semblable. Ce serait quitter la réalité pour l'apparence. Ulpien nous met lui-même en garde contre ce préjugé, que pourraient favoriser les expressions trop absolues de Pomponius : *Pomponius simpliciter scribit (adversus minorem) non restituendum.* Il faut, dit Ulpien, que le préteur voie qui des deux est lésé; et si chacun doit l'être pour que l'autre ne le soit pas, comme s'il s'agit d'argent donné ou prêté par l'un et dissipé par l'autre, il devra maintenir le *statu quo* [3]. N'est-ce pas dire qu'ici il n'y a pas une exception aux règles de la restitution, puisqu'on l'accorderait contre un mineur non lésé, mais qu'il y a seulement deux demandes de restitution rivales, dont l'effet naturel est de s'affaiblir mutuellement à cause de la préférence qu'obtient le défendeur *in pari causâ?*

—Si la demande de restitution perd sa force devant un adversaire qui pourrait l'invoquer lui-même, la perd-elle en face d'une personne qui pourrait invoquer l'exception du sénatus-consulte Macédonien, ou celle du sénatus-consulte Velléien? Y a-t-il là cet équilibre qui donne gain de cause au défendeur? Nullement. Le mineur peut triompher de ces deux exceptions : — s'il a prêté à un fils de famille, il pourra se faire rendre au moyen d'une restitution ce qu'il ne pourrait pas obtenir par la seule vertu du prêt qu'affaiblit le sénatus-consulte ; — et si à la place d'une créance il a accepté l'engagement d'une femme, il pourra, le débiteur origi-

---

1. L. 3, § 6, Dig. *De minor.*
2. L. 2, C. *Si adv. rem jud.*
3. L. 11, § 6, Dig. *De minor.* — L. 34, pr.

naire étant *insolvable*, poursuivre la femme sans craindre le velléien [1].

Mais dans cette hypothèse du velléien je suis porté à voir plus qu'une restitution. Y a-t-il en effet, dans ce cas où on permet au mineur d'agir contre la femme sans crainte du sénatus-consulte, un rétablissement quelconque du droit antérieur? On fortifie au contraire le droit nouveau qui a donné au mineur la femme pour débitrice, puisqu'on désarme celle-ci. Là où il faudrait plutôt voir un rétablissement du droit, une restitution, c'est le cas où le créancier repoussé par la femme reprend son action contre le premier débiteur. Mais cette espèce de restitution, elle n'est pas prononcée contre la femme, mais contre le premier débiteur, et de plus elle n'est pas le privilége de la minorité. Quand c'est d'un mineur qu'il s'agit, on trouve bon de lui donner un secours de plus: et pour l'empêcher de subir une insolvabilité dont la femme n'est pourtant pas cause, on donne aux engagements de la femme une force qu'ils n'avaient pas.

III. — Maintenant faisons abstraction des personnes. L'acte pourra puiser dans sa nature même ou dans ses circonstances intrinsèques de quoi motiver une exception au droit commun.

L'ordre public peut élever la voix : il soustrait au recours du mineur les prescriptions de 30 et de 40 ans, les péremptions d'instance par trois ans, sauf l'insolvabilité du tuteur ou curateur, enfin le laps de temps qui fait de l'accusation d'adultère une calomnie présumée, de l'action pénale une vengeance tardive, et de la contestation de l'état d'un mort un souffle profanateur sur la poussière sacrée du tombeau.

L'ordre public réclame aussi le maintien d'une liquidation compliquée, et veut que celui-là en profite qui s'est donné la peine de la faire et a cru travailler pour lui. Un mineur qui a répudié une succession sera non recevable à se faire restituer si le *sequens heres* a déjà vendu les biens, terminé les affaires pendantes, et dégagé

---

1. L. 12, Dig. *De minor*. — Si le débiteur primitif était solvable, c'est lui qu'il devrait poursuivre. Car le droit commun, même pour un majeur, est de subir l'exception de la femme et de reprendre ensuite son action contre le premier débiteur.

l'actif. On ne peut lui permettre d'attendre en repos qu'un autre ait tout préparé avec peine pour son plus grand profit [1]. On ne fera d'exception que pour l'hérédité paternelle [2].

Il y a aussi les actes d'administration journalière qui exigent une sécurité complète. On a déjà vu qu'en cas d'aliénation régulière des choses que les lois permettent de vendre sans décret, le préteur, à moins de grave préjudice, reculera devant la restitution [3]. Lorsqu'il s'agira du paiement des revenus annuels reçu par les curateurs ou tuteurs, il la refusera sans examen [4]. De même de la délivrance d'une hérédité fidéicommissaire faite par l'héritier au mineur *tutore vel curatore auctore* [5]. Sans doute, si les dettes sont excessives, le mineur fidéicommissaire se fera bien restituer contre les créanciers; mais ce qu'il ne peut pas, c'est obtenir une restitution *adversus heredem*, pour rejeter sur cet héritier la perte qui en peut résulter, d'autant plus que le fiduciaire en rendant l'hérédité n'a fait qu'obtempérer à la prière du défunt.

— L'intervention du magistrat aura-t-elle aussi quelque influence? Elle n'en aura que par exception. La règle déjà formulée sur ce point, c'est la restitution. Mais elle peut recevoir un échec par l'apposition du sceau de l'autorité sur tel ou tel acte d'une nature spéciale.

Elle rend nécessaire la condition du *grande damnum* pour la vente du *pignus ex causâ judicati captum* [6].

Elle rend absolument impossible la restitution contre une vente de biens de mineur faite *solemniter publicâ auctione a procuratore fisci ob publicas pensitationes non solutas* [7]. Ce n'est pas que le fisc ait en sa propre personne une immunité quelconque : le Code nous dit qu'on restitue fort bien contre lui, et qu'on n'exige pas pour cela d'autre condition spéciale que de saisir le *procurator Cæsaris* avec le Président de la province en présence du *patronus fisci* [8].

---

1. L. 24, § 2, Dig. *De minor*.
2. L. 6, *in fine*, C. *De repud. hereditate*.
3. L. 49, § 1, Dig. *De minor*.
4. L. 25, C. *De adm. tut*.
5. L. 7, pr , C. *ad s.-c. Treb*.
6. L. 9, pr., Dig. *De minor*.
7. L. 3, C. *Si adv. fisc*.
8. L. 2, C. *Si adv. fisc*.

Mais on fera une exception pour la vente *ob publicas pensitationes non solutas*, à cause de la publicité des enchères, de la *solemnitas hastarum*, et de l'objet même de la vente qui est d'intérêt public et qui veut qu'on procure aux acheteurs une sécurité inébranlable.

Le débiteur qui paie peut aussi dans l'intervention de la justice trouver pleine sécurité. J'ai à payer un créancier mineur, par exemple mon ancien pupille, à qui je dois un reliquat de compte. Si j'ai intérêt à payer de suite, ou si l'on me presse de le faire, n'aurais-je aucun moyen de mettre mon paiement à l'abri d'une révocation ? Nous savons déjà qu'un tuteur pouvait faire nommer un curateur à son pupille pour rendre ses comptes, qu'en général même tout débiteur pouvait forcer son créancier mineur à en demander un pour le paiement [1]. Mais, en diminuant les chances de perte, cela ne donnait pas toute sécurité : le mineur, s'il avait dissipé l'argent, obtenait restitution ; et le débiteur ne gagnait à l'intervention du curateur qu'un recours contre lui en cas de faute. — Mais bientôt l'intervention de la justice va donner toute sûreté. Ulpien disait déjà que si le préteur avait ordonné de payer au mineur *seul*, le débiteur qui ne l'avait fait que contraint et forcé n'avait pas de restitution à craindre [2]. Et Justinien établit législativement que tout paiement fait entre les mains d'un tuteur ou curateur est irrévocable s'il a été permis par une sentence judiciaire, que le débiteur peut obtenir sans frais [3]. M. de Savigny ne voit rien, dans les paroles de l'Empereur, qui prononce l'exclusion absolue de la restitution. « Cette formalité nouvelle, dit-il, donnait aux débiteurs une » garantie de plus contre les chances de perte, et le besoin de la » restitution disparaissait ainsi de soi-même [4]. » Je trouve qu'en ce cas ce n'était pas la peine de promulguer une constitution. Pourquoi les chances de perte seraient-elles moins grandes parce que le juge a donné un ordre ? Le curateur, qu'il ait reçu l'argent sur l'ordre du juge ou qu'il l'ait reçu sans formalités, n'en a-t-il pas toujours la libre administration ? La formalité n'augmentera ni sa prudence ni sa probité au point de faire disparaître de lui-même

---

1. L. 7, § 2, Dig. *De minor.*
2. L. 7, § 2, Dig. *De minor.*
3. L. 25, *De adm. tut.* — Inst. § 2, *Quibus alienare.*
4. *Dr. rom*, VII, p. 154.

le besoin de la restitution et de donner au débiteur, comme le lui promet Justinien, *plenissimam securitatem, ut nemo in posterum inquietetur.* Si le débiteur est en sûreté, c'est qu'à la formalité remplie est attaché le refus de la restitution, et que si l'argent se perd, le mineur ne pourra que demander réparation des fautes de son curateur.

— Si la restitution cédait quelquefois devant le respect de la justice, elle cédait encore bien mieux devant l'indissolubilité de certains actes, comme le mariage et l'affranchissement.

Pas de restitution contre le mariage. Ce n'est pas que les textes la proscrivent; mais leur silence à cet égard prouve qu'ils n'en ont pas pris la peine. Comment pouvait-on l'admettre lorsque Théodose et Valentinien cherchaient à comprimer le divorce *ex unius voluntate*, le divorce unilatéral si je puis ainsi parler, en l'obligeant de s'appuyer sur certains motifs?

La liberté est irrévocable, et la restitution n'est pas non plus possible contre elle [1], à moins d'intervention extraordinaire de l'empereur, dont le privilége est de se mettre au-dessus des lois [2]. Peu importe que le mineur ait affranchi librement, ou que son esclave l'ait trompé [3]. A plus forte raison, si au privilége de la liberté se joint le fait de la chose jugée, comme lorsqu'un jugement déclare libre un individu réclamé comme esclave [4]. Mais cela ne signifie pas qu'un jugement qui, sans déclarer libre, dit que l'affranchissement est dû, soit à l'abri de la restitution. Quand par exemple un esclave, réclamant la liberté en vertu d'un fidéicommis, obtient un jugement qui en ordonne l'exécution, la sentence n'est pas encore l'affranchissement, et le mineur sera restituable contre elle [5]. On doit concilier de la même façon, d'une part la loi 48, § 1, Dig. *De min.*, qui dit que si l'esclave vendue par un mineur a été affranchie par l'acheteur, elle ne peut plus retomber en servitude; et d'autre part la loi 11, § 1, Dig. *De min.*, qui permet à un mineur qui a vendu un esclave *ut manumittatur*, de s'en faire rendre la propriété par voie de restitution s'il le demande avant que l'affran-

---

1. L. 9, § 6, Dig. *De minor.*
2. L. 10, Dig. *De minor.*
3. L. 2, C. *Si adv. lib.*
4. L. 9, Dig. *De appell.* — L. 4, C. *Si adv. lib.*
5 L. 1, C. *Si adv. lib.*

chissement ait eu lieu. De même on peut se faire restituer contre l'acceptation d'un legs fait sous la condition d'un affranchissement [1], et en général contre tout acte juridique ayant pour objet un affranchissement futur. Au reste, on pouvait, par différentes sortes d'actions, se faire indemniser du tort causé par l'affranchissement. L'affranchi lui-même pouvait être poursuivi en réparation, s'il y avait donné lieu par des actes postérieurs à l'affranchissement [2].

La servitude n'est pas, de sa nature, irrévocable comme la liberté. Et cependant, le mineur frappé d'une *maxima* ou *media capitis deminutio*, n'était pas restituable. Cela tient à une raison particulière. D'abord la *media capitis deminutio* n'est jamais qu'une peine résultant d'un délit, et il en est le plus souvent ainsi de la *maxima*; or, nous allons le voir, les délits du mineur échappent au remède prétorien, quelque lésion qu'il en souffre. Mais le mineur peut, sans délit, tomber en servitude : il a pu, majeur de vingt ans, se faire vendre pour réclamer sa liberté et avoir part au prix, calcul que la loi déjoue en lui infligeant l'esclavage. Alors, outre qu'il y a un dol, un autre motif exclut la restitution : c'est qu'étant esclave, il n'a plus d'état, il n'est plus une personne civile et ne peut agir en justice [3].

Aucune de ces raisons n'existait pour la *minima capitis deminutio*, telle que l'adrogation. Aussi avons-nous vu qu'elle tombait dans le droit commun [4].

— Le mineur s'oblige par ses délits sans restitution possible. Une raison péremptoire pour les délits publics, c'est que leur poursuite échappait à la juridiction civile du préteur. Mais l'exclusion s'étendait aux délits privés. C'est qu'on ne comprendrait pas qu'il en fût autrement : car la conscience doit être écoutée dès qu'elle sait parler, et son développement vient plus vite que la capacité et l'habitude des affaires. Les lois romaines le répètent sans cesse : « *Malitia supplet œtatem.* » — « *Malorum mores infirmitas animi non excusat.* » Aussi l'esprit de l'Edit est-il de laisser aux délits

1. L. 33, Dig. *De minor*.
2. L. 11, pr., Dig. *De minor*.; L. 48, § 1, *cod*.
3. L. 9, § 4, Dig. *De minor*.
4. L. 3, § 6, Dig. *De minor*.

du mineur pleine force contre le mineur, outre que le mot *gestum* ne les embrasse pas facilement. C'est ainsi que l'entendaient jurisconsultes et empereurs [1]. — Mais il faut tout rattacher aux motifs d'une loi. Or le mot délit embrassait à Rome des faits non intentionnels : le délit de la loi *Aquilia*, souvent causé par la maladresse, l'ignorance, l'impéritie, en est bien une preuve. Seront-ils, comme les autres, à l'abri d'une restitution ? C'est ce qu'on ne peut croire en face de la loi 1, C. *Si adv. delict.*, qui permet de restituer *si delictum non ex animo sed extra venit*. Il est vrai que Cujas [2] n'entend cette restriction que des délits résultant d'un contrat, et qu'Holoander avec lui corrige ainsi le texte : « *si delictum non* » *ex animo sed* EX CONTRACTU *venit* », et cela sur la foi du texte des Basiliques. Mais des corrections pareilles ne sauraient être acceptées sans une nécessité impérieuse. Or Cujas et Holoander seraient fort embarrassés de nous dire quelle antithèse il peut y avoir entre un *delictum ex animo* et un *delictum ex contractu veniens :* l'animus, c'est l'intention frauduleuse, c'est le dol ; or l'idée de contrat exclut-elle le dol? Sans doute on peut trouver singulier qu'un mineur ne fût pas tenu, comme tout autre, de réparer ses maladresses et ses étourderies. Mais c'est à cela que mènent les textes, et ils ne font que développer l'esprit de l'Edit, prêt à secourir le mineur contre tout ce qui n'est pas sa malice, laissant du reste au magistrat le droit de le repousser si les circonstances ne plaident pas en sa faveur.

Le délit exempt de dol semble se réduire aux proportions d'une *culpa*, et la simple *culpa* prête à la restitution. Telle est l'*inficiatio* qui fait monter au double l'action contre le mineur. Telle est la contravention sans dol en matière de douane [3]. Cela veut être généralisé, encore bien que la loi 9, § 3, *De min.*, refuse de restituer la femme qui a divorcé *cum culpâ*. Car ici le mot *culpa* n'a plus son sens technique ; il exprime de quel côté sont les torts, et ces torts comprennent l'adultère, sans compter une foule d'autres, où il y a aussi bien plus que le dol.

Le dol du mineur, voilà ce qui entrave la restitution, et il l'en-

---

1. L. 9, § 2, Dig. *De minor.* — C. *Si adv. delictum.*
2. Cujac. *ad Pauli recept. sent. Lib* 1, *Tit.* IX.
3. L. 9, § 5, Dig. *De minor.*

trave même dans les contrats. Si l'on exclut les délits sans y mentionner le dol comme cause de cette exclusion, c'est que le dol est présumé s'y trouver. Mais comme dans les contrats l'on présume au contraire la bonne foi, les mêmes textes prennent soin d'exiger formellement le *dolus in contractibus*. Le dol est le trait d'union qui rassemble et soustrait aux coups du préteur contrats et délits [1].

Le droit n'est pas fait pour secourir les faiseurs de dupes, qui par bonheur tombent quelquefois dans leurs piéges. Si un mineur est tombé dans le sien, le préteur devra l'y laisser. Peu importe à quelle époque il l'a tendu, si c'est en contractant, ou quelque temps après le contrat, du moment qu'il avait pour but de faire plus tard, aux dépens de l'autre, une bonne affaire avec la rescision du contrat.

Un dol qui devait être bien commun de la part des mineurs, c'est de se faire passer pour majeur, afin d'emprunter à son aise, de dissiper de même, et de se libérer par la restitution. On pouvait exploiter quelque singularité de sa personne, montrer à sa dupe quelque ride précoce ou quelque mèche blanche, et l'induire en erreur. Il y aura dol et le mineur sera repoussé [2]. Il ne le sera pas si ses affirmations sont le résultat de sa propre erreur [3]. Il ne le sera pas non plus si l'adversaire ne les a pas crues [4], ou s'il devait ne pas les croire, étant tuteur ou proche parent du mineur [5].

Ce sera à l'adversaire de prouver le dol, au mineur de prouver ou sa propre erreur ou la mauvaise foi de l'adversaire, si cette mauvaise foi n'est pas présumée.

—Au-dessus de l'intérêt du mineur, il n'y a pas seulement l'ordre public et la répression de la fraude, et l'indissolubilité du mariage et la révérence filiale : il y a la religion du serment. Un mineur n'a pas le droit de se parjurer. Le serment est un acte sérieux, contre lequel on ne peut alléguer ni sa légèreté ni son inexpérience, du moment qu'il a été prêté en toute liberté, chose nécessaire à sa validité. Ainsi ayant juré, en consentant une vente, que je ne l'attaquerai d'aucune façon, je ne pourrai me faire restituer contre

---

1. L. 9, § 2, Dig. *De minor.*
2. L. 2 et 3, C. *Si minor. se maj.*
3. L. 3 et 4, C. *Si minor.*
4. L. 145, Dig. *De reg. juris.*
5. L. 7, C. *De in int. rest. minor.*

elle [1]; et m'étant affirmé majeur, si je l'ai fait sous serment, je serai repoussé malgré ma bonne foi [2]. Dans ce dernier cas pourtant, si le fait affirmé est contredit par des pièces écrites, et non par de simples témoignages, je serai restitué. On ne sait comment expliquer cette exception, si ce n'est par la nature du serment prêté, serment qui ne répond pas de l'avenir, mais affirme comme exact un fait présent qui ne l'est pas, et par la nature du démenti apporté par des pièces qui parlent victorieusement.

Le serment n'empêchait la restitution qu'autant qu'il était exempt de violence, de dol et d'erreur. Alexandre Sévère exigeait aussi qu'il fût prêté *corporaliter*, c'est-à-dire accompagné d'un rit extérieur, soit qu'on touchât les autels des dieux, comme fit Annibal en jurant haine aux Romains, soit plus tard en touchant les saints Evangiles. Bien longtemps après, une constitution de l'empereur Frédéric [3] vint de nouveau, et sans exiger cette dernière condition, mettre à l'abri de toute attaque le serment des pubères mineurs de respecter leurs contrats.

CHAPITRE VI

RENONCIATION EXPRESSE OU TACITE AU DROIT DE RESTITUTION. — PRESCRIPTION.

A moins d'être faite par serment, nulle renonciation ne peut servir contre le mineur de fin de non-recevoir, et éteindre son droit à la restitution, si elle est elle-même un acte de mineur. C'est le privilége du serment d'enchaîner les mineurs d'un lien aussi fort suivant la loi que suivant la conscience. La renonciation ordinaire rentre dans le droit commun des actes juridiques, et c'est pour cela qu'on dit que c'est après la majorité seulement qu'on peut se lier par la ratification expresse ou tacite d'un acte entaché de lésion, et que commence à courir la prescription du droit de se faire restituer.

1. L. 1, C. *Si adv. vend.*
2. L. 3, C. *Si minor.*
3. Feud. Lib. II, tit. 53, § 3.

Ce droit se perd en effet par la ratification faite en majorité, qu'elle soit expresse ou qu'elle résulte tacitement d'actes divers ou d'un laps de temps, d'une prescription. Et s'il se perd de cette manière, c'est justement parce qu'il s'établit ainsi un lien entre l'acte même et la majorité de son auteur, lien assez fort pour faire de cet acte en quelque sorte l'acte d'un majeur [1].

La *venia ætatis*, en avançant la majorité, avance par là même le moment où la ratification est possible. Aussi, dès ce moment, courra le délai de la prescription [2].

Si le mineur est mort, il faut considérer la personne de son héritier, et interdire à ce dernier, tant qu'il n'est pas majeur, toute ratification expresse ou tacite.

La renonciation expresse peut intervenir avant toutes poursuites [3]. Mais elle peut résulter aussi d'un désistement sur les poursuites engagées [4]. Qu'est-ce que se désister? C'est ce qu'Ulpien explique à la Loi 21, Dig. *De min.* : « *Destitisse autem is videtur, non qui » distulit, sed qui liti renuntiavit in totum.* » L'interruption d'une procédure ne vaut donc pas désistement tacite.

On ne saurait du reste, en fait de règles sur la renonciation tacite, qu'affirmer le droit d'appréciation du préteur et citer des exemples. En général, on aura renoncé lorsqu'on aura approuvé en l'appliquant l'acte entaché de lésion, lorsqu'on aura agi contrairement au but et au résultat qu'aurait la restitution prononcée. Ainsi, a-t-on laissé passer le délai d'une *bonorum possessio contra tabulas:* si, devenu majeur, on réclame un legs en vertu du même testa-

---

1. Le droit de restitution s'éteint aussi par la perte de la chose, si par exemple j'attaque une vente après que la chose vendue a péri entre les mains de l'acheteur ou d'un sous-acheteur. On ne peut en effet déclarer l'acheteur débiteur envers moi, puisque *debitor rei certæ interitu rei liberatur;* et si, procédant autrement, on me donne une *actio in rem* pour avoir la chose, à quoi me servirait-elle, puisque la chose n'est plus? — Remarquons pourtant : 1º qu'on pourrait se faire restituer pour obtenir de l'acheteur réparation d'une *culpa*, ce qui arriverait si sa mise en demeure avait précédé la perte ; 2º que si le prix payé sans sentence du juge a été dissipé, et si c'est en cela que consiste la lésion, la perte de la chose n'empêcherait pas le mineur de se faire restituer contre la réception du payement. L'acheteur payerait une seconde fois, sauf son recours contre le curateur négligent.

2. L. 5, pr., C. *De temp.*

3. L. 1 et 2, C. *Si major factus.*

4. L. 20, § 1, Dig. *De minor.*

ment, ce fait empêchera de vous restituer contre votre omission [1]. Cela se déduit bien de la définition que je viens de donner de la renonciation tacite. Mais peut-on la donner comme absolue lorsqu'on trouve dans la loi 3, § 2, Dig. *De min.*, la décision suivante: un mineur qui s'est immiscé dans l'hérédité paternelle, et qui, devenu majeur, a poursuivi les débiteurs de l'hérédité, peut néanmoins se faire restituer. N'a-t-il pas pourtant agi contrairement au résultat qu'aurait la restitution prononcée? n'a-t-il pas appliqué l'acte, et peut-on concilier ce texte avec la loi 30 citée plus haut sur le cas de B. P. ? — Peut-on dire avec Irnérius qu'ici il y a moins une ratification qu'une conséquence de l'acceptation? Mais tirer une conséquence d'une chose, c'est s'en prévaloir et l'avouer; user d'un titre, c'est l'affirmer; poursuivre un débiteur héréditaire, c'est se poser en héritier. Et si l'on fait cela étant majeur, comment serait-on restituable? — Peut-on dire que c'est dans ces actes successifs de poursuites que consiste l'immixtion, et que sans eux peut-être il n'y aurait nul besoin de restitution? Mais alors l'immixtion vient d'un majeur, elle est donc irrévocable! — Est-ce qu'au paragraphe précédent, Ulpien ne dit pas que la restitution cesse, à part tout calcul frauduleux de l'adversaire, pour les actes dont l'achèvement se place après la majorité, ou qui reçoivent en majorité la *comprobatio* de leur auteur? Eh bien! ce même Ulpien restitue maintenant quelqu'un qui, devenu majeur, a pris le titre d'héritier ou en a fait un usage qui en est une affirmation nouvelle. N'est-ce pas là le cachet de l'omnipotence prétorienne, libre de voir ou non une renonciation, d'absorber ou non, suivant l'équité, une série d'actes successifs dans l'acte qui leur sert de point de départ commun : *initium inspicere?*

J'ai mis au rang des renonciations tacites la *prescription*. Tout délai de déchéance repose en effet sur une renonciation présumée. La durée de celui-ci fut d'abord d'une année utile, *annus utilis* [2], qu'on appelait aussi *legitimum tempus*, et dont la computation était une source de controverses. Justinien les fit cesser en faisant de

---

1. L. 30, Dig. *De minor.*
2. L. 19, Dig *De minor.*

l'année utile un *quadriennium continuum*, c'est-à-dire quatre années ordinaires [1]. L'obtention de la *venia ætatis* peut pourtant le faire durer plus de quatre ans : car, d'après les dispositions de Justinien, la prescription qui a commencé à courir après cette *venia* ne peut jamais s'accomplir avant la 25e année [2]. Le délai s'accroît même de trois ans lorsqu'il s'agit d'accepter l'hérédité paternelle d'abord dédaignée [3] ; et c'est un délai de cinq ans qui couvre la nullité des ventes d'immeubles faites sans décret [4].

La prescription du droit de restitution repose à la fois sur les exigences de l'ordre social et sur la présomption d'une renonciation. C'est tellement vrai que quand même l'ignorance de la lésion soufferte mettrait la présomption en défaut, le droit que le mineur croyait ne point avoir serait cependant prescrit. En vain dirait-on que si l'on ne se croit lésé, on ne peut agir, et que si l'on ne peut agir, nulle prescription ne court. Son inaction est une faute, parce que son ignorance en est une. Ne ferait-on pas de la prescription une source de procès, si l'on permettait de la repousser sous prétexte d'ignorance ? Et s'il est vrai qu'on exige la cessation de l'erreur pour faire courir la prescription d'une voie de recours fondée sur l'erreur même, n'est-ce pas assez, quand l'attaque a pour cause la minorité, d'exiger la cessation de la minorité ? Au mineur alors de vérifier ses affaires ; à lui le reproche d'incurie si son ignorance se prolonge. Punir la négligence et mettre la certitude à la place du doute, voilà le but de la prescription : il n'est pas dans son rôle d'enfanter des chicanes ; Justinien l'a fort bien dit à propos de la *præscriptio longi temporis:* « *Nulla scientia vel ignorantia spectanda, ne altera dubitationis inextricabilis oriatur occasio* [5] » ; et si on veut l'exemple d'une courte prescription, il y a celle de l'action rédhibitoire qu'on fait formellement commencer au jour de la vente [6].

La minorité, étant le motif même du droit de restitution, est aussi la cause qui en suspend la prescription ; si bien que cette

---

1. L. 7, pr., C. *De temp.*
2. L 5, pr., C. *De temp.*
3. L. 6, C. *De repud. hered.*
4 L. 3, C. *Si maj. factus alien.*
5. L. 12 *in fine*, C. *De præscr. long. temp.*
6. L. 19, § 6, Dig. *De ædil. edicto.*

prescription serait indéfiniment suspendue si, le mineur étant mort en minorité, son héritier en faisait autant, pour laisser à son tour un héritier mineur, et ainsi de suite. On ne sait trop quel remède la loi pouvait apporter ici : peut-être fixait-elle une durée *maximum* de 30 ans; mais sans doute que l'hypothèse étant rare, elle ne l'avait pas prévue. On sait seulement, et les principes y conduisent, que l'héritier a, depuis l'adition d'hérédité s'il est maeur, ou depuis sa propre majorité s'il ne l'est pas encore, le délai le quatre ans, sauf déduction de ce qui pouvait avoir couru contre son auteur si cet auteur était mort majeur [1].

Une fois la majorité venue, la prescription est-elle à l'abri de toute autre suspension? Si devenu majeur je laisse prescrire mon droit de restitution par l'effet d'une cause qui rend elle-même un majeur restituable, comme l'absence, le dol, la violence, pourraie demander qu'on m'en tienne compte, en ne faisant courir a prescription du droit que j'avais comme mineur à la restiution qu'à partir de mon retour, ou de la cessation du dol ou de a violence? En un mot, la prescription d'une restitution pour miiorité est-elle un de ces préjudices contre lesquels un majeur soit restituable pour absence, dol, violence, etc. [2]?

Les principes commandent l'affirmative. Car la prescription l'une restitution est un phénomène juridique comme l'usucapion l'un fonds de terre; et si ce préjudice est dû à une circonstance qui ouvre elle-même la restitution, on ne voit pas pourquoi la resitution n'aurait pas l'effet de l'atteindre en vous rendant les délais lont l'absence ou le dol vous ont empêché d'user.

Tel est le principe. Mais il faut avant tout respecter les textes ormels. Or il en est un qui refuse au mineur toute suspension pour cause d'absence : c'est la loi 20 pr. Dig. *De minor.* où Ulpien l'accord avec Papinien déclare que le délai de la restitution ne peut être prolongé en faveur d'un banni jusqu'à son retour. Cette oi contredit-elle les principes que je viens de poser? On serait porté

---

1. L. 19, Dig. *De minor.* — L. 5, § 1, C. *De temp.* — Paul, *Sent.* I, § 9.
2 Comme le remarque M. de Savigny (*Dr. rom.*, VII, p. 261), il n'y a pas lieu, e se faire la question inverse : car lorsqu'une restitution pour dol, par exemple, st prescrite en minorité, l'acte qu'on aurait attaqué pour dol est lui-même attaquable comme acte de mineur pendant quatre ans de majorité.

à le croire. Mais comme ce même Ulpien, dans la loi 15 § 6, Dig. *Quod vi*, déclare que pour un mineur absent *Reipublicæ causá* qui est devenu majeur pendant son absence, ce n'est pas à partir de sa majorité mais de son retour qu'on fera courir la prescription de l'interdit *unde vi*, il faut dès lors reconnaître que si l'absence, capable de suspendre la prescription des actions ordinaires, est impuissante à suspendre celle de la restitution, cela doit tenir à un trait distinctif qui sépare cette restitution des autres actions. Quel est en effet le motif qu'Ulpien donne de sa décision dans la loi 20 Dig. *De min.* ? Le banni ne peut exciper de son absence, non pas, dit-il, parce que sa condamnation le rend moins favorable (il faut écarter ce point de vue), mais parce que son absence ne l'empêchait pas réellement de se faire restituer : car il pouvait quoique absent saisir de sa demande le préteur par l'intermédiaire d'un procureur, ou saisir lui-même le président de la province qu'il habitait, et obtenir ainsi *cognitio* et restitution. Si donc l'absence, comme le dit Ulpien, n'a pas ici pour effet d'être un obstacle, il n'est pas étonnant qu'on ne puisse pas s'en prévaloir comme d'un motif de suspension. Et si on le peut au contraire pour la prescription d'autres recours comme l'interdit *unde vi*, il faut en donner pour raison qu'ici l'absence était un obstacle.

En face du texte d'Ulpien qui déclare la prescription de la restitution non suspendue par l'absence, on ne peut expliquer que par un privilége donné aux soldats les textes qui la font courir contre ces derniers, non du jour de leur majorité, mais du jour de leur sortie du service [1].

La prescription de la restitution ne différait pas seulement par les effets de l'absence, de la prescription des autres actions. Voici une différence encore plus frappante. Les actions se prescrivent ; les *exceptions* sont perpétuelles : car autant il est juste de vous ôter une arme offensive quand vous négligez votre rôle d'agresseur, autant il convient, si votre rôle est de vous défendre, de vous laisser l'arme défensive jusqu'à ce qu'une attaque vous en permette l'usage. De là cet axiome : « *Temporalia ad agendum, perpetua ad excipiendum.* » L'appliquerons-nous à la restitution ? Dirons-

---

1. LL. 1 et 3, C. *De temporal.*

nous d'elle qu'après quatre ans elle est usée comme moyen d'attaque, mais bonne encore à servir de défense, comme à recouvrer une exception perdue ou à repousser une action en tenant lieu d'une exception? Nullement. Et la raison de cela, c'est que la restitution, si elle a parfois d'une exception l'apparence, n'en aura jamais la nature, et que si on l'oppose comme moyen de défense, on ne peut le faire utilement qu'en formant soi-même une *demande* de restitution contre un état de droit qu'on attaque et qu'on pouvait attaquer sans attendre une provocation. Lorsqu'on demande une restitution, provoqué ou non, on est agresseur, on agit, et loin d'user d'une exception on devrait être considéré comme formant une action, si l'on pouvait appliquer à la restitution ces mots action et exception dont le sens est intimement lié à la rédaction des formules et absolument étranger à la procédure par *cognitio*. Sans doute l'abolition de l'*ordo judiciorum* vint dénaturer le sens des mots. Mais tout en laissant la restitution usurper le nom d'*exceptio*, elle ne pouvait faire d'elle une arme purement défensive ; ce qui sert de défense en elle, c'est le rétablissement du droit une fois obtenu ; quant au droit de l'obtenir, rien ne le paralyse en nos mains, pas même l'absence de provocation. Où donc est le besoin de perpétuité?

La différence entre la prescription des actions et celle de la restitution se continue jusque dans la manière dont celle-ci s'interrompt. Justinien n'admet pour elle d'autre interruption que l'achèvement du procès [1] : en sorte qu'elle doit continuer *inter moras litis* et peut faire repousser le mineur sur le point d'obtenir la restitution demandée. Au contraire, la prescription des actions s'interrompt ordinairement par la simple *postulatio*, par l'insinuation de la demande, qui tient lieu de *litis contestatio* dans la procédure extraordinaire. — Cette différence existait-elle avant Justinien? Il est permis de le croire. Et j'en trouve la trace dans la loi 39, Dig. *De minor*. La demande était formée : assez tôt pour aboutir dans le délai. Ce point étant contesté par les adversaires, le *præses* en fait l'objet d'une première décision que les adversaires attaquent par voie d'appel. L'appel est repoussé ; mais il se trouve qu'alors les

---

1. L. 7, pr., C. *De temp...* « *... Continuatio temporis observetur ad interponendam contestationem finiendamque litem.* »

délais de la restitution sont expirés. On demande à Scœvola si l'on peut continuer l'instance, et celui-ci, *d'après l'exposé des faits,* « *secundum ea quæ proponuntur* », répond affirmativement. Le fait même d'avoir posé la question n'est-il pas une preuve que sans un doute amené par la nature des faits on se serait tenu pour déchu malgré la *postulatio?* Et si Scœvola s'inspire des faits pour permettre de continuer l'instance, n'est-ce pas que les faits motivent une exception aux règles générales? Ils la motivent en effet, puisqu'il y a eu dans l'appel interjeté par les adversaires un calcul « *ut* » *impedirent cognitionem præsidis* », calcul que le préteur déjoue, de même qu'il déjoue les ruses employées pour faire traîner un procès jusqu'à la majorité du mineur qu'on veut exploiter.

Telle est la prescription de la restitution. Mais s'il faut distinguer du droit à la restitution les droits et actions qu'elle fait revivre et qui se manifestent sous le nom de *judicium rescissorium*, ce doit être surtout pour laisser à ces droits et actions leur prescription spéciale, qui peut fort bien être plus ou moins courte que quatre ans. La restitution donne à ces actions la vie; en leur donnant la vie, elle donne à leur prescription le point de départ. Mais elle ne change en rien la longueur que cette prescription doit avoir d'après le droit commun.

CHAPITRE VII.

PROTECTIONS DONNÉES AUX MAJEURS CONTRE LA LÉSION.

Quoique restreinte par l'équité à qui elle devait l'existence, la restitution pour simple lésion, faveur nécessaire aux faibles adolescents, serait injustifiable étendue aux majeurs. Quand la minorité disparaît, il faut qu'une autre cause la supplée, comme la violence, le dol, l'erreur ou l'absence. Il y a quelque analogie entre la minorité et ces situations diverses. Toutes en effet éveillent l'idée d'une victime placée sans défense en face des spéculations d'autrui. Mais si la minorité trouve quelque part sa ressemblance, c'est bien dans la situation des personnes morales forcées légalement de pré-

poser quelqu'un à la gestion de leurs affaires. Admettant la restitution pour les mineurs assistés de tuteurs ou de curateurs parce que rien ne remplace l'œil et la main du maître, on devait bientôt arriver, par une suite de cette idée, à la donner aussi aux corporations politiques ou municipales qu'on appelle *respublicæ*, et plus tard aux corporations religieuses, aux églises, aux cloîtres. C'est ce qui fut fait [1]. La condition de ces personnes, quoique n'offrant pas les caractères extérieurs de la minorité, y ressemblait dans le fond des choses. M. de Savigny préfère l'assimiler à la condition des absents [2]. Mais je ne puis me rendre à cette opinion ; la ressemblance n'est pas là ; et il suffit pour le voir de rattacher la protection qu'obtiennent les personnes morales à sa véritable cause : la gestion par une main qui n'est pas celle du maître et qui ressemble à celle d'un curateur. Il suffit aussi de lire les textes qui disent :
« *Respublica* minorum *jure uti solet ; ideoque auxilium restitutionis » implorare potest* » [3]. — Cela ne m'empêche pas de combattre les auteurs qui partant de là étendent généralement la restitution à toutes les personnes dont les intérêts sont, par suite d'une nécessité légale, administrés par autrui [4]. Nous nous occupons ici d'une faveur ; et quelle que soit l'idée où la loi puise ses motifs, il faut que pour chaque cas cette idée se traduise en un texte formel. Le rôle de l'interprète ici n'est pas d'étendre les textes spéciaux, mais de les rechercher tous, en feuilletant patiemment les recueils.

Les corporations, mises sur le même pied que les mineurs, ne pouvaient pas plus qu'eux rester perpétuellement armées de la restitution et échapper à la prescription de quatre ans. Mais le point de départ devait changer pour elles. Comment attendre en effet la cessation d'une minorité perpétuelle ? Ce serait rendre perpétuelle aussi la restitution, et l'ordre public ne le peut souffrir. On trouvera donc un point de départ tout naturel dans le moment même où l'acte s'est accompli ; ce qui n'empêcherait pas, si l'acte

---

1. L. 22, § 2, Dig. *Ex quib. caus.* — L. 29, Dig *De condict. indeb.* — L. 8, § 1, L. 11, Dig. *De reb. eor. qui sub tut.* — L. 19, Dig. *De reb auct. jud.* — L. 4, C. *Ex quib. causis.* — L. 3, C. *De jure reip.* — L. 23, C. *De sacris Eccl.*

2 Savigny, *Dr. rom.* VII, § 324.

3. L. 4, C *Quib ex caus. maj.*

4. Voët, *ad Pand.*, IV, 5, § 55. — Glück, VI, § 465.

est infecté d'un autre motif de restitution comme l'erreur, la suspension de la prescription jusqu'à la cessation de ce vice.

Quant à la ratification expresse ou tacite de l'acte, il me semble qu'entravée chez le mineur par son état de minorité, elle doit l'être de la même façon en ce qui touche la corporation, en sorte que la seule fin de non-recevoir contre elle serait la prescription.

Mais l'étude des mineurs est épuisée. Il n'y manquait que ce complément : n'y revenons plus. Supposons un majeur lésé; qu'il ne puisse invoquer ni absence, ni violence, ni erreur, ni dol. Trouvera-t-il une protection dans la loi, soit qu'on le restitue, soit qu'on lui procure par un autre moyen la réparation du tort qu'il éprouve?

Être restitué, il ne le pourra pas. La restitution ne peut outrepasser les limites que nous lui avons reconnues. Et elle les garde encore sous Justinien.

Disons seulement que le préteur, sans doute par extension de la *restitutio ob errorem* dont les déchéances de procédure étaient surtout l'objet, et pour l'application de laquelle on pouvait en cette matière *présumer* l'erreur sans invraisenblance, restituait un défendeur contre l'acceptation d'une formule dont la *condemnatio* était exagérée, secours qu'il refusait au contraire au demandeur si la *condemnatio* n'était pas assez élevée [1].

Un rescrit de l'empereur Adrien releva aussi un majeur de l'acceptation d'une hérédité à cause de dettes considérables inconnues d'abord et découvertes ensuite [2]. Ce fut là une faveur particulière qui jamais ne fut généralisée. Aucun texte ne permet de le croire. Si elle l'avait été, comment Gordien eût-il plus tard senti le besoin de protéger les militaires contre les conséquences d'une adition onéreuse, en leur permettant de ne payer que sur les biens de la succession les dettes qui se découvraient, sous prétexte que le métier des armes s'allie peu à la connaissance des lois, « *arma etenim* « *magis quam jura scire milites* [3] » ? C'est ce qu'il fit en effet, posant ainsi le germe d'une des plus belles créations de Justinien, le bé-

1. Gaius, IV, 57.
2. Inst. § 6, *De hered. qualit.*
3. L. 22, C. *De jure deliberandi.*

nélice d'inventaire, qui, dérobant le patrimoine de l'héritier aux créanciers connus ou inconnus, fut certes un assez bon rempart contre la lésion. Mais nulle restitution ne fut jamais due et ne fut jamais accordée législativement aux héritiers majeurs, pas même la restitution pour erreur, parce que toute succession comporte un imprévu et exige de la prudence. Il eût été arbitraire d'étendre à l'imprévoyance les protections d'ailleurs restreintes qu'on donnait en cas d'erreur.

Jamais, on le voit, la simple lésion ne pouvait motiver une restitution pour les majeurs. Un cas toutefois s'offre à nos regards; et son caractère tout exceptionnel contribue à la démonstration de la règle. A vrai dire, il n'y a pas là une restitution, si l'on attache à ce mot la nécessité de la *cognitio* prétorienne. Mais il y en a une si l'on consent à appeler ainsi un rétablissement du droit directement opéré par le droit civil. Le droit civil en effet permet à un majeur, lorsqu'il a accepté, à la place de la créance qu'il avait, l'engagement d'une femme, et lorsque cette femme l'a repoussé par l'exception du sénatus-consulte Velléien, de reprendre comme *rescissoria* ou *restitutoria actio*, l'action qu'il avait autrefois contre son premier débiteur [1].

Voilà pour la restitution. Le majeur simplement lésé n'y a jamais droit. Et je maintiens ce principe même quand il s'agira d'une estimation de dot ou des clauses d'un contrat de société. Ces deux cas sont mentionnés au Digeste comme admettant, même pour des majeurs, un secours contre la lésion. Beaucoup d'auteurs donnent à ce secours le nom de restitution. Mais comme on ne le trouve pas dans les textes qui les concernent, je veux les expliquer autrement, et les rattacher à un principe général proclamé ailleurs, c'est-à-dire au pouvoir du juge dans les actions de bonne foi. Il est impossible d'en faire abstraction, et de n'y pas voir le remède le mieux approprié à ce mal qu'on nomme *lésion* et qui lui-même, en raison de la liberté et du respect des conventions, doit, pour attirer la sollicitude, réunir mille conditions diverses et passer par l'appréciation du juge, non par les règles absolues

1. L. 16, C. *Ad S.-C. Velleianum.* — L. 8, § 9, Dig. *Ad S.-C. Vell.*

d'une loi écrite. Qu'on réfléchisse en effet que tout homme entend se lier par ses actes et que la foi promise est inviolable, que la société serait troublée si les conventions n'étaient comme des lois, qu'il faut de fortes raisons pour permettre de les briser ou de les modifier après coup, et que notre loi française actuelle n'a dit quelque chose à cet égard pour les majeurs qu'après une lutte ardente inspirée et continuée plus tard par les doctrines des économistes ; et l'on sera forcé d'avouer que rien n'était plus sage en cette matière que l'emploi de cet *arbitrium judicis* uniquement applicable aux contrats où la bonne foi l'emporte sur la solennité des formes, et libre de s'inspirer des circonstances particulières de l'espèce, de la nature du contrat, de la situation des contractants, de toutes les considérations enfin qui imposent au juge pour toute sentence équitable la rescision du contrat ou sa réformation *in melius*.

Une femme, dans l'estimation qui servira de règle à la restitution de sa dot, n'a pas fait porter à sa juste valeur l'esclave qui en faisait partie, ou bien c'est le mari qui l'a laissé estimer trop haut. En un mot l'un ou l'autre a été *circumventus in dote dandâ*. Il l'a été dans un contrat où doit régner la bonne foi, dans celui de tous où les parties doivent refouler le désir du lucre et mettre au-dessus la pure vérité. Il sera secouru, *etiam majori succurrendum est*, et ce n'est pas de *restitutio in integrum* qu'il faut parler ici. Le mot *succurrendum* s'applique à tout, même aux exceptions des sénatus-consultes Macédonien et Velléien. Il faut parler ici uniquement du pouvoir du juge saisi des actions engendrées par la constitution de la dot : juge qui devant statuer *ex bono et æquo, æquius melius*, devra s'opposer à ce gain qui fait perdre l'autre, réformer le contrat *in melius*, et laisser au mari le choix de rendre la juste valeur de l'esclave ou de rendre l'esclave lui-même[1].

Cicéron n'a pas tort d'appeler *aurea verba* ces paroles bienfaisantes : *ex bonâ fide, æquius melius, ut inter bonos bene agier oportet*, qu'introduisait le préteur dans certaines formules. Ce qu'on vient de voir pour la dot tenait à ces simples mots ; à ces mots

---

1. L. 6, C. *Soluto matrim.* — Si l'esclave a péri, on ne réformera rien : car la femme ne peut se dire lésée : son mari perd peut-être plus qu'elle par le payement de l'estimation.

tenait aussi ce qui se passait dans le contrat de société. Qu'on ait remis à un tiers, à un ami, le soin de fixer les parts de chaque associé, et que ce tiers les ait inégalement fixées : s'il ne s'agit pas d'un de ces arbitres auxquels on a recours à la suite de compromis, on fera corriger cette fixation par le juge : « *corrigi potest per judicium bonæ fidei* » ; on la fera transformer en un *arbitrium viri boni*, « *eo magis quod judicium pro socio bonæ fidei est* » ; et cela ne souffrira aucune difficulté, parce que le lien de la société a en soi quelque chose du lien fraternel, « *quoddam fraternitatis vinculum in se habet* [1]. »

Pourquoi tout cela ? C'est qu'après avoir mis dans une même balance le respect dû aux contrats et l'égalité due aux parties, le juge a entendu la justice lui dire : réformez cette convention ; c'est que, tout en avouant l'idée de Pomponius : « *naturaliter licere contrahentibus se circumvenire* [2] », la justice fait dire au même Pomponius : « *bono et æquo non convenit aut lucrari aliquem cum damno alterius, aut damnum sentire per alterius lucrum* [3] ». De ces deux idées, la dernière est ordinairement victorieuse pour deux contrats, comme la dot et la société. Mais est-ce à ces deux contrats que se bornera leur lutte ? Non. Partout où il y aura un contrat de bonne foi, elles trouveront un terrain pour combattre. Elles combattront en matière de vente ; elles combattront en matière de partage ; et Dioclétien lui-même, quoiqu'à une époque où se dénature et s'altère la théorie des contrats de bonne foi, nous dira encore d'une façon générale : « *in bonæ fidei judiciis, quod inæqualiter factum esse constiterit in melius reformabitur* [4]. » Le juge réformera. Mais il ne réformera pas à l'aveugle. Ce qu'il peut faire sans scrupule pour les droits de deux époux, pour les droits de deux associés, il le fera aussi, selon la sagesse qui l'éclaire, pour les droits de copartageants ; il pourra le faire enfin, mais avec plus de prudence encore, pour les droits nés d'une vente. Ce pouvoir est inséparable d'un jugement selon l'équité ; l'équité se charge d'établir des nuances suivant la nature du contrat ; le juge en trouvera

---

1. LL. 76, 78, 79, Dig. *Pro socio.*
2. L. 16, § 4, Dig. *De minor.*
3. L. 6, § 2, Dig. *De jure dotium.*
4. L. 3, C. *Communia utriusque judicii.*

d'autres encore dans les circonstances particulières de l'espèce.

De tous les contrats de bonne foi, la vente, étant le moyen le meilleur et le plus légitime de spéculation, sera le plus inébranlable, le moins exposé aux coups de la justice. Là moins qu'ailleurs, le *lucrum cum damno alterius* sera proscrit; là plus qu'ailleurs, la liberté de se circonvenir sera respectée; et la victoire, assurée d'ordinaire aux idées d'égalité dans d'autres contrats, penchera le plus souvent vers le maintien de la vente. Le juge n'abandonnera ici ni son guide, l'équité, ni son pouvoir de réformation; la formule d'action lui dit toujours : *ex fide bonâ;* et toujours c'est à cette bonne foi qu'il doit, en commençant à juger, adresser son invocation. Aussi, de même qu'il repoussera des prétentions appuyées sur la fraude, il repoussera de même toute lésion dont l'énormité force d'appeler déshonnête la vente qui la contient. Ministre d'équité, il réformera la vente dont le maintien est inique. Mais la liberté et le respect des promesses établit une nuance profonde entre une vente inique et une vente inégale. Je vends à bas prix parce que je n'ai pas eu le soin d'étudier la valeur de ma chose, ou parce que je redoute une moins-value prochaine, ou parce que mes passions me pressent d'avoir de l'argent, ou bien, poussé par une fantaisie, je me ruine par le prix exorbitant d'un achat : loin d'être inique, le maintien de l'opération sera la juste peine de mon insouciance ou de ma folie, de mon imprévoyance ou de mon caprice. Mais qu'on profite de ma détresse, qu'on abuse d'un de ces jours d'angoisse où, mis en face de la misère et quelquefois de l'ignominie, on ressemble à ces marins qui jettent tout aux vagues furieuses pour se sauver soi-même du naufrage, et que, puisant de l'audace dans ce qui m'épouvante, on m'arrache, non pas une bonne affaire, mais un marché scandaleux, non pas un léger sacrifice, mais un monstrueux abandon : serai-je pris dans les filets de cet homme sans que le juge puisse m'en tirer? Cet homme pourra-t-il *ex bonâ fide* réclamer l'immeuble au prix stipulé? et ne pourrai-je pas, au nom de la même bonne foi, demander qu'on me donne l'immeuble ou sa valeur, et qu'on réprime ainsi les entreprises de la cupidité, qui ne peut avoir le droit d'imposer des lois à la misère? — Vous ne m'avez pas violenté, dites-vous! Mais les résultats d'une violence directe, vous les avez atteints par l'abus d'une contrainte plus invincible encore, celle des circonstances; la pression de l'homme s'appelle *violence*, l'usage de la pression du malheur s'appelle *lésion, lésion énorme, lésion inique*. — Vous ne m'avez point trompé, dites-vous! Mais ce que vous avez fait ne se rapproche-t-il pas du dol par mille traits insaisissables, et pouviez-vous faire loyalement ce dont vous deviez rougir en secret?

Voilà en quelques mots l'*arbitrium* du juge. Comme le sous-entend la formule, il est aussi grand que la justice même à qui il demande conseil. Et c'est contre la lésion le plus sage des remèdes, puisque par lui viennent se faire peser dans une balance commune et les intérêts généraux de la société, et la foi des promesses, et le respect de la liberté, et le degré d'iniquité qu'il faut voir dans la disproportion des équivalents et dans la conduite des parties.

Ce remède que conseille si fort la raison fut-il positivement consacré par la pratique romaine? On n'en peut douter. Les contrats de bonne foi le comportaient seuls; mais seuls aussi, ils refusaient de se plier à l'iniquité d'une lésion. Parmi eux encore, la vente, quoique inégale, devait le plus souvent sortir saine et sauve de l'examen du juge. Mais est-ce une raison pour nier son pouvoir réformateur, lorsque, tout pesé, il se rencontrait avec l'équité, sa seule lumière? Le nier serait se mettre en lutte non-seulement avec les conséquences logiques des institutions romaines, mais avec des textes formels. Un seul devrait suffire : la loi 3, C. *Communia utriusq.*, où Dioclétien disait : « *in bonæ fidei judiciis quod inæqualiter factum esse constiterit in melius reformabitur* », proclame certainement une règle aussi vieille que l'institution des *judicia* de bonne foi. Mais il y en a d'autres encore, d'autres qu'on ne peut nullement regarder comme des innovations, parce qu'ils n'émanent pas du pouvoir législatif, mais de l'interprétation doctrinale des jurisconsultes. Sans parler des lois 78 et 79, *pro socio*, où Proculus et Paul ne donnent pas d'autres motifs de la réformation du contrat de société que sa nature de contrat de bonne foi, il suffira de citer la loi 2, Dig. *Depositi*, sur la vente, dont la réformation rencontre justement plus de difficultés : un héritier vend une chose trouvée chez le défunt, ignorant qu'elle n'y est qu'à titre de dépôt; il doit rendre au déposant le prix qu'il en a reçu. A quoi Paul ajoute : *Quid* s'il n'a pas encore touché le prix? *ou s'il a vendu à vil prix? alors il donnera ses actions.* N'est-ce pas explicite? Et Cujas n'a-t-il pas raison d'attacher une grande importance à l'argument que ces mots contiennent? Car si la vente à vil prix laisse au vendeur, une fois le prix payé, des actions à céder au déposant, c'est que le juge peut réformer les conditions de la vente. Et si l'on a voulu parler ici d'un prix encore dû, et d'une action pour réclamer uniquement le prix *stipulé*, quel besoin avait le jurisconsulte qui venait de dire : *quid* si le prix est encore dû? d'ajouter : *quid* si on a vendu à vil prix? La première question ne suffisait-elle pas? et devait-on la séparer de la réponse par une seconde question dépourvue d'intérêt et de bon sens, et qui porterait facilement à rire si, au lieu d'exprimer un effet particulier de la lésion, elle ne contenait autre chose que la prévision de la vilité du prix, prévision indifférente en soi et venue à l'esprit de l'auteur sans rime ni raison? Je ne crois pas qu'on puisse trouver un texte plus fort; et j'avoue qu'en lisant les travaux de quelques docteurs qui refusent tout effet à la lésion en matière de vente avant Dioclétien, j'ai été fort surpris de les voir le traiter comme « trois ou quatre mots vagues, dignes de figurer parmi ces raisons de second ordre qui achèvent de consolider un système, mais lui seraient une base trop fragile ». Je ne crois rien plus inébranlable qu'un système qui allie le respect du texte au respect des habitudes romaines [1].

Le seul tort de Cujas (et c'est en cela seulement qu'il s'écarte du système de Voët et de Noodt, conforme aux idées que je viens d'émettre) est, à mon avis, d'avoir affirmé que, sous le règne des jurisconsultes et avant même Dioclétien, la lésion en matière de vente devait atteindre un taux invariable et dépasser la moitié du juste prix. Sur ce point, nul texte ne parle; et ce silence, loin de pouvoir être suppléé, nous est une preuve évidente que nulle règle absolue ne venait s'imposer à l'*arbitrium* du juge.

---

1 En vain m'opposerait-on la loi 38, Dig. *De contr. empt* : « *Quotius vero viliore pretio res donationis causâ distrahitur, dubium non est venditionem valere* ». — Outre qu'elle peut vouloir dire que la vente n'est pas nulle *ipso jure*, elle suppose l'intention de donner, qui rendait équitable et par conséquent exigeait du juge le maintien de la vente.

En vain Cujas s'arme-t-il de la loi 47, Dig. *De evictionibus*, qui cite comme valable une vente où le prix représente la moitié exacte de la valeur, tandis qu'une vente où le prix n'atteint pas cette moitié n'est validée nulle part et semble devoir tomber, au contraire, sous le coup de la loi 2, *Depositi.* Mais qu'est-ce que cet argument? Est-ce que la validité des ventes n'est pas le droit commun? et faut-il qu'un texte la proclame pour chaque vente qui peut venir à l'esprit? Les nullités se présument-elles? et quand la loi 2, *Depositi*, fait de la lésion, en termes tout généraux, une cause de réformation, peut-on en tirer une limitation précise? Quant à la loi 47, *De evict.*, que dit-elle? Deux esclaves m'ont été vendus; le prix de chacun est 5; l'un d'eux m'est enlevé par éviction : j'aurai mon recours alors même que l'autre esclave, valant à lui seul le prix que j'ai donné pour les deux, suffirait à m'empêcher de rien perdre. En sorte que si la loi suppose que l'esclave conservé valait le double de l'autre (c'est-à-dire le double de son prix, puisqu'ils ont été vendus tous deux le même prix), cette circonstance d'une valeur double du prix vient là par une suite nécessaire de l'hypothèse qu'on veut régler : l'hypothèse où ce qu'on a conservé après l'éviction vaut le prix qu'on avait donné du tout. Et la loi 47, relative à la garantie, non aux effets de la lésion, cette loi, loin de prouver qu'on doive fixer à ce taux la lésion qui vicie une vente, prouve uniquement qu'une vente pour moitié de la valeur de la chose peut être tenue pour valable, ce à quoi j'ajoute sans contradiction que le juge peut la réformer parce que le juge est libre.

Mais le fut-il toujours? Non : il cessa de l'être sous Dioclétien. La constitution romaine mettait aux mains de tous ou de presque tous le droit de juger les procès civils. Ce n'étaient pas des fonctionnaires, c'étaient de simples citoyens qui jugeaient. Tout procès renfermait un point de droit et un point de fait : le fonctionnaire, éclairé par la science, jugeait le point de droit; le citoyen jugeait le point de fait. Vint une heure où la procédure romaine, s'élevant de la stricte rigueur des formes aux régions sereines de la justice, permit à un troisième point d'attirer l'attention du juge : ce fut le point d'équité. Au citoyen encore la formule des actions de bonne foi permit d'en connaître. Or un tel pouvoir ainsi réparti se comprend-il ailleurs qu'au sein d'une république austère, dont la pratique des vertus civiques forme le lien et assure la splendeur ? L'institution d'un jury en pareille matière, avec un pareil pouvoir, n'avait-elle pas besoin, pour réussir, qu'un prix inestimable fût mis à l'accomplissement d'un devoir de citoyen ? et ne devait-elle pas dégénérer et s'étouffer quand viendraient l'égoïsme et la corruption? L'empire s'établit ; Rome n'a plus qu'à jouir de sa gloire et de sa puissance , et bientôt elle laisse dépraver ses mœurs. Ce ne sont plus les guerres civiles qui fermentent en elle ; ce sont les passions, le plaisir et la débauche. On oublie tout, excepté son bien-être, et le droit de cité perd son prix ; les charges précieuses qu'on y avait jointes, on les donne à des fonctionnaires, et le jury civil est mort. Mais sa décadence s'était préparée de longue main ; et dans l'attente de cette révolution de la procédure , en face des dangers que pouvait avoir cette mission du juge, maintenant qu'elle pesait à ceux qui l'exerçaient, rien n'était plus naturel que de chercher à la simplifier. Les constitutions impériales s'y appliquèrent souvent, en astreignant le juge autrefois souverain à résoudre un point d'équité par l'application d'une règle inflexible et brutale.

Dans la vente, comme dans le partage , comme dans la dot et la société, comme dans tous les contrats de bonne foi, le juge était souverain appréciateur et libre réformateur. Voici venir le règne de Dioclétien. Voici l'époque où va s'achever la décadence du jury civil, où le citoyen n'a plus ni le zèle ni la science pour s'acquitter de sa besogne de juge. Que va-t-on faire au sujet de la vente à vil prix, pour laquelle cette besogne est plus difficile et demande plus de sagesse que dans les autres contrats ? Dioclétien et Maximien, dans deux rescrits, établiront la règle suivante : si le prix atteint la moitié de la valeur, le juge doit respecter les clauses de la vente ; sinon, il doit la rescinder, à moins que l'acheteur ne préfère payer la valeur. Les empereurs qui suivirent semblent avoir voulu rejeter cette innovation, car on n'en trouve aucune trace au Code Théodosien. Peut-être ont-ils trouvé que l'ancienne pratique méritait de revivre, n'ayant plus les inconvénients que l'*ordo judiciorum* avait pu rendre possibles. Mais il n'en parut pas de même à Justinien, qui, trouvant ailleurs, sans doute au Code Grégorien ou Hermogénien, les rescrits de Dioclétien, les remit en vigueur en les insérant dans son Code, aux lois 2 et 8, *De rescind. venditione* [1].

Ainsi la seule portée de ces lois fut, comme le dit Noodt, de préciser et de fixer le taux de la lésion, auparavant indéterminé et laissé à l'appréciation du juge. On n'a rien à objecter à ce système. On n'a même pas à s'étonner qu'interprète d'une règle ancienne, Dioclétien ne parle que du *vendeur* lésé. La règle ancienne faisait aussi la différence entre le vendeur et l'acheteur. Car le juge, on l'a vu, devait respecter dans la mesure de l'honnête la liberté de se circonvenir; or l'on ne peut regarder du même œil le fol acheteur et le fol vendeur : le premier n'obéit à aucune pression que celle de son caprice, et en bonne foi c'est à lui-même qu'il doit s'en prendre de sa folie.

Un docteur allemand du xviiie siècle, nommé Thomasius, entend tout autrement l'histoire de la lésion en matière de vente. Qu'on lui parle de contrats de bonne foi, de formules conçues *ex bonâ fide*, peu lui importe. Jamais, dit-il, il n'entra dans l'office du juge de tenir compte d'une lésion; et, à part le dol et l'erreur, il n'y a rien au-dessus de cette maxime : *licet contrahentibus se circumvenire*, que les successeurs de Dioclétien (Constantin, Gratien, Valentinien, Théodose, Arcadius et Honorius) consacrent d'une façon formelle [2]. Quant à Dioclétien, que fit-il ? Jamais, à ce que prétend Thomasius, il ne parla de lésion d'outre-moitié ; et, en somme, il

---

1. Loi 2 : « Rem majoris pretii, si tu vel pater tuus minoris distraxerit : huma-
» num est, ut vel pretium te restituente emptoribus, fundum venundatum reci-
» pias, auctoritate judicis intercedente : vel si emptor elegerit, quod deest justo
» pretio recipias. Minus autem pretium esse videtur si nec dimidia pars veri
» pretii soluta sit. »
Loi 8 : « Si voluntate tuâ fundum tuum filius tuus venundedit, dolus ex
» calliditate atque insidiis emptoris argui debet, vel metus mortis, vel cruciatus
» corporis imminens detegi ne habeatur rata venditio. Hoc enim solum quod
» paulò minore pretio fundum venditum significas ad rescindendam venditionem
» invalidum est. Quod si videlicet contractus emptionis atque venditionis cogi-
» tasses substantiam, et quod emptor viliore comparandi, venditor cariore distra-
» hendi votum gerentes, ad hunc contractum accedant, vixque post multas
» contentiones, paulatim venditore de eo quod petierat detrahente, emptore
» autem huic quod obtulerat addente, ad certum consentiant pretium : profecto
» perspiceres, neque bonam fidem quæ emptionis atque venditionis conventionem
» tuetur, pati, neque ullam rationem concedere, rescindi propter hoc consensu
» finitum contractum, vel statim, vel post pretii quantitatis disceptationem :
» nisi minus dimidiâ justi pretii quod fuerat tempore venditionis, datum esset,
» electione jam emptori præstitâ servandâ. »
2. LL. 1, 4 et 7, C. Theod., *De contrah. emptione.*

regarda, lui aussi, la lésion comme indifférente, témoin la loi 8, dont Thomasius retranche la dernière proposition, la réduisant ainsi à n'être qu'une paraphrase de la maxime *licet se circumvenire*; témoin encore la loi 10 : « *Dolus emptoris qualitate facti non quantitate pretii æstimatur* », comme si cette loi, qui parle du dol, n'était pas étrangère aux effets de la lésion. Reste la loi 2 : comme pour la loi 8, Thomasius en retranche le trait final, celui qui fixe le taux ; et alors il reste une disposition qui permet formellement et *toujours* la rescision pour lésion, mais que Thomasius considère comme arrachée par surprise à l'empereur, et bientôt rétractée par ses autres décisions.

On ne peut certes pas se mettre plus à l'aise. Comment Thomasius justifie-t-il ses hardiesses? En accusant Tribonien d'avoir fait ce qu'il fait lui-même : Je retranche, dit-il, des phrases ajoutées. Pas de rescision avant Dioclétien ; pas de rescision après ; sous Dioclétien, rescision admise par la loi 2, puis rejetée par la loi 8. Tribonien arrive et prend ces deux lois, et à chacune il ajoute une phrase qui les met d'accord en tranchant leur différend par moitié. Ce petit manége prête alors à Dioclétien une pensée qui n'est conforme ni à l'ancien droit ni au droit de ses successeurs; il y a les lois 1, 4 et 7, C. Théod. *De contrah. empt.*, qui laissent la lésion indifférente, sans en excepter la lésion ultra-dimidiaire ; que fera-t-on de ces trois lois? Une seule sera admise dans le Code de Justinien : c'est la loi 4, qu'on reproduira à la loi 15, avec certaines altérations, telles que l'addition du mot *paulò* qui en adoucit la sévérité.

Je réponds à cela qu'on ne peut sans preuves corriger les textes, et surtout supprimer des phrases entières. De toutes les interpolations supposées par Thomasius, une seule est prouvée par voie de comparaison : c'est l'addition du mot *paulò* dans la loi 15, C. *De resc. vend.*, addition qui relie ce texte, non point seulement aux idées personnelles de Dioclétien, mais à la pratique suffisamment prouvée de l'ancien droit dans les actions de bonne foi, enfin à la pensée même des successeurs de Dioclétien, qui, dans les lois 1, 4 et 7, C. Théod., loin de nier l'effet de la lésion sur les contrats de bonne foi, ne font, à mon avis, que proclamer son impuissance *ordinaire* dans la vente à cause des intérêts divers qui sont en lutte avec celui du vendeur, et qui protégent la vente tant qu'elle est honnête [1]. Cette règle d'équité, qui s'opposait plus souvent à la rescision qu'au maintien des ventes inégales, fut formellement changée par Dioclétien et Maximien en une règle brutale, qui rendait peut-être la rescision plus fréquente, et rétablie au contraire par ses successeurs dans un style qu'il faut peut-être attribuer justement à un esprit de réaction contre une innovation mal accueillie par eux. Tribonien admet ce qu'ils rejettent, et il adoucit leur style. Ainsi s'explique l'addition du mot *paulò*. Pourquoi s'en étonner? Les lois 1, 4 et 7, C. Théod., sans ordonner le maintien de ventes *iniques*, puisqu'elles parlent de ventes faites « *sine ullâ culpâ* », de vendeur ignorant sottement la valeur de sa chose, mais nulle part de vendeur pressé par la nécessité, sont pourtant, de même que l'ancien droit, plus sévères pour le vendeur que ne l'était la règle mathématique de Dioclétien, et que ne veut l'être son reproducteur Tribonien. Celui-ci ne devait-il pas parler un autre langage; et de ce qu'il a un peu adouci les paroles de Gratien, faut-il conclure qu'il a fait à sa guise parler Dioclétien?

En résumé, je regrette l'opinion commune, qui dit que Dioclétien n'a pas seulement fixé le taux de la lésion, mais a même permis la rescision de la vente auparavant impossible. Je rejette l'opinion de Cujas, qui dit que de tout temps, non-seulement la lésion vicia la vente, mais encore que le taux en fut fixé. Je rejette l'opinion de Thomasius, qui tient la lésion pour indifférente à Rome, passe incrédule devant le nom de Dioclétien, et nous mène ainsi jusqu'à Justinien, seul innovateur et menteur par l'organe de son ministre. Et j'aime mieux m'attacher à l'opinion de Voët et de Noodt, qui, sur la foi de Justinien, attribuent à Dioclétien le taux ultra-dimidiaire, et qui n'y voient qu'une simplification du pouvoir qu'eut toujours le juge, de réformer, pour lésion inique, la vente comme les autres contrats de bonne foi.

Ce taux, une fois admis pour la vente, n'eut pas le moins du monde pour effet de s'étendre soit au partage, soit à l'estimation

---

1. On voit généralement dans les lois 1, 4 et 7, C. Théod., la proscription *absolue* de la rescision. Mais je crois que les événements s'enchaînent d'une autre façon : Avant Dioclétien, rescision permise par l'*arbitrium* du juge citoyen. — Sous Dioclétien, simplification de cet *arbitrium* devenu dangereux. — Après lui, résurrection de cet *arbitrium* devenu sans danger par l'institution des juges fonctionnaires.

de dot. On laissa, pour les contrats de bonne foi autres que la vente, subsister le droit en vigueur, c'est-à-dire le pouvoir souverain du juge selon l'équité. L'innovation n'est-elle pas en effet spéciale à la vente? et quelle que soit la ressemblance qu'affirme la loi 1, C. *Communia utr.*, entre elle et le partage, n'eut-elle pas toujours droit à plus d'égards? De même qu'autrefois le juge devait réformer une vente plus difficilement qu'un partage, parce que l'iniquité n'y paraît qu'à condition d'une lésion plus forte et de circonstances aggravantes, comme l'abus du malheur, de même, lorsqu'un taux fut spécialement fixé pour la vente, il y avait de bonnes raisons de ne pas l'étendre au partage, quelle que fût d'ailleurs l'analogie de ces deux contrats. Pour le lui étendre, il faudrait un texte formel qui ne se trouve nulle part; et si l'on écoute Dioclétien lui-même parler du partage, on l'entendra nous dire en termes très-généraux, qu'il y a un secours contre la lésion qu'il renferme, à cause du pouvoir réformateur du juge dans les actions de bonne foi :

« *Majoribus etiam per fraudem vel dolum vel perperam sine judicio* » *factis divisionibus solet subveniri : quia in bonæ fidei judiciis quod* » *inæqualiter factum esse constiterit in melius reformabitur* [1]. »

Sur le partage comme sur la vente, j'aurai à donner plus de détails. Mais ce que je viens de prouver pour le partage, c'est-à-dire l'absence d'un taux, même sous Dioclétien, je dois aussi l'affirmer avec Cujas, pour l'estimation de dot. Cette idée est encore plus évidente ici; et cependant même ici elle est combattue par Noodt. *Estimation vaut vente*, dit-il : donc la loi 2. C. *De resc. vend.*, faite pour la vente, a été faite également pour elle. Mais quel abus d'une idée fort juste! Les axiomes de droit sont un peu comme les proverbes, et s'adressent à bon entendeur. Ne dit-on pas aussi dans notre droit français qu'estimation vaut vente? Est-ce qu'on entend cela autrement qu'au point de vue des risques? Est-ce que chez nous, par exemple, on donne l'action en rescision pour lésion de plus des 7/12 à la femme pour une dot immobilière constituée avec estimation? De ce qu'on exprime une ressemblance dans un style frappant par sa concision, s'ensuit-il qu'il y ait là une iden-tité? — Comment! là où il s'agit du maintien du contrat

1. L. 3, C. *Comm. utriusque judicii.*

ou de la réformation de ses clauses, il importera peu que les parties soient unies en mariage, et que le mariage même soit l'occasion du contrat! La loi romaine a toujours su ce qu'il doit y avoir de bienveillance et de piété conjugale entre deux époux. Entre époux, dit-elle, *res non sunt amare tractandæ;* entre époux, il y a pour la dot une action de bonne foi; entre eux, il faut juger non-seulement *ex æquo et bono*, mais plus encore *ut æquius melius;* entre époux, on ne voit rien de plus précieux que ce désintéressement qui rehausse le mariage, en sorte qu'on prohibe entre eux les donations, de peur qu'on ne les obtienne par la menace d'un divorce, et qu'un époux ne reste lié à l'autre par un intérêt pécuniaire. Et lorsqu'on préfère ainsi le divorce aux spéculations matrimoniales, on viendrait soutenir que deux époux qui estiment une dot, peuvent, comme acheteur et vendeur, s'exploiter l'un l'autre, et qu'en vertu d'un texte qui le permet à un acheteur, on doit autoriser le mari à recueillir le profit d'une erreur de moitié commise par sa femme !

Nous savons ce qu'ont dit Ulpien et Pomponius [1] sur l'estimation de dot : on la corrige au nom de l'équité, qui ne peut souffrir que l'un s'enrichisse aux dépens de l'autre ou s'appauvrisse à son bénéfice; et Marcellus veut ici qu'on fasse à la femme majeure la même situation qu'à la femme mineure, laquelle évidemment n'avait pas besoin d'alléguer une lésion d'*outre-moitié*. Mais Dioclétien et Maximien, qu'en pensent-ils? Si l'on avait un texte émané d'eux sur cette matière, on pourrait savoir quelle était leur intention. Or nous avons d'eux justement la loi 6, C. *Soluto matrim*, qui dit :
« Si votre mère a été lésée par l'estimation trop basse de sa dot, on
» sait ce qui est établi sur la lésion dans les contrats de ce genre. »
C'est un renvoi : non pas à la loi 2, *De resc. vendit.*, qui, loin d'être spéciale aux contrats de ce genre, ou même d'être générale aux contrats de bonne foi, est au contraire spéciale à la vente, contrat d'un autre genre que la dot, — mais bien aux doctrines d'Ulpien, de Pomponius, de Marcellus, peut-être à ses propres décisions sur le pouvoir réformateur du juge dans les *judicia bonæ fidei* en général.

____

1. L. 6 ; L. 12 § 1, Dig. *De jure dotium.*

Tout concourt donc, texte et raisonnement, à nous faire placer l'estimation de dot en dehors du taux que fixa Dioclétien pour la vente.

La *datio in solutum* peut seule présenter avec la vente une similitude assez grande pour rentrer sous l'application de la loi. Qu'est-ce, en effet, que la dation en paiement? Là-dessus, deux doctrines différentes : — 1° celle des Sabiniens, qui l'assimile au paiement lui-même; elle inspire à Marcien la loi 46, *De solut.*, qui, en cas d'éviction de l'objet donné en paiement, rend au créancier l'action primitive, pour ce motif évidemment que l'éviction fait qu'il n'y a pas eu paiement; — 2° celle des Proculiens, qui n'y voit absolument qu'une vente, dont le prix, égal à la somme due, se compense avec elle et n'est en réalité autre chose que la libération de cette dette; doctrine consacrée par Ulpien, qui, dans la loi 24, pr., Dig. *De pignerat. actione,* donne au créancier évincé une *actio utilis ex empto,* au lieu de l'action primitive incapable de revivre, et par l'empereur Antonin Caracalla lui-même, dans la loi 4, D. *De evictionibus.* On est donc en face d'une vente, lorsqu'on est en face d'une dation en paiement. Il faut donc lui appliquer la loi 2, et cela avec grande raison, car on peut dire d'elle ce qui peut se dire de la vente : le même degré de prudence y doit être conseillé au juge; et le même degré de lésion y doit être pris pour preuve qu'on l'a consentie sous la pression de la misère et d'un créancier peu scrupuleux.

CHAPITRE VIII

DE LA LÉSION ENTRE MAJEURS DANS LA VENTE.

La vente, au milieu des autres contrats même de bonne foi, forme donc une matière à part, sa rescision se trouvant, sous Dioclétien et sous Justinien, subordonnée à une lésion d'*outre-moitié.* Le prix doit être inférieur à la moitié de la valeur de la chose vendue, et la différence fût-elle d'un as, elle suffit pour imposer au juge le devoir de rescinder. Il semble que Dioclétien se soit mis entre les deux parties contractantes, supposant à l'une le désir de vendre convenablement sa chose, à l'autre le désir de l'acheter pour rien, et qu'il trouve que tout est pour le mieux quand elles sont venues à un moyen terme que l'acheteur ne peut pas dépasser. Mais si l'on comprend chez l'acheteur le désir d'acheter pour rien, pourquoi chez le vendeur ne comprendrait-on pas bien mieux le désir de vendre au double, en sorte que le moyen terme fût le juste prix? Cela montre combien est imparfaite cette règle inflexible de Dioclétien auprès de l'ancien ordre de choses, qui permettait de s'inspirer des circonstances et de l'équité. Le juge tirait des faits de la cause une preuve ; Dioclétien tire d'un simple chiffre une présomption qui devra faire preuve.

La preuve de la lésion est à la charge du demandeur. Mais rien ne peut l'empêcher d'intenter son action, si ce n'est la crainte d'encourir en succombant la peine des plaideurs téméraires. (Inst., liv. IV, Tit. 16.) — Il fera sa preuve comme il l'entendra, par témoins, si bon lui semble, ou par la notoriété publique ; et le juge, de son côté, pourra s'entourer de tous les renseignements qu'il croira utiles.

Il faut une estimation : on se placera, pour la faire, au temps et au lieu de la vente. La loi le veut : *tempore venditionis*, dit la loi 8, *in fine*, C. *De resc. vend.* — *Id tempus spectatur quo contrahimus*, dit la loi 144, § 1, Dig. *De reg. juris.* Et cela est important ; car le prix des choses varie selon les temps dans le même lieu, et selon les contrées dans le même moment. Ce n'est pas pourtant qu'on doive tenir compte de la convenance particulière que tel site ou tel climat offrait au vendeur, pas plus que de l'affection qui pouvait l'unir à sa propriété et qui remonte peut-être à des souvenirs d'enfance ou de famille. Peu importe ce qu'elle valait pour lui. Il faut qu'on sache ce qu'elle valait pour le premier acheteur venu. « *Pretia rerum non ex affectu vel utilitate singulorum, sed communiter finguntur* [1] ».

Jusque-là, c'est au vendeur que j'ai attribué le rôle de demandeur. Me le reprochera-t-on ? Ne peut-on pas me poser cette double question : 1° La loi 2 ne s'applique-t-elle pas à l'*acheteur* lésé ? —

---

1. L. 63, Dig. *Ad leg. Falc.*

2° Si elle y s'applique, comment faut-il entendre pour l'acheteur la lésion *ultra-dimidiaire ?* Faut-il qu'il ait acheté au double de la valeur, ou suffit-il qu'il ait payé le juste prix et la moitié en sus ?— Je ne répondrai qu'à la première de ces deux questions : Non , la loi n'a pas trait à l'acheteur lésé ; et rien que la difficulté d'interpréter pour lui le mot *dimidium* en serait une preuve suffisante.

Donnons pour un moment cette extension à la loi 2. Jusqu'où pourra aller la lésion ? Si la chose vaut 10, faut-il qu'on l'ait payée 21, comme le pensent Joannes Robertus et Dumoulin ? ou suffit-il qu'on l'ait payée 16, comme le pense Voët et comme Dumoulin l'avait cru d'abord [1] ? S'il me fallait choisir entre ces deux opinions, je prendrais la seconde : car, quelques efforts que l'on fasse pour trouver une analogie entre le vendeur qui vend à moitié prix et l'acheteur qui achète au double, il est clair qu'on est dans l'erreur. Sans doute la loi 2 met en comparaison la valeur et le prix dans un rapport de 2 à 1 ; mais c'est qu'elle parle d'un vendeur, et que pour un vendeur une valeur double du *prix* est une valeur double de la *lésion*. La *lésion* comparée à la valeur, voilà le critérium général, susceptible de rester immuable sous la diversité des espèces : car l'hypothèse d'un *minus pretium* n'a rien de commun avec l'hypothèse d'un acheteur lésé. Ce qui peut s'y appliquer, c'est la règle de comparaison entre la *lésion* et la *valeur*. La loi veut que la lésion, c'est-à-dire ce qu'on donne en trop, dépasse la moitié de la valeur. Si donc il faut dire pour l'acheteur ce qu'elle dit du vendeur, il suffira que l'acheteur ait donné *en trop*, non pas plus de la valeur, mais plus de la *moitié* de cette valeur, c'est-à-dire non pas 21, mais 16, si la chose vaut 10.

Telle serait la vérité. Mais ne serait-ce pas une vérité funeste ? Comment ! j'ai acheté 16 ce qui valait 10, et je pourrais revenir sur mon engagement ! Qu'est-ce donc qui m'a contraint de faire cette mauvaise affaire, si ce n'est mon propre caprice ? Est-ce le caprice que la loi protége, au mépris de la foi promise ? Le juge avec son antique pouvoir ne devait-il pas rescinder plus de ventes que d'achats ? L'achat ne devait-il même pas se trouver ordinairement à l'abri de ses coups ? et ne s'explique-t-on pas que Dioclétien, posant

1. Dum., *sur la Cout. de Paris ; des fiefs*, § 22.

une règle qui rend la rescision plus fréquente en supprimant l'examen, n'ait expressément parlé que d'une vente à vil prix, lésant le vendeur ? Pour l'étendre il faudrait un *à fortiori*, et c'est tout le contraire que l'on trouve ici. Car la situation se résume en ce mot de Salvien [1] : c'est la nécessité qui presse le vendeur ; c'est la convoitise, la passion, qui excite l'acheteur. Celui-ci fait ce qu'il veut : celui-là cède souvent à un moment de détresse que l'acheteur épiait, comme dit Horace, tout en bâillant.

Cet *à fortiori* pourtant, Voët prétend l'avoir trouvé, et il l'exprime ainsi : L'ignorance du juste prix, inexcusable chez le vendeur qui avait la chose dans son patrimoine, se comprend mieux chez l'acheteur qui n'a pas eu autant de moyens de l'apprécier [2]. Mais cet argument n'est pas heureux : car ce n'est pas l'ignorance du juste prix qui fit rescinder la vente à aucune époque du droit romain. Les lois 1 et 4, C. Théod., *De contrah. empt.*, nous révèlent sur ce point la pensée des empereurs, qui, je crois, n'était pas nouvelle. Le but de la rescision, le but que se proposent encore Dioclétien et Justinien, c'est de réparer l'iniquité et de secourir un vendeur à qui la misère a fait subir une contrainte d'autant plus pénible qu'il savait la valeur de ce qu'il vendait.

Noodt fait valoir d'autres raisons [3]. Les lois 2 et 8 sont des rescrits provoqués par l'initiative des plaideurs et rendus pour eux. On ne peut, dit-il, de pareils rescrits tirer des arguments *à contrario* ou par analogie, sans aller le plus souvent contre l'intention de leur auteur. Les empereurs, consultés au sujet d'un vendeur, ont rendu leur rescrit sur le vendeur ; consultés au sujet d'un acheteur, ils auraient répondu la même chose... Ce langage est bien hardi : car une loi qui innove, si elle innove en termes spéciaux, doit produire une innovation spéciale ; et rien n'autorise à traiter comme existante une loi qui n'a jamais vu le jour, et que Dioclétien eût certainement refusé de faire si on le lui eût demandé. De plus, ce langage se condamne lui-même en disant qu'on ne peut tirer des rescrits ni argument *à contrario* ni argument d'analogie. Car comment proscrire l'argument d'analogie sans permettre l'argu-

<hr>

1. Salvien, *De Provid. Dei*, 5.
2. Voët, *De resc. vend.*, n° 5.
3. Noodt, *De resc. vend.* II, p. 411.

ment *à contrario?* En me déclarant contre l'acheteur, je borne au vendeur une loi faite pour le vendeur, et je m'oppose précisément à ce qu'on en tire un argument d'analogie pour une situation tout autre.

Cujas [1] fait sentir la différence de ces deux rôles de vendeur et d'acheteur, et il a sur ce point avec Robertus une controverse très-vive. Pour Robertus, il importe peu que la loi 2 n'ait parlé que de vendeurs. Car il existe une foule de textes où il n'est toujours ou presque toujours question que du vendeur, et que nul ne refuse d'appliquer à l'acheteur. Tels sont ceux relatifs au dol, à la violence, à l'erreur [2]. De même que la loi est égale pour tous deux en matière de dol, d'erreur et de crainte, de même elle doit l'être aussi lorsqu'il s'agit de lésion... Tout cela est faux. Par la violence, le dol et l'erreur, tous deux sont victimes et dignes d'intérêt ; par la lésion le vendeur peut être victime, mais l'acheteur n'est jamais qu'un sot. L'argument d'analogie permis dans le premier cas ne l'est pas dans le second. En sorte que je n'aurais pas même besoin de reproduire la réponse de Cujas, de dire commme lui à Robertus : « tu oublies qu'en matière de lésion toutes les lois parlent du vendeur seul, tandis que, dans les cas dont tu argumentes, les lois parlent non-seulement du vendeur, mais de l'acheteur », et de lui opposer à l'appui de ce démenti les lois 18, § 3 ; 37, Dig. *De dolo* ; 43, § 2 ; 66, § 1, D. *De contr. empt.* ; et 6, § 8, D. *De act. empti* [3].

Dioclétien ni Justinien ne disent donc rien pour l'acheteur lésé, et laissent pour lui subsister l'ancien droit, qui devait pour ainsi dire le repousser toujours.

Mais cette protection donnée au vendeur lésé, quelle est-elle ?

La revendication n'est pas possible, car le contrat n'est pas résolu par le seul fait de la lésion, et c'est à tort que Pothier admet une *actio in rem utilis.*

Cujas [4] et Noodt [5] croient qu'il s'agit d'une nullité de plein droit.

<hr>

1. Cuj. *Observ.*, liv. 16, chap. 18
2. LD. 1, 5, 8, pr., 11, C. *De resc. vend.* ; LL. 3, 4, 5, 8, C. *De his quæ vi.*
3. *Rob. et Cuj. controv.*, lib. II, cap. XIII.
4. Cuj. *Observ.*, liv. 23, chap. 24.
5. Noodt, I, p. 301.

Ils argumentent des lois 3, § 3, D. *Pro socio ;* 57, § 3, D. *De contr. empt.;* 5, § 2, D. *De auctorit. tut.* Mais, outre que de ces lois deux sont relatives au dol et la troisième à une interposition de personnes, il serait fort dangereux d'attacher tant d'importance aux mots *nihil actum fuisse, nullius esse momenti,* qu'on y rencontre. En veut-on une preuve ? La loi 57, § 3, *De contr. empt.,* dit qu'en cas de dol dans une vente, *nihil actum est ;* et la loi 5, Cod. *de resc. vend.,* ordonne dans le même cas *rescindi venditionem ;* sans compter que tous les cas de violence, de dol et de lésion sont mis au Code sous la rubrique *De rescindendâ venditione.* Comment croire d'ailleurs, malgré les mots *nihil actum fuisse,* que la vente dolosive fût nulle de plein droit, alors qu'on connaissait à Rome une action de dol et une restitution pour dol ? Le dol, la lésion inique, tout cela se trouvait soumis de plein droit à l'appréciation du juge dans les actions de bonne foi, et tout cela y est encore soumis sous Dioclétien, sauf qu'on présume lésion inique une lésion d'outre-moitié dans la vente. Mais justement si c'est par l'action de bonne foi née du contrat qu'on poursuit la réparation, soit du dol, soit de la lésion inique ou présumée inique, c'est qu'assurément le contrat n'est pas nul. C'est une idée de réformation qui perce dans la rubrique du Code : *De rescindendâ venditione,* et que Dioclétien proclame soit dans la loi 3, C. *Commun. utr. :* « *in bonæ fidei judiciis....* » *in melius reformabitur* », soit dans la loi 4, C. *De resc. vend.,* où, disant qu'un simple abaissement du prix ne suffit pas *ad rescindendam venditionem et malæ fidei probationem,* il donne la *rescision* comme la conséquence de la mauvaise foi prouvée, ce qui s'applique parfaitement à la lésion ultra-dimidiaire. — Et puis ne serait-ce pas tourner contre le vendeur la protection qu'on lui donne que déclarer non avenue une vente dont le maintien peut fort bien lui être devenu profitable à cause d'une forte dépréciation de l'objet vendu ? Non ; le vendeur ici doit avoir une arme, et libre en doit être l'usage. L'acheteur ne peut que l'obliger à prendre parti en faisant usage de l'action du contrat , car il le peut dans des cas analogues [1].

On a donc eu bien tort de tirer de quelques mots vagues une idée

---

1. L. 13, §§ 27 et 28, Dig. *De act. empti.*

de nullité qui ne s'y trouve pas, pour la transporter au cas de lésion. On n'y est pas plus autorisé par eux qu'on ne l'est dans le Code Napoléon par ces mots du Premier Consul : « Il n'y a pas de » contrat de vente lorsqu'on ne reçoit pas l'équivalent de ce qu'on » donne. » Peut-être le seul but des expressions dont Cujas se fait une arme est-il de laisser entendre que, puisqu'il s'agit de contrats de bonne foi, l'action même suffit pour le faire résoudre, sans qu'il y ait besoin de *restitutio in integrum*.

Ce n'est pas plus d'ailleurs d'une restitution que d'une nullité que la loi 2 veut parler. Voët nous parle, il est vrai, de l'idée de restitution comme d'une doctrine reçue de son temps, « *moribus* » *hodiernis probatum* ». Mais on a peine à le comprendre : car la loi 2 fait intervenir le juge, lequel n'a pas compétence en matière de restitution.

Mais à quoi nous arrêterons-nous? Est-ce à une *condictio ex lege?* On l'a fait sous prétexte que la loi 2 créant une action nouvelle sans la revêtir d'un nom, c'est le cas d'agir *ex lege*, suivant la loi 1, Dig. *De cond. ex lege.* Mais je ne pousse pas si loin l'innovation de Dioclétien. Avant lui on pouvait corriger la lésion inique dans les contrats de bonne foi, y compris la vente. On pouvait pour l'estimation de dot donner à l'époux le choix ou de parfaire l'estimation ou de rendre l'objet estimé, et il est croyable qu'on agissait de même pour la vente, lorsqu'on jugeait à propos d'y corriger la lésion. Si cela se faisait avant Dioclétien, ce n'était assurément pas par une *condictio ex lege*. L'action du contrat suffisait. On agissait *ex vendito*, ou on excipait de la lésion sur l'action *ex empto*. Tout au plus serait-il permis de soutenir qu'on pouvait cumuler avec l'action du contrat une *condictio sine causâ*, par analogie de la loi 11, § 6, Dig. *De act. empti.* Mais l'analogie me semble faire défaut, et je m'en tiens à l'action du contrat. Si donc la vente n'est pas exécutée, on pourra, sur l'action *ex empto* exercée par l'acheteur, refuser de délivrer l'immeuble, à moins d'un supplément fourni par ce dernier; que si l'immeuble a été livré et le prix payé, on agira *ex vendito* pour demander ou la restitution de l'immeuble ou un supplément de prix.

C'est ainsi que l'entend Accurse. Et l'on n'a pas à s'étonner de voir l'action du contrat servir à la résoudre ou à mettre en harmonie le prix et la valeur de l'objet. La loi 11, § 6, *De act. empti*, ne dit-elle pas : « *utilemque esse actionem ex empto etiam ad distrahendam emptionem* »? — On peut, du reste, rapprocher la lésion de deux autres causes de résolution de la vente : l'*addictio in diem*, et la garantie des vices rédhibitoires. L'une et l'autre ne mènent au but que par l'exercice de l'*actio venditi* ou *empti*. Ainsi, qu'après une vente faite avec *addictio in diem*, le vendeur trouve une offre plus avantageuse : il redemandera son immeuble par l'action *venditi* suivant les Sabiniens, par l'*actio præscriptis verbis* suivant les Proculiens, jusqu'à ce que les Empereurs aient tranché la controverse en donnant le choix entre ces deux actions[1]. A cela on objectera peut-être que l'*in diem addictio* fait partie des clauses de la vente, et qu'en demander l'exécution c'est demander celle du contrat lui-même. Je le veux bien. Mais passons à la seconde espèce : l'acheteur qui poursuit l'annulation de la vente à cause d'un vice rédhibitoire ne le fait pas autrement que par l'*actio empti*[2] ; et pourtant il ne poursuit l'exécution d'aucune clause de la vente, car il peut se faire que rien n'ait été stipulé sur ce point. On ne peut dire qu'une chose : c'est que la garantie des vices rédhibitoires est, sinon exprimée, au moins sous-entendue de plein droit dans l'acte. Mais ne suis-je pas autorisé à dire aussi, en ce qui touche la lésion, que lorsqu'on vend, il est sous-entendu que l'on ne veut pas se léser d'une façon inique. et qu'on se réserve, en cas de lésion ultra-dimidiaire, le droit de faire réformer la vente? Cette pensée sous-entendue est tellement certaine que devant elle s'effacerait une renonciation formelle dans la vente à l'action en rescision.

Je crois en effet que l'efficacité d'une renonciation à l'action rescisoire est subordonnée à son degré de liberté, et que faite en même temps que la vente, c'est-à-dire à un moment où le vendeur est encore dans la dépendance de l'acheteur, elle est présumée l'effet de la contrainte et tenue pour non avenue. Mais laissons s'achever la vente et les obligations se former de part et d'autre : il n'y a plus besoin de ménagements réciproques; chacun

---

1. L. 4, § 4 ; L. 16. Dig. *De in diem add.*
2. L. 1, § 10; et L. 4, Dig. *De ædil. edicto.*

peut sans crainte refuser franchement tout ce que la loi ne lui impose pas. En sorte que s'il survient une renonciation que l'on ne puisse vraisemblablement arguer d'erreur, de dol ou de violence, cette convention sera respectée. Elle échappe à la loi 2, parce qu'elle échappe à son motif : le besoin d'argent n'impose pas une renonciation à l'action, comme il impose la vente même du bien. Ce qu'on ne peut valider, comme le fait quelque part Cujas pour l'annuler ailleurs, c'est la renonciation faite dans la vente même [1].

En vain, pour valider cette renonciation, argumenterait-on, comme Voët, de la loi 14, § 19, *De œdil. edicto* : « Si la vente d'un animal, dit-elle, renferme une clause de non-garantie au sujet d'un vice déterminé, il faut respecter la convention; car on ne peut remettre dans leurs actions ceux qui les ont abandonnées; à moins que ce vice, connu du vendeur, n'ait été caché frauduleusement par lui. » Mais ce texte est loin de prouver la thèse de Voët. Il respecte un abandon d'action, celui de la garantie. Mais c'est un abandon libre et spontané qu'il veut dire, et non pas, comme il le dit fort bien, un abandon provoqué par les calculs dissimulés de l'adversaire. Or, si la lésion vicie la vente, et si la renonciation à l'action en rescision fait corps avec cette vente, si elle est l'effet des mêmes nécessités, du même besoin de vendre, il faut assurément rescinder le tout en même temps, parce que le tout est vicié.

Au reste, Voët se montre impitoyable envers le vendeur. Non-seulement il admet la renonciation concomitante au contrat, mais il érige en une fin de non-recevoir la simple connaissance qu'avait à ce moment le vendeur du juste prix de sa chose [2]. Tout se tient dans son système, puisqu'il place dans l'erreur le fondement de l'action en rescision, et que cela lui fournit un *à fortiori* pour la donner à l'acheteur. Je n'ai plus besoin de réfuter cette idée : l'action en rescision a pour but de réparer des sacrifices d'autant plus durs qu'ils ont été faits sciemment.

D'autres, moins hardis que Voët, admettent pourtant sa doctrine

1. Cuj. *Paratitla, in lib.* IV, *tit.* XLIV. — Cuj. Tome VI, p. 323.
2. Voët, *De resc. vend.*, n° 17.

lorsqu'il s'agit de repousser un vendeur qui n'a vendu ni par erreur ni par besoin d'argent, et qui, « libre de tout souci, égal aux » circonstances, s'est volontairement offert à la lésion ». Je ne partage pas cette opinion. Si l'on se place avant Dioclétien, fort bien. C'est le cas pour *l'arbitrium* du juge de donner la victoire au respect des conventions. Mais, sous Dioclétien, le juge ne connaît plus ici ce pouvoir qui rehausse si noblement ses fonctions· Il est enserré dans un cercle, asservi à une présomption ; il n'a qu'une soustraction à faire, et l'on ne comprend pas qu'allant contre la loi 2, qui *présume* le consentement vicié, il puisse laisser subsister une lésion de plus de moitié. C'est le propre des présomptions d'être vicieuses dans certains cas, justes dans la plupart ; on ne peut pas les blâmer de ne jamais fléchir, car elles préviennent avant de frapper et ne frappent que ceux qui les y provoquent.

On ne peut donc d'une renonciation tirer une fin de non-recevoir que si elle est postérieure à la vente. A cette condition seule, elle a quelque valeur. Et je crois qu'elle peut être non-seulement expresse, mais tacite. En ce point pourtant il faut une réserve excessive ; et je ne verrais une renonciation suffisante que dans un acte absolument incompatible avec l'idée de conserver l'action.

Cette idée de ratification s'accorderait assez mal avec le système de ceux qui croient nulle de plein droit la vente entachée de lésion. Nous avons pourtant vu Cujas tantôt rejeter, tantôt admettre la renonciation même concomitante à l'acte. On peut le voir aussi admettre une consolidation par prescription. Il en fixe le délai à quatre ans, chiffre qui doit convenir à ceux qui tiennent pour une *restitutio in integrum*. Mais comme il n'y a là que l'exercice régulier de *l'actio venditi*, action personnelle prescriptible par 30 ans. 30 ans de délai seulement font perdre le droit à la rescision ; et c'est l'opinion de Voët.

Fixés sur la nature et la durée de l'action, voyons par qui et contre qui elle pourra être exercée :

Peuvent l'exercer : — 1º le vendeur, soit en personne, soit par procureur ; — 2º son héritier [1] ; — 3º son cessionnaire ou *procurator*

---

1. L. 2, C. *De resc. vend. : « Si tu vel pater tuus... »*

in rem suam [1]; — 4° le créancier qui l'a reçue en gage; il obtiendra du préteur l'action utile, et il prendra à titre de gage la chose vendue si l'acheteur la rend, ou se paiera sur l'argent de l'acheteur, si ce dernier supplémente le prix [2]; — 5° les créanciers ordinaires du vendeur, à condition que ce dernier leur ait consenti une cession, qu'ils ont du reste le droit d'exiger s'il est insolvable; le préteur peut même, en ce cas, leur donner l'action utile. Ces créanciers sont d'ailleurs munis de l'action Paulienne, qui leur suffirait amplement si, le vendeur étant insolvable, ils pouvaient attribuer la vente à un concert frauduleux des deux parties.

Au point de vue passif, l'action s'exerce contre l'acheteur, contre ses héritiers, contre ceux enfin qui succèdent à ses obligations.

Quid des tiers auxquels il a transmis l'immeuble? — Sur ce point la réponse me paraît bien simple : on doit tenir l'action en rescision pour une action personnelle qu'on ne saurait exercer contre les tiers acquéreurs. Cela va de soi, puisqu'il s'agit de l'*actio venditi.* Ne voit-on pas d'ailleurs que l'action de dol est personnelle, et que pourtant la victime du dol inspire plus d'intérêt que la victime d'une lésion? Le système de la *nullité*, proposé par Cujas et Noodt, commanderait une solution contraire; mais c'est qu'il donne au vendeur, non pas une action en rescision, qui est celle dont nous nous occupons, mais de prime abord une action en revendication qui toujours atteint les tiers. Mais il n'en peut être ainsi de l'action en rescision qui n'est que l'*actio venditi.*

Peut-être m'opposera-t-on le langage que j'ai tenu à propos de la restitution des mineurs, la donnant *adversus possessorem.* Mais quand on compare deux choses, il faut mettre du côté de chacune tout ce qui convient à sa nature. Or, quand j'agis en restitution, que fais-je? Je demande uniquement la destruction d'un lien de droit pour rentrer en possession du droit antérieur; j'agis moins contre la personne pour qu'elle s'exécute que contre le droit pour qu'il disparaisse, et j'agis par un moyen que la diversité des contrats qu'il embrasse ne fait changer ni de nature ni de nom, par un

1. L. 2, Dig. *Depositi*
2. L. 4, C. *Quæ res pign. obl. poss.* — L. 7, C. *De hered rel act. vend.* — L. 18, pr., Dig. *De pign. act.*

moyen qui tend à me remettre propriétaire, si je me plains d'avoir cessé de l'être, et qui livre aux coups du préteur non pas tant, je le répète, une personne déterminée que l'acte juridique lui-même. Si j'appelle quelqu'un *in jus*, c'est que ce quelqu'un est justement exposé à subir les suites du rétablissement demandé par moi. Et il est naturel d'appeler le tiers acquéreur, puisqu'on ne peut me rendre ma propriété, objet de ma demande, sans lui enlever la sienne. — Mais si j'agis en rescision pour lésion, que fais-je? J'agis *ex vendito*; j'allègue les obligations nées de la vente, obligations restreintes aux deux parties. Je ne demande pas de prime abord qu'annulant tout ce qui s'est passé, on me restitue mes droits antérieurs, mais seulement qu'au nom de l'équité, et plus tard au nom des lois impériales, on condamne mon cocontractant à exécuter ses obligations d'acheteur. comme l'équité et la loi le veulent, c'est-à-dire à réparer la lésion inique ou illégale, soit en me rendant la chose, soit en complétant le prix, s'il le préfère. Je ne puis demander qu'à l'acheteur l'exécution de pareilles obligations.

Mais ce qui est un complément nécessaire de ces idées, c'est que la personnalité de l'*actio venditi* ne peut pas préjudicier aux suites naturelles de la rescision obtenue contre le premier acquéreur. Il est dessaisi, je le veux bien. Mais cela n'empêche pas de le condamner. Et pour le condamner, on prononce une rescision qui produit (si l'on n'offre pas un supplément de prix) la résolution des droits de l'acheteur et du sous-acheteur, qui, les uns et les autres, prennent leur source dans la vente rescindée. Autrement, le refus du supplément de prix, refus parfaitement permis, comme nous le verrons, pourrait laisser le vendeur sans aucun recours *efficace !* La logique et l'équité veulent qu'une *actio in rem* contre tout détenteur naisse de la rescision prononcée.

La preuve de cet effet de la rescision, c'est que le vendeur, lorsque l'action aboutit à la restitution de l'immeuble, le reprend libre des hypothèques, servitudes et autres droits réels consentis sur lui par l'acheteur. Il faut bien le décider ainsi, par analogie de la loi 4, § 3, *De in diem addict.*, et aussi de la loi 31, *De pign. et hyp.*, qui déclare l'hypothèque éteinte quand le *possessor vectigalis* qui l'a consentie se voit dépouillé de l'immeuble pour défaut de paiement du *vectigal*.

Bartole et avec lui Ferrière ont combattu cette doctrine à l'aide du raisonnement suivant : Quand on dit qu'un droit réel s'éteint par l'extinction du droit du constituant, on excepte unanimement le cas où le constituant n'a perdu ses droits que par un abandon purement volontaire, *ex causa voluntaria*, comme lorsqu'il aliène l'immeuble à titre gratuit ou onéreux ; autrement on lui donnerait pouvoir de faire tomber à sa guise les droits réels qu'il a librement concédés. Or c'est là ce qui se présente dans le cas de rescision pour lésion. Car l'acheteur n'est pas forcé de se dessaisir de l'immeuble : il peut s'en dispenser en complétant le prix ; et si, au lieu de cela, il abandonne la chose, on doit dire qu'il l'a fait volontairement, c'est-à-dire d'une façon qui exclut l'idée d'extinction au sujet des droits réels. — Pothier, dans son traité de la vente, réfute ce raisonnement, qui repose tout entier sur une idée fausse. L'idée fausse est de voir dans l'extinction du droit de l'acheteur pour cause de lésion une extinction *ex causa voluntaria*. Elle a véritablement lieu *ex causa necessaria*, parce qu'elle a lieu *ex causa antiqua*. Elle tient à une lésion inhérente au titre même de l'acheteur. Ce titre est entaché dès son origine, et le germe de mort qu'il a contracté en naissant se développera fatalement un jour, sans nul fait de l'acquéreur après l'acquisition ; il mettra ce dernier sous l'empire d'une contrainte, sous le poids d'une alternative ; et si de tout cela sort l'extinction de son droit, on ne pourra pas dire que c'est une extinction libre et spontanée, mais une extinction rendue nécessaire par les conditions mêmes du contrat de vente.

Au reste, la chute des aliénations et droits réels se concilie parfaitement avec la personnalité de l'action. L'action est fondée sur un contrat, sur un lien d'obligation ; elle est personnelle, et nul détenteur ne peut être contraint d'y défendre, car ce détenteur ne pourrait être vaincu que par une *actio in rem* fondée sur un droit de propriété, droit que le vendeur lésé n'a point recouvré encore, mais qu'il recouvrera une fois la rescision obtenue contre le défendeur naturel à l'*actio venditi*. — Que si nous sommes en face d'une restitution opérée par l'acheteur qui avait encore l'immeuble en son pouvoir, si nous sommes en face d'un créancier hypothécaire ou d'un titulaire de servitude, là encore nous n'en sommes plus à mesurer l'obligation de l'acheteur envers le vendeur, mais les effets d'un droit de propriété rendu à ce dernier *ex causa necessaria et antiqua*. Ce droit de propriété, qui manque tant que la rescision n'est pas prononcée, s'élève maintenant avec sa rétroactivité en face du créancier ou du titulaire, pour lui faire perdre son hypothèque ou sa servitude.

Est-ce injuste? Non : car il a son recours contre l'acheteur qui l'a constituée. Et il a bien mieux encore : car, comme dit Pothier, « ayant droit pour la conservation de son droit d'hypothèque, » d'exercer tous les droits que son débiteur est dans le droit » d'exercer, il peut intervenir sur l'action rescisoire avant qu'elle » ait été exécutée, et, en payant au vendeur le supplément du juste » prix, exercer les hypothèques sur l'héritage. Mais il ne peut plus » y être admis après que l'action rescisoire a été exécutée par la » restitution de l'héritage, car il ne peut exercer le droit qu'avait » son débiteur de suppléer le juste prix, lorsque son débiteur a » cessé de l'avoir [1]. »

L'examen des textes nous a depuis longtemps fait connaître ce choix qu'a l'acheteur, ou de rendre l'immeuble en recouvrant le juste prix, ou de parfaire le juste prix afin de garder l'immeuble. C'est par cette idée qu'il faut commencer, si l'on veut étudier les droits et obligations que la lésion fait naître entre les parties.

L'acheteur est ainsi obligé à l'une ou l'autre de deux choses dont il a le choix. Ce choix lui est déféré par la sentence du juge qui en trouve le droit dans son *arbitrium*. On en a une preuve dans la loi 12, § 1, Dig. *De jure dot.*, et la loi 1, § 12, Dig. *Si quid in fr. patr.* La première met en parallèle le droit qu'a la femme lésée par le fait même d'avoir donné en dot son esclave, d'agir directement *in eo ut servus sibi restituatur*, et d'autre part l'*arbitrium mariti*, qui résulte au contraire de son action, quand elle se plaint seulement de l'avoir mal estimé. La seconde dit qu'en cas d'aliénation frauduleuse par l'affranchi, « *deferri conditio debet emptori utrum* » *malit rem emptam habere justo pretio an vero a re discedere pretio* » *recepto* ». Ces deux lois prouvent par analogie que ce choix

---

1. Pothier. *Vente*, n° 371, *in fine.*

devait exister pour tout contrat de bonne foi, où le juge trouvait juste de corriger la lésion, et que telle était aussi la situation de l'acheteur, même avant la loi 2, quand le juge par hasard trouvait dans une vente la lésion inique.

Mais si l'existence de cette option pour l'acheteur se manifeste avec évidence, il n'en est pas de même de sa nature et de sa por-, tée. La question est de savoir si l'obligation imposée à l'acheteur par la sentence est *alternative*, ou si elle est simplement *facultative*, la restitution de la chose étant seule *in obligatione*, et le supplément du prix n'étant qu'*in facultate solutionis*. Cujas, Dumoulin, Mainz, enfin la grande majorité des auteurs se rangent à cette dernière opinion. Mais j'avoue que si je n'y voyais une sorte de tradition prise dans le droit romain par notre ancienne jurisprudence, et transmise par elle au Code Napoléon, j'hésiterais fort à m'y ranger, et, comme M. de Savigny [1], je soumettrais l'acheteur à une obligation alternative, faute de textes prouvant le contraire. Partout on voit la trace d'une option, c'est vrai. Mais une simple alternative s'allie fort bien au choix du débiteur, et c'est même le droit commun. Aussi la seule raison qui me porte à adopter l'opinion générale, c'est d'une part la relation nécessaire des idées de la France sur ce point avec les idées romaines, et d'autre part l'analogie qu'il faut tirer de la condamnation sur action noxale, *decem aut noxam dedere*, laquelle, à mon avis comme de l'avis de tous, engendre une obligation facultative quant à la *noxa*.

Il est vrai qu'en imposant à l'acheteur une alternative au lieu d'une faculté, on ferait tourner la perte fortuite à son détriment, en le forçant alors à supplémenter, ce qui permet à un fait survenu sans sa faute de rendre son obligation plus rigoureuse par la suppression du choix. C'est ce résultat qui répugne aux auteurs, et ils rejettent, pour l'éviter, l'idée d'alternative. Mais ce n'est pas cette raison qui pèserait sur mon jugement. Car, outre que partout où il y a une obligation alternative, il y a un débiteur qui par la perte toute fortuite de l'une des deux choses voit sa situation s'empirer, je ne vois *à priori* nulle injustice à faire supporter cette perte à l'acheteur. Cette solution, c'est vrai, peut quelquefois faire l'affaire

---

1. Savigny, *Traité des oblig.*, Tit. I, chap. I, § 38.

du vendeur et lui donner un bénéfice dont l'événement l'eût privé, parce que s'il n'eût pas vendu à un tel, il eût conservé et vu périr la chose en ses mains. Mais il arrivera bien plus souvent encore que s'il a vendu, c'est qu'il voulait vendre au premier venu ; que si un tel n'eût pas acheté la chose, tel autre l'eût achetée et prise à ses risques. Est-ce l'indélicatesse de son acheteur qui peut lui rendre opposable le cas fortuit ? et n'est-il pas aussi juste que logique de faire perdre celui des deux qui avait spolié l'autre, et qui, comme tout acheteur, avait pris sur lui les chances de perte ? Il n'y avait donc aucune nécessité de justice à mettre *in facultate solutionis* le supplément du prix. Mais enfin, pas plus le législateur de Rome que celui de la France n'avait compris, il faut croire, la chose de cette façon. A leurs yeux, le vendeur doit se taire dès qu'il n'a plus un gain à reprocher à l'acheteur.

Cette idée se fait jour dans la loi 12, § 1, Dig. *De jure dot.*, qui fait supporter par la femme la perte de l'esclave estimé, en la forçant alors de s'en tenir à son estimation, toute vile qu'elle est. Et là plus qu'ailleurs elle peut se justifier, puisqu'il y a là deux époux dans une affaire où aucun ne doit s'enrichir au détriment ni s'appauvrir au bénéfice de l'autre, et où la femme gagne encore sur le mari à l'estimation qu'elle a faite, puisque sans elle elle eût conservé les risques. Mais j'aime mieux, je le répète, généraliser cette pensée et dire avec une tradition constante et universelle : la perte de la chose nuit au vendeur dans la mesure du supplément de prix qui, n'étant qu'*in facultate solutionis*, ne lui est pas dû.

Mais comme cette idée s'appuie sur l'injustice d'une réclamation contre un homme qui perd, loin de gagner au contrat, je l'abandonne, et je crois que les Romains l'abandonnaient eux-mêmes dans le cas où la chose périt aux mains d'un sous-acquéreur qui l'a achetée à un prix raisonnable. Si facultative que soit l'obligation de l'acheteur, l'équité est là qui lui défend de s'enrichir aux dépens du vendeur et lui ordonne de rendre, sinon la chose, au moins un prix qui en forme dans son patrimoine un exact équivalent.

Pour commencer par le plus simple, étudions dans ses détails l'obligation de parfaire le prix, et faisons d'abord justice d'une opinion de Joannes Robertus, à laquelle il est conduit par l'entente vicieuse d'un passage d'Harmenopule, et qui prétend n'obliger l'acheteur qu'à parfaire la *moitié* du juste prix. C'est en effet, dit-il, jusqu'à cette limite que la lésion est irréparable. — Mais qu'on accumule ici tous les sophismes du monde, on n'arriverait jamais qu'à faire douter du bon sens de Dioclétien. Ne serait-ce pas une dérision qu'une pareille alternative? Rendre l'immeuble ou payer la moitié de son prix! Quel est celui qui hésitera jamais? et quelle manière commode de s'enrichir [1]!

Avec le supplément, on doit payer des intérêts; mais à partir de quel jour? Est-ce du jour de la vente, comme le prétend Cujas? ou de la *litis contestatio*, comme le pense Voët? La réponse est facile, si l'on réfléchit qu'au jour de la vente l'acheteur n'est pas tenu du supplément, et encore moins des intérêts qu'il peut produire. Au jour de la vente, il est tenu de ce que porte la vente; au jour de la *litis contestatio*, il est tenu de ce que portera le jugement. Jusquelà il n'y a, pour faire courir les intérêts du supplément de prix, ni convention ni mise en demeure. Sans doute, jusque-là l'acheteur se trouve avoir eu dans la mesure de l'excédant de valeur tout à la fois les fruits de la chose et les intérêts du prix ; mais c'est une conséquence toute naturelle du retard du vendeur à faire cesser cet état de choses en exerçant son action.

Le règlement des comptes est un peu plus compliqué si l'acheteur, au lieu de supplémenter, restitue la chose. Car alors, outre les fruits de l'immeuble, et les intérêts du prix que rend le vendeur, il faut s'occuper soit des améliorations, soit des dégradations qu'a subies le fonds.

Nous savons ce qu'il faut penser des droits réels, servitudes et hypothèques, consentis sur lui. Ils s'évanouissent, parce que l'acheteur perd rétroactivement son droit de propriété.

Mais si les choses de droit s'effacent, les choses de fait subsistent avec leurs conséquences. Le fait corrélatif au droit de propriété, c'est la possession, la perception des fruits *animo domini*. On laissera donc à l'acheteur les fruits qu'il a perçus, mais seulement

---

1. C'est ce qu'observe Pérézius : « *Quidni malit potius dimidium supplere quam totam rem reddere ?* » (*In Cod. de resc. vend.*, n° 12.)

jusqu'à la *litis contestatio* qui est venue interrompre le cours régulier de ces perceptions. Et par une juste réciprocité, le vendeur avec le prix qu'il a reçu devra rendre les intérêts qu'il a pu produire à partir de ce même moment. Ainsi, jusqu'à la *litis contestatio*, les fruits de l'immeuble et les intérêts du prix se compensent de plein droit.

Car il faut prendre garde ici de se laisser séduire, comme l'a fait Noodt, par une idée analogue à celle que j'ai déjà réfutée à propos des intérêts du supplément de prix. L'immeuble et le prix payé sont deux valeurs inégales, pourrait-on dire : les fruits de l'un et les intérêts de l'autre ne sauraient donc se faire contre-poids ; et l'équité exige ou qu'on fasse rendre à l'acheteur l'immeuble avec tous les fruits qu'il en a perçus, au vendeur le prix avec la somme de tous les intérêts, ou bien, comme le veut le Scholiaste d'Harménopule [1], qu'établissant une compensation proportionelle, on fasse seulement rendre par l'acheteur une portion de fruits correspondant à l'excédant de la valeur du fonds sur le prix, par exemple 2/3 des fruits, si l'immeuble vaut 3 fois le prix qu'on en a donné. — Mais ce serait s'écarter de l'équité et de la vérité. L'acheteur à vil prix n'est pas, comme le possesseur de bonne foi, tenu de rendre les fruits existants lors de la *litis contestatio*, parce qu'il n'est pas comme lui dépourvu de titre réel au moment où il les perçoit. La perception faite par le possesseur se relie à l'*apparence* d'un titre qui n'existe pas ; son seul titre pour faire les fruits siens est la croyance qu'il a d'en avoir un. L'acheteur au contraire a, quand il perçoit, un titre réel de propriétaire qui se trouve dans une vente valable et qui dure jusqu'à ce qu'on l'en dépouille, un titre qui lui fait supporter les risques de la chose et doit aussi lui en faire acquérir irrévocablement les fruits. Jusqu'à la *litis contestatio*, la jouissance qui s'opère de chaque côté est irrévocable, elle est le résultat même du contrat. Que si le rôle d'acheteur jouissant de la chose est meilleur que celui de vendeur jouissant du prix, le vendeur doit s'imputer à lui-même d'avoir pendant plus ou moins longtemps gardé le second rôle et laissé le premier à son adversaire. Il était libre de changer la situation et de faire cesser

____

1. Liv. III, tit. III, n° 82.

plus tôt les effets naturels et fort légitimes d'une inégalité maintenue par son silence.

Voilà le droit et la justice. Que reste-t-il à y opposer? On y oppose un triple argument d'analogie tiré des effets, soit de l'*addictio in diem* ou du pacte commissoire, soit de l'action rédhibitoire, soit de la restitution des mineurs. Dans ces trois hypothèses, l'acheteur perd avec le fonds tous les fruits qu'il a produits, ou plutôt il perd l'excédant de la somme des fruits sur la somme des intérêts perçus [1]. — Mais dans chaque hypothèse il y a un motif à relever. — L'*addictio in diem*, à la différence de la lésion, dont l'existence quelquefois et l'énormité souvent peut être ignorée de l'acheteur, est au contraire toujours connue de lui et l'empêche d'avoir foi dans la durée de son titre. De même pour le pacte commissoire, avec cette circonstance de plus que l'acheteur commet une faute énorme en violant les conditions du contrat. — Mais que dirons-nous pour l'action rédhibitoire? L'acheteur n'a-t-il pas pu ignorer les vices de la chose et croire pendant longtemps son titre irrévocable? Oui, sans doute. Mais s'il y a ressemblance en ce point, il y a différence en un autre : qui intentera l'action rédhibitoire? C'est l'acheteur lui-même, non le vendeur; ce n'est pas au vendeur qu'on peut imputer d'avoir laissé l'acheteur jouir tranquillement de la chose; il ne sera pas victime du retard dont il n'est pas cause; il réclamera les fruits perçus qui le plus souvent ne vaudront pas plus que les intérêts du prix. D'ailleurs, courte est la durée de l'action rédhibitoire, et cette brièveté rend praticable le rapport des fruits perçus. — Enfin il y a la restitution, qui indemnise le mineur de toute différence entre la somme des fruits et celle des intérêts. Mais ne faut-il-pas remarquer que le mineur est restituable contre *toute* lésion, et que s'il a mal vendu son bien, il est restituable non-seulement contre la vente, mais contre le silence qu'il a gardé sur cette vente et qui a remplacé malheureusement pour lui la jouissance de sa chose par la jouissance d'un prix insuffisant?

Le président Favre, qui en principe maintient comme moi le *statu quo* jusqu'à la *litis contestatio*, force au contraire l'acheteur à

---

1. L. 4, § 4, et L. 6, Dig. *De in diem add.;* L. 29, § 2, Dig. *De ædil. edicto;* L. 24, § 4, et L. 40, § 1, Dig. *De minor.*

rendre les fruits, s'il s'agit d'une lésion *normissime* [1]. Je n'en puis apercevoir le motif. Car s'il le place dans un dol présumé, je lui opposerai la loi 10, C. *De resc. vend.* : « *Dolus emptoris qualitate* » *facti non ex quantitate pretii æstimatur* ».

Reste à faire le compte des améliorations et dégradations.

A part les dépenses annuelles, qui sont une charge des revenus, il faut rendre à l'acheteur ses impenses, pourvu qu'elles fussent nécessaires ou seulement utiles. On ne peut, comme le permet la loi 48, D. *De rei vind.*, en face du possesseur de bonne foi, compenser ces dépenses avec les fruits de l'immeuble perçus avant la *litis contestatio*, puisque nous avons déjà fait venir en compensation avec ces fruits les intérêts du prix payé. Une valeur ne peut se compenser deux fois. — On a pourtant dénié à l'acheteur le droit de réclamer ses impenses, sous prétexte qu'il doit s'imputer la perte qu'il souffre en rendant un fonds amélioré par lui, puisqu'il pouvait l'éviter en retenant le fonds et en complétant le prix. C'est une erreur. Deux droits étant donnés, l'un ne peut rendre l'autre illusoire. En restituant, j'use de mon droit aussi bien qu'en supplémentant, et je dois pouvoir en user sans autre perte que celle qu'une loi exigerait formellement.

Du reste Voët [2] appuie ce droit aux impenses de quelques analogies très-frappantes. « Si un vendeur restitué comme mineur », dit-il en substance, « doit les rembourser malgré la faveur qu'ob-
» tient la cause des mineurs [3]; si, en cas d'*addictio in diem*, le vendeur
» doit les rembourser malgré l'imprudence de l'acheteur éclairé sur
» l'instabilité de son titre ; si un fidéicommissaire à terme doit
» rendre au fiduciaire les dépenses faites pour reconstruire des mai-
» sons brûlées [4], quoique ce dernier sût bien que son droit s'étein-
» drait bientôt ; *à fortiori* doit-on rendre à l'acheteur les impenses
» faites de bonne foi sur un fonds dont il n'est dépouillé qu'à la
» suite de la découverte d'une lésion que peut-être il ignorait. Il
» en est de même sur l'action rédhibitoire, parce que la situation
» est la même : le vice était caché aux yeux de tous, et l'acheteur

---

1. Favre, *Code, Déf.* 3, *tit. de resc. vend.*
2. Voët, *De resc. vend.*, n° 8.
3. L. 39, § 1, Dig. *De minor.*
4. L. 40, § 1, Dig. *De cond. indeb.*

» a cru à la stabilité de son titre jusqu'à la découverte du vice » [1].

La confiance qu'a l'acheteur dans la durée de son titre, de même qu'elle fortifie son droit à réclamer ses impenses, empêche aussi de lui compter les dégradations qu'il n'a commises dans le but ni d'en profiter ni de nuire au vendeur. Il n'y a là qu'une simple négligence ; et une analogie parfaite commande d'appliquer ici la loi 31, § 3, Dig. *De hered. petit* : « *Qui rem quasi suam neglexit nulli querelæ subjectus est* ». Il y a même un *à fortiori* : car ici la chose n'est pas seulement *quasi sua;* elle est tout à fait sienne, sauf à cesser de l'être. Mais il doit compte des détériorations qui l'enrichiraient au détriment du vendeur, comme la démolition d'une maison dont il a vendu les matériaux.

En somme, l'acheteur ne doit s'en aller ni plus riche ni plus pauvre qu'il n'était avant le contrat. « *Indemnis emptor debet discedere* », dit la loi 27, *in fine*, Dig. *De ædilit. edicto.*—Aussi doit-on lui rembourser tout droit de mutation payé par lui et non recouvrable : tel est le droit que paye au fisc l'acheteur d'un esclave (*quinquagesima mancipiorum venditorum*).

Savoir à quoi peut mener la lésion dans la vente, ce n'est pas tout encore. Il faut se demander pour quelles sortes de ventes tout ce qui précède peut recevoir son application ; et j'aurai à mettre en question l'application de la loi 2 : aux ventes de meubles (I) ; aux ventes aléatoires (II) ; aux ventes judiciaires (III) ; aux ventes dont le prix a été fixé par un tiers (IV).

I. — Elle s'applique aux ventes d'immeubles, car le mot *fundum* s'y trouve ; mais je l'applique aussi aux ventes de meubles sans hésiter , car si l'on se permet d'argumenter de la spécialité du mot *fundum* dans ce rescrit impérial, on ne peut s'empêcher de tirer une grave conséquence de la généralité du mot *rem* placé en tête de ce même rescrit, de façon que la décision, mise sous le mot *fundum,* parce qu'on était consulté par le vendeur d'un fonds, ne soit qu'une application de la règle générale qu'accuse déjà le mot *rem.*

Et puisque nous en sommes à l'examen du texte, montrons toute

1. L. 27, L. 29, § 1 ; L. 30, § 1 ; L. 31, pr., Dig. *De ædil. edicto.*

l'inconséquence de ceux qui le restreignent. Elle se révèle de plusieurs façons.

Ils nous opposent le mot *fundum*, qui se trouve non-seulement dans la loi 2, mais dans les lois 4 et 8, C. *De resc. vend.*, et dans le *Promptuarium* d'Harménopule. Je réponds par une question : Vous appliquez ces textes aux maisons ? Or pensez-vous qu'une maison au milieu d'une ville soit suffisamment désignée par le mot *fundum ?* La preuve du contraire n'est-elle pas, dans le bon sens lui-même, et dans la loi 22, *C. De adm. tut.*, qui dans une énumération, après les mots *urbana prædia*, se sent obligée d'ajouter *domos* afin que les maisons ne soient pas exclues? Vous devez donc les exclure de la loi 2, si vous n'avez égard qu'au mot *fundum !* Pour moi, j'évite de les exclure; mais pour cela je fais coïncider les limites de la loi 2 avec la généralité du mot *rem*.

A Cujas, à Voët, je réponds encore: En excluant les meubles, vous refusez d'exclure les meubles précieux ; vous surtout, Cujas, vous tenez tellement à leur faire cette faveur que les critiques de Robertus à ce sujet, loin de vous faire réfléchir, lui attirent de votre part l'épithète de *sot*, et pour motiver cette injure vous lui dites : « *L'Oratio Severi* n'assimile-t-elle pas les meubles précieux aux immeubles ? et Pline ne nous apprend-il pas qu'une perle était au nombre des *res mancipi* comme les fonds de terre ? Et maintenant diras-tu encore qu'il s'abuse, celui qui dans un texte parlant d'un immeuble comprend un meuble inestimable, comme une perle, parce qu'elle vaut bien un immeuble ? [1] » Accumulez ces exemples : vous n'aurez pas raison sur Robertus : car s'il a fallu pour eux un texte formel, il en fallait un aussi pour le cas de lésion ; vous pouviez citer aussi, comme d'autres l'ont fait, la loi 37, § 1, Dig. *De evict.*, qui applique aux choses précieuses la *stipulatio duplæ* ; on vous répondrait alors que cette loi, outre qu'elle vient, non étendre, mais restreindre une règle applicable sans elle à toute espèce de choses, que cette loi, dis-je, est explicite et formelle. — En matière de rescrits, bien d'autres que moi l'ont dit, il faut s'abstenir d'arguments *a pari* bien plus que d'arguments *a contrario*. Vous tenant au mot

---

1. Cujas, t. X, p. 187.

fundum, c'est un argument *a pari* que vous invoquez pour les meubles précieux ; et cet argument se brise dans vos mains qui devraient diriger contre eux un *a contrario*. Se tenant comme moi au mot *rem*, on doit, sans aller au delà du rescrit, l'appliquer aux meubles, et non-seulement à ceux qui sont plus précieux, mais encore à ceux qui le sont moins. Car on ne peut non plus tirer cette distinction des mots *rem majoris pretii* qui ne sont là que pour comparer la valeur de la chose au prix qu'on en a donné (*si minoris distraxerit*). — Que si toutes ces raisons ne suffisent pas, on sera peut-être convaincu par le texte des Basiliques, lesquelles, traduisant la loi 2, parlent d'une *chose* en général et ne mettent le mot *fonds* ni dans cette loi ni dans les autres passages relatifs à cette matière.

D'ailleurs, fermons les yeux sur les textes, et voyons si la raison et la justice répugnent à la généralité que le mot *rem* imprime au rescrit.

Qu'on se garde bien d'abord d'argumenter de la loi française. Elle n'admet sans doute la rescision qu'en matière d'immeubles, et l'on doit encore aujourd'hui l'approuver sur ce point : car malgré les accroissements de la propriété mobilière, aujourd'hui encore les immeubles sont la meilleure et la moins périssable des richesses. Mais nous ne sommes ni en France, ni au xixe siècle, ni au moyen âge. Nous sommes à Rome sous Dioclétien ; et nous devons nous poser cette question : La richesse mobilière est-elle à Rome, sous Dioclétien, moins précieuse, moins recherchée, moins goûtée que la richesse territoriale : en sorte que l'aliénation à vil prix d'un meuble soit une moins grande folie, une moins grande perte que l'aliénation à vil prix d'un fonds de terre ? Cette question, il faut la juger par l'histoire. Et l'on doit croire à la dépréciation de la richesse immobilière, si l'on trouve dans l'histoire le dépérissement de l'agriculture, l'énormité des impôts fonciers, enfin la frayeur des invasions étrangères qui fait préférer ce qui s'emporte à ce qui reste forcément aux mains des envahisseurs.

C'est surtout après Dioclétien que les incursions des barbares désoleront les campagnes de l'empire romain. Mais depuis longtemps elles grondaient à l'horizon, et déjà sous ce prince les Bagaudes s'étaient soulevés. Mais ce qui avait amené une dépréciation plus réelle et moins soudaine encore que ces quelques invasions, c'est l'état de la fiscalité et de l'agriculture. Les impôts étaient si lourds que les *curiales* chargés de les percevoir et responsables de leur perception étaient tenus malgré eux sous le joug de leurs fonctions devenues odieuses. Les terres, grâce aux impôts, étaient si peu précieuses que, loin de trouver à se vendre, elles étaient délaissées par leurs maîtres peu soucieux de les cultiver ; on les adjugeait au bout de six mois passés sans culture à qui voulait bien les prendre en payant l'impôt ; et plus tard on regarda cela comme un tel sacrifice qu'on le récompensa par une exemption de toute charge pendant trois ans, ce qui ne faisait guère rechercher davantage la propriété territoriale puisqu'on était obligé de l'imposer aux *curiales*. Au milieu de pareils désordres, l'agriculture devait mourir, et il fallait que les Barbares donnassent leurs captifs pour qu'on en fît des colons afin de la relever un peu.

Aussi une chose qui frappe, c'est que tout cela devait donner aux maisons une grande supériorité sur les terres, et que Dioclétien eût été fort injuste en refusant pour les premières la rescision qu'il donnait pour les secondes. La même supériorité devait s'attacher aux meubles, et la même injustice au refus de rescision en matière mobilière. Mais Dioclétien n'a rien refusé. Il a fait un rescrit général, conforme à l'équité considérée de son temps, de même qu'à une autre époque le juge de l'*actio venditi* avait peut-être les yeux fixés sur une autre équité.

II. — Les ventes aléatoires échappent à la rescision, parce qu'au jour du contrat il n'y a qu'incertitude sur le résultat, et qu'on ne peut pas dire qu'à ce moment le vendeur ait été lésé d'outre-moitié.

Le vendeur de droits successifs non liquidés, le vendeur d'un coup de filet, le vendeur d'une carrière ou d'une mine non encore ouverte, le vendeur des fruits à naître d'un fonds, enfin le vendeur d'un usufruit ou d'une rente viagère, ne peuvent donc se plaindre du résultat de l'opération dont l'acheteur avait pris les risques autant que les profits.

Voilà des exemples qui ne laissent aucune prise à la rescision. Cela se conçoit : dans toutes ces hypothèses c'est la chose achetée qui est indéterminée ; le vendeur reçoit un prix, un avantage certain et réel, et il n'abandonne en échange qu'une espérance qui peut être absolument stérile pour l'acheteur, car l'usufruit ou la rente promise à ce dernier peut s'évanouir demain par sa mort. Comment dire que le vendeur a été lésé au jour du contrat?

Mais quand c'est au vendeur que va l'espérance sous forme de prix, à l'acheteur la réalité sous forme de chose vendue, voyons si la rescision sera toujours impossible. Ainsi je vends un immeuble moyennant un droit d'usufruit ou de rente viagère : il y a indétermination dans le prix que je reçois; car de même que je peux mourir demain, de même je peux vivre fort longtemps. Mais s'il est vrai que dans le premier cas je me trouve n'avoir qu'un prix nul, est-ce que dans le second le prix pourra jamais prendre une proportion illimitée? Est-ce que la durée de la vie pour être incertaine peut être indéfinie? N'y a-t-il pas une limite qui ne sera certainement pas franchie? Et si, en supposant que je l'atteigne, mon usufruit ou ma rente ne peut néanmoins valoir la moitié de l'immeuble abandonné par moi, ne puis-je pas dire, dès le moment du contrat et sans deviner l'avenir, que je suis lésé pour plus de moitié? — Il ne resterait alors qu'à fixer ce qu'on entend par la plus longue durée de la vie humaine, et le terme de cent ans paraît naturel. Mais cette nécessité d'un terme, dont la fixation pourrait toujours prêter à de vives critiques, suffit pour faire rejeter tout à fait en matière aléatoire l'idée de rescision. Car qu'on fixe cent ans : ne sera-ce pas arbitraire? et un vendeur à rente viagère ne pourrait-il pas crier à l'injustice si on refuse de rescinder une vente qui doit nécessairement le léser d'outre-moitié s'il n'atteint que 99 ans? Au reste je n'ai trouvé dans le droit romain à ces conjectures l'appui d'aucun texte.

III. — Malgré l'opinion de certains auteurs [1], je crois avec Voët [2] qu'il faut soustraire à l'application de la loi 2 les ventes faites aux enchères publiques par ordre du juge avec les solennités de la lance symbolique.

Sans doute on pourrait dire que même aux enchères publiques une lésion considérable peut frapper le vendeur, qu'il peut même

1. Menochius, *de Præsumption.*, chap. 75, n° 32. — Fachineus, *Controversiæ* ib. II, cap. 20. — Mainz, § 297, p. 196.
2. Voët, *de resc. vend.*, n° 16.

y avoir absence complète d'enchérisseurs offrant des prix sérieux. Voët s'appuie sur cette considération pour accorder la rescision lorsqu'il n'y a eu ni les solennités de la lance ni le décret du juge, mais vente aux enchères publiques par la seule et libre volonté d'un propriétaire chargé de dettes.

On pourrait dire aussi que les textes exclusifs de rescision sont surtout les lois 1 et 2, Cod. *De fide et jure hast. fisc.*, relatives aux ventes solennelles faites *pour le compte du fisc, sub hastâ fiscali*, et qui sont aussi soustraites à la restitution des mineurs; qu'il faut donc les restreindre, et qu'il faut restreindre dans le même sens la maxime : « *Fiscalis hastæ fides facile convelli non debet* », contenue dans la loi 8, C. *De remiss. pign.*, relative également aux *intérêts du fisc.*

Mais je crois au contraire qu'il faut aller au delà. La restitution des mineurs, comme la rescision, s'arrête devant une vente faite *sub hastâ fiscali* pour une créance du fisc. Mais tandis que la première, à part cette exception, peut aller en général contre la chose jugée, contre l'autorité judiciaire, la seconde au contraire doit être impuissante contre elle : un pareil pouvoir ne rentre ni sous les termes ni sous les motifs de la loi 2. — On dira peut-être que l'autorité du juge n'est pas un obstacle ici, puisqu'en corrigeant la lésion on n'ira pas contre sa sentence, laquelle en effet n'a pas approuvé le prix, mais seulement ordonné ou permis de vendre... Ce n'est pas ainsi qu'il faut raisonner. Car une fois la sentence rendue, les formalités qui s'ensuivent continuent de représenter l'autorité judiciaire et de faire participer la vente de son inviolabilité. Nous avons bien vu, malgré toute la faveur qui s'attache aux mineurs et qui leur permet d'attaquer des jugements, que ces formalités tout au moins imposent au préteur une plus grande prudence et rendent inébranlable à moins d'un *grande damnum* la vente d'un *pignus ex causâ judicati captum*. Effaçons la minorité ; quittons la restitution pour l'*actio venditi*, pour ce remède dont toute la puissance est due à l'équité et à la loi 2 : la vente ne semble-t-elle pas devoir être irrévocable? C'est le but même des formalités de justice !

Mais comme la fraude ne peut triompher dans les contrats de bonne foi, j'ajoute une restriction en citant les paroles de Voët :

« S'il y a eu fraude, s'il y a eu collusion des *apparitores* et des
» *executores* qui procèdent à la vente, si par suite il y a eu *addictio*
» en apparence, vente amiable en réalité, une telle vente entachée
» de lésion peut être valable au préjudice soit d'un majeur soit
» d'un mineur. ».

IV. — La même horreur de la fraude doit guider le juge pour
les ventes dont le prix a été fixé, non par les parties, mais par un
tiers convenu entre elles.

Quoi qu'en disent Cujas, Pothier et Voët, il faut, je crois, soustraire ces ventes à l'application de la loi 2. Je croirais pourtant
cette solution arbitraire si je n'avais d'autre appui pour elle que
celui qu'on lui donne ordinairement : la loi 15, C. *De contrah.*
empt. : « Quand le tiers désigné a fixé le prix, dit-elle, *omnimodo*
» *secundum ejus æstimationem et pretia persolvi et venditionem ad*
» *effectum pervenire.* » A cette loi on pourrait répondre qu'elle a
simplement pour but de rendre la fixation de l'arbitre obligatoire
comme la fixation des parties, et que la lésion peut vicier l'une et
l'autre. — Mais l'*alea* qui réside dans une pareille vente suffit pour
la mettre à part. En convenant d'un arbitre, vendeur et acheteur
s'exposent, l'un à une fixation trop basse, l'autre à une fixation
trop haute ; au jour du contrat, nul ne peut se dire lésé. La vente
est aléatoire et échappe à la loi 2.

Mais que la fraude s'y glisse. Est-ce que la loi 2 est venue changer, hors de sa sphère d'application, ce qui se passait avant elle
dans les contrats de bonne foi? D'ailleurs la fraude ne détruit-elle
pas le caractère aléatoire de la vente? Que le tiers désigné soit un
homme corrompu déjà par l'acheteur, et que ce dernier ait usé de
manœuvres frauduleuses pour fixer sur lui le choix du vendeur :
alors il n'y aura même pas besoin que la lésion soit ultra-dimidiaire, et la vente tombera.

Dès qu'il n'y a plus fraude, il y a *alea* et obstacle à la rescision.
A plus forte raison, si la vente est faite sur une fixation antérieure,
au respect de laquelle on était contraint par un lien de droit non
sujet à la rescision. Ainsi j'ai ordonné dans mon testament de
vendre une chose qui m'appartient ou qui appartient à mon héritier, au-dessous de la moitié de sa valeur; mon héritier sera forcé
de le faire sans recours possible. Il n'y a pas plus de recours pour

lésion contre l'exécution des legs que contre les legs eux-mêmes. Le testateur était libre de léguer de cette manière la différence à l'acheteur. Et si cette différence, il l'a ignorée, rien n'empêche cependant d'exécuter sa volonté. C'est un cas qui rentre dans le § 11, Inst. *De legatis.*

CHAPITRE IX.

DE LA LÉSION ENTRE MAJEURS DANS LES AUTRES CONTRATS.

Si j'ai épuisé tout ce qui concerne la lésion en matière de vente, j'ai par là même épuisé tout ce qui concerne la loi 2. Car cette loi, je le répète, à part la *datio in solutum*, a laissé sous l'empire des règles anciennes tous les autres contrats de bonne foi.

Le partage méritait bien qu'on le traitât autrement que la vente. L'égalité en fait l'essence. Entre cohéritiers ou associés les droits sont parfaitement définis d'avance, et chacun doit limiter ses prétentions à ses droits. Lorsqu'il n'y a pas parenté, il y a tout au moins confraternité ou amitié commune, et la maxime *licet se circumvenire* n'a aucun droit à venir peser dans la balance du juge. Le juge n'aura pas besoin qu'on lui prouve un dol, ni une erreur, ni une lésion d'outre-moitié ; il appréciera dans sa sagesse l'iniquité de la lésion. La justice sera mieux observée de la sorte, et la loi aussi, car j'ai déjà démontré que ce fut là l'idée de Dioclétien dans la loi 3, C. *Comm. utr.*, qui n'a jamais reçu d'abrogation.

L'estimation se fera, comme en matière de vente, en se plaçant au jour du contrat.

Y avait-il pour le copartageant le droit d'offrir un supplément de lot ? A cette question il est facile de répondre : quel est le devoir du juge ? la *reformatio in melius*. Il fera donc, pour atteindre ce but, ce que lui inspirera l'équité.

Comme la vente, le partage est irrévocable s'il renferme une *alea*, ou s'il est revêtu du sceau de l'autorité judiciaire.

Il y a une *alea* dans le partage quand, l'inégalité des lots ayant été approuvée de tous, on a procédé ensuite à un tirage au sort. Pour tous alors il y a eu la même chance de gain ; pour aucun il n'y a eu lésion. Mais il faut pour cela qu'on s'en soit rapporté au sort au sujet de la valeur même des lots ; si croyant les lots égaux on a cru ne laisser à la fortune que le soin de dire à qui ils doivent aller, on pourra réclamer contre l'inégalité, parce qu'on n'a accepté l'*alea* que sur la *nature* des lots, non sur leur *importance*.

Le partage fait en justice est irrévocable. Le juge, à moins d'appel, n'a pas mission pour réformer ce qu'a fait le juge, et le déclarer inique. Cela est fort raisonnable, et l'on n'aurait pas de texte à cet égard, qu'on devrait le décider ainsi. Mais le texte est formel. On lit en effet dans la loi 3, C. *Comm. utr.* : « *Majoribus* » *etiam per fraudum vel dolum* VEL PERPERAM SINE JUDICIO *factis divi-* » *sionibus solet subveniri.* » Les mots *sine judicio* sont là pour exclure le partage judiciaire, et donner raison au bon sens qui ne donne au juge nul pouvoir contre le fait du juge. D'autres veulent n'y voir qu'un synonyme de *sine consilio* de façon à exprimer un partage inégal quoique *non frauduleux*. Mais alors la phrase s'en serait fort bien passée; car lorsqu'après avoir dit *per fraudem vel dolum*, on ajoute *vel perperam*, c'est qu'on parle d'une inégalité indépendante du dol ou de la fraude, et l'amplification devient inutile. Sans doute, si je ne pouvais donner d'autre sens aux mots *sine judicio*, je les accepterais comme amplification. Mais quand leur sens naturel est un sens qui les rend utiles, pourquoi le rejeter? Car si Dioclétien a voulu, comme je le pense et comme il le devait, exclure les partages judiciaires, il n'avait guère d'autres mots à prendre.

Voilà ce que peut l'autorité du juge en matière de partage. Voyons ce que peut l'autorité du père de famille. Quel est à Rome l'effet de la lésion dans les partages d'ascendants?

La réponse est fort simple : la lésion y est indifférente, à moins qu'elle ne dépasse les limites fixées par la loi au droit de disposer par institution ou par legs.

Qu'un père de famille partage par testament ses biens entre ses héritiers, en constituant pour cela un ensemble de legs *per prœcep-tionem*. Sa volonté, quelle qu'elle soit, sera respectée, sauf, à partir de la loi Falcidie, le droit pour l'héritier qui n'a pas sa quarte d'agir contre les légataires pour se la faire compléter, et sauf aussi le droit pour l'enfant omis de faire tomber le testament, ou pour l'enfant déshérité ou mal partagé d'intenter la *querela inofficiosi testamenti* ou d'agir en complément de sa légitime quand la légitime fut établie.

Le père fut plus tard autorisé à partager ses biens entre ses descendants soit par un testament privilégié appelé *inter liberos* [1], soit *ab intestat* par un simple acte de distribution auquel devait se conformer le juge de l'*actio familiæ erciscundæ* [2]. Ce partage sera exécuté quoique entaché de lésion. Une seule chose est au-dessus du pouvoir du père de famille : le respect de la légitime.

Que faut-il dire pour tous les autres contrats ? Absolument rien, si ce n'est ceci : le juge fera pour eux, sur l'action qu'ils engendrent et qu'on suppose être une action de bonne foi, ce qu'il faisait avant la loi 2 : il s'inspirera de l'équité. — Il fera pour l'estimation de dot ce qui est dit dans les lois 6 et 12 § 1, *De jure dot.*, et confirmé dans la loi 6, C. *Soluto matrim.* Il fera pour la fixation des parts dans une société ce qui est indiqué par les lois 76, 78 et 79, Dig. *Pro socio.* Enfin il fera, pour l'échange, pour le louage, pour la transaction, œuvre de justice en assurant d'ordinaire le maintien du contrat s'il est pur de dol, de violence et d'erreur. Car ce serait un tort de partager les idées de quelques anciens commentateurs sur l'étendue qu'il faut donner à la loi 2, et de dire par exemple avec Noodt que les empereurs consultés sur une vente ont fait sur elle la même réponse qu'ils auraient faite certainement sur les autres contrats de bonne foi s'ils y eussent été provoqués. Pas d'arguments d'analogie sur un texte dont la nature et l'objet commandent en logique et en équité d'argumenter *a contrario !* De ce qu'on a une loi spéciale, on n'est pas autorisé à en forger d'analogues pour des cas tout différents.

Fermons cette liste des contrats. Il en est un qui dès les premiers temps de Rome attira l'attention du législateur et fut maintenu par lui dans les limites déterminées : c'est le *prêt à intérêt.* Dans ce

---

1. L. 20, § 3, Dig. *Fam. ercisc.*
2. L. 21, C. *Fam. ercisc.* — Nov. 107, chap. 1 et 3.

contrat, la lésion est juridiquement impossible. Car l'intérêt stipulé ne peut dépasser un taux fixé par la loi. Ce taux varia : la loi des XII Tables défendait sous peine du quadruple de stipuler au delà de l'*unciarium fœnus*, c'est-à-dire du denier 12 (ou 8 1/3 pour 100). Vers l'an 408, ce taux fut un instant réduit de moitié de façon à devenir le *semiunciarium fœnus*. Une loi *Genucia* vint même en 414 prohiber complétement le prêt à intérêt. Mais du temps de Cicéron, on le retrouve permis : on peut stipuler une *usura centesima* ou d'un pour 100 payable aux Kalendes de chaque mois, ce qui fait 12 p. 100 par an. Justinien abaissa ce taux en le proportionnant à la qualité des personnes : 4 p. 100 pour les personnes illustres ; 6 p. 100 pour les personnes ordinaires ; 8 p. 100 pour les commerçants ; et 12 p. 100 pour le prêt à la grosse seulement. Au delà de ces bornes, l'intérêt était illégal. — On trouve dans Gaïus [1] l'indication d'une *lex Marcia adversus fœneratores* pour permettre de répéter contre les usuriers les intérêts illégalement exigés par eux. Les usuriers furent toujours l'objet de la réprobation du législateur ; et il faut attribuer à ce sentiment le rescrit d'Antonin formant la loi 1, C. *Si adv. cred.*, où cet empereur dispense un mineur de prouver pour obtenir restitution que l'acte l'a lésé, rejetant sur l'usurier la preuve d'un profit quelconque procuré au mineur [2].

C'est l'équité qui inspirait tout cela. Les lois contre l'usure, aussi bien que les lois contre la lésion en matière de vente, aussi bien que les détours employés pour la corriger dans d'autres contrats, et que le secours prétorien donné contre elle aux mineurs, tout cela c'est l'immuable et éternelle justice laissant refléter à la loi humaine variable et éphémère une portion de son image.

1. Gaius, liv. IV, § 23.
2. Doneau, L. XXI, cap. X, § 21. — Perezius, *ad Cod.* II, 38.

DEUXIÈME PARTIE

DE LA LÉSION EN DROIT FRANÇAIS

Quittons la législation romaine, et mettons-nous sur le sol de la France. Nous avons vu ce qu'a fait à Rome le travail des siècles « passant onde sur onde plus avant », pour employer l'image que je trouve chez un vieil auteur. Nombreux aussi sont les siècles écoulés depuis la formation du royaume des Francs jusqu'à nos jours ; et l'héritage que le vieil empire romain transmit à ces Francs en leur donnant ces lois se transforma d'une façon curieuse au contact de leurs institutions nationales. Notre droit est fils de celui de Rome : il lui ressemble en une foule de traits. Mais comme tout être engendré puise sa ressemblance à deux sources et offre à chaque génération quelques traits nouveaux qui le caractérisent, comme le mélange de deux races forme une race nouvelle, et celui de deux langues un langage nouveau, de même notre ancien droit, né de l'union des lois romaines avec l'esprit peu romain de la France, avec les premières lois et les premiers usages des tribus de nos pères, offre une physionomie dont on doit retrouver les traits mi-partie d'un côté et de l'autre. L'œil découvre ainsi dans la structure de notre vieux droit de grandes lignes qui se rapportent à la lésion et qu'on ne peut parcourir sans intérêt.

J'essaierai d'en montrer d'abord l'ensemble en m'élevant au-dessus des points de détail. Car s'il était bon d'assembler en un seul corps la législation romaine tout entière, en rapportant de suite à chaque ligne principale les traits accessoires, il serait mauvais à mon sens d'en faire autant de l'ancien droit, de le séparer de notre législation actuelle, de le traiter à part dans ses détails, et de s'exposer ainsi ou à renvoyer sans cesse le lecteur aux pages qui précèdent, ou à redire à propos du Code ce qui aura été dit à propos des Coutumes, dont le Code est une copie quelquefois fidèle, presque toujours corrigée et mise en rapport avec des principes nouveaux et des lois différentes. Aussi, parvenu au terme d'une étude historique largement conçue, j'ouvrirai le Code aux pages qui traitent de la lésion, et par un travail de comparaison renouvelé à chaque matière, je ferai voir peu à peu l'ancien droit dans les détails qui m'auront nécessairement échappé.

CHAPITRE I.

HISTOIRE DE LA LÉSION EN FRANCE.

Il faut ici comparer la tutelle et la curatelle françaises avec la tutelle et la curatelle romaines (I); — la lésion des mineurs français avec la lésion des mineurs romains (II); — faire le même rapprochement en ce qui touche les majeurs (III); — puis le faire encore pour la nature et la forme du recours, afin d'étudier la place qu'il occupe en France parmi les voies de nullité (IV); — consulter enfin les lois révolutionnaires (V); — et nous placer en face du Code (VI).

I. — Les pays de droit écrit restèrent fidèles aux idées romaines sur les effets et les limites de l'impuberté et de la tutelle, sur la durée de la curatelle et le sens du mot *mineur*. C'est toujours à 14 ou à 12 ans, suivant le sexe, qu'on sort de tutelle, que de pupille on devient mineur, et qu'on reçoit un curateur à la place du tuteur qu'on n'a plus.

Mais le droit coutumier arrangea les choses autrement. On va défigurer le sens des termes afin d'en conserver l'usage; et les choses qu'ils vont désigner désormais, si on retourne les chercher à Rome, s'y retrouveront sans doute, mais sous des noms différents purs encore de toute équivoque. En effet, qu'on ait 15 ans ou qu'on en ait 13, on est appelé pupille par la Coutume. Cet état, qui autrefois cessait à l'arrivée de la puberté, se continue au delà sans recevoir d'elle le moindre changement. On ne peut signaler qu'une seule époque modifiant par ses effets naturels la capacité juridique du mineur : époque impossible à saisir et à préciser, qui rappelle un peu la théorie des Romains sur le développement de l'*intellectus* et de l'*animi judicium*, mais qu'il faut soigneusement tenir dans le vague où la nature l'a placée : je veux parler de l'époque où l'intelligence de l'enfant rend sa volonté libre en lui prêtant sa lumière, et ne permet plus de dire que les actes juridiques où il intervient *sont nuls comme dénués de consentement*. Cette époque venue le trouve et le laisse en tutelle, et cette tutelle se continue jusqu'à 25 ans, sauf en Normandie où elle cesse à 20 ans [1].

C'est justement l'époque où finissait à Rome la *curatelle*, la *minorité*. Ces deux mots vont-ils pour cela disparaître de la langue du droit ? Nullement. Le mot *minorité* devait nécessairement rester ; on ne pouvait se passer de lui : il fallait qu'il correspondît au mot *tutelle* maintenant élargi ; car on ne pouvait élargir de même jusqu'à 25 ans le mot *impuberté*. — Quant au mot *curatelle*, son usage devait subsister par l'effet du souvenir, et figurer dans le vocabulaire comme une richesse superflue. Mais on ne s'y méprenait pas : tout en usant de mots divers, on savait qu'on désignait une même chose. Dumoulin [2] disait : « *Non facimus differen-* » *tiam inter tutelam et curam, sed durat tutela semel suscepta* » *usque ad vigesimum quintum annum* » ; et la Coutume de Montargis tirée de l'ancienne Coutume de Lorris disait : « *Tutelle et cu-* » *ratelle n'est qu'un* [3] ».

Curateur n'était pourtant pas toujours synonyme de *tuteur*. On pouvait voir en certains cas une curatelle à raison de l'âge aux mains d'un homme pour qui le nom de tuteur n'eût jamais pu

---

1. Dans l'Artois, l'Anjou, le Maine, on était, quoique majeur à vingt ans, restituable jusqu'à vingt-cinq ans. — L'ordonnance de 1539 rendit uniforme le terme de 25 ans.

2. Dumoulin, *De usuris*, ch. 39, n° 300.

3. Meslé, ch. II, n° 37. — Montargis, ch. 7, art. 7. — Cf. Nivernais, ch. 30, art. 259. — Sens, art. 159. — Orléans, art. 182, 183. — Berry, tit. I, art. 27. — Bretagne, art. 515. — Lorraine, tit. IV, art. 11.

s'employer. Cette curatelle prenait naissance par l'*émancipation*.

Mais qu'est-ce que cela ? Voilà encore une expression romaine sous ma plume, et la chose qu'elle désigne en France n'a nul rapport avec la chose qu'elle désignait à Rome. L'émancipation d'un Romain l'enlevait à la puissance paternelle, et loin de le soustraire à celle du tuteur ou du curateur, donnait ouverture, en le rendant *sui juris*, à une tutelle s'il était impubère, à une curatelle s'il était pubère mineur de 25 ans et qu'il en fît la demande. L'émancipation d'un Français a pour effet principal de faire cesser au contraire les pouvoirs du tuteur, d'élargir ceux du mineur en lui donnant l'administration de ses biens. et de faire naître une incapacité restreinte et par suite la possibilité d'un curateur général et la nécessité d'un curateur aux causes, *ad lites*. — A quoi ressemble-t-elle donc? à la *venia œtatis*. Meslé nous dit que « dans la pratique on a » donné le nom d'émancipation à ce qui fait le sujet du titre au » Code *De his qui veniam œtatis impetraverunt* [1] ». L'analogie est frappante : C'est une concession émanant du roi. Les lettres royaux qui la contiennent sont entérinées par le juge en connaissance de cause, pourvu, dit M. de Lamoignon en l'art. 116 de ses arrêtés, que les mâles aient accompli l'âge de 20 ans et les filles l'âge de 18 ans, et que par l'avis de leurs plus proches parents ils soient jugés capables de l'administration de leurs biens. Analogue à la *venia œtatis* dans sa forme et ses conditions, elle lui ressemblait encore dans ses effets puisqu'elle habilitait le mineur pour l'administration de ses biens et la disposition de ses choses mobilières, le laissant incapable seulement pour l'aliénation et l'hypothèque des immeubles et pour les actes judiciaires.

Le mariage avait le même effet que l'émancipation. Il était même plus efficace; car le mineur marié pouvait sans curateur intenter ses actions mobilières [2].

L'effet de l'émancipation, les pays de droit écrit l'attachaient à l'arrivée de la puberté, dénaturant ainsi dans un certaine mesure la portée des institutions romaines, et faisant une sorte de fusion de choses autrefois distinctes : la puberté, la *venia œtatis*, la curatelle.

---

1. Meslé, ch. x, nº 4.
2. Ferrière, sur l'art. 239, Cout. de Paris, glose ɪ, nombre 27.

Et les mineurs, puisqu'on appelait ainsi les pubères, se trouvaient dans ces pays, comme le remarquent les auteurs coutumiers, émancipés sans lettre du prince [1].

Mais, pour mettre en lumière l'effet que produit l'émancipation sur la capacité du mineur, il faut des notions précises sur l'incapacité et la restitution du mineur non émancipé, notions qui vont faire maintenant le but de mes recherches.

II. — *Incapacité* et *lésion*, *nullité* et *rescision*, voilà en effet les termes qu'il s'agit en droit français, comme en droit romain, de limiter les uns par les autres, ou de combiner ensemble, autant que le veut le témoignage réuni des lois, coutumes, arrêts et commentaires qui nous font connaître le droit ancien. Pour cela l'examen doit porter : sur le mineur qu'assiste ou représente son tuteur ; — sur le mineur agissant seul ; — enfin sur l'effet que peut avoir l'accomplissement de formalités judiciaires ou extrajudiciaires requises par la loi.

En droit romain nous étions fort à l'aise. Nous avions une alternative bien nette : ou l'acte est *nul* en droit civil, *ipso jure*, nul de la nullité romaine·qu'on n'a pas besoin de faire déclarer, qui existe et demeure comme un fait acquis à tous comme une qualité le privant de vie, et qu'on peut opposer en toute occasion ; — ou bien valide et fort suivant l'*ipsum jus*, il rencontre seulement en cas de lésion l'obstacle de la *restitution* que lui suscite en vertu du droit prétorien le décret du magistrat. *Nullité*, s'il y a eu incapacité telle que le droit civil la détermine. *Nullité* encore si on a omis les formalités que le droit civil exige. Les formalités, c'est le décret du magistrat pour aliéner ou hypothéquer les immeubles ou les choses précieuses; l'incapacité, c'est l'absence de l'*auctoritas tutoris* (ou du *consensus curatoris* si on est en curatelle), dans les actes qui n'ont pas pour ·nature de faire votre condition meilleure, ou dans les actes quels qu'ils soient si vous n'êtes pas encore en âge de posséder *aliquem intellectum*. — Pour tout le reste, *restitution* en cas de lésion, sauf une série d'exceptions faisant escorte à la règle.

La lumière que les textes répandent sur cette théorie romaine

---

1. Ferrière, *Dict.*, vis *Mineur* et *Émancipation*.

fait envie à l'interprète lorsqu'il essaie d'extraire par l'analyse une théorie de l'ancien droit. Mais là, tant de contradictions apparentes échappent aux auteurs soit entre eux soit avec eux-mêmes, tant de questions fondamentales sont résolues ou paraissent l'être en termes vagues dont l'esprit est d'autant moins satisfait qu'ils compromettent moins celui qui s'en sert, qu'on croit à chaque pas s'éloigner davantage des belles clartés de la certitude et qu'on ne les entrevoit qu'après de longs et pénibles efforts.

En France, il n'y a pas d'*ipsum jus* et de droit prétorien. Ce n'est donc pas sous ce rapport qu'on peut opposer la *nullité* à la *restitution*. *Nullité ipso jure*, voilà une expression qui n'a gardé de romain que la forme, nullement la signification.

A-t-elle seulement gardé sa justesse au point de vue du droit qu'on avait à Rome de l'opposer sans la faire prononcer par le juge? Nullement encore. Sous ces mots de Pothier : « Il y a des actes qui sont nuls de plein droit » [1], M. Bugnet met en note : « Il n'y a pas de nullité de plein droit *ipso jure* : en ce sens que quelle que soit la nullité, s'il y a contestation, il faut se rendre devant le juge, qui déclare si la nullité existe ou n'existe pas. » Et il a raison ; car Domat lui même ayant dit « qu'un vice dans une convention est ce qui y blesse un caractère essentiel », et ensuite que « l'incapacité d'un insensé est telle qu'elle annule toutes ses conventions », ajoute : « Les vices des conventions *qui suffisent pour les annuler* ont deux effets : l'un de donner lieu à *faire résoudre* le contrat si celui qui s'en plaint le désire ainsi, l'autre d'obliger à des réparations », attestant ainsi l'existence d'une *action* en nullité (chose inconnue des Romains), même pour les nullités les plus radicales, comme celles qu'engendre la folie, c'est-à-dire l'absence de consentement.

Quelle antithèse peut donc exister entre certains actes du mineur et certains autres, entre la *nullité* et la *restitution* ou *rescision*, entre les effets de l'incapacité et des vices de forme et les effets de la lésion ? L'incapacité ou les vices de forme donneront une action en nullité d'une durée trentenaire, et cette nullité sera prononcée directement par les tribunaux. La simple lésion au contraire ne don-

---

1. Pothier, *Traité de la Procéd. civ.*, nº 727.

nera qu'une action décennale qui permet seulement d'aller au prince et d'obtenir de lui, par lettres royaux que le juge entérine en connaissance de cause, la rescision du contrat valable. — Nous aurons occasion plus tard d'étudier la source et la nature de la procédure sur lettres de rescision, laquelle est permise et exigée, non-seulement pour le mineur lésé contre les actes non entachés d'un vice de forme ou d'une incapacité suffisante en elle-même, mais encore pour le majeur victime d'une certaine lésion dans certains contrats, ou d'une violence, ou d'un dol, ou d'une erreur. — Mon premier soin doit être de voir en quels cas le mineur peut intenter une action directe en nullité sans lettres de rescision, c'est-à-dire en quel cas son recours peut se fonder uniquement sur l'incapacité ou sur un vice de formes.

En ce qui touche l'incapacité du mineur, la France avait accueilli les principes du droit romain : *Nullité* pour absence de consentement, si le mineur agit seul avant l'âge de raison. *Nullité* encore, quel que soit l'âge du mineur, s'il a procédé seul à un acte onéreux, à un de ces actes qui font à leur auteur une condition pire.

J'en trouve dans Pothier une preuve éclatante. Ayant séparé les *moyens de nullité* et les *lettres de rescision*, et entamé un chapitre sur les premiers, il dit que ces moyens de *nullité* se tirent : 1° de la forme... — « En second lieu de *l'incapacité* de la personne », et il cite la femme mariée non autorisée, et il ajoute : « On opposera » le même défaut *d'incapacité* contre les actes qui contiendraient » quelque *promesse* ou quelque *aliénation* faite par un mineur non » émancipé ou par un interdit. » Ce texte est trop formel ; il précise trop la nature de l'action donnée ici, la portée de l'incapacité du mineur ; il rappelle trop bien l'incapacité du pupille romain non autorisé, de faire sa condition *pire* (*deteriorem conditionem facere*), de *suscipere obligationem*, ou de *amittere rem suam*, pour qu'on puisse soustraire le mineur français agissant seul à une incapacité semblable, et le priver en pareil cas de l'action en *nullité* pour l'obliger à obtenir des lettres de rescision. Si le mineur a fait sa condition meilleure, il n'a ni action en nullité pour avoir agi seul, ni action en restitution, parce que l'acte n'est entaché ni d'incapacité ni de lésion. Mais si, sans l'assistance du tuteur, il a fait sa condition pire, il y a, comme le dit Pothier, un moyen de *nullité* tiré du défaut *d'incapacité*. Et, sur ce point, Domat s'accorde avec Pothier : car, parlant des incapacités dans une section intitulée *Des conventions qui sont nulles dans leur origine*, il dit : « Quelques-uns » sont incapables de toutes conventions, comme les insensés et » ceux qui ne peuvent s'exprimer ; d'autres seulement de celles » *qui leur nuisent*, comme *les mineurs* et les prodigues. »

Ainsi, le principe transmis à la France par le droit romain, c'est que tout mineur est incapable sauf la capacité de faire sa condition meilleure ; c'est, comme le dit encore Domat, « que les mineurs ne peuvent s'obliger si l'obligation ne tourne à leur avantage » ; c'est enfin qu'en cas de lésion et en dehors de la présence du tuteur, il devrait résulter de l'incapacité une dispense d'obtenir des lettres de rescision.

Voilà la doctrine toute pure : c'est d'une part que l'incapacité du mineur le dispense de lettres royaux, et d'autre part que cette incapacité se borne au cas de lésion. Et il est à noter que le contrat commutatif, que les Romains séparaient en deux, déclarant le mineur capable d'y acquérir et d'y obliger autrui, incapable d'y aliéner et de s'y obliger (sauf les autres remèdes de droit pour l'empêcher de s'enrichir aux dépens d'autrui), ce contrat fournit au bon sens des Français l'occasion d'entendre d'une façon plus large et plus simple le pouvoir du mineur de faire sa condition meilleure. Au lieu de séparer on unit les différentes parties de cet acte complexe, pour régler sur son résultat définitif la question de capacité au sujet de l'acte entier. C'est ainsi que la *lésion* devint véritablement et partout le *criterium* de *l'incapacité*.

Cette doctrine, qui attache à la *lésion l'incapacité*, et à *l'incapacité* la *nullité*, trouvera-t-elle un soutien dans la pratique ? La jurisprudence est une partie du droit ; elle le forme, elle aussi ; mais surtout elle le simplifie et le dégage des subtilités qui l'embarrassent souvent. Or il y a dans le système que je viens d'exposer, et auquel ma pensée ne se serait pas arrêtée si Pothier ne l'y avait contrainte, une bizarrerie, une inconséquence qui fait qu'une foule de passages dans les livres de doctrine et surtout de jurisprudence nous révèlent une théorie contraire.

L'incapacité du mineur, je l'ai dit, se restreignait au cas de lésion ;

son recours puisait dans la lésion son fondement, sa raison d'être :
si bien qu'il n'était pas à vrai dire incapable de contracter, mais
incapable de se léser en contractant Dès lors ne valait-il pas
mieux faire disparaître l'idée d'incapacité derrière l'idée de lésion ;
et, puisque la lésion à elle seule n'engendre pas la *nullité*, mais le
droit à la *rescision*, exiger des lettres royaux malgré le défaut de
présence du tuteur ? A force de voir qu'au fond des choses le mineur n'était jamais incapable que de se léser, on tendait à ne lui
donner jamais que le remède à la lésion, la restitution.

Cette tendance se manifestait surtout dans la jurisprudence et
dans la pratique volontaire des plaideurs. « Quand les mineurs ont
» été lésés, dit Ferrière, ils peuvent se faire *restituer* contre les
» actes qui leur sont préjudiciables, soit qu'ils aient été passés *par les*
» *mineurs seuls* ou qu'ils aient été passés du consentement de leurs
» tuteurs ou curateurs, et cette restitution *se fait toujours par le*
» *moyen de lettres du prince* [1]. » — « Lorsque les actes ou les con-
» trats, dit un autre, sont nuls dans la forme, *comme lorsque le tu-*
» *teur ou curateur n'y était pas présent*, il n'est pas nécessaire d'ob-
» tenir des lettres de rescision pour les faire annuler. Cependant
» *quoique la vérité de ce principe soit universellement reconnue*, il est
» *bien rare dans la pratique qu'on n'ait pas recours aux lettres de res-*
» *cision* dont on demande en tant que de besoin l'entérinement ; il
» faut, pour négliger ce moyen, que la nullité soit bien clairement
» prononcée par les Ordonnances, les Coutumes ou les Règle-
» ments [2]. » — Et Merlin dit de même : « Il est bien rare qu'on n'ait
» pas recours aux lettres de rescision dont on demande l'entérine-
» ment en tant que de besoin ; il faut pour négliger ce moyen que la
» nullité soit bien clairement exprimée par les Coutumes, lois et
» Ordonnances » [3]. — C'était là la jurisprudence des Parlements,
comme le prouvent une foule de décisions rapportées dans d'autres
répertoires, et qui statuent toujours sur l'entérinement de lettres
de rescision là où il est évident que le mineur avait agi seul [4].

---

1. Ferrière, Dict., v° *Mineurs.*
2. Guyot, Répert., v° *Mineurs.*
3. Merlin, Répert., v° *Mineurs*, § IV, 1°.
4. *Voy. passim* dans Denizart et Rousseaud de Lacombe, aux mots *Mineur* et
Rescision, les arrêts du 6 mars 1620, 26 mars 1624, 26 avril 1629, 6 février 1691,
18 février 1716, 5 février 1793, qui ont été rendus dans des affaires où le mineur

Ainsi, la maxime *minor restituitur non tanquam minor sed tanquam læsus*, maxime qui, parlant de restitution, ne devait s'appliquer qu'en dehors de *l'incapacité* du mineur, puisque cette incapacité était admise en France et affirmée par Pothier, reçut de la pratique une extension générale. La lésion étant la limite de cette incapacité, et le mot *læsus* ne pouvant se séparer du mot *restituitur* dans l'esprit des praticiens et des juges, on finit par ne plus voir d'autre conséquence de l'incapacité du mineur qu'une *restitution pour lésion*, c'est-à-dire une *rescision par lettres royaux*.

Je ne saurais autrement trouver la clef du langage que tiennent les jurisconsultes anciens, langage qui fait croire en mainte occasion que l'acte fait par le mineur seul était seulement rescindable. Ouvrons de nouveau le traité de la Procédure civile de Pothier, 5ᵉ partie, chap. ɪᴠ, *Des moyens de nullité et des lettres de rescision*. Pothier, qui nous a dit que la promesse ou l'aliénation faite par le mineur peut être attaquée comme *nulle pour défaut d'incapacité*, va nous dire, au § 1 de l'art. 2, consacré aux lettres de rescision, une chose contradictoire avec sa première assertion : « Dans notre jurisprudence, dit-il, on n'a point égard à la fausse énonciation de majorité pour exclure les mineurs de *la restitution.* » Et pourtant la déclaration de majorité suppose l'absence du tuteur ! et si l'on parle ici de restitution, c'est donc elle qui est en usage quand le mineur a agi seul ! — Aussi, pour concilier cette seconde citation avec la première, il faudrait supposer que la seconde, relative à la déclaration de majorité, n'a trait qu'aux mineurs *émancipés* : ce qui est impossible, car, dans cette phrase et dans les développements qui l'accompagnent, pas un mot n'éveille l'idée d'émancipation, pas un mot non plus dans ce qui précède, mais au contraire une phrase générale ainsi conçue : « Les mineurs sont » *restituables* contre les actes qu'*ils* ont passés en minorité pour » quelque besoin que ce soit. » En sorte que lorsqu'il dit plus bas : « Les mineurs sont restituables, soit qu'ils aient passé ces actes » depuis leur émancipation, soit qu'ils les aient passés avec

s'était faussement déclaré majeur, ce qui prouve l'absence du tuteur dans l'acte. — *Voy.* aussi un arrêt du 10 janvier 1704.

» l'autorité de leurs tuteurs », on n'est pas forcé d'en tirer *a con-trario* une nullité de plein droit pour les actes passés sans tuteur avant l'émancipation, mais on est libre au contraire d'y voir une seconde application de la restitution *malgré* l'émancipation ou l'autorité du tuteur : application dont Pothier voulait écarter le doute.

Domat est encore plus explicite en ce sens. Dans une section intitulée *De la restitution des mineurs*, il dit : « *Encore* que le mi-» neur ait été autorisé de son tuteur dans l'acte dont il demande » d'être relevé, la *restitution* ne laisserait pas d'avoir son effet » (n° 19), expressions qui prouvent qu'elle a déjà son effet quand le mineur a agi seul. Enfin les citations que j'ai empruntées aux répertoires de Ferrière et de Guyot ne laissent subsister aucun doute.

D'où viennent ces contradictions? De l'alliance qu'avait forcément établie le droit français entre l'idée d'*incapacité* et la nécessité d'une *lésion* qui la rend efficace : alliance que la pratique avait détruite en traitant le mineur comme *capable*, sauf à le *restituer* contre la lésion. La pure doctrine avait dit : *incapable* de se léser ; la pratique traduisait : *restituable* pour lésion. Et la pratique donnait ainsi une preuve de bon sens. Car quand la lésion est le fondement du recours, le recours doit être la restitution. Et le mineur assisté, lui aussi, n'aurait-on pas pu, dans la doctrine, le dire *incapable* de se léser, puisqu'on le secourait contre la lésion ? Et le refus qu'on lui faisait de l'action en *nullité* n'était-il pas une preuve que la pure *incapacité de se léser* est moins une véritable incapacité frappant le contrat d'une nullité de plein droit qu'une cause de rescision contre un contrat valablement fait ?

Voilà les idées que la conduite des anciens force de leur prêter en ce qui touche l'incapacité de se léser, c'est-à-dire l'incapacité du mineur non assisté. Il faudra encore, sous le Code, l'entendre de la même façon; et ce qui, dans l'ancien droit, n'était que l'effet d'une pratique rebelle aux idées subtiles que lui avait transmises le droit romain, sera dans le Code civil une théorie législativement consacrée, peut-être à cause de l'abolition des lettres de rescision et de l'assimilation des actions en rescision et en nullité, distinctes autrefois par leur procédure, leur cause et leur durée.

— Nous savons quelle était l'incapacité du mineur *non assisté*, ce qu'il pouvait faire sans son tuteur, et quelle sorte de recours il avait contre les actes qu'il avait faits seul.

Nos recherches dans Pothier et Domat nous ont déjà montré que le mineur, quoique assisté de son tuteur ou représenté par lui, était dans une situation toute semblable et pouvait demander la restitution en cas de lésion.

Il en serait de même, ajoute Domat, « de ce que le tuteur aurait
» fait en cette qualité sans que le mineur y eût été présent, s'il se
» trouvait lésé par le fait de son tuteur. Car le pouvoir du tuteur
» est borné à ce qui peut être utile au mineur ». — Cette règle
pourtant veut être tempérée par le correctif qu'on trouve dans
Pothier, au sujet des actes *de pure administration* : « Les mineurs
» *ne sont pas* restitués pour cause de lésion contre les actes qu'ils
» ont faits depuis leur émancipation ou contre ceux que leurs
» tuteurs ont faits avant leur émancipation, *lorsque ces actes sont*
» *des actes de pure administration nécessaire* ; par exemple, contre
» des baux faits de leurs héritages pour le temps qu'on a coutume
» de faire des baux ; contre la vente ou l'achat de choses mobi-
» lières, etc. La raison est tirée de l'intérêt même des mineurs,
» parce que, autrement, ils ne trouveraient que difficilement des
» personnes qui voulussent contracter avec eux, dans la crainte
» qu'auraient ces personnes d'avoir des procès sous prétexte de
» lésion, ce qui leur causerait un plus grand préjudice que ne
» leur serait avantageux le bénéfice de restitution s'il leur était
» accordé contre de pareils actes [1]. » Ceci rappelle les conseils de
prudence adressés au préteur par la loi 24, § 1, Dig. *De minor.*

— Cette citation de Pothier, on le voit, est commune aux actes d'administration faits par le tuteur et à ceux qui émanent du mineur émancipé. C'est qu'en effet, si l'émancipation laissait en général le mineur restituable (à part tout vice de formes) contre les actes qu'il fait, soit seul, soit avec son curateur, elle le rendait cependant capable comme un majeur pour l'administration de ses biens et pour l'aliénation et l'acquisition des choses mobilières.

L'esprit de nos Coutumes était d'attacher à l'émancipation le

---

1. Pothier, *Traité de la Procéd. civ.*, part. V, chap. IV, art. 2, § 1 *in fine.*

pouvoir d'administrer. Aussi ne pouvait-on pas donner entre-vifs même ses meubles, car donner c'est perdre [1]. La Coutume de Paris avait pourtant sur ce point un article 272, qui, permettant de *disposer* de ses meubles, prêtait au doute et divisait les auteurs sur son interprétation [2].

Le mineur émancipé avait, bien entendu, besoin de curateur pour aliéner ses immeubles et pour ester en jugement, à moins qu'il ne s'agit de ses revenus. S'il n'avait point de curateur et qu'il y eût une action à intenter pour tout autre chose que ses revenus, c'était ordinairement le procureur constitué par lui qui faisait serment de curateur en la cause où il occupait [3].

Ayant indiqué les effets de la minorité (modifiée ou non par l'émancipation), soit sur les actes que le mineur a faits seuls, soit sur ceux où il a été représenté ou assisté par son tuteur ou curateur, il me reste encore à parler des actes que la loi a entourés de *formalités*. Car, pas plus dans l'ancien droit que sous le régime actuel, on n'a considéré comme une forme de l'acte la présence du tuteur, et c'est par un abus d'assimilation que Guyot a pu se servir de cette locution vicieuse : « Lorsque les actes ou contrats sont nuls » dans la forme, comme lorsque le tuteur ou curateur n'y était pas » présent ». Cela peut être exact aux yeux des gens du monde; mais le langage du droit veut que le vice de forme soit indépendant de la présence du tuteur.

Quand donc exigeait-on des formes dans le sens technique du mot? C'était pour l'aliénation des immeubles du mineur (émancipé ou non). Il fallait que la vente s'en fît aux enchères, après les délais et publications, sur un décret d'autorisation du juge, qui l'accordait pour une cause nécessaire, comme le paiement de dettes pressantes, en cas seulement d'insuffisance du mobilier, et en désignant l'immeuble le moins précieux à conserver. Il ordonnait en outre l'emploi du prix au paiement des dettes [4]. — Il fallait aussi un décret du juge pour autoriser le rachat d'une rente con-

---

1. D'Argentré, sur l'art. 468 de l'anc. Cout. de Bretagne. — Furgole, sur l'art. 1 de l'*Ord. de* 1731. — Despeisses, t. I, part. I, des *Donations*, sect. I, nº 9.
2. Ferrière, vº *Mineurs*, p. 520.
3. Ferrière, vº *Mineurs*.
4. Domat, liv. IV, tit. VI, sect. II.

stituée appartenant au mineur émancipé ou non, et ordonner le remploi du prix en une nouvelle constitution de rente.

Régulièrement faite, l'aliénation de l'immeuble du mineur (et c'est là un des torts de l'ancien droit, réparé par le Code civil) était sujette à restitution par lettres du prince. « Faudra, dit Jean » Papon, que dans le temps ordonné de droit qui était l'an util, et » aujourd'hui les dix ans à compter du jour qu'il sera entré en » majorité et que les xxv ans lui seront passés, obtiène lettres pour » être receu appelant dudit décret judiciel et des procédures sur » lesquelles il aura été donné [1] ». Domat dit que le mineur peut se faire relever pour lésion même d'un acte fait en justice [2]. Et le répertoire de Guyot enseigne que l'aliénation d'immeubles faite régulièrement peut être attaquée quoique avec de grandes précautions ; que le mineur par exemple « doit prouver qu'il n'y avait pas » nécessité de vendre, ou donner de telles preuves de la lésion » qu'on soit forcé de croire qu'il a subi une fraude ou une sur- » prise ». — Peut-être en effet la prudence des juges s'opposait-elle souvent aux abus. Mais la liberté du juge n'est pas souveraine. Le principe de la rescision des ventes régulières, étant proclamé par la doctrine, devait bien trouver son application. Or, quelques précautions qu'on y prît, il devait être fâcheux que les tiers ne pussent pas trouver sécurité dans des formalités protectrices destinées à écarter toute idée de fraude, et dussent se laisser dépouiller sous prétexte que les enchères n'ont pas monté assez haut ou qu'il n'y avait pas une parfaite nécessité de vendre. On comprend à cet égard les maximes proverbiales et souvent ironiques de quelques auteurs [3].

Il faut dire pourtant qu'en cas de saisie réelle, de *décret forcé*

---

1. Papon, *Rest. de mineurs*, troisième notaire.

2. Domat, liv. IV, tit. VI, sect. II, n° 19.

3. « Vainement on aura observé les formalités, avis de parents, rapports d'ex-
» perts, décret du magistrat : tout cela n'empêche pas que le mineur puisse rentrer
» dans son bien s'il trouve quelque lésion ; il n'y a pas d'assurance plus grande
» que d'acheter l'immeuble du mineur plus qu'il ne vaut. »... « L'aliénation des
» immeubles d'un mineur est châtouilleuse ; quelque assurance qu'on y recherche,
» il n'y en a point, et quelquefois ce sont les précautions qui nuisent. On en peut
» dire ce qu'on dit des potirons : quelque apprêt qu'on en fasse, l'usage n'en est
» pas bon, et la meilleure sauce qu'on y puisse apporter, c'est de les jeter là. »
(Henrys, liv. IV et 6, quest. 22.) — Qu'on suppose les acheteurs dociles à de pareils
conseils : que devient le crédit des mineurs et la chaleur des enchères ?

obtenu sur un immeuble du mineur, ce qui ne pouvait se faire, d'après la plupart des Coutumes, qu'après discussion du mobilier, le mineur n'était pas restituable pour lésion : car il ne pouvait même pas demander la rescision pour lésion d'outre-moitié qu'on donnait aux majeurs dans les ventes ordinaires d'immeubles[1].

Qu'adviendra-t-il si les formalités n'ont pas été observées? Disons sans hésiter : la vente sera nulle, nulle de cette nullité que le juge prononce directement, et non pas seulement susceptible d'être cassée par le roi. D'Argentré[2], Basnage[3], Meslé[4] et d'autres encore nous en fournissent des témoignages formels. « *Nec de hâc necessaria* » *restitutio*, dit d'Argentré, *cum sine decreto facta est.* » — « L'ac- » quéreur est sans titre, dit Meslé, et sans aucun acte du mineur qui » puisse devenir valable par le temps. » — Enfin Guyot dit que la vente est *nulle*, qu'il n'est pas besoin d'obtenir des lettres contre elle, et cela quand même le prix a tourné au profit du mineur, parce qu'il peut être lésé en ce qu'on a vendu sans nécessité, lésion que fait présumer la violation des règlements, puisque cette nécessité doit être prouvée de la manière établie par eux.

Plusieurs docteurs ont soutenu à ce sujet une opinion qui me semble répondre aussi peu aux principes du droit qu'aux simples notions de la raison. Ils pensent que, réservant l'action en *nullité* pour le cas où la vente irrégulière émane du tuteur ou curateur on ne donnait qu'une action en *rescision* dans le cas où le mineur avait vendu lui-même, parce qu'il y a ici en réalité un fait volon- taire de sa part. — Je ne vois pas ce que peut faire un fait volontaire du mineur, fût-il même assisté de son tuteur, quand il y a un vice de forme. Je ne vois pas en quoi le vice de forme serait moins efficace quand la vente est faite par celui-là même que la loi dé- clare incapable, que lorsqu'elle émane de celui qui le représente également, sauf l'obligation d'observer les formes requises.

Les partisans de cette bizarre distinction se croient fortement soutenus par les paroles suivantes de Papon[5] : « En autre cas où

---

1. *Voy.* des arrêts cités par Brodeau, sur Louet, Lettre D, somm. 32. — *V.* aussi lesp. tome I, p. 33, c. 1, princip.
2. D'Argentré, sur l'art. 431 de l'anc. Cout. de Bret.
3. Basnage, sur l'art. 592.
4. Meslé, ch. x, n° 6.
5. Papon, *Restit. des mineurs*, troisième notaire.

» les dites solennités auront été obmises, comme si du tout *n'y est*
» *intervenu le curateur* — ou bien s'il y est intervenu et *a autorisé*
» *son mineur*, le contrat a été passé sans avoir pris aucune con-
» naissance de cause, et que le juge n'y ait touché soit pour
» connaître ou décerner; — en cas, pour être le contrat nul ou
» bien sujet à rescision, suffira d'obtenir *lettres de simple resti-*
» *tution*, ores qu'il n'y eût dol n'y autre chose sordide de la
» part du curateur et acheteur, ou bien dudit acheteur si le cura-
» teur n'y est. »

Qu'est-ce à dire? C'est que dans l'opinion de Papon il n'y a *en
général* d'autre conséquence de l'irrégularité de la vente, que la
simple restitution par lettres. L'hypothèse qu'il prévoit, c'est en
général l'omission des solennités; cette hypothèse, il la divise en
deux : 1º l'absence du curateur; 2º l'omission du décret, le curateur étant présent. Dans ces deux cas, l'un qui n'est qu'un défaut
d'assistance et de capacité, et qu'il a tort d'appeler vice de forme,
l'autre qui, n'offrant aucun vice du côté de l'assistance requise,
renferme seulement le vrai vice de formalités, il faut, dit Papon,
des lettres de rescision. Or dans le premier cas, l'ancienne pratique, on l'a vu, répondait à cette solution. Mais en l'appliquant
au second cas, au cas de vice de forme, à l'omission du décret, je
crois que Papon avait et manifestait une opinion personnelle. Les
docteurs que je combats auraient pu s'en convaincre si au lieu de
citer à la légère ils avaient étudié et expliqué les unes par les
autres les doctrines de l'homme qu'ils citaient. On retrouve en
effet dans d'autres parties de ses ouvrages l'idée mère en quelque
sorte de laquelle émane comme un rameau cette opinion relative
aux vices de formes. Là il dit à qui veut l'entendre que son système
est général et qu'il l'eût également professé pour le cas de vente
irrégulière faite *par le tuteur ou curateur*. Voici le texte auquel je
fais allusion; il est fort curieux : « Contrats nuls *de quelque sorte*
» *de nullité que ce soit* ne sont aujourd'hui en France tels déclarés
» ni rescindés sans lettres du roi; et n'est considérée la raison de
» la loi *nam etsi*, § *post defectum*, Dig. *De injust. rup. irrit, fact.*
» *test.*, par laquelle plusieurs ont voulu induire que, au cas de
» nullité n'est nécessaire rescision : car la rescision taisiblement
» confesse la validité du contrat. Ainsi fut jugé par arrêt de Paris

» du 14 août 1543 [1]. » — Que ce soit erreur du parlement de Paris lui-même, que ce soit fausse interprétation de Papon, il est certain maintenant que ce dernier ne voit *aucune sorte* de nullité qui n'exige des lettres de rescision. Il en exigeait donc pour ventes irrégulières faites *par le tuteur ou curateur seul!* On ne saurait mieux démentir la distinction que je surprenais à ces quelques docteurs puisqu'ils l'appuyaient sur Papon lui-même.

Mais s'il faut proscrire toute distinction entre les ventes irrégulièrement faites soit par le *mineur*, soit par le *tuteur*, il faut le faire en sens inverse de Papon, en attachant dans les deux cas au vice de formes une action en *nullité*. L'erreur de Papon ressort de sa contradiction avec les paroles si nettes des d'Argentré, des Basnage, etc.

Mais la démonstration n'est pas encore complète. Car on trouve aussi dans Despeisses [2] une phrase qui semble restreindre la *nullité* proprement dite à la vente irrégulière émanant *du tuteur*. « De plus, dit-il, le mineur devenu majeur peut demander durant 30 ans après sa majorité la rescision du contrat d'aliénation fait sans décret et autorité de justice de ses biens immeubles *par son tuteur ou curateur*. Car ce cas n'étant compris ni dans l'ordonnance de Louis XII de 1510 qui ne parle que des contrats faits par les majeurs de leur biens propres, ni dans celle de François Ier de 1539 à l'art. 134, qui ne parle que des contrats faits par les mineurs mêmes, il s'ensuit qu'il doit être décidé par le droit commun qui veut que les aliénations faites sans décret et autorité de justice *par les tuteurs et curateurs* des biens immeubles de leurs mineurs *soient nulles*. » — On pourrait dire que là Despeisses regarde comme attaquable *en nullité* pendant 30 *ans* la vente irrégulière faite par *le tuteur*, et comme attaquable *en rescision* pendant 10 *ans* la vente irrégulière faite par le *mineur* même : et cela sous prétexte que la première échappe au délai de dix ans prescrit par l'Ordonnance de 1539, tandis que la seconde y est sujette.

Mais telle n'est pas sa pensée. Qu'il fasse durer 30 *ans* l'action en nullité quand la vente émane du tuteur, c'est ce qu'on ne peut

1. Papon, Arrêts, liv. 16, tit. 3, *De restit. en entier*, arrêt XI.
2. Desp., tome I, p. 810.

nier, et en disant cela il est excusable. Mais qu'en assignant à l'action une durée décennale quand la vente émane du mineur, il veuille dire par là qu'il y fallait des lettres de rescision, voilà ce que je conteste comme étant une interprétation abusive d'une phrase qui, s'occupant uniquement de la longueur des délais, ne fournit aucun argument *a contrario* quant à la *nature* de l'action et à la nécessité des lettres royaux.

En pensant cela, Despeisses eût pensé une erreur. Je le prouve par le texte de l'ordonnance de 1539 en montrant que ce texte parle des « contrats faits par les mineurs », et qu'à propos justement de ces contrats, il restreint à dix ans soit l'action en *rescision* des actes en général, soit l'action *en nullité* des aliénations irrégulières d'immeubles. « Nous, voulant ôter aucunes difficultés et diversités
» d'opinions qui se sont trouvées par ci-devant sur le temps que
» se peuvent faire casser les *contrats faits par les mineurs :* ordon-
» nons qu'après l'âge de 35 ans.... ne se pourra pour le regard du
» privilége ou faveur de minorité, plus déduire ni poursuivre la
» cassation des dits contrats en demandant ou en défendant par
» lettres de relièvement ou restitution *soit par voie de nullité,* pour
» aliénations de biens immeubles faites sans décret ni autorité de
» justice, lésion, déception ou circonvention....»

Dans cette ordonnance, malgré l'uniformité du délai prescrit, on voit parfaitement en regard la diversité dans la nature du recours et la diversité dans sa cause. Voies de *nullité,* lettres de *reliéve- ment :* voilà deux *natures* de recours. *Aliénations d'immeubles* sans décret, etc..., *lésion, déception, circonvention :* voilà diverses *causes* d'action. Et à l'aliénation irrégulière d'immeubles se rapporte immédiatement la voie de *nullité* dans ce texte relatif aux *contrats faits par les mineurs.*

Aussi je crois que ces mots : *contrats faits par les mineurs* ont ici une portée générale et veulent dire : contrats concernant les mineurs ; et que le délai de dix ans, aussi bien que la nature d'action directe en *nullité,* est assigné par ce texte au recours du mineur contre la vente irrégulière de ses immeubles en général et sans distinguer de qui cette vente émane.

Je pense en effet que toute la portée de cette ordonnance fut de soumettre à un unique délai, sans unifier leur nature ni leur forme, toutes les actions du mineur, afin d'ôter, comme elle dit, « les difficultés et diversités d'opinions qui se sont trouvées par ci-devant sur le temps que se peuvent faire casser les contrats faits par les mineurs ». On devait en effet, même avant 1539, demander dans les dix ans les lettres de rescision : les ordonnances de 1510, art. 46 et 58, et d'octobre 1535, ch. 8, art. 30, avaient ainsi étendu le délai de quatre ans que nos Coutumes avaient emprunté aux lois de Justinien, sauf l'ancienne Coutume de Bretagne qui préférant le droit romain classique n'accordait qu'une seule année [1]. Mais quand il y avait, non plus à obtenir des lettres de rescision, mais à faire valoir un moyen de nullité, on le faisait valoir pendant trente ans. Aussi le recours des mineurs, variant dans sa nature, variait également dans sa prescrition, de sorte qu'après dix ans de majorité le mineur trouvait l'adversaire fort récalcitrant et le juge souvent très-embarrassé de savoir s'il y avait là un moyen de nullité échappant à la prescription décennale. François Ier fit donc quelque chose d'utile en égalisant la prescription.

Mais il put sans inconvénients laisser le recours variable en sa forme. Car si la pratique, en ce qui touche la prescription, ne pouvait se tirer d'embarras en imposant au mineur l'abandon de ses droits dans les cas d'une nature douteuse, elle pouvait parfaitement, pour ce qui touche la forme du recours, se séparer de la doctrine, et pour plus de simplicité exiger du mineur la petite formalité des lettres royaux, à moins de nullités résultant *avec évidence*, comme le disent Merlin et Guyot, des Ordonnances, Coutumes ou Règlements.

Ainsi aux distinctions de la doctrine et du droit pur, la pratique substituait, par l'effet d'une habitude qui se changeait en une es-pèce de loi, la simplification et l'unité. Elle fit pour la procédure de l'action ce qui fit François Ier pour sa prescription. Elle le fit sans doute bien moins pour le recours contre les ventes irrégu-lières d'immeubles; mais là aussi elle montrait quelque indépen-dance. Guyot en effet, quand il expose la contrariété de la pratique et du droit sur les actes et contrats « nuls dans la forme, comme lorsque le tuteur ou curateur n'y était pas présent », ne cite le

---

1. Art. 71 de la très-anc. Cout. de Bretagne.

défaut d'assistance du tuteur que comme exemple de nullité dans la forme. Il fallait du reste que l'usage des lettres de rescision fût bien général pour avoir inspiré à Papon les phrases que j'ai citées plus haut.

En résumé donc, à cette question : « Que faut-il penser des actes faits par les mineurs ou leurs tuteurs dans l'ancien droit? » il faut répondre qu'il y avait des actes *inattaquables*, entre autres ceux de pure administration faits par le tuteur ou par le mineur émancipé; et des actes *attaquables*, parmi lesquels les principes venus de Rome distinguaient : 1° ceux qu'on peut attaquer en *nullité*, pour *incapacité* de rendre sa condition pire quand le mineur les a faits seul, pour *vice de formes* quand il s'agit d'une vente ou hypothèque irrégulière d'immeubles; 2° ceux qu'on attaque en *rescision* pour *lésion :* ce sont ceux qui émanent du mineur assisté ou de son tuteur. — De ces deux recours, le premier durait trente ans, le second dix ans, jusqu'à ce que dix ans devinssent le délai commun en 1539. Quant à la forme, le premier se portait directement devant le juge, le second forçait d'obtenir des lettres de rescision du prince. Mais là, ce fut la pratique qui se chargea de passer le niveau, exigeant toujours ou presque toujours, soit par absorption de l'idée d'incapacité dans l'idée nécessaire de lésion, soit par embarras de savoir si le vice de forme existait, des lettres de rescision du prince fondées sur la lésion, à moins de nullité résultant avec évidence des Ordonnances, Coutumes ou Règlements, à moins encore d'absence complète de consentement comme dans les actes d'un enfant de deux ans.

Ajoutons, avant de quitter les mineurs, que les jugements rendus contre eux pouvaient comme à Rome être l'objet d'une rescision pour lésion ; mais que le recours qu'ils avaient contre ces jugements du chef de leur minorité portait un nom spécial, celui de *requête civile*. La requête civile, elle aussi, se formait par demande de lettres royaux qu'on faisait entériner par le juge en connaissance de cause. Les majeurs comme les mineurs pouvaient la former en l'établissant sur certains motifs dont l'étude serait une digression. Quant au mineur, il ne pouvait du chef de sa minorité la former qu'en alléguant qu'il a été mal défendu. L'art. 35 du titre 35 de l'ord. de 1667 lui réserve pour moyens de requête civile toutes sortes de moyens, soit de fait, soit de droit, pourvu qu'ils n'aient point été allégués dans le premier jugement.

Le privilége d'être restitué pour cause de simple lésion se trouve soumis en France à peu près aux mêmes conditions d'application que dans le droit romain qui nous l'avait transmis. La ressemblance des deux législations se continuait encore par l'extension du droit des mineurs à certaines personnes morales. Despeisses dit que les communautés *quæ minorum jure uti solent* sont restituées comme les mineurs, et qu'il en est de même de l'Eglise. Mais il ajoute que le mineur ne pouvant plus l'être à 35 ans, la communauté de même doit être non recevable après un certain temps qui peut-être était de 50 années, comme cela pourrait s'induire d'un arrêt de Castres, cité par lui, du 11 février 1631 [1].

III. — Séparée de l'état de mineur ou de personne morale, la lésion vit encore dans notre droit français son efficacité réglée sur les lois romaines. Tout ce qui a été dit à ce sujet dans la première partie de ce travail trouvera même sa preuve dans sa ressemblance avec ce que je vais dire.

Sans doute un capitulaire de Charlemagne [2] décida que la lésion ne pourrait entre majeurs être une cause de rescision de la vente. Mais il faut l'attribuer à l'influence du Code Théodosien, qui intro-duit en Occident par Valentinien III, y fut longtemps seul connu [3], et dont le style rigide dans les lois 1, 4 et 7, *De contr. empt.* n'avait l'autre but que de réagir contre la règle établie par Dioclétien. Ce capitulaire, à lui seul, permettrait de croire avec M. Laferrière [4] que le Code de Justinien resta ignoré des Francs jusqu'à la fin du IX⁰ siècle. Mais quelques-uns, s'appuyant sur des textes du temps qui parlent de la *lex Justinianea*, croient qu'en réunissant l'Italie à leur empire, les Francs avaient dû y trouver le Code de Justinien publié

---

1. Desp. I, p. 813.
2. Liv. v, c. 342, *de Venditionibus vili pretio.* — Baluze, I, col. 901.
3. Montesquieu, *Espr. des lois*, liv. XVIII, ch. XLII.
4. *Hist. du dr. fr.*, IV, p. 283.

dans ce pays après la conquête de Narsès. Il faudrait alors expliquer le capitulaire de Charlemagne comme M. de Savigny explique une loi des Bavarois rejetant la rescision de la vente à vil prix, en disant : « Cette loi semble faire allusion aux principes du droit » romain sur la rescision, tout en abrogeant ces principes [1]. » — Mais, quoi qu'il faille en penser, on voit ici l'influence du Code Théodosien.

Elle ne fut d'ailleurs qu'éphémère, et céda bientôt devant celle du droit canon. Toutes les Coutumes empruntèrent au recueil de Décrétales publié par Grégoire IX [2] deux textes, l'un d'Alexandre III (1159 à 1181), l'autre d'Innocent III (1198 à 1216), qui reproduisaient à peu près, sans différer entre eux sinon dans les termes, les lois 2 et 8 C. *De resc. vend.* Au vendeur le droit de faire rescinder le contrat pour lésion d'outre-moitié ; à l'acheteur celui de le maintenir en complétant le prix ; enfin estimation de la chose d'après sa valeur au jour de la vente : voilà la substance de ces Décrétales. Accord des Coutumes pour consacrer ces idées d'une façon formelle ou implicite, voilà l'événement juridique qui se produisit en France. Unanimes sur le principe de la rescision et sur le taux que doit atteindre la lésion dans la vente, elles variaient entre elles sur des points de détail qui se retrouveront ailleurs.

Il est pourtant un principe nouveau dont l'apparition en matière de rescision de vente a besoin d'être étudiée maintenant : c'est le rejet de cette rescision dans les ventes de meubles. Loisel dit avec raison que cette différence est reçue par coutume générale de la France [3]. A son témoignage s'ajoute celui de Guy-Coquille [4]. Et la vérification peut s'en faire par l'examen des Coutumes [5]. Aux immeubles pourtant on assimilait les meubles de prix. Mais cela souffrait controverse [6]. La Coutume de Bretagne allait plus loin que

1. *Hist. du dr. rom.*, II, p. 56.
2. Liv. III, tit. XVII, ch. III et IV.
3. Loisel, *Inst. cout.*, liv. III, tit. IV, max., XII.
4. *Instit. au dr. fr.*, titre des *Contrats et convenances.*
5. Notamment l'art. 446 de la Cout. d'Orléans.
6. Pour la rescision : Dumoulin (Cout. de Paris, tit. I, § 33, gl. I, n° 47) cite comme exemples : un vase d'or travaillé, une coupe de bois de haute futaie, une universalité de meubles. En ce sens : Berry, tit. XI, art. 33; Bourbonnais, tit. XII, art. 86. Arrêts conformes du 13 août 1513 pour l'artillerie grosse comme canon, du 21 juin 1510 pour un diamant. (*V.* Despeisses, part. I, tit. I, sect. IV, n° 6). — Contra : Brodeau, sur l'art. 33, tit. XI, de la Cout. du Berry.

toutes les autres, assimilant aux immeubles les meubles d'au moins cent livres, dans son art. 295 qu'approuve énergiquement d'Argentré. Mais en la mettant à part, rien ne se dégage mieux de tout le droit coutumier que l'indifférence de la lésion dans les ventes de meubles.

A quoi tenait-elle? Sans doute aux fluctuations nombreuses qu'éprouve la valeur de ce genre de biens, et qui en rendent après coup la recherche difficile; peut-être aussi au peu de cas que l'on faisait en France de la richesse mobilière, n'attachant guère de prix et n'accordant protection qu'à une fortune assise sur le sol, comme l'était le régime de la féodalité.

A ce refus de rescision en matière de meubles, se rattachait une opinion destinée à triompher un jour, mais qui trouvait dans l'ancien droit plus d'adversaires que de partisans. C'est le refus de l'action rescisoire à *l'acheteur* lésé. L'acheteur, disaient beaucoup d'auteurs et d'arrêts, est lésé au prix qui est meuble. — Mais était-ce une raison suffisante? Ne pouvait-on pas dire qu'il est lésé dans l'immeuble qui vaut trop peu, que le vendeur de son côté est lésé au prix qui est vil et que son action souvent ne tend qu'à faire compléter? D'ailleurs, il faudrait se fixer sur le vrai motif du refus de rescision en matière mobilière; et si ce motif est la difficulté de retrouver la valeur du meuble aliéné, comment dire que c'est le caractère mobilier de l'affaire qui prive de rescision l'acheteur d'un immeuble, puisqu'un immeuble alors sera l'objet de l'estimation du juge? La vente mobilière est inattaquable, parce que c'est un meuble qui a été vendu et qu'il faut estimer, et que ce caractère mobilier s'attache aux deux équivalents qui forment le contrat. Rien de tout cela pour l'achat d'un immeuble. Et s'il faut ici repousser ordinairement l'acheteur, c'est qu'il est ordinairement victime de son caprice ou de son incurie, non de la nécessité. — Un parti imposant dans la doctrine [1] lui donnait pourtant l'action rescisoire, plaçant probablement le fondement de cette action plus dans l'erreur que dans la pression. La Coutume de Bretagne même (art. 295) se déclarait formellement pour l'acheteur. Mais en de-

---

1. D'Argentré, sur l'art. 283, Cout. de Bret. — Dumoul., Cout. de Paris, tit. I, § 33, gl. I, n° 47. — Pothier, *Vente*, n° 372. — D'Aguesseau. — Maynard. — Denizart.

hors de son territoire, les Coutumes étant muettes, la jurisprudence était sans fixité [1]. Les magistrats laissés à eux-mêmes s'arrogeaient comme le juge romain un *arbitrium* souverain, s'attachant presque toujours aux circonstances particulières du procès [2].

Il y aurait à propos de la vente d'autres détails encore à examiner : ventes judiciaires, ventes aléatoires, ventes d'offices, etc. Mais ils nous feraient perdre la vue de l'ensemble.

Passons au partage. — La réformation pour lésion d'un pareil contrat tenait trop à son essence même et à la justice pour ne pas recevoir de nous l'accueil qu'elle avait reçu des Romains. — Ici notre législation ne fixa d'abord aucun taux que la lésion dût atteindre; il suffisait d'une lésion notable : *non nimis modica inæqualitas*. Qu'on demande aux plus illustres docteurs, aux Dumoulin, aux Guy-Coquille : c'est toujours le pouvoir de rescision affirmé et le chiffre de la lésion tenu dans le vague [3]. Et j'avoue que devant cette décision de notre ancien droit, je me sens heureux de pouvoir la rattacher à ce que j'ai dit du partage en droit romain. Beaucoup d'auteurs croyant voir dans les lois romaines un taux d'outre-moitié aussi bien pour la lésion dans le partage que pour la lésion dans la vente, parce qu'ils soumettaient le partage à la loi 2 C. *De resc. vend.*, se sont vus forcés de dire que la France repoussa une assimilation faite par le droit romain. Je dis au contraire que la règle française ne fut qu'un fidèle reflet d'une distinction toute romaine entre la vente et le partage, parce qu'à Rome la théorie des actions de bonne foi, dénaturée, amoindrie, faussée quant au contrat de vente dont le sort, grâce à Dioclétien, était devenu une question de chiffres, s'était conservée pure en ce qui touche le partage, dont l'assimilation à la vente ne pouvait venir à l'esprit d'aucun juge et d'aucun législateur.

Mais cette règle française, fidèle écho de la loi romaine, se transforma aussi par suite du besoin qu'ont les lois d'atteindre l'unifor-

---

1. Contre l'acheteur : Paris, août 1592; Poitiers, 31 janvier 1675; arrêt du 29 août 1760; Denizart, v° *Lésion*. — Pour l'acheteur : Paris, 8 fév. 1562; Dijon, 1602; Brillon, *Dict. des arrêts*, v° *Lésion*.

2. Blondeau, *Journal du Palais*, I, p. 68 et suiv.

3. Dumoulin, *de usuris*, q. 14, n° 182, et Cout. de Paris, § 33, gl. I, n° 42. — Guy-Coquille, q. 157, et titre *des fiefs* de la Cout. du Nivernais, art. 24.

mité, d'épargner la besogne et l'embarras au juge, et de procurer au plaideur ce bienfait de n'être pas jugé selon l'équité pour n'avoir pas à redouter l'arbitraire. A travers les appréciations diverses des tribunaux et les divergences des auteurs, les uns se contentant d'une lésion du quart, d'autres exigeant une lésion du tiers, l'accord finit par se fixer sur un taux qui sous l'apparence d'un terme moyen entre le quart et le tiers n'était en réalité que *le quart dépassé*. La formule de ce taux, que Papon énonça le premier [1], exigeait une lésion *du tiers au quart*. — D'après quelques auteurs, les pays de droit écrit suivaient une règle différente, se contentant d'une lésion du quart [2].

Là aussi on pouvait, même après la rescision prononcée, obtenir le maintien du contrat en supplémentant le lot du demandeur [3]. Mais les rapports et les droits respectifs des copartageants, si différents des relations de vendeur à acheteur, devaient apporter ici une nouvelle nuance : c'est en argent que l'acheteur supplémente son prix, puisqu'en vendant c'est de l'argent que son vendeur voulait. Mais le copartageant ne peut être contraint de recevoir en supplément de son lot autre chose que des valeurs héréditaires [4], puisque le partage avait pour but de répartir en lots égaux quant à leur importance, et autant que possible quant à leur nature, les objets de l'hérédité. « Il est, dit Coquille, de l'essence des partages » qu'il y ait quelque analogie des portions [5]. »

Ce n'est pas au partage de succession que toutes ces règles se restreignent. Elles s'étendent au partage de société et de communauté [6].

Quant aux partages d'ascendants, au partage que le père de famille faisait lui-même de ses biens entre ses descendants, et que permettaient à l'exemple des lois romaines les Capitulaires de Char-

---

1. Papon, Notaires, liv. IX, tit. III ; arrêts, liv. XIII, tit. VII, n° 6.
2. Despeisses, part. I, sect. IV, Dist. V, n° 1.
3. A moins, disent Lebrun et quelques autres, que la lésion ne soit *énormissime*, c'est-à-dire d'outre-moitié. (Lebrun, *Successions*, liv. V, ch. I, n° 62).
4. Sic : Dumoulin, Lebrun, Despeisses. — Contra : Pothier. (des succ. ch. IV, art. 6). On permettait de supplémenter en argent quand il était impossible de procéder à une nouvelle répartition de biens. (Ferrière, *Dict.*, v° *Lésion*).
5. Questions sur les Coutumes, q. 244.
6. Pothier, *Société*, n° 174 ; *Communauté*, n° 714.

lemagne et toutes les Coutumes, la question de la rescision pour lésion divisa les Coutumes en deux classes : celles qui la rejetaient n'imposant au pouvoir du père de famille d'autre limite que le respect de la légitime [1]; et celles qui l'admettaient, exigeant que les lots fussent équivalents [2]. — Et comme, aux termes de la Coutume d'Acs (tit. 3, art. 1), le statut qui règle le sort des partages d'ascendants est un statut réel, il faut, quand les biens du père de famille sont situés dans le ressort de différentes Coutumes dont l'une autorise et l'autre prohibe les partages inégaux, détruire ou respecter pour chaque bien l'inégalité, suivant la Coutume dans le ressort de laquelle ce bien est situé.

Les Coutumes d'égalité rescindaient aussi pour lésion les partages d'ascendants joints aux démissions de biens. — Nous verrons plus tard les questions particulières qu'ils soulevaient.

Excepté la Coutume de Bretagne (art. 266) qui voulait une lésion dépassant le sixième de la légitime, les Coutumes dites d'égalité laissaient le juge libre de tout chiffre et l'obligeaient de chercher pour chaque espèce quelle lésion pouvait lui suffire. Car il ne suffisait pas toujours d'une légère inégalité, comme le prouve cette phrase de Lebrun : « Si l'on reconnaît que l'intention du père a été de faire » un partage à peu près égal, la raison d'une légère inégalité n'em- » pêchera pas que cet acte, pourvu que la volonté du père soit une » fois certaine, n'ait son plein et entier effet [3] ».

Ainsi la liberté du juge, qui n'avait duré que peu de temps pour le partage ordinaire, subsista pour le partage d'ascendant. On ne croyait pas pouvoir les assimiler. Le partage d'ascendant, comme disait Godefroid [4], n'est pas un partage volontaire; on ne contribue pas à le faire : on le reçoit tout fait, et l'on peut y réclamer le rétablissement de l'égalité parce que l'ascendant, s'il voulait qu'un de ses enfants reçût moins que les autres, ne devait pas employer à cette œuvre d'inégalité le partage, dont l'égalité est l'essence. Tout ce qui la blesse sera imputé à l'erreur du père, erreur dont les héritiers ne peuvent être victimes, n'en étant pas

---

1. Bourbonnais, art. 216. — Bourgogne, ch. 7, art. 7. — Nivernais.
2. Paris, art. 303.
3. Lebr., *Succ.*, liv. IV, ch. I, n° 11.
4. Godefroid, Cout. de Normandie, art. 353.

coupables, et dont le redressement doit être tenu pour une marque de respect à la volonté paternelle.

En laissant maintenant la vente et le partage pour étudier les autres contrats, nous allons tomber, grâce aux divergences des Coutumes, dans une législation vague et incertaine qui fait penser à l'incertitude de la rescision dans chaque affaire où le juge romain se trouvait saisi d'une action de bonne foi. Qui est-ce qui pouvait dire à Rome si tel échange, si tel contrat de louage serait rescindé ou réformé par le juge à qui on allait le soumettre? Là comme pour un achat, on ne connaissait que le libre *arbitrium* du juge et la rareté de la rescision. De même, qui pourra dire en France si tel contrat commutatif, qui ne s'appelle ni vente ni partage, va tomber à cause de la lésion qu'il contient? Nul ne le sait; et à côté de ce doute, il y en a un autre plus grave encore: à Rome on sait au moins que le guide du juge est toujours le même : l'équité, et que si la rescision ne lui est jamais imposée, elle lui est toujours permise par la formule de bonne foi. En France, rien de pareil. En général les Coutumes sont muettes. Mais la doctrine veut enchaîner le juge pour proscrire l'arbitraire; et comme il n'est rien de si difficile que d'être juste en étant inflexible, on retrouvera dans les règles proposées par elle la diversité qui devait régner dans la libre décision du juge.

Déjà on a vu l'acheteur d'un immeuble admis par les uns, non admis par les autres à demander la rescision de son achat. Les partisans de cette rescision, d'Argentré, Dumoulin, Pothier, sur quoi se fondent-ils ? Sur un principe qui n'est sans doute qu'une émanation de la théorie des contrats de bonne foi : l'effet de la lésion variable en ses degrés dans les contrats commutatifs. Pothier dit en effet : « L'action rescisoire pour cause de lésion n'est » pas fondée uniquement sur la loi 2; mais elle est fondée sur un » principe tiré de la nature des contrats commutatifs, dans les- » quels chacune des parties contractantes n'entend donner ce » qu'elle donne que pour recevoir l'équivalent : d'où il suit que » ces contrats sont vicieux, et doivent être comme tels rescindés » lorsque l'une des parties y souffre une lésion énorme et ne reçoit » pas à beaucoup près l'équivalent de ce qu'elle donne. » Et de là il conclut à la rescision pour lésion d'outre-moitié en faveur de l'acheteur. Si beaucoup d'auteurs et d'arrêts rejetaient cette rescision, et à leur tour enchaînaient le juge dans leur sens, c'était pour deux raisons : 1° l'injustice qu'ils voyaient à traiter de même le vendeur et l'acheteur, mais qu'ils pouvaient éviter en laissant le juge libre sans nier en principe la possibilité de la rescision ; — 2° la nature mobilière de l'objet qu'abandonne l'acheteur, et le prétendu devoir de s'arrêter devant elle, tandis qu'il n'y avait dans l'esprit du droit français d'autre obstacle à la rescision que le caractère mobilier *des deux équivalents*, et l'obligation où serait le juge dans ce cas d'avoir à rechercher la valeur des meubles.

Aussi la rescision d'un contrat d'échange en matière d'immeubles, n'ayant point contre elle ce second motif (vrai ou faux), devait être, et était en effet plus généralement reconnue. Une lésion d'outre-moitié viciait le contrat d'échange ; et comme ce n'est pas de l'argent que veut le coéchangiste, le défendeur ne pouvait malgré lui, suivant Dumoulin, Despeisses et la majorité des auteurs [1], supplémenter en argent. Mais Pothier [2] le lui permettait ; et son système, plus favorable au maintien du contrat, semblait rallier peu à peu la jurisprudence [3].

Le contrat de louage, dont l'objet était meuble ou réputé meuble, échappait à la rescision. Néanmoins certaines Coutumes (tant les contrats commutatifs marchaient sous la loi de l'égalité des équivalents) admettaient l'effet de la rescision dans les baux à ferme qui auraient pour durée, trois ans dans les unes [4], neuf ans dans les autres [5].

Jusque pour la transaction, l'on disputait ; et la victoire penchait vers le oui [6], lorsqu'une ordonnance d'avril 1560 vint apaiser les controverses en rejetant la rescision. Elle eut grandement raison ; et quand il n'y aurait pour la justifier que le caractère aléatoire de la transaction, cela suffirait. Car, comme il est dit quelque part au

---

1. Dumoulin, Cout. de Paris, § 33, gl. I, n° 41, t. I, p. 395. — Despeisses, de l'Échange, t. I, p. 266, n° 7.— *Voy.* des arrêts en ce sens dans Brillon, t. III, p. 24, n° 7.
2. Pothier, *Vente*, n° 627.
3. Guyot, *Répert.*, v° *Échange*, n° 4.
4. Bourbonnais, tit. XII, art. 86. — Auvergne, ch. XVI, n° 9.
5. Marche, art. 112.
6. Urceolus, *de Transact.*, q. 94, n°ˢ 25, 26, 27, p. 359-60. — Arrêt 6 oct. 1531.

Digeste, quoi de plus incertain qu'un droit subordonné au jugement des hommes? Or c'est là ce qu'on sacrifie de part et d'autre dans une transaction.

La licitation enfin mérite de clore cette énumération. Elle est toujours rescindable, à cause de sa parenté soit avec la vente, soit avec le partage, parenté double dont l'effet est d'y fixer le taux de la lésion tantôt à plus de moitié, tantôt à plus du quart : à plus de moitié quand elle n'est qu'une pure vente, ce qui arrive si elle se fait au profit d'un étranger;—à plus du quart quand elle revêt la forme et produit les effets du partage, ce qui arrive si on la prononce en faveur d'un des communistes; en ce cas l'effet de l'opération n'est pas translatif mais déclaratif, comme l'exprime Dumoulin par cette phrase [1] : « *Non videtur esse mutatio nec translatio in* » *aliam manum, sed consolidatio in unum ex eis, quæ inter eos* » *quibus est res communis permittitur.* »

Que conclure de ce coup d'œil jeté sur les divers contrats? C'est que l'équité y avait, en France comme à Rome, soumis à mille nuances les effets de la lésion soufferte par les majeurs. Ce qui résultait à Rome de la théorie des actions de bonne foi s'introduisit chez nous par la théorie des contrats commutatifs, née elle aussi de la justice, et source de décisions variables suivant la nature des contrats, les circonstances de la cause, la gravité de la lésion, enfin selon la sagesse du juge et la manière dont chacun pense devoir concilier dans l'affaire le respect des promesses et la loi plus ou moins sévère de l'égalité dans les équivalents. C'est une sorte de transaction que doit faire le juge : il la fait d'abord, comme à Rome, suivant l'équité, puisant pleins pouvoirs dans le silence des Coutumes, excepté pour la vente où il n'a, comme à Rome, qu'à trouver le chiffre du préjudice. Puis l'œuvre de simplification que les lois romaines avaient restreinte à la vente, la doctrine et la jurisprudence françaises, par des efforts communs, la généralisent, si bien qu'à commencer par le partage, tout contrat commutatif (sauf le partage d'ascendants qu'une foule de raisons avaient fait mettre à part) se voit plus ou moins vite l'objet d'une règle qui le met ou dans la dépendance d'un chiffre ou à l'abri de la rescision. Le

---

1. Cout. de Paris, *des fiefs*, § 33, gl. I. — Pothier, *Vente*, nᵒˢ 537-38 et suiv

doute et l'arbitraire s'effacent. La loi devient précise et restrictive. On n'a plus à former son jugement sur l'équité, source de mille appréciations diverses : il faut obéir à la règle sortie du résultat de ces appréciations. — Enfin le Code venant réaliser un immense progrès dans la voie de la certitude et de l'uniformité des solutions juridiques, nulle convention ne sera plus sujette à mourir par la lésion qu'elle contient, si elle ne tombe sous une parole du législateur, et si la lésion n'y atteint le taux fixé par la loi.

IV. — A part l'action en *nullité*, que la pure doctrine en cas d'incapacité et la pratique elle-même en cas d'irrégularité mettaient aux mains du mineur, la lésion, qu'elle eût pour victime un majeur ou un mineur, lui donnait une action en *rescision*, ou en *restitution*, ou en *relièvement*, pour me servir des vieilles expressions. Le juge n'en pouvait être saisi directement. Il fallait obtenir des lettres de *rescision*, des lettres de *relief*, des *lettres royaux*. On les délivrait sans examen préalable, sur le simple exposé du requérant et sur le rapport d'un référendaire, dans la chancellerie du parlement ou du présidial. Ces lettres ne préjugeaient en rien l'issue du procès, car il leur fallait *l'entérinement* : que le juge en connaissance de cause accordait ou refusait librement. Cette procédure ressemblait à la restitution conditionnelle que prononçait parfois le préteur romain, se déchargeant sur un juge commis par lui de tout ou partie de sa *cognitio*. Les mots *rescindant* et *rescisoire* apparaissent dans cette procédure. Le *rescindant* résulte de l'entérinement pur et simple des lettres royaux, qui efface le contrat et les droits établis par lui. Le *rescisoire* est la mise en œuvre du rescindant, l'ordre de restituer de part et d'autre. — Ordinairement on les joint dans un même jugement. Mais l'ancienne pratique française (conforme aux vrais principes sur ce point, comme je me propose de le montrer plus loin) les séparait quelquefois, par exemple s'il s'agissait de faire exécuter le rescindant contre un tiers détenteur. Puis on simplifia cette marche en prononçant cumulativement rescindant et rescisoire contre le sous-acquéreur [1].

Pour constater la lésion, il y avait lieu à une expertise dont l'or-

______

1. Charondas, *Rép. du Dr. fr.*, liv. XII, ch. 35.

donnance de 1667 (tit. 21, art. 8-15) a déterminé les règles, permettant dans l'art. 13 la nomination d'un tiers expert par le juge.

Voilà le résumé de cette procédure. — Il est moins facile d'en trouver la source, de savoir à quel motif, à quelle idée, à quel principe général elle demande à se rattacher.

Elle se représentait pour tous les chefs de restitution de l'Édit prétorien. Comme la restitution romaine, elle opérait la rescision d'un acte valable, pour un motif tiré de l'équité. — En présence de cette analogie, une explication toute naturelle vient s'offrir à l'esprit. Le juge ne suffisant pas à Rome pour opérer la restitution, on n'admettra pas davantage en France qu'il y puisse suffire ; et comme on n'a pas en France de préteur pour exercer ce droit dont on fait l'attribut d'une sorte de suzeraineté, comme on voit les textes romains, en le refusant au *judex*, le remettre en remontant de magistrat en magistrat jusque dans les mains de l'empereur, on n'hésitera pas à faire du roi le dépositaire du droit de restituer. — Quelques auteurs mêlent encore à cet esprit d'imitation la haine des légistes pour la féodalité, leur désir de l'amoindrir en agrandissant la puissance royale, et de manifester par l'usage des lettres de rescision la suprématie du roi sur les justices des seigneurs.

Quelque influence qu'il faille reconnaître ici au désir de rapporter tout au roi, et aussi à la rapacité du fisc dont M. Troplong fait presque le dernier mot de cette institution, l'appelant le « fruit du » hasard, de l'ignorance et de la fiscalité », l'analogie de cette procédure avec celle de la restitution romaine est frappante. — D'autres ont préféré dire que de même qu'on distinguait à Rome les nullités venant de l'*ipsum jus* et l'*auxilium* venant de l'Édit prétorien, on distinguait aussi en France les nullités qui tiennent à la forme des actes et aux dispositions prohibitives des Ordonnances, Coutumes, etc..,, et les restitutions dirigées contre un acte en apparence régulier que protége une illusion extérieure. « Cette illusion, dit un » auteur, suffit pour qu'on soit dans le cas de solliciter l'interpo- » sition de la puissance publique pour lever ce voile trompeur ; à » Rome il fallait le ministère du préteur ; en France il n'y a qu'un » seul magistrat proprement dit qui est le roi. Là se trouve encore

» la différence entre le magistrat et le juge. Le juge ne trouverait
» dans son ministère que la règle étroite de l'exécution de l'acte,
» si le magistrat par une autorisation spéciale ne donnait à ce mi-
» nistère une plus grande étendue [1]. »

Ces idées-là sont bien vagues, et M. Troplong n'y trouve que du
vide. Elles ont pourtant fourni à certains esprits l'interprétation de cette vieille maxime coutumière : *Voies de nullité n'ont
pas lieu en France*, maxime à laquelle tous nos anciens auteurs rattachent la procédure en matière de rescision, et cela d'un accord
trop unanime pour que le sens une fois connu de cette maxime
n'achève pas de nous révéler l'origine de cette procédure.

Ici c'est uniquement la pensée de l'ancien droit, vraie ou fausse,
raisonnable ou non, qu'il faut saisir : que faire pour cela ? se pénétrer du langage des vieux auteurs, et conclure en les comparant.

Réduite à elle-même, séparée de tout commentaire, cette phrase :
voies de nullité n'ont lieu, semble avoir une portée si universelle
que l'esprit étonné cherche à lui trouver un sens autre que la nécessité de lettres royaux, puisque Pothier signale des nullités qui
dispensent de ces lettres.

On se demande alors s'il n'y faut pas voir tout simplement l'affirmation de la nécessité où l'on est en France de faire prononcer les
nullités par le juge afin de s'en prévaloir, à la différences des nullités romaines qui pouvaient servir en toute occasion sans qu'aucun
juge les eût prononcées. Mais les auteurs s'accordant (même ceux
qui développent la maxime dans les termes les plus généraux) à
mettre à côté d'elle comme sanction le privilége du roi et la nécessité des lettres de rescision, il faut laisser là cette première idée, et
ce n'est pas seulement la puissance spontanée de la nullité qu'il
faut exclure, c'est encore le pouvoir du juge de la prononcer sans
permission royale. Mais avec ce sens il faut, je le répète, une limite
à l'explication de notre maxime.

Trouverons-nous cette limite en ne l'appliquant qu'aux jugements, nulle voie de recours n'étant permise en effet contre eux,
quelle que soit leur irrégularité ou leur nullité, que l'opposition,
l'appel et la requête civile, cette dernière, limitée à certains cas,

-----

1. Lorry, sur Lefèvre-Laplanche, des Domaines, liv. XI, ch. VII.

et tendant à obtenir des lettres du prince ? — Non encore ; car *voies*
de nullité n'ont lieu se dit dans les vieux auteurs à propos des jugements sans doute, mais à propos des contrats aussi ; et ils rattachent à ces mots la procédure de toutes les restitutions et rescisions pour minorité, dol, violence, erreur, lésion d'outre-moitié.

Ecoutons-les maintenant. Nous aurons la solution du problème.

« Il faut remarquer sur cette matière des rescisions et restitutions
> en général que par notre usage les voies de nullité n'ont pas de
> lieu, c'est-à-dire que l'on ne fait pas annuler un acte où l'on ait
> été partie en alléguant simplement les moyens qui le rendent nul,
> mais qu'il faut obtenir des lettres du prince pour les rescisions et
> restitutions en entier [1]. »

« Contracts nuls de quelque sorte de nullité que ce soit ne sont
> aujourd'hui en France tels déclarés ni rescindés sans lettres du
> roi [2]. » — « Aujourd'hui pour toute chose, sans plus s'attendre
> ny arrester à la loi ou aux juges, est nécessaire de s'adresser au
< prince qui a lié les mains aux dits juges et à la loy et en a fait son
> propre, tout ainsi que du reste qui était de grâce [3]. » — Voilà,
certes, une affirmation bien énergique de la prérogative royale et de
l'impuissance des juges. Et l'esprit se révolterait même contre l'é-
tendue que lui donnent ces textes en parlant de *nullités quelconques*,
si déjà l'on n'était en garde contre l'exagération du style de Papon,
et si des passages d'autres auteurs ne venaient mettre à côté d'affirmations presque aussi générales des restrictions qui en atténuent
la portée et qui font voir de quelle façon il faut diviser les nullités
pour soumettre les unes et soustraire les autres à la règle : *voies de*
nullité n'ont lieu. — Poursuivons

« Les voies de nullité sont ici les exceptions de nullité lesquelles
» ne peuvent point être opposées contre tout *ce qui est nul d'après*
> *le droit romain.* De sorte qu'il faut se pourvoir pour ces nullités,
> ou par appel si ce sont des sentences, ou en obtenant des lettres
» du prince pour faire casser et rescinder les actes..... Mais quand
» il est question de nullités qui sont déclarées *par les Ordonnances*

1. Domat, *Lois civiles*, liv. IV, tit. VI, sect. II.
2. Papon, arrêts, liv. XVI, tit. III, des rest. en entier, arrêt XI.
3. Papon, troisième notaire, liv. IX, p. 338.

» *et les Coutumes*, les voies ou exceptions de nullité ont lieu sans
» lettres du prince. » [1]

« Combien semblablement qu'un contrat ou quelque autre acte
» ne soit nul par le seul bénéfice du droit, et que de droit commun
» il ne soit mestier de le faire casser et annuler, toutefois en ce
» royaume il faut le faire casser et annuler par lettres royaux parce
» que voies de nullité soit en contrats, sentences ou autres actes,
» n'ont lieu en ce royaume, mais faut toujours recourir au béné-
» fice du prince ou se pourvoir par appel à l'encontre des sen-
» tences nulles... »; à quoi l'annotateur (Fontanon) ajoute : « Cela
» se doit entendre des nullités introduites *par le droit romain*, et
» non pas de celles qui sont irrogées *par les Ordonnances ou Cou-*
» *tumes* qui produisent leur effet sans lettres royaux [2]. »

« Contracts ou actes, jaçoit qu'ils soient nuls par dispositions de
» droit, doivent toutefois être cassés et annulés par lettres royaux.
» Car en France voie de nullité n'a lieu. Mais faut toujours re-
» courir au bénéfice du prince en tout ce que *les lois impériales*
» veulent être fait par le seul bénéfice de droit. D'autant que les
» rois de France ne sont aucunement sujets *aux lois susdites* non
» plus qu'à l'Empire, mais seulement les reçoivent en tant qu'elles
» sont fondées en bonne raison et équité naturelle..... Par quoi il
» ne faut douter qu'un contrat étant nul de droit ne doive être res-
» cindé et déclaré nul par lettres du prince...... Quant aux contrats,
» il faut entendre qu'il y en a deux espèces lesquelles les juges
» royaux, ressortissant ès cours de Parlement, sans moyen peuvent
» de leur office sans aucune lettre de relief déclarer nulles et de nul
» effet. La première est quand le contrat est manifestement usu-
» raire..... L'autre quand le contrat est fait *contre la coutume du*
» *pays et qu'il en apert évidemment* [3]. »

« On a mis entre droits royaux les restitutions en entier fondées
» sur minorité, dol ou crainte, à cause du velléien, ou à cause de
» juste erreur, ou pour promesse faite indûment et sans cause, ou
» pour déception d'outre-moitié du juste prix, jaçoit que les lettres
» soient de justice sans grâce dont le remède par raison peut être

1. Eusèbe de Laurière, sur max. 706 de Loisel.
2. Imbert, *pratique*, liv. I, ch. III, avec la note B.
3. Imbert, *Enchéridion*, ch. *Contrats*, p. 61 et 62.

demandé devant le juge ordinaire selon son office de juridiction.
— Mais je crois que l'introduction de tel droit est fondée sur ce
que les remèdes des restitutions dépendent *du droit civil des Romains qui n'a force de loy en France*; et pour authoriser et faire
valoir l'allégation qui s'en fait, on a recours à la chancellerie du
roi pour obtenir lettres. Car en France nous n'observons pas
les lois romaines pour vraies loys, mais pour ce qui y est... ce qui
n'est requis pour faire rescinder ou déclarer nuls les contrats ou
dispositions qui sont interdits *par la Coutume ou Constitutions de
nos roys* qui sont notre droit civil auquel cas le seul office du juge
suffit [1]. »

« Il y a des actes qui sont nuls de plein droit, sans qu'il soit
besoin de lettres de rescision pour les annuler... Mais il faut que
cette nullité soit prononcée *par quelque Coutume ou quelque Ordonnance* [2]. »

« La règle : « voies de nullité n'ont pas lieu en France», ne veut
dire autre chose si ce n'est que *le droit*, c'est-à-dire *les lois romaines*, n'ont point en France un empire assez absolu pour
opérer la nullité des choses qu'elles proscrivent [3]. »

Bornons là cette lecture trop longue peut-être, et profitons de la
umière que rend plus vive encore le choc de ces nombreuses
itations. Partout où l'on dit que contrat nul doit être rescindé par
e prince, on ajoute qu'il suffit de l'office du juge pour ce qui est
videmment contre la Coutume du pays ou les Ordonnances des
ois, contre ce qui est reçu pour vraie loi en France, et que la règle:
oies de nullité n'ont lieu, se restreint aux nullités qui, sans appa-
aître à la lecture des Ordonnances et Coutumes, résultent unique-
ent des lois romaines, des lois impériales, comme dit Imbert; du
roit enfin par opposition aux Coutumes et aux Ordonnances, car
n désignait par ce terme générique et vague le droit romain, le
roit écrit, venu tout formé de l'Italie et de l'Orient. Les Français
vaient en quelque sorte leur *ipsum jus*, leur *jus civile*, que le juge
oyal avait mission d'appliquer et de faire respecter, mais en

1. Guy-Coquille, *Instit.*, p. 7.
2. Pothier, *Proc. civ.*, partie V, ch. IV, art. 1.
3. Lefèvre-Laplanche, *des Domaines*, liv. XI, ch. 7. — *Voy.* encore Bretonnier,
uest. alp., v° *Bénéf. de restitution*.

dehors duquel il fallait l'intervention royale, nul autre que le roi ne pouvant, même de par la loi romaine, briser un acte auquel les Coutumes et Ordonnances, vraies lois du royaume, ne refusaient pas la validité. C'est ainsi qu'au préteur seul revenait, comme une suite de son *imperium* et de son pouvoir législatif, le privilége d'aller contre l'*ipsum jus*, pour appliquer le droit de la conscience, l'équité.

Et par une coïncidence singulière, les voies de recours que les Français négligèrent de transporter du droit romain dans leurs Coutumes et Ordonnances furent : ou bien le recours pour lésion entre majeurs, dont le *judex*, il est vrai, pouvait être saisi mais grâce à un principe d'équité tempérant l'*ipsum jus*, et à un genre de formules introduit par le préteur; ou bien (ce qui frappe encore davantage), les chefs de restitution dus à l'invention du préteur et réservés à sa compétence. — C'est là, dis-je, une pure coïncidence, et les esprits qui s'en emparent pour placer l'origine de la procédure par lettres royaux dans le besoin d'imiter celle de la restitution romaine et de trouver un magistrat qui fasse chez nous le pendant du préteur, font une conjecture à laquelle manque sinon la vraisemblance, au moins le cachet de la certitude et l'appui de textes formels. On entre au contraire dans la pensée nettement formulée de tous nos vieux auteurs si l'on s'élève à un point de vue qui embrasse tout le système de la validité et de la nullité, de la force et de la chute des contrats, si l'on met en opposition la pure loi romaine et la pure loi française, donnant au juge mission d'assurer le respect de celle-ci par des sentences de nullité, et réservant au roi seul le pouvoir d'investir celle-là de l'autorité qui lui manque, et de briser à cause d'elle ce qui n'est point condamné par l'*ipsum jus* de la France.

V. — Cette séparation de deux lois dans l'Etat, l'une opérant avec l'aide du juge, l'autre avec le secours du prince, ne devait pas survivre à la Révolution, et la procédure par lettres royaux devait tomber avec elle. La loi des 7-11 septembre 1790 (art. 20 et 21) proclama son abolition et supprima la chancellerie. Ce fut d'ailleurs aussi bien la chute d'un abus qu'un retour à la logique : car les lettres royaux, d'abord gratuites, étaient devenues coûteuses;

et si leur usage dura si longtemps, peut-être faut-il l'attribuer au bénéfice qu'en retirait le Trésor.

Puisque nous voici au delà de 1789, et que déjà nous venons de voir une mesure salutaire de cette grande et triste époque, achevons l'étude des lois révolutionnaires qui se rattachent à la lésion.

L'importance en cette matière, de la question de minorité, exige qu'on signale ici la loi des 3-9 mai 1790, qui fixe uniformément la majorité à 21 ans, et fait courir à partir de cet âge les dix ans d'exercice de l'action en restitution. (Tit. IV, sect. I, art. 2.)

Quelques années plus tard, le 14 fructidor an III (30 août 1795), parut, sur la proposition de Lanjuinais, un décret de la Convention, portant abolition de l'action en rescision de la vente pour cause de lésion, et suspendant les instances engagées et les actions non prescrites : décret qu'il faut juger avec tristesse, non point tant à cause de l'idée même qu'il proclamait, puisque à une époque plus heureuse il se trouva des législateurs pour demander son triomphe, qu'en raison du désordre financier dont il est une trace, désordre tel qu'on en vit peu dans l'histoire, et qui joua le double rôle de cause et d'effet au milieu de l'anarchie de ces temps malheureux.

Comment blâmer cette loi de l'an III? quelle mesure était plus urgente? Avec la circulation forcée d'un papier qui se dépréciait sans cesse, qui donc pouvait alors, même en recevant une énorme quantité d'assignats, se vanter d'avoir vendu ses biens à leur juste prix? Quel vendeur pouvait n'être pas lésé? quelles transactions pouvaient n'être pas troublées? quel juge, enfin, pouvait prétendre à rescinder les ventes sans jeter dans les affaires un trouble nouveau, sans s'exposer à l'erreur et à l'injustice, ayant à estimer non plus seulement la chose, mais le prix donné, et cela au milieu d'une mobilité effrayante de toutes les valeurs, mobilité qui rend certaine la disproportion, mais empêche de l'évaluer? La loi de l'an III était une loi d'urgence plutôt qu'une condamnation du régime qu'elle venait changer.

Elle n'attendit pas du reste la venue du Code pour disparaître au moins en partie. Ce qu'il y avait en elle de moins justifiable en temps ordinaire, c'était la suppression des actions rescisoires pour les ventes antérieures. Cette suspension cessa par le décret du 3 germinal an V (23 mars 1797). Les assignats alors n'avaient plus cours forcé : aucun état de crise ne s'opposait plus à l'exercice régulier de droits acquis. On proposa même de rétablir pour l'avenir l'action rescisoire ; mais les avis s'étant partagés, on réserva cette question pour l'époque où l'on rédigerait un Code civil. C'est là ce que dit M. Portalis, et ce qui montre l'erreur où est M. Troplong, quand il voit dans la loi de l'an V un retour pur et simple au régime changé par celle de l'an III.

Non content d'avoir rétabli l'action rescisoire pour les ventes antérieures à l'an III, on détermina, par une loi du 19 floréal an VI, la marche à suivre pour constater la lésion dans les ventes entre particuliers faites à prix d'assignats depuis le 1er janvier 1791 jusqu'à la loi du 14 fructidor an III.

De plus, pour rassurer les acquéreurs de biens nationaux, dont l'achat se plaçant dans cet intervalle s'était fait presque toujours à vil prix, on déclara, par une loi du 2 prairial an VII, que les ventes de biens nationaux seraient à l'abri de la rescision, quelle que fût la vileté du prix.

L'action en rescision de la vente fut définitivement rétablie par le Code; nous verrons de quelles luttes sortit son triomphe.

Les lois révolutionnaires n'avaient parlé que des contrats de vente ou équipollents à vente. Mais elles n'avaient rien innové pour les partages. C'eût été de leur part une inconséquence, puisqu'elles ne reculaient devant aucune rigueur pour assurer entre héritiers la plus stricte égalité. La loi du 17 nivôse an II en est une preuve. Cette loi permet aussi de penser que les partages d'ascendants, qui n'avaient été nulle part expressément abrogés, ne pouvaient être admis pourtant qu'à condition d'observer une égalité parfaite.

VI. — Le droit intermédiaire se résume pour nous en deux mots: abolition de lettres royaux ; — abolition de l'action rescisoire en matière de vente.

Le Code civil réforma la seconde de ces deux mesures; mais les lettres royaux ne devaient jamais reparaitre. Tandis que l'ancien droit distinguait une procédure pour l'action en nullité venant de la loi française, une autre procédure pour l'action en rescision venant de la loi romaine, le Code Napoléon, français par excellence et se suffisant à lui-même, ne connaît qu'une procédure pour briser les contrats, et le juge, gardien de la loi, n'est jamais impuissant pour prononcer les nullités et rescisions qu'il y trouve écrites. Son intervention directe suffit toujours pour priver le contrat d'existence.

Elle pourra se trouver superflue quand le contrat, par l'absence d'une des conditions auxquelles tient son *existence* même et non plus seulement sa *validité*, offrira au regard le néant tout pur et non pas un lien sans force que l'on peut briser. Quand, par exemple, il n'y a pas de consentement, (et je ne cherche pas ici à quelles causes peut tenir son absence), il n'y a absolument aucune convention. Il y a un papier couvert d'écriture et simulant une convention qui n'a jamais existé. Il y a le néant, c'est-à-dire il n'y a rien. Et ce n'est pas à une sentence du juge qu'on le doit : car il serait absurde qu'une cause fût nécessaire pour rendre néant ce qui l'a toujours été. Voilà la théorie de la nullité dite *de non esse*, nullité absolue, primordiale, opposable à tous et par tous, et impossible à couvrir, nullité telle que, sous les signes menteurs de l'écriture, la convention, le lien juridique, n'a jamais vu le jour et ne le verra jamais; nullité qui diffère autant de la non-validité qu'un enfant mort-né diffère d'un enfant non viable.

Non-validité, voilà le terme qui embrasse parfaitement sous le Code les actes annulables ou rescindables, les actions en nullité ou en rescision. Cette qualité, qui implique l'existence juridique du contrat, permettra de l'anéantir : une sentence du juge l'annulera ou le rescindera. Et il aura en lui ce germe de mort quand, réunissant les conditions essentielles d'*existence*, le consentement, l'objet, la cause licite, il n'aura pas toutes les conditions essentielles de *validité*, soit qu'il y ait un vice dans le consentement vice causé par une erreur, un dol ou une violence, soit qu'il y ait incapacité de l'une des parties contractantes, ou irrégularité dans les formes, soit qu'il y ait simplement *lésion*. Tous ces vices invalident le contrat, le rendent *annulable* ou *rescindable*.

Ces deux mots désormais ne font-ils pas double emploi dans le vocabulaire du droit? Assurément; car tous deux expriment une même qualité menant au même résultat par une même procédure. Néanmoins, par un souvenir des nuances d'autrefois sans doute, la loi prononce tantôt l'un, tantôt l'autre. Et c'est le mot *rescision* qu'elle préfère quand le vice de la convention réside dans la lésion, surtout quand il réside dans la lésion toute pure, dégagée de toute idée d'incapacité ; — et en ce dernier cas il y a encore ceci de spécial que l'action se prescrit par deux ans en matière de vente, par trois mois en matière de société, et qu'en matière de vente et de partage le défendeur peut consolider le contrat en indemnisant de la lésion.

Quand la lésion constitue-t-elle un vice ? Le Code nous le dit dans l'art. 1118 : « La lésion ne vicie les conventions que dans certains contrats ou à l'égard de certaines personnes. » C'est comme dans le droit romain ; c'est comme dans l'ancienne jurisprudence française, sauf une précision et une limitation plus parfaites.

Il faut étudier la rescision pour lésion à deux points de vue : 1° générale quant aux actes, et limitée quant aux personnes ; 2° générale quant aux personnes, et limitée quant aux actes.

Quels sont ces actes où la lésion pourra être un vice, quelle que soit la personne ? Ce sont : la vente (art. 1674), le partage (articles 887, 1079, 1476, 1872), l'acceptation de succession (art. 783), la société (art. 1854), sans compter l'usure dans le prêt à intérêt.

Mais étudions auparavant les effets de la lésion dans les actes juridiques concernant *les mineurs*. Ce sont là les personnes que désigne limitativement l'art. 1118. — Le mineur est l'individu non encore âgé de 21 ans accomplis (art. 388). Il est émancipé de plein droit par le mariage (art. 476). Il peut l'être à l'âge de 15 ans révolus par son père ou, à défaut de père, par sa mère (art. 477), et à 18 ans révolus par la délibération du conseil de famille contenant déclaration du juge de paix, s'il est resté sans père ni mère.

CHAPITRE II.

LÉSION SOUFFERTE PAR LES MINEURS.

I. — Une grande partie de ce chapitre se résume en une controverse qui n'est que la suite de celle qui s'est offerte à nous dans le droit romain et dans l'ancienne jurisprudence. Comment le Code Napoléon conçoit-il l'incapacité du mineur? Comment combine-t-il pour lui les effets de l'incapacité et ceux de la lésion ? Voilà une question grosse de développements, fertile en aperçus et qui a été bien souvent traitée de la même manière, avec les mêmes objections et les mêmes preuves tirées des textes et des travaux préparatoires. Mais rapprocher la condition actuelle des mineurs de celle que leur faisait l'ancien droit, expliquer l'une par l'autre, voilà ce que les auteurs ne font pas assez, et à quoi je veux m'attacher davantage. Chose étrange : on s'éclaire des travaux préparatoires, et l'on ne cherche pas toujours à se les expliquer en remontant au delà : comme si l'esprit n'avait pas plus d'efforts à faire pour embrasser le système du Code en le prenant comme un fait isolé que comme le dernier mot d'une longue histoire. Dans le droit comme ailleurs, la succession et le progrès des idées ont quelque chose de fatal ; étant donné ce qui précède, un léger secours suffit à l'esprit pour connaître ce qui a suivi; et l'intuition qu'il en a, lueur d'abord indécise et pâle comme celle qui précède l'aurore, devient un jour éclatant quand les autres preuves, au lieu de la rendre obscure et vacillante, concourent à en chasser l'ombre et à l'affermir.

Tout s'enchaîne depuis le droit romain.

Là, trois protections pour le mineur : 1° *Nullité* de plein droit quand il y a *incapacité*; et il y a pour le mineur incapacité de contracter seul (sauf le droit, s'il a sept ans, de faire sa condition meilleure, sauf aussi l'effet de la *venia ætatis*). — 2° *Nullité* de plein droit, même après la *venia ætatis*, s'il y a omission de formes prescrites à cause de la minorité, comme du décret exigé pour l'aliénation et l'hypothèque des immeubles et des choses précieuses. — 3° *Resti-*

tution pour *lésion* (sauf l'effet de la *venia œtatis*, sauf aussi certains actes d'administration du tuteur), contre tout acte valable en droit, c'est-à-dire rentrant dans la capacité du mineur, lequel est capable assisté de son tuteur ou curateur.

De cet ensemble dégageons un principe qui contient en germe un monde de conséquences destinées à se développer fatalement plus tard. C'est qu'un mineur en âge de raison est capable de faire sa condition meilleure. Bornée au défaut d'assistance, son incapacité se borne encore à ce qui rend sa condition pire. En sorte qu'il aurait fallu dire que la nullité comme la restitution se fonde sur la lésion, si les Romains, en face d'actes commutatifs par lesquels on aliène des droits pour en acquérir d'autres, se fussent attachés au résultat total de l'opération pour savoir si elle rendait ou non la condition du mineur meilleure. Mais ils ne le faisaient pas. Pour s'obliger, pour aliéner, on déclarait le mineur incapable; pour acquérir, pour obliger autrui, il était capable. Et jamais l'on ne combinait ces éléments opposés pour régler sur leur résultat définitif la question de capacité relativement à l'acte entier.

Ce qu'on ne faisait pas à Rome, on le fit en France. — Sauf la transformation de la pupillarité et de la tutelle quant à leur durée, nous acceptons les idées romaines sur l'incapacité bornée au défaut d'assistance et au caractère onéreux des actes, sur la simple lésion motif de restitution, sur la *venia œtatis* ou émancipation donnant au mineur pouvoir d'administrer comme un majeur, enfin sur l'effet de l'omission des formalités. — Mais par notre manière d'unir et non de séparer les éléments opposés du contrat commutatif pour borner l'incapacité du mineur à une lésion venant de l'ensemble, nous arrivons à faire de la lésion la seule cause de plainte du mineur, à en faire l'unique fondement soit de l'action en nullité pour incapacité, soit de la demande en restitution ou rescision, si bien que la pratique absorbe la première dans la seconde et qu'il n'y a plus en fait d'autre recours pour le mineur que l'action en rescision pour lésion. Toutefois les prescriptions de formalités faites par les Coutumes et Ordonnances font naître encore pour lui des actions en *nullité* que la jurisprudence elle-même n'ose point méconnaître. — Ajoutons enfin à ce tableau les actes de pure administration qui, faits par le tuteur ou par le mineur émancipé, sont mis à l'abri de la rescision d'une façon plus générale encore qu'en droit romain.

Que verrons-nous maintenant se passer en 1804 ? — La Révolution a changé la forme de la *rescision* pour la rendre pareille à celle de l'*annulation*, si bien qu'il n'y a plus maintenant d'intérêt à distinguer l'une de l'autre, puisque la forme est la même depuis 1791, et le délai aussi en matière de minorité depuis 1560, et en toute matière (sauf la vente) dans le Code (article 1304). La cause seule de l'action pourrait varier; et nous avons vu que cette cause n'est plus à proprement parler que la lésion, à moins de vice de forme, et l'on n'appelle pas ainsi le défaut d'assistance ou de représentation par tuteur ou curateur. — Est-ce que le Code va remonter ce courant qui cherche à l'entraîner dans le sens du bien général, de la justice pour les mineurs et de la justice pour les tiers? Est-ce qu'il va repousser ce principe de droit naturel aussi bien que de droit romain qu'un mineur qui comprend peut faire sa condition meilleure? Est-ce qu'il va résister au sens large et simple que nos pères lui avaient donné? Est-ce qu'il va se mettre à considérer l'assistance ou la représentation par tuteur ou curateur, non plus comme un moyen de capacité, mais comme une formalité dont l'absence suffit sans lésion à vicier le contrat? Est-ce qu'il va dépouiller le tuteur du droit qu'il avait déjà de faire sans rescision possible les ates d'administration? — Voilà des questions dont chacune a reçu de quelqu'un une réponse affirmative. Et pourtant l'on ne peut contester que si le Code les eût ainsi résolues, non-seulement il eût été rebelle aux progrès non interrompus de la législation, mais encore il se fût montré pire dans son rigorisme que le droit romain le plus reculé, qui laissait le mineur capable des actes avantageux et mettait à l'abri de la réstitution dans l'intérêt général du mineur lui-même certains actes valablement faits d'administration. — Rien que cette pensée force de trouver dans le Code une autre œuvre et un autre esprit: Et c'est assurément bien facile avec les travaux préparatoires et le texte de la loi.

Il est sur les actes des mineurs certaines dispositions du Code dont l'interprétation trouve tout le monde d'accord. Tel est l'article 1314 d'où il résulte que l'aliénation d'immeubles ou le partage de succession fait *avec les formalités requises*, est *inattaquable même pour lésion*. Tel est l'art. 463 qui défend d'attaquer pour lésion l'acceptation valablement faite d'une donation offerte au mineur. Tel est l'art. 462 qui défend implicitement le recours pour lésion contre la répudiation régulière d'une hérédité. Tel est enfin l'art. 1309 qui porte la même défense pour les conventions matrimoniales régulièrement faites. — L'ancien droit permettait au contraire d'attaquer pour lésion même les actes faits en justice et avec les formalités requises : « Ces formalités, disaient nos vieux auteurs, n'ont été établies que pour mettre les mineurs à l'abri de » la lésion, et non pour les en rendre victimes[1]. » Et l'ancien droit sacrifiait les tiers, croyant mieux sauvegarder le mineur. Le Code raisonne autrement : il faut au mineur du crédit pour trouver avec qui contracter et pour tirer un prix plus élevé de la chaleur des enchères ; mais le crédit veut la sécurité : qu'on assure donc les tiers contre les suites d'une lésion, et tous viendront, et la lésion sera d'autant moins à craindre.

Si tel est l'esprit que manifeste un article, comment les autres seraient-ils pénétrés d'un esprit contraire? Non-seulement le Code n'est pas remonté en arrière, mais encore il est allé plus avant dans la voie restrictive de la rescision. Et l'on est en droit non-seulement de dire non aux questions que je posais plus haut, mais encore de résoudre affirmativement celles-ci. Le Code a-t-il voulu, trouvant quelques inconséquences dans l'ancienne pratique, les effacer dans le sens du progrès commencé et de la sécurité des tiers? En face d'une jurisprudence qui permet et impose la preuve d'une lésion, tant au mineur protégé par l'assistance du tuteur et par des formalités qu'au mineur qui a agi seul (mais sans vice de forme) ; en face d'une jurisprudence qui ne rassure pas plus les tiers dans un cas que dans l'autre, à moins d'actes de pure administration faits par le tuteur ou le mineur émancipé ; a-t-il voulu, lui qui repousse le mineur dans les cas précités des art. 1314, etc.; où l'ancien droit écoutait sa plainte et qui sont les plus graves, le repousser également dans tous les autres actes revêtus de formalités, ou dans les actes qui ne demandent que l'intervention du

---

1. Bourjon, *Droit commun de la France*, t. II, p. 587.

tuteur, actes journaliers et pour ainsi dire nécessaires, dont la plupart sont permis au mineur émancipé ? A-t-il voulu, lui qui, pour ne pas aller en arrière, devait n'attacher et n'attache en effet au simple défaut d'assistance qu'un recours pour lésion, faire que l'intervention du tuteur fût de quelque intérêt et rassurât au moins les tiers en liant les mains au mineur ? A-t-il voulu enfin détruire ainsi l'assimilation peu logique de l'ancien droit entre les actes du mineur seul et ceux du mineur assisté ou représenté ?

Oui, assurément; c'était là la mission du Code, et voici comment je résume ses dispositions :

1º Là où il y a des formalités prescrites, il y a, si elles sont -omises, acte annulable pour vice de forme et non pour lésion; et si elles sont observées, acte inattaquable même pour lésion [1].

2º Là où la loi exige simplement la présence du tuteur ou du curateur, il y a, si elle fait défaut, acte rescindable pour lésion; sinon, acte inattaquable [2].

3º Là enfin où la loi permet au mineur d'agir seul, il n'y a nul recours possible [3].

1. Quels sont ces actes ? — Pour le mineur en tutelle : emprunter, hypothéquer ou aliéner les immeubles, accepter ou répudier une succession, intenter une action immobilière ou y acquiescer, provoquer un partage définitif, transiger (art. 457-467); vendre les meubles corporels (art. 452) et les inscriptions de rentes sur l'État représentant au pair un capital supérieur à 1000 fr. (L. 24 mars 1806) (*Voy.* M. Demante, *Compte rendu analyt.*, II, nº 220 *bis*, II); vendre de même les actions de la Banque de France (Décret 25 sept. 1813). — Pour le mineur émancipé : emprunter, aliéner, en un mot agir en dehors de l'administration de ses biens (484).

Il est aussi des actes (compromettre, 83, 1004, Pr. donner) qui non-seulement exigent des formalités, mais sont formellement défendus même au tuteur, même au mineur émancipé, assisté de son curateur, et qui, pour le seul fait de la minorité, tombent toujours sous le coup d'une nullité.

2. Quels sont ces actes ? — Pour le mineur en tutelle : administrer (art. 450); interrompre la prescription; intenter les actions possessoires (arg. art. 1428); interjeter appel (Demante, C. anal., t. II, nº 225 *bis*, II); acquiescer en matière mobilière et intenter les actions mobilières (art. 464); défendre à toute espèce d'action (464); donner à bail les biens du mineur, sauf l'application des art. 1429 et 1430 quant à la durée des baux et aux époques de leur renouvellement (art. 1718); toucher les revenus et les capitaux dus au mineur, dont le tuteur fait lui-même l'emploi selon ce qu'il juge convenable (art. 455, 456, 1067); aliéner les meubles incorporels, sauf l'exception relative aux rentes sur l'État au-dessus de 1000 fr. et aux actions de la Banque de France. — Pour le mineur émancipé : intenter une action immobilière ou y défendre; recevoir et donner décharge d'un capital mobilier (art. 482).

3. Cela ne peut se dire que du mineur-émancipé, qui peut faire seul les actes d'administration (art. 481).

Il y a donc trois degrés de force pour les actes :

1° Actes annulables ou rescindables pour vice de forme;

2° Actes annulables ou rescindables pour lésion ;

3° Actes inattaquables [1].

Et dans ces trois lignes je ne parle pas *d'incapacité.* — Pourquoi? Parce que l'incapacité du mineur sorti de l'enfance étant bornée *à sa lésion, annulable pour incapacité* ne peut signifier autre chose pour lui qu'*annulable pour lésion.* Les progrès du droit suffisaient pour mener à cette idée, et l'on serait étonné de ne pas la trouver consacrée par les travaux préparatoires et par le texte de la loi. — Lisons :

« L'*incapacité* du mineur n'étant relative qu'à son *intérêt*, on
» n'a pas cru nécessaire d'employer la distinction entre les mi-
» neurs impubères et ceux qui ont passé l'âge de la puberté…. Il
» faudrait, si l'on voulait prononcer à raison de l'âge une incapa-
» cité absolue de contracter, fixer une époque de la vie : et com-
» ment discerner celle où on devrait présumer un défaut total
» d'intelligence [2]?

» Il résulte de l'*incapacité* du mineur non émancipé qu'il suffit
» qu'il éprouve *une lésion* pour que son action en rescision soit
» fondée. S'il n'était pas lésé, il n'aurait pas d'intérêt à se pourvoir;
» et la loi ne lui serait même pas préjudiciable si, sous prétexte
» *de l'incapacité, un contrat qui lui est avantageux pouvait être an-*
» *nulé.* Le résultat de son *incapacité* est de ne pouvoir *être lésé*, et
» non de ne pouvoir contracter. *Restituitur tanquam læsus, non*
» *tanquam minor* [3]. »

« Pour ce qui est des femmes mariées non autorisées et des
» interdits, ils n'auraient besoin que d'invoquer leur incapacité.
» A l'égard des mineurs, ces explications étaient nécessaires. Il

---

1. Il faut, bien entendu, mettre à part les actes d'un enfant incapable de consentement, lesquels sont, non pas *annulables*, mais *nuls* et *inexistants*. C'est aux juges à voir dans chaque espèce si l'acte peut rentrer dans cette classe.

Il faut aussi, bien qu'en principe le tuteur chez nous *représente* le mineur, regarder comme non opposables à ce dernier les actes faits par le tuteur sans son adhésion, quand ils concernent ses propres faits, son genre de vie, sa profession, par exemple : son remplacement militaire, sa propriété littéraire ou artistique, l'exercice d'une profession d'art.

2. Bigot-Préameneu, *Exp. des motifs*, Fenet, t XIII, p. 225 et 226.

3. *Exp. des motifs*, Fenet, t. XIII, p. 288.

» est bien vrai qu'en règle générale un mineur est déclaré inca-
» pable de contracter; mais un mineur peut être capable de dis-
» cernement; le lien de l'équité naturelle peut se trouver dans un
» contrat passé par le mineur. — Voilà pourquoi la loi a dû dis-
» tinguer.

» S'il s'agit d'un mineur non émancipé, la simple lésion donne
» lieu à la rescision en sa faveur. Il ne sera pas restitué comme
» mineur, il pourra l'être comme lésé.

» S'il s'agit d'un mineur émancipé, ou il a fait une convention
» qui rentre dans l'étendue de sa capacité, et alors il n'est pas
» restituable, même pour cause de lésion. Si la convention *excède*
» *les bornes de sa capacité*, il peut se prévaloir de la simple
» lésion [1]. »

« A l'égard des mineurs, toute lésion... donne lieu à la rescision
» en leur faveur contre toutes les conventions *qui excèdent les*
» *bornes de leur capacité* [2]. »

Je viens de suivre la loi partout où elle a passé. Avons-nous entendu assez de témoignages ?

Mais soumettons-la elle-même à l'examen : nous verrons qu'elle
est formelle en ce sens, que le Code s'accorde partout avec ce système qui n'accuse pas du tout dans la loi, comme le dit pourtant
M. Marcadé, l'un de ses partisans, « une incohérence d'idées vrai-
ment étrange ».

Article 1124 : « Les incapables de contracter sont : les mi-
» neurs, les interdits, les femmes mariées, dans les cas exprimés
» par la loi, et généralement tous ceux à qui la loi interdit certains
» contrats ».

Article 1125 : « Le mineur, l'interdit et la femme mariée ne peu-
» vent attaquer pour cause d'*incapacité* leurs engagements que
» *dans les cas prévus par la loi* ».

Deux textes qui ne veulent qu'affirmer l'incapacité de toutes ces
personnes, sauf limitation postérieure. Là le mineur sans doute est
appelé « incapable de contracter »; mais il ne peut « attaquer
pour cause d'incapacité ses engagements que dans les cas prévus
par la loi ». Qu'on attende donc; et s'il paraît plus tard que le

1. Joubert, *Communication officielle au Tribunat*, Fenet, t. XIII, p. 372.
2. Mouricault, *Disc. au Corps lég.*, Fenet, t. XIII, p. 438.

mineur ne peut attaquer ses engagements pour cause d'incapacité que lorsqu'il est lésé, qu'il est incapable de contracter seulement les contrats qui lui nuisent, on devra reconnaître que ces deux articles n'ont pas encore beaucoup compromis la loi.

Article 1305 : « La simple lésion donne lieu à la rescision en
» faveur du mineur non émancipé contre toutes sortes de con-
» ventions; et en faveur du mineur émancipé contre toutes con-
» ventions qui excèdent les bornes de sa capacité, ainsi qu'elle
» est déterminée au Titre *de la Minorité, de la Tutelle et de l'Eman-*
» *cipation* ».

Voilà un article qui dit bien clairement que l'acte du *mineur* est rescindable pour lésion et que celui du tuteur ne l'est pas du tout. Comment ne le dirait-il pas, puisque ses auteurs le disaient? Mais isolons-le.

La lésion fait rescinder « *toutes sortes* de conventions », dit-il. Mais en vain se prévaudrait-on de cette généralité pour l'appliquer aux conventions faites par le tuteur ou curateur. Car cette même généralité défendrait d'en exclure celles du mineur seul. Et aussi voyons-nous M. Demante arriver, dans sa 2e édition (T. II, nos 780 et suiv.), à appliquer l'art. 1305 *aux unes et aux autres*. Mais outre qu'un pareil système supposerait au Code, plus favorable que l'ancien droit au maintien des actes graves comme la vente d'immeubles, une tendance contraire pour les simples actes d'administration nécessaire faits par le tuteur, il lui prête encore bien d'autres inconséquences.

Ainsi la lésion ne fait rescinder pour l'émancipé que les conventions qui excèdent les bornes de sa capacité. C'est assez dire qu'elle ne fait rescinder ni celles qu'il peut faire seul (comme tout le monde l'avoue), ni celles qui, exigeant l'assistance du curateur, ont été faites avec lui, ni enfin celles qui émanent régulièrement du tuteur. Car comment dire que l'émancipé tout jeune encore sera plus capable dans sa sphère de capacité que le curateur dans la sienne? Comment dire surtout que les mêmes actes où l'émancipé agissant seul n'a aucun recours pour lésion, seront sujets à ce recours étant faits par le tuteur?

L'article 1305 signifie que la lésion est un vice là seulement où le mineur est sorti de sa capacité. « ..Contre toutes conventions qui

excèdent les bornes de sa capacité », dit-il pour l'émancipé. Et
s'il dit : « Contre toutes sortes de conventions » pour le mineur
non émancipé, c'est que, pour ce dernier, toutes (à condition
d'émaner de lui seul) excèdent les bornes de sa capacité. C'est
une généralité limitée par l'hypothèse où s'est placée la loi d'un
mineur *agissant seul*. Autrement, que faire ? Supprimer toute
limite ? Alors on assimile le mineur seul au tuteur, et l'on rend ce
dernier moins capable que l'émancipé ! — Limiter l'article aux
actes du tuteur ? On rend encore l'émancipé plus capable que lui ;
on va contre les travaux préparatoires, contre les progrès de l'ancien droit et du droit romain, en empêchant le mineur de faire sa
condition meilleure et le tuteur d'administrer librement. — Ce
qu'il faut faire le voici : voir dans ces mots « toutes sortes », une
preuve que la généralité de l'article porte sur le *genre* des actes,
non sur la personne de qui ils émanent, et que les actes de *tous
genres* sont rescindables pour lésion étant faits par le mineur *seul*,
parce qu'il n'est aucun d'entre eux qui, fait par le mineur seul,
n'excède sa capacité en cas de lésion.

Avec ce sens, qui est le plus naturel, la loi reflète parfaitement
le mot du tribun Mouricault : « A l'égard des mineurs, toute
lésion donne lieu à la rescision contre toutes les conventions *qui
excèdent les bornes de leur capacité* ». S'il en est qui ne les excèdent pas, ce sont celles que fait le tuteur. Où en trouver d'autres
pour le mineur non émancipé ? Ce mineur est capable par son tuteur de contracter en général, et il est capable seul de contracter à
son avantage. Les actes du tuteur échapperont donc seuls à la rescision pour lésion comme n'excédant pas les bornes de la capacité
des mineurs.

Voilà donc l'incapacité de contracter du mineur, déjà limitée, bien
entendu, au défaut d'intervention du tuteur ou curateur, limitée en
outre au cas de lésion. C'est ce que nous annonçaient et l'ancien
droit, et le langage des rédacteurs, et l'article 1125. L'article 1305
est conforme à cette pensée, parce qu'en parlant de rescision pour lésion il la donne quand on a excédé sa capacité, c'est-à-dire quand on
a agi seul. Et il est curieux de voir comment tous les textes qui font
partie de la même section se placent dans la même hypothèse. —
Il suffit de les lire ou de se reporter à l'énumération qu'en font les

auteurs. Mais j'en veux citer deux qui donnent à ma thèse un énorme appui : l'article 1307 qui parle de restitution alors qu'il suppose une déclaration de majorité impossible quand le tuteur paraît ; et l'article 1311 qui, parlant de l'engagement qu'*il* (le mineur) avait souscrit en minorité, puis ratifié en majorité, le déclare désormais inattaquable, *soit qu'il fût nul en la forme, soit qu'il fût seulement sujet à restitution*, indiquant par là qu'il n'y a contre l'acte émané du mineur d'autre recours qu'une nullité de forme ou une simple restitution.

Et maintenant, pour en finir avec cette thèse plus que démontrée, débarrassons-la d'objections puisées à d'autres parties du Code.

En voici une : L'article 2252 suspend les prescriptions en faveur des mineurs. Pourtant c'est le tuteur qui les a laissées courir. On annule donc le fait du tuteur ? — Je réponds : non, car ce qui manque ici, c'est précisément une intervention active du tuteur pouvant faire dire que le mineur a été représenté. — Est-ce que la prescription n'est pas une chose exceptionnelle, digne assurément d'une dérogation au droit commun ? Est-ce que la négligence n'y est pas certaine ? Est-ce que sans cela la loi l'eût admise ? Et ne fallait-il pas qu'un mineur incapable d'agir fût à l'abri des négligences de son tuteur. — Et si ces raisons ne sont pas bonnes, ne puis-je pas à mon tour citer bien des prescriptions ou des délais qui courent contre les mineurs ? Art. 1663, 1676, 2278, 444 Pr.

Autre objection : L'article 481 Pr. ouvre au mineur la requête civile, même contre un jugement rendu contre son tuteur : il suffit qu'il n'ait pas été valablement défendu, que la cause, par exemple, n'ait pas été communiquée au ministère public. Voilà donc le fait du tuteur annulé ! — Mais cela ne commande pas plus de restituer en général le mineur contre les faits réguliers de son tuteur que de restituer l'Etat, les communes et les établissements publics contre les actes de leurs administrateurs, puisque ces personnes morales ont aussi la requête civile pour les mêmes motifs.

Enfin on oppose l'article 509 : « L'interdit est assimilé au mineur » pour sa personne et pour ses biens : les lois sur la tutelle des » mineurs s'appliqueront à la tutelle des interdits. » C'est donc, dit-on, que le mineur pas plus que l'interdit n'a à prouver une lésion quand il a agi seul ! — Mais quelle manière d'entendre les

extes ! Repousser le sens que commande toute une section du Code,
t en prendre un autre sous prétexte qu'il peut s'accorder avec une
hrase éloignée des matières qu'on traite, phrase dont l'auteur n'y a
as songé et qui ne veut dire qu'une chose : c'est que l'interdit comme
e mineur reçoit un tuteur ! Doit-on s'étonner qu'on n'ait pas entendu
e même la capacité d'un mineur doué de raison et celle d'un in-
erdit en démence ? Qu'on relise les paroles, citées plus haut, de
aubert au Tribunat. Mineurs, interdits, femmes mariées, sont dé-
larés incapables. De quelle façon et dans quels cas ? La loi le dit
our l'interdit, puis pour la femme mariée, puis pour le mineur,
ans les articles 1305 et suivants combinés avec le titre de la
itelle. Et de cette combinaison résulte une incapacité toute spé-
iale, incapacité de faire *soi-même* des contrats *entachés de lésion*.

Qu'on n'objecte pas enfin que les engagements non lésionnaires
ais excessifs du mineur émancipé étant réductibles (art. 484
t 485), on serait fort injuste en exigeant du mineur non émancipé
ans les mêmes engagements la preuve d'une lésion qui ne s'y
ouve pas. — Non ; ce n'est pas injuste, car la lésion s'y trouve.
lle s'y trouve, car elle s'envisage pour les mineurs autrement que
our les majeurs. L'action en réduction pour excès n'est qu'une
ubdivision de l'action en rescision pour lésion des mineurs, et on
voulu en faire l'*unique* secours de l'*émancipé* contre les actes qu'il
eut faire seul. Pour les mineurs la *lésion* est le genre, et l'*excès*
espèce.

La jurisprudence a consacré le système que je viens de soutenir
ur l'effet des actes passés soit par le mineur seul, soit par le tuteur
u avec l'assistance du curateur, et pour lesquels la loi, sans exiger
e formalités, exigeait l'intervention de ce tuteur ou curateur [1].

Ne parlons plus maintenant de cette catégorie d'actes. Prenons
eux que la loi a entourés de formalités spéciales aux mineurs ; et
chevons de démontrer que pour eux l'action en rescision pour
ésion ne peut s'appliquer, et que j'ai fidèlement traduit la pensée

---

1. Paris, an X (S. 6, 2, 154). — Bruxelles, an XIII (S. 5, 2, 511). — Toulouse,
3 fév. 1830 (S. 31, 2, 314). — Colmar, 31 janv. 1826 (S. 26, 2, 213). — Cass.,
5 déc. 1832 (S. 33, 1, 687). — Cass., 17 août 1841 (S. 41, 1, 615). — Bastia, 26 mai
834 (S. 35, 2, 27). — Cass., 18 juin 1844 (S. 44, 1, 497).

du Code en disant dans la première des trois propositions qui résument toute ma doctrine : « Là où il y a des formalités prescrites, il y a, si elles sont omises, acte annulable *pour vice de formes* et non pour lésion, et si elles sont remplies acte *inattaquable* même pour lésion. »

— Supposons les formalités remplies, et prouvons que l'acte est inattaquable.

Pour s'en convaincre, il n'est besoin que de lire la loi, lorsqu'il s'agit de la vente d'immeubles, ou du partage de succession (art. 1314), ou de l'acceptation d'une donation (art. 463), ou des conventions matrimoniales (art. 1309). Là, en effet, elle prend soin, dans une disposition *ad hoc*, de proscrire la rescision pour lésion, en mettant le mineur sur le même pied qu'un majeur. Et cette disposition *ad hoc* met tout le monde d'accord.

Mais ceux qui exigent ainsi, outre la prescription des formalités, une disposition formelle pour mettre l'acte à l'abri de la rescision, en affranchissent aussi (bizarre inconséquence) la transaction *à cause de l'art.* 2052, et la répudiation de succession *à cause de l'art.* 462, beaucoup même l'acceptation de succession. — Inconséquence, ai-je dit ; car pour l'acceptation de succession la loi se borne à prescrire des formes sans rien dire de plus. Pour les transactions, l'art. 2052, en disant qu'elles « ne peuvent être attaquées » ni pour cause d'erreur de droit ni pour cause de lésion », n'a trait qu'aux majeurs. Et quant à l'art. 463, sans doute il soustrait implicitement la répudiation régulière à la rescision, car il permet d'accepter au nom du mineur la succession répudiée quand nul autre encore ne l'a prise, ce qui serait inutile à dire, s'il suffisait de prouver qu'il y a lésion, c'est-à-dire que la succession est bonne. Mais était-ce le but de cet article d'exclure la rescision pour cause de lésion ? Evidemment non : il tient un langage qui n'est qu'une conséquence de cette exclusion et qui implique seulement qu'elle est dans la pensée du Code.

Et qu'est-il besoin en effet des assurances formelles de la loi pour soustraire à la rescision, et la transaction, et l'acceptation, et la répudiation régulièrement faites ? et pour y soustraire encore tous les autres actes, comme l'hypothèque, l'emprunt, l'acquiescement qu'on a, selon le vœu de la loi, entourés de formalités pro-

ectrices ? Le silence du Code ?... Mais peut-on s'en prévaloir contre
es actes réguliers, alors qu'on a vu et les textes et les travaux préparatoires ne donner la rescision pour lésion qu'au mineur *qui a
excédé les bornes de sa capacité*, et la refuser, par conséquent, soit
au mineur émancipé qui a fait seul ce qu'il pouvait faire seul, et
avec son curateur ce qui demandait son assistance, soit au mineur
en tutelle dont le tuteur a agi seul dans la limite de ses pouvoirs ?
Est-ce que le mineur l'a outrepassée, cette capacité, quand un emprunt a été régulièrement fait en son nom ? Car tout se tient dans
ma doctrine. Forcé plus haut de soustraire à tout recours les actes
du tuteur exempts de formes, sous peine d'aller contre le texte et
contre les travaux préparatoires et contre l'ancien droit lui-même,
qui pourtant armait le mineur là où le Code le désarme, — je suis
contraint par des raisons encore plus puissantes d'y soustraire ceux
que je trouve sous l'abri des formalités. — Qu'on réfléchisse en
effet que pour les y soumettre on n'a que l'argument *a contrario*
tiré des art. 1314, 1309, 463 : on verra que cette ressource est le
masque de l'impuissance. Argumenter *a contrario* de ces articles !
Mais ils étaient inutiles ! Ils sont dans le Code une redondance !
et l'action rescisoire pour lésion, déjà bornée par l'ensemble du
Code au cas de capacité transgressée, n'avait nul besoin d'être spécialement refusée en cas de ventes régulières d'immeubles ! A un
pareil *a contrario* j'oppose deux *a fortiori* qui resserrent l'esprit
dans un dilemme absolument sans issue : — ou bien le Code refuse
d'autant plus la rescision que l'acte est moins grave, et j'argumente
alors *a fortiori* de la vente d'immeubles pour la refuser en cas
d'emprunt, d'hypothèque, etc... — ou bien le Code la refuse
d'autant plus que l'acte est plus grave, et alors j'argumente *a fortiori* des baux faits par le tuteur, pour la refuser en cas d'emprunt
d'hypothèque, d'acquiescement.

On ne peut sortir de là. Et l'on est bien forcé, dès lors, d'avouer
que si le Code s'est donné la peine de prévoir et de soustraire à
l'action en rescision la vente d'immeubles et le partage (et il ne l'a
fait que grâce à un amendement introduit dans le cours de la discussion), c'est uniquement pour proclamer, au sujet d'actes plus
douteux en raison de leur gravité plus grande, son retour sur l'ancienne jurisprudence, retour qui allait de soi et se trouvait impli-

citement contenu dans le projet, malgré l'absence de l'art. 1314. — C'est ee qui ressort du langage des rédacteurs, langage applicable partout où il y a des formalités prescrites. « On a voulu par » ces formalités mettre le mineur dans la possibilité de contracter, » et non le placer dans une position moins favorable que le ma- » jeur [1]. » — « Il était convenable de rassurer pleinement ceux » qui traiteraient avec des mineurs en suivant les formalités » prescrites, à cause de cette idée, si invétérée, et qui s'est sou- » vent réalisée, qu'il n'y avait pas de sûreté à traiter avec les mi- » neurs... Il fallait souvent des demi-siècles pour savoir si une » affaire traitée avec un mineur pouvait être regardée comme » absolument consommée. L'intérêt des mineurs, celui des fa- » milles, le respect dû à la morale publique, exigeaient que la » personne et les biens des mineurs fussent environnés de toute la » protection de la loi. Mais, enfin, on est souvent forcé de traiter » avec les mineurs, et des mineurs ont souvent besoin qu'on traite » avec eux; il faut donc que l'intérêt des tiers soit garanti lorsque » les tiers ont suivi les formes prescrites par la loi [2]. »

Impossible de mieux critiquer la doctrine que je combats. Impossible aussi d'en mieux faire ressortir les effets désastreux pour les mineurs comme pour l'État qu'en renvoyant aux lignes courtes, mais pleines de sagesse, écrites à ce propos par M. Demolombe [3], lignes qui parlent surtout de l'administration du tuteur, mais qui, dans la pensée de l'illustre auteur, et par les lois de la logique, se généralisent et embrassent tout acte régulier.

— Sommes-nous sorti de la controverse? Non. La voici qui reparaît en cas d'irrégularité dans les formes. J'ai dit, et je maintiens dans les termes les plus généraux, que cette irrégularité donne au mineur une action en nullité qui n'exige la preuve d'aucune lésion. Or, il en est qui, pensant cela lorsque l'acte irrégulier émane du tuteur, pensent autrement lorsqu'il émane du mineur, et ne donnent, en ce dernier cas, qu'une action rescisoire pour lésion.

Comment raisonne-t-on dans ce système professé par Merlin [4],

1. Bigot-Préameneu, *Exposé des motifs*.
2. Joubert, *Rapport au Tribunat*.
3. Minorité, II, n° 822, 2° (p. 613).
4. Répert., v° *Mineurs;* Quest. de droit, v° *Hypothèques*, § 4, n° 3. On peut encore citer Marbeau, *Transact.*, n° 42.

et appuyé d'un arrêt de la Cour de cassation du 30 mai 1814 [1] ?
Que le tuteur agisse irrégulièrement, dit-on : il excède ses pouvoirs, il sort de son mandat, et le mineur est comme un mandant
qui n'a rien à voir dans les engagements pris par le mandataire
hors de son mandat (art. 1997, 1998). Quelques-uns même [2] le
dispensent alors d'agir en nullité dans le délai de dix ans, dispense
que je lui refuse, le tuteur représentant trop bien le mineur, et la
maxime *Factum tutoris factum pupilli* étant trop absolue et trop
générale, surtout dans notre droit, pour qu'on puisse appeler la
vente, même irrégulière, d'un bien de mineur une vente de la
chose d'autrui [3]. — Mais quand c'est le mineur qui a vendu ses
biens, voici les raisons qu'on donne pour exiger qu'il prouve une
lésion : il faut cette preuve contre *toutes conventions qui excèdent
les bornes de la capacité du mineur* : l'art. 1305 le dit formellement
pour l'émancipé, implicitement pour le mineur en tutelle. Or, la
vente irrégulière, plus que tout autre acte, fait partie de ces conventions.

Mais qu'est-ce que cela prouve? C'est que si la vente d'immeuble
faite par le mineur n'était l'objet d'aucun autre article, elle verrait
tout au moins s'élever contre elle l'art. 1305, et tomberait en cas
de lésion. Mais quand d'autres textes viennent faire plus et exiger
pour cette vente, outre la présence du tuteur, des formalités protectrices, il faut dire qu'il y a plus pour l'attaquer qu'une action
pour lésion, qu'il y a une action pour vice de formes.

On se prévaut encore de la façon dont s'exprime la loi, quand elle
prescrit des formalités, mettant toujours le *tuteur* en avant, jamais
le *mineur*. — Mais il serait étrange qu'elle eût parlé autrement.

---

1. Sirey, 14, 1, 201.
2. Duranton, XII, 528.
3. Il est vrai que, dans une *Étude sur la chose d'autrui*, page 230, j'ai émis
l'opinion contraire et frappé d'une nullité perpétuelle et absolue, comme émané
d'un tiers sans mandat, l'acte accompli par le tuteur en violation des prescriptions
ou des prohibitions de la loi, qui me semblait ne limiter la validité des actes qu'en
imitant le mandat lui-même. — Mais, en étudiant de nouveau sur ce point les
traditions que le Code a évidemment voulu continuer, cette analyse, si logique
qu'elle soit, des actes et des pouvoirs du tuteur, m'a paru n'être jamais entrée
dans l'esprit de notre législateur : pas plus en 1804 qu'auparavant, il ne s'est
départi de cette idée, que le fait du tuteur est le fait du pupille représenté par
lui, d'où cette conséquence que son accomplissement en violation d'une formalité
ou d'une défense de la loi ne peut constituer pour lui que le vice de forme ou
l'incapacité, c'est-à-dire un motif d'annulabilité.

Car les formalités doivent, dans son esprit, *s'ajouter* à la représentation par tuteur, et non la *remplacer ;* et s'il en est ainsi, c'est justement une preuve qu'aimant mieux, même sous l'abri des formalités, se fier au tuteur qu'à son pupille, elle doit s'alarmer davantage, en cas d'omission de ces formes, d'un acte émané du pupille lui-même.

Enfin, on creuse les motifs qui ont fait donner au mineur capacité jusqu'à la lésion, motifs qu'on trouve dans le discernement que manifeste assez l'utilité de l'opération, dans le lien d'équité naturelle, lien d'honneur et de morale qui défend au mineur d'aller sans intérêt contre la parole donnée, et à la loi de subordonner à un pur caprice la tranquillité des tiers et la stabilité d'une propriété acquise. Ces motifs, dit-on, perdent-ils pour tel acte de mineur la force qu'ils ont pour tel autre ? — Je réponds qu'ils la perdent là où s'élève un motif contraire, là où la loi, voulant empêcher le mineur d'exposer ses intérêts sans l'aveu de ses parents, sans l'approbation des juges, établit une défense qui n'admet pas d'infraction, et qui n'altère en rien son crédit, puisque d'une simple forme dépend la sécurité. Je réponds qu'en *prescrivant*, la loi ne *conseille* pas ; qu'en punissant la violation de ses ordres, elle ne fait que tenir parole et se respecter elle-même ; que réprimer est le meilleur moyen de prévenir, et que c'eût été manquer le but qu'ouvrir une porte à la désobéissance, en permettant à un mineur de vendre ses biens sans les lumières de personne et sans autre frein à l'avidité des tiers que la menace d'un recours pour lésion, comme quand il s'agit de passer un bail. La loi, pour cette vente, veut n'avoir pas à réparer de lésion ; il lui faut alors la prévenir, et, pour cela, elle exige des formes qui procurent toute sûreté, mais qui ne pourront jamais être omises sans que l'acheteur en paraisse coupable, et que la vente soit annulée sur la demande du mineur. Qui ne connaît la puissance de la particule négative placée devant le mot *peut ?* Qui peut exiger de la loi, à chaque prescription, à chaque prohibition (surtout quand elle n'y attache nulle peine différente de la nullité), la répétition fastidieuse d'une clause irritante ? Il faut restreindre aux matières de procédure l'application du principe contraire posé dans l'article 1030, C. Pr. Mais aux prescriptions et prohibitions de forme ou de fond que l'on trouve dans la loi civile, il faut appliquer la loi 5, C. *De legibus*, ainsi conçue : « *Quæ lege fieri prohibentur, si* » *fuerint facta, non solum inutilia sed pro infectis etiam habeantur,* » *licet legislator fieri prohibuerit tantum nec specialiter dixerit,* » *inutile esse debere quod factum est* », en observant toutefois que la nullité radicale, absolue et perpétuelle des Romains, se trouve ordinairement remplacée chez nous par une action en nullité relative et prescriptible, à moins de formes solennelles et d'essence pour le contrat.

Voilà où est le principe de la nullité qui nous occupe. Qu'on ajoute, si l'on veut, à ce motif l'excès de pouvoir du tuteur, quand c'est lui qui a omis les formalités. Mais qu'on n'en fasse qu'un motif accessoire, et qu'on n'aille pas s'émouvoir des mécomptes réservés aux tiers, lorsqu'au lieu de traiter régulièrement avec le tuteur, ils se sont adressés au mineur lui-même. Ce serait aller contre un *a fortiori*, et voir dans le Code une distinction qui, d'ailleurs, n'existait ni en droit romain ni dans l'ancienne jurisprudence, comme on a pu s'en convaincre au chapitre précédent, et comme ceci achève de le prouver.

II. — Tout ce qui précède nous permet de distinguer maintenant l'*objet* de l'action en nullité ou en rescision, dont la *cause* est la lésion. Complétons seulement les notions que nous avons tant sur la *cause* que sur l'*objet* de cette action.

La *cause* d'action qui, seule, rentre dans mon sujet, c'est la *lésion*. Ici, elle se combine avec la *minorité*. — Et comme il ne sort aucune lésion d'un acte méconnu par le droit, je dois négliger l'action en nullité pour vice de formes, et je devrais négliger l'action en nullité pour incapacité de mineur, s'il y en avait une pour lui comme pour l'interdit et la femme mariée. C'est une conséquence de principes déjà connus.

Je n'ai, d'ailleurs, qu'à renvoyer aux règles du droit romain, suivies avant le Code, aussi bien pour la manière d'apprécier la lésion que pour celle de compter la minorité *de momento ad momentum*, en regardant comme un seul jour le 28 et le 29 février.

Qu'il y ait abandon d'un droit acquis ou omission d'en acquérir un qui s'ouvrait pour lui, le mineur est lésé et restituable.

Une lésion qui résulte d'un événement casuel et imprévu n'est pas une cause de restitution. Le Code, comme le droit romain, ne corrige qu'une lésion qui tient au contrat, qui lui est contemporaine, ou tout au moins qui, pouvant être prévue alors, est imputable à la légèreté, à l'inexpérience du mineur.

Comme le droit romain enfin, il restitue le mineur qui, grâce à un paiement dénué des sûretés légales, a dissipé la somme reçue.

Mais que faut-il penser de la lésion dite *d'affection*, qui n'est, comme dit Merlin, que la perte d'une valeur arbitraire que l'affection fait attacher à certains biens, lésion qui motivait à Rome une restitution, comme le prouve la loi 35, *De min.*, et que Merlin [1] affirme être aussi dans le Code une cause de rescision ? La théorie de Merlin, faut-il la rejeter absolument, comme le font certains auteurs ? S'il y avait lieu de la discuter, je me bornerais à conseiller aux juges de ne l'admettre qu'avec une extrême prudence, en s'attachant aux circonstances et au degré d'intérêt que leur inspire l'acheteur. Mais comme il y a des formalités prescrites pour la vente, soit des immeubles (art. 1314), soit même du mobilier corporel (art. 452) (seuls biens qui puissent donner prise à une lésion d'affection), il n'y a pas lieu ici de s'occuper de *lésion*, et la théorie de Merlin, sans être absolument fausse, manque seulement d'intérêt pratique.

Laissons maintenant la cause de l'action, et prenons son *objet*. Elle n'en peut avoir d'autre que les actes passés par le mineur seul et qui exigeaient (sans rien exiger de plus) la représentation par tuteur ou l'assistance du curateur. Hors de là, il y a ou acte inattaquable comme étant régulier et fait en pleine capacité, ou acte annulable pour vice de forme.

Quant aux prescriptions et aux délais préfix, ils échappent à toute rescision pour lésion. Car, ou bien la minorité les suspend *de plein droit* (art. 2252), ou bien elle y est une circonstance indifférente (art. 1663, 1676, 2278, 444 Pr.), le mineur n'ayant qu'un recours

1. Répert., v° *Lésion*, 83.

contre son tuteur [1]. — L'ancien droit suspendait de même la prescription, excepté en certains cas, tels que la péremption d'instance, le décret et le retrait lignager [2].

— Avant de voir s'il ne faut pas soustraire à la restitution quelques actes qui de droit commun devraient y donner lieu, voyons si les règles générales déjà connues, ou bien à leur défaut un texte spécial du Code, ne la rendent pas *superflue* en ce qui touche le *paiement*, acte dont je n'ai pas encore eu l'occasion de parler.

On pourrait le prétendre en s'appuyant sur l'article 1238 : « Pour » payer *valablement*, il faut être propriétaire de la chose donnée en » paiement et *capable de l'aliéner*. » — Mais ce serait une erreur dans la plupart des cas ; et je dis *dans la plupart*, car il peut se faire, à mon avis, qu'un paiement fait par le mineur soit nul, indépendamment de toute lésion.

La formule de l'article embrasse : 1º le paiement fait *a non domino ;* 2º le paiement fait par le propriétaire en état d'incapacité.

Ordinairement le mineur est incapable, non de payer, mais de se léser par paiement. Il faut en effet contrôler les termes de la loi par son esprit. Or il est incontestable que si l'article 1238 a subordonné la validité du paiement à la capacité d'aliéner la chose qui en fait l'objet, c'est uniquement par une suite de cette idée inexacte que tout paiement est un acte d'aliénation, idée qui inspirait les rédacteurs de notre article, ainsi que le prouvent ces paroles de Bigot-Préameneu dans l'exposé des motifs : « le paiement est un transport de propriété [3]. « Idée inexacte, dis-je, car l'obligation de donner un corps certain étant à elle seule translative de propriété, ce n'est pas le paiement de ce corps certain qui forme l'aliénation ;

---

1. Il y aurait pourtant à remarquer, si la prescription *conventionnelle* (le terme du réméré, par exemple) pouvait être stipulée sans formalités de justice, que cette stipulation émanant du mineur (non de son auteur) serait rescindable en cas de disproportion avec l'équivalent reçu. Mais pour une stipulation semblable il faut toujours des formalités de justice. En effet, qu'on suppose la stipulation faite dans le contrat de vente : elle n'est pas plus attaquable que le contrat même, les formes étant accomplies. Et si on suppose au contraire une abréviation du délai consentie après coup par le mineur seul, il faut la déclarer nulle pour vice de formes, car c'est un mode indirect d'aliénation de l'immeuble, que la loi n'a pas songé à prévoir sans doute, mais qui rentre sous les mêmes prescriptions que la vente elle-même.

2. La Pereire, nº 68.

3. Locré, t. XII, p. 365, nº 116.

il n'en est que le complément et l'exécution. D'où il suit que, pour tout paiement de ce genre le mineur est capable sauf lésion, parce que tel est l'esprit de la loi.

Mais prenons même les hypothèses où le paiement est translatif ; par exemple : l'objet à payer est un genre ; ou bien le paiement s'opère au moyen de la livraison d'une chose différente de celle qui fait la matière de l'obligation (en d'autres termes, c'est une dation en paiement). Je n'admets la nullité indépendante de la lésion que dans le second cas, et pourvu qu'il s'y agisse d'une dation *d'immeuble* en paiement d'une dette quelconque. Pourquoi est-ce nul en ce cas? parce qu'il y a alors une *aliénation d'immeubles* en dehors des formalités requises : à vrai dire, c'est une vente que cette opération ; ou tout au moins c'est un échange et l'échange, lui aussi, est une aliénation. Le mineur direz-vous, n'avait pas d'argent pour payer ses dettes? Eh bien ! il fallait en trouver en faisant vendre un immeuble avec toutes les formalités légales [1].

Mais quand il s'agit de payer un genre, par exemple de l'argent, bien qu'il y ait là une aliénation de cet argent, il y a une aliénation dont le mineur est parfaitement capable, sauf lésion, bien entendu. Car qui nous dira quelles formalités la loi ajoute à la représentation par tuteur, lorsqu'il s'agit d'aliéner l'argent (à titre onéreux et en échange d'une libération, car pour le *donner* il y a prohibition absolue)? Sont-ce les enchères prescrites par l'article 452 pour la vente des immeubles, qui peuvent s'appliquer au paiement? Le paiement de ses dettes n'est-il pas au premier chef un acte d'administration? et ne doit-on pas dire que si un tuteur a payé au nom du mineur, ce dernier est lié comme un majeur et ne peut répéter que s'il y a eu paiement de l'indû, que si au contraire c'est le mineur lui-même qui a payé, il a seulement (comme dans le cas de paiement non translatif), outre la répétition de l'indû, s'il y a lieu, l'action en rescision, *s'il est lésé?*

Mais il y a ici une curieuse remarque à faire : c'est que, s'il y a eu erreur de la part du mineur, il n'arrivera guère que sa lésion n'équi-

---

1. Je ne parle pas ici de la livraison d'un immeuble vendu avec clause reculant jusqu'à cette livraison le transport de propriété. Car la vente qui contiendrait cette clause devrait évidemment, pour être valable, se faire aux enchères sur l'autorisation du conseil de famille et l'homologation du tribunal.

vale pas au paiement de l'indû. Car on peut répéter si, même étant majeur, on a payé par erreur une dette nulle ou prescrite, ou si, débiteur d'un genre, on a livré par erreur une chose de la meilleure espèce, ou si, débiteur d'une obligation alternative, facultative, conditionnelle ou à terme, on a payé se croyant débiteur pur et simple. — Si c'est sans erreur qu'on a fait tout cela, majeur on ne peut répéter, mineur on peut agir comme lésé. Et encore le paiement fait sciemment d'une dette nulle ou éteinte, par exemple, peut être regardé comme donation et annulé quoique émanant du tuteur.

Quant au paiement d'une obligation *annulable :* — fait *par erreur*, même en majorité, il ne ratifie rien et n'empêche pas de faire annuler la dette pour répéter ensuite; — *fait sciemment*, il lierait un majeur, mais ne peut lier un mineur que s'il a été fait par le tuteur et avec les mêmes formes protectrices au milieu desquelles l'obligation devait naître pour être valable.

— Est-ce assez parlé du paiement? Non; il faut en parler encore. Et c'est par une nouvelle question relative à cet acte que je vais commencer l'étude des cas où la rescision pour lésion est non pas superflue, mais *exceptionnellement* refusée.

L'article 1238 dit dans un second alinéa : « néanmoins le paie- » ment d'une somme en argent ou autre chose qui se consomme » par l'usage ne peut être répété contre le créancier qui l'a con- » sommée de bonne foi, quoique le paiement en ait été fait par » celui qui n'était pas propriétaire ou qui n'était pas capable de » l'aliéner. »

Ainsi, quand le créancier a consommé de bonne foi la chose payée, on refuse au propriétaire étranger au paiement le droit de la réclamer, ce qui se comprend, puisque le paiement *à non domino* étant nul a laissé la chose à ses risques, — et l'on refuse à l'incapable le droit d'attaquer le paiement pour cause d'incapacité [1], ce qui se comprend encore et ne fait aucun tort à l'incapable, parceque la chose consommée de bonne foi est regardée comme perdue par cas fortuit, et que faire annuler le paiement serait, de la part de l'incapable, attirer sur lui les conséquences de ce cas fortuit en

---

1. Pour cause de *lésion*, doit-on dire quand c'est d'un mineur qu'il s'agit?

reprenant rétroactivement la propriété et les risques. — Telle est la pensée de l'article : il a voulu évidemment parler comme d'un cas fortuit du cas où la chose a été consommée d'une façon normale et régulière et de bonne foi. On ne peut le contester sans se lancer dans le vague à la recherche d'une interprétation que l'on ne trouvera jamais.

C'est ainsi pourtant que plusieurs auteurs, Duranton[1], Mourlon[2], ont proposé sur ce point des idées inadmissibles, afin de justifier la loi, soit d'une prétendue injustice, soit d'une prétendue contradiction.

La loi, dit-on, serait injuste ainsi entendue, parce qu'on ne peut permettre à un créancier, sous prétexte qu'il a consommé de bonne foi, de faire un gain aux dépens de son débiteur dont il a eu tort d'ignorer l'incapacité. — Mais si la chose a été réellement consommée, puis-je répondre, c'est qu'il n'existe à l'heure qu'il est aucun gain dans le patrimoine du créancier ! *Consommer*, c'est détruire afin de pouvoir user ; c'est aliéner sans autre équivalent que la satisfaction d'un besoin qui se renouvelle, équivalent qui ne figure pas dans le patrimoine ; de telle façon que s'il s'agit d'argent, on ne pourra pas le dire consommé, s'il a servi à l'achat d'un objet meuble ou immeuble qui le représente. J'ajoute qu'on ne peut faire un crime au créancier de l'ignorance où il était de l'incapacité du débiteur ; car s'il n'y avait pas des raisons capables de la causer, ne pourrait-on pas dire alors que le créancier a connu l'incapacité du débiteur, ou qu'au moins il s'en est douté ? Mais alors il est de mauvaise foi, et l'article ne s'applique plus !

On reproche encore à cette interprétation toute naturelle de l'art. 1238 de rendre la loi contradictoire, et voici comment : L'article 1379 permet la *condictio indebiti* du moment que la chose est perdue ou détériorée *par la faute* du créancier payé. La bonne foi ne suffit pas pour protéger ce dernier : il faut l'absence de faute. Comment donc, en face d'un mineur faible d'esprit et sans expérience, qui s'est lésé voulant éteindre une dette, a-t-elle pu se contenter, pour le repousser, de la simple bonne foi du créancier,

1. Duranton, XII, 29.
2. Mourlon, répét. écrites, t. II, n° 1328, *à la note*.

sans s'inquiéter s'il a consommé par sa faute ? — Pour répondre à
cette objection, je pourrais me contenter de dire avec Marcadé
(sur l'art. 1379, II) qu'en supposant la faute du créancier, l'article 1379 suppose nécessairement sa mauvaise foi, parce qu'on ne
peut regarder comme *en faute* vis-à-vis de quelqu'un celui qui n'a
laissé périr la chose que la croyant sienne et pensant n'en devoir
jamais compte à personne.

Mais j'ai encore deux raisons à donner pour concilier les articles 1379 et 1238.

La première, c'est que quand même l'art. 1379 parlerait d'une
faute indépendante de la mauvaise foi, on pourrait l'attribuer au
lien du quasi-contrat qu'on appelle *paiement de l'indù*, lien reconnu par la loi et capable de soumettre le créancier à une responsabilité plus étroite. Ce lien, il existerait également avec les
mêmes conséquences au profit du mineur, lorsqu'il a entre ses
mains la *condictio indebiti*, c'est-à-dire quand sa lésion remonte à
une erreur de sa part. Mais s'il n'y a pas cela, s'il n'y a qu'une
simple action en nullité ou en rescision, le créancier qui en ignore
l'existence peut bien n'encourir qu'une responsabilité ordinaire,
laquelle n'embrasse point du tout la négligence apportée sur une
chose qu'on croit sienne.

La seconde, et elle serait péremptoire à défaut des autres, c'est que
l'art. 1379, parlant d'une chose perdue ou détériorée par la faute
du créancier, n'a point spécialement prévu, comme l'art. 1238, une
chose qui se consomme par le premier usage qu'on en fait, chose
par conséquent dont la consommation est un usage régulier, non
une faute.

Aussi n'est-il besoin d'aller chercher aucune autre interprétation de l'art. 1238 que celle-ci : le créancier qui a consommé de
bonne foi la chose de consommation donnée en paiement est à
l'abri de l'action fondée sur l'incapacité et sur la lésion ;

Ni d'en chercher un autre motif que l'équité, laquelle « ne per-
» met pas que ce créancier puisse être inquiété [1] » ;

Ni de dire avec M. Duranton [2] que le mineur peut répéter dans le

---

1. Bigot-Préamencu, exposé des motifs du titre III du livre III.
2. Duranton, XII, n° 29.

cas de l'article, excepté s'il n'est pas lésé, ce qui équivaudrait à ne le repousser jamais, car il est toujours lésé quand on l'admet à attaquer le paiement;

Ni enfin de dire avec Mourlon [1] que « peut-être la loi a en-
» tendu exclure seulement la revendication, d'après la règle *res*
» *extinctæ vindicari non possunt*, laissant au mineur une action
» personnelle que lui donne l'art. 1382 pour obtenir réparation du
» préjudice que le créancier lui cause en consommant la chose
» sujette à répétition »; — car une pareille distinction se fût assurément traduite dans la loi par le mot *revendiquer* qui ne s'y
trouve point, au lieu du mot *répéter* qui s'y trouve. Et ce serait, je
le répète, violer l'équité, qui place en dehors de l'art. 1382
l'homme qui se croit propriétaire, et refuse à ses actes, si fâcheux
qu'ils soient, surtout sur des choses de consommation, le nom de
faute vis-à-vis d'autrui.

— Laissons là le paiement. Nous l'avons vu tantôt inattaquable,
tantôt sujet à une *condictio indebiti* ou à une action en nullité ou en
rescision pour lésion au profit du mineur, tantôt soustrait exceptionnellement à cette action une fois ouverte, parce qu'il porte sur
une chose de consommation consommée de bonne foi. Voyons
d'autres actes de mineurs échappant à cette même action par dérogation au droit commun.

— « Le mineur commerçant, banquier ou artisan, n'est pas res-
» tituable contre les engagements qu'il a pris à raison de son
» commerce ou de son art » (art. 1307). — Le mineur peut être
commerçant grâce aux formalités de l'art. 2 C. Com., s'il a 18 ans
et est émancipé.

L'art. 6 de l'ordonnance de 1673 disait de même : « Tous né-
» gociants et marchands en gros et en détail, comme aussi les
» banquiers, seront réputés majeurs pour le fait de leur com-
» merce et banque, sans qu'ils puissent être restitués sous prétexte
» de minorité »; et l'art. 3 permettait d'être commerçant à vingt
ans.

— Le mineur n'est pas non plus restituable : — soit contre
le défaut d'acceptation ou de transcription des donations (ar-

1. Mourlon, *loco supra cit.*

ticle 942) ; — soit contre l'inexécution des règles prescrites au grevé de substitution (art. 1074), sauf son recours contre son tuteur s'il y échet.

De même, l'ancien droit refusait la restitution contre le défaut d'acceptation ou d'insinuation des donations (art. 6, 7 et 14 de l'ord. de 1731), et contre le défaut d'insinuation et de publication des substitutions (art. 32 de l'ord. de 174)[1].

— Les délits, les quasi-délits, voilà aussi une matière qui exclut comme en droit romain, comme dans l'ancienne jurisprudence, toute idée de restitution (art. 1310). Il faut pourtant que le mineur ait su ce qu'il faisait. Tant au point de vue de la poursuite criminelle que de la poursuite civile, il faut volonté ou imprudence ; mais il est un âge, par exemple, où la prudence nous étonnerait, et où l'on ne peut qu'imputer aux gardiens naturels de l'enfant leur défaut de surveillance. C'est une affaire d'appréciation.

Une faute commise dans la gestion spontanée des affaires d'autrui est un quasi-délit qui oblige le mineur sans recours possible.

Mais quand le mineur est uni à autrui par le lien d'un contrat, s'il est, je suppose, dépositaire, il sera sans doute tenu de son délit, s'il dissipe la somme, ou endommage l'objet déposé, etc.... Mais une faute purement contractuelle, qui n'est faute qu'à cause du lien contracté, cela ne peut pas s'appeler un délit ni un quasi-délit, et le mineur n'en sera pas tenu.

— Aux délits et quasi-délits il faut se garder d'assimiler les quasi-contrats. S'il le fallait, l'art. 1310 l'aurait fait ; et il fournit au contraire un argument *a contrario* pour les déclarer, comme les contrats, rescindables pour lésion, bien que les textes, prévoyant le *quod plerumque fit*, n'emploient que le mot *contracter*. Il

---

1. Il la refusait encore : contre le défaut d'opposition au sceau des provisions d'un office, ou au sceau des lettres de ratification, ou au décret des immeubles d'un débiteur du mineur, décret qui purge l'hypothèque de ce mineur, pourvu toutefois que son droit soit ouvert à l'époque où se poursuit ce décret. — On exceptait encore l'engagement qu'a pris le mineur comme caution judiciaire pour tirer son père de prison. Mais le motif ici est l'absence présumée de lésion ; et ce motif exclurait encore dans notre droit la restitution. Il en est de même pour les dons rémunératoires, cadeaux, etc... faits avec modération.

est du reste certains quasi-contrats dont la naissance doit être entourée de formalités, comme l'acceptation et la répudiation de successions. Ceux-là sont annulables pour vice de forme ou complétement inébranlables, sauf l'art. 462 qui permet au mineur d'être relevé d'une renonciation régulière, sauf les droits des tiers.

A l'inverse, un quasi-contrat né sans formalités suivant le vœu de la loi peut lier irrévocablement le mineur. Tel est celui de gestion d'affaires, lorsque c'est le mineur qui joue le rôle de *dominus* étranger à la gestion. Comment parler alors d'un recours dont le fondement serait l'inexpérience et la légèreté naturelle de l'adolescence ? Si l'affaire du mineur a été bien administrée, il n'y a pas de lésion, et il est tenu comme un majeur, sans pouvoir invoquer les cas fortuits survenus ensuite [1]. Que si la gestion a été mauvaise, qu'est-il besoin de le faire effacer ! Toutes le actions qu'elle engendre se tournent au profit du mineur !

— Aux délits se rattache le dol. Et le dol du mineur fut toujours en France, comme à Rome, un obstacle à sa restitution. Mais notre droit sur ce point se montre plus réservé que celui de Rome. On exige la preuve des manœuvres frauduleuses. Et, par exemple, en ce qui touche l'erreur de l'adversaire sur l'âge du mineur, il faut qu'elle ait été causée par quelque manœuvre avérée. Elle n'est pas suffisamment attestée par une simple clause, qui peut devenir de style, comme cela se pratiqua jusqu'en 1624 [2]. On en vit l'abus ; et défense fut faite aux notaires par le parlement de Paris, le 2 mars 1660, et par celui de Normandie, le 11 août 1777, d'inscrire dans les contrats les déclarations de majorité et extraits baptistaires, sous peine de nullité et d'en répondre en leur propre et privé nom [3].

Il n'est rien mieux ici que de lire Pothier : « Nous ne suivons » pas cette disposition de droit, dit-il en parlant de la loi 2, » C. *Si minor se maj. dix.*, parce qu'elle ouvre une voix d'éluder » la restitution en entier. Ceux qui contracteraient avec des mi- » neurs feraient insérer dans l'acte qu'ils se sont dits majeurs et

---

1. Pothier, gestion d'aff., n° 224. — Voy. l'art. 1375 du Code Nap.
2. Voy. Merlin, Répert., v° *Mineurs*, § 9, n° 11.
3. Houard, v° *Lésion*, p. 646.

» diraient toujours que le mineur les a trompés, quoique souvent
» ce serait plutôt un artifice pratiqué de leur part que de celle du
» mineur; c'est pourquoi dans notre jurisprudence on n'a point
» d'égard à la fausse énonciation de majorité pour exclure les
» mineurs de la restitution; c'est à celui qui contracte à s'in-
» former de son âge : *qui cum alio contrahit vel est vel debet esse
» non ignarus conditionis ejus cum quo contrahit*. (Loi 19, Dig. *De
» reg. juris.*)

   » Il en serait autrement si un mineur, pour se faire croire ma-
» jeur, avait rapporté et supposé un faux acte de baptême; il
» est évident qu'alors il serait indigne de la restitution, conformé-
» ment à la loi 3, C. *Si minor se maj. dixerit* [1]. »

On doit raisonner de même sous l'empire du Code. (*Voy* l'article 1307.)

— Nous abandonnons aussi les règles Romaines en ce qui touche
l'efficacité du serment. Que cet acte enchaîne également la conscience de tous en supposant mêmes conditions de liberté et de raisonnement , soit. Mais l'appréciation devient plus difficile en face
d'un mineur. Reculer toujours devant le serment serait peut-être
encourager une pression malhonnête de la part de gens qui,
voulant duper un mineur, trouveraient excellent de lui arracher
un serment que celui-ci ferait souvent de bon cœur, croyant n'être
pas lésé, et contre lequel il ne pourrait plus tard apporter aucune
preuve de contrainte ou d'irréflexion.

Aussi qu'on remonte au moyen âge, on voit tout au moins l'autorité ecclésiastique relever les mineurs de leurs serments par une
dispense dont la chancellerie exigea d'abord la représentation. Plus
tard on put obtenir les lettres de la chancellerie, sauf à obtenir ensuite la dispense ecclésiastique. « Néanmoins, dit Papon, les Papes
» ont donné moyen d'ouvrir le chemin que les dits empereurs
» (Alexandre et Justinien) ont voulu clore, ont appelé tous tant
» mineurs que majeurs à venir contre leurs serments sous la
» dispense qu'ils leur ont proposée et qui depuis et par quelque
» temps a été baillée par les prélats et leurs vicaires indiffé-
» remment... Mais depuis, le malheur est arrivé que la caution des

---

1. Pothier, Traité de la Proc. Civ., part. v, chap. iv, art. 2, § 1.

» dits décrets est délaissée, et n'est plus novelle de dispenser des
» serments et moins d'en faire mention par les lettres de restitu-
» tion èsquelles voulait être mise clause expresse : Pourveu que le
» suppliant soit deuement dispensé de son prélat ou autre ayant
« puissance, du serment par lui prêté en passant le dit contrat,
» etc... Le délaissement des dits chanceliers et gardes des sceaux
» par là ont clos la bouche et interdit d'y plus rien adviser par les
» juges qui auparavant n'eussent osé passer outre sans voir un
» instrument de dispense du dit serment. Dieu sait dont cela
» peut procéder [1]. »

III. — Ce que je viens de dire de la déclaration de majorité et du
serment complète les notions qui nous étaient nécessaires sur
l'*objet* de l'action rescisoire pour lésion. — Mais ces dernières idées
nous font toucher à un sujet nouveau : la perte, l'extinction de
cette voie de recours. Car si la déclaration de majorité et le serment
sont inefficaces, c'est qu'on ne peut admettre une renonciation du
mineur à l'action tant que dure sa cause, la minorité, et *à fortiori*
une renonciation dans l'acte même qui doit lui donner naissance.

La confirmation de l'acte entaché de lésion n'est pourtant point
proscrite.

L'action en nullité, soit pour vice de formes, soit pour simple
lésion, ouverte au profit du mineur, ainsi que l'action en nullité
pour incapacité ouverte au profit des autres incapables, est essentiellement relative à ces derniers, à la différence des nullités radicales
et absolues dites *de non esse*, dont peut se prévaloir tout intéressé.
Au mineur seul devenu majeur ou à son tuteur, et à ses ayants cause,
héritiers, cessionnaires ou créanciers, est donné l'exercice du recours. C'est ainsi que les anciens auteurs appellent *boiteux* les actes
du mineur ; et c'est par l'effet d'une lourde inconséquence qu'ils
permettaient à l'adversaire d'opposer la nullité pour incapacité de
femme mariée. L'article 1125, § 2, a nivelé tout cela en défendant
aux personnes capables d'opposer l'incapacité aux incapables avec
qui elles ont contracté. Le seul droit de l'adversaire est de provo-

1. Papon, p. 646.

quer l'incapable à choisir, avant l'exécution provisoire de l'acte, entre l'exercice ou l'abandon valable de l'action [1].

Je dis abandon valable; car si, comme on vient de le voir, l'action est uniquement au pouvoir du mineur, il en faut conclure qu'il peut (à la différence de la nullité *de non esse* impossible à couvrir) l'abandonner valablement et procurer à l'acte, vivant mais faible, une validité qui lui manque, en employant la représentation par tuteur et les formalités qui devaient la lui procurer *ab origine*, et qu'en outre, une fois devenu majeur, il est muni à cet effet de pouvoirs illimités.

Cette condition de validité une fois connue, j'ajoute que la confirmation peut être expresse ou tacite. — Expresse, elle doit, suivant l'article 1338, résulter d'un acte contenant « la substance de » l'obligation, la mention du motif de l'action en rescision, et l'in- » tention de réparer le vice sur lequel cette action est fondée », sinon elle n'est qu'un commencement de preuve par écrit (article 1347). Elle peut se faire sans le concours de l'autre partie, d'où il suit qu'il n'est pas besoin de faire l'écrit en double. — Tacite, elle doit ressortir avec évidence d'un acte d'exécution volontaire, c'est-à-dire fait librement et en connaissance de cause, point soumis à l'appréciation des juges, qui s'inspireront du temps où a été fait l'acte d'exécution, de son degré de nécessité, du tort plus ou moins grand dont la crainte a pu déterminer, sans idée de ratification, l'acte d'exécution dont il s'agit [2]. Dans le doute, le mineur doit obtenir gain de cause.

A la confirmation tacite se rattache la prescription [3]. — L'action en nullité ou en rescision se prescrit par dix ans (art. 1304), à la

---

1. Je ne discute pas la question controversée de savoir si la nullité de l'acceptation irrégulière d'une donation faite à un mineur est opposable par lui seul ou par les deux parties, et si elle peut se couvrir. Cette nullité de formes, que je crois relative, n'a pas trait à la *lésion* et sort de mon sujet.

2. Voy. Duranton, XIII, n° 284.

3. Il faut y rattacher encore le *paiement* et la *novation*, cette dernière exigeant pourtant les conditions de la ratification expresse, parce qu'elle se fait par écrit.

Proudhon (*Personnes*, II, 455 et suiv.) ajoute une prétendue extinction de notre action par *compensation*. C'est une erreur. Car la compensation, admise ici, serait une ratification forcée ; elle ne peut être opposable à qui ne peut être contraint différence de la nullité *de non esse* qui est un fait perpétuel et irrévocable, et dont on aurait tort même de dire qu'elle est prescriptible par trente ans : en cas de nullité proprement dite, la prescription de trente ans ne peut ni couvrir la nullité, ni fermer l'action en nullité (elle n'existe pas) ; elle ne peut, comme dit fort bien Marcadé, qu'éteindre l'action qui était née pour moi de l'exécution indue de l'acte nul, extinction qui n'a pas lieu de s'opérer quand l'acte n'a pas été exécuté contre moi et que je suis toujours sur la défensive.

En cas d'*annulabilité*, c'est-à-dire d'acte valable dont on doit demander la nullité soit spontanément, soit sur l'aggression d'un adversaire, il ne faut pas que la durée de ce droit se balance avec la durée trentenaire des actions nées du contrat, afin qu'on puisse dire qu'après le temps de la prescription le contrat est opposable au mineur ou en général à l'incapable.

C'est là ce que la loi a voulu qui arrivât au mineur après dix ans de silence ; et c'est là ce qu'elle devait vouloir, en rejetant de son esprit toute distinction entre l'*action* et l'*exception* de nullité exercée ou opposée par l'incapable, et toute idée de donner à cette dernière une durée perpétuelle. Cette idée, que lui attribuent à tort bien des auteurs, ne pourrait être qu'un souvenir de la maxime *Temporalia ad agendum perpetua ad excipiendum*, essentiellement liée au système des nullités et des exceptions romaines.

Les travaux préparatoires s'élèvent déjà contre elle. Car on trouve dans le rapport présenté au Tribunal, lors de la communication officielle qui lui fut faite, un passage où le tribun établit un parallèle, un contraste, entre la *nullité proprement dite* qu'on peut oppo-

---

au paiement. Et l'on ne peut voir une confirmation tacite dans le seul fait du mineur de s'être rendu en majorité créancier de son adversaire.

Mais, il faut citer comme autre mode d'extinction, la *confusion*. Le mineur succédant à son adversaire se trouve n'en avoir plus, à moins de se donner ce titre à soi-même. Et si l'on doit trouver efficace la confusion de la personne du mineur avec celle de son adversaire, il faut en dire autant de la confusion qui s'opère avec la personne du tuteur auteur de l'acte et obligé à la garantie. Resterait à savoir quand est-ce que le tuteur doit cette garantie, et à réfuter l'opinion de MM. Troplong et Duvergier qui, en cas de vente irrégulière d'immeubles faite par le tuteur, ne l'obligent à garantir que s'il a vendu le bien *comme lui appartenant à lui tuteur*, ou bien *en promettant de faire ratifier le mineur*. Mais comme il s'agit là d'un recours indépendant de la lésion, je me contente d'affirmer l'efficacité de la confusion, sans entrer dans des discussions étrangères au sujet.

ser par *voie d'exception* à *quelque époque* qu'on soit *poursuivi*, et la *restitution* des incapables, dont le temps doit être limité parce qu'un laps de temps sans réclamation doit faire présumer la ratification [1]. Ainsi, dix ans sans réclamation font présumer la *ratification*, et on le dit d'une façon absolue, sans le restreindre le moins du monde au cas où le mineur a de toute nécessité le rôle d'agresseur, l'acte ayant été exécuté. C'est que la loi veut tout simplement qu'après dix ans de silence le mineur subisse le contrat, tant dans l'exécution qu'il a reçue que dans celle qu'il peut recevoir.

D'ailleurs n'est-ce pas abuser des termes, n'est-ce pas fausser la rectitude du droit, qu'employer en cas d'annulabilité le mot *exception de nullité*, pour lui appliquer une règle née à Rome où toute nullité était *de non esse*, et où toute exception, supposant l'inaction *forcée* de celui qui l'oppose tant qu'il n'est pas attaqué, devait, sous peine d'injustice, durer perpétuellement? N'est-ce pas cette attente forcée de l'agression qui servait d'unique fondement à la perpétuité des exceptions? Même à Rome, elle faisait défaut à la prétendue exception de restitution ; et c'est ce défaut d'entrave qui la faisait soumettre à la prescription de quatre ans. Or y a-t-il un obstacle pour le mineur à demander la nullité du contrat, encore bien qu'il n'en ait pas subi l'exécution et qu'il n'ait que la crainte de la subir s'il laisse passer le délai? Nullement. Le rôle d'agresseur lui est permis en tout état de cause pendant dix ans. Mais aussi, après dix ans, il est de toute justice qu'il perde et l'arme agressive et l'arme défensive, puisque toutes deux n'en font qu'une dont l'exercice a été absolument libre en ses mains.

Pour être plus exact, il faut même dire que ce qui paraît une arme défensive, en cas d'attaque, se retourne et sert à une agression. Ce qui est entre les mains du mineur *agresseur* ou *attaqué*, c'est non pas précisément le droit d'*invoquer* la nullité (puisqu'elle n'existe pas encore, n'étant pas encore prononcée), mais le droit de la *demander*, en invoquant le vice de l'acte. Il n'est pas d'hypothèse où le mineur, invoquant sa lésion (ou le vice de forme), ne soit *demandeur en nullité*. La seule distinction à faire, c'est qu'il la demande, tantôt spontanément, tantôt à la suite d'une provoca-

1. Fenet, XIII, p. 370, 371.

tion. Mais là-dessus, on ne pourrait assurément pas se fonder pour appliquer une perpétuité que la justice n'approuve et que le droit romain n'avait reçue que par égard pour la nécessité où l'on peut être d'attendre l'aggession, nécessité qui n'existe pas chez nous.

Aussi l'ordonnance de Villers-Cotterets (art. 134) déclare-t-elle formellement inapplicable ici la maxime : *Perpetua ad excipiendum*. Et s'il est vrai qu'on trouve dans l'ancien droit des auteurs qui affirment, malgré elle, la perpétuité de la prétendue exception de nullité dont il s'agit, on ne doit pas faire plus de cas de leur doctrine personnelle sur ce point que de l'opinion de ceux qui croyaient perpétuelle, en droit romain, l'exception de restitution, et de ceux qui, sous le Code, malgré son esprit et ses termes, malgré les travaux préparatoires, malgré la nature certaine des conséquences de l'annulabilité, croient encore à cette perpétuité.

— Quoique mon sujet me conseille de négliger l'action en nullité pour vice de forme (la seule opposable contre des actes émanés du tuteur), et de me restreindre à l'action fondée sur la lésion, disons, en passant, mais sans entrer en controverse à ce sujet, que, même en cas d'actes passés par le tuteur, il faut limiter à dix ans l'action donnée au mineur contre eux. Il n'y a pas là, s'il s'agit d'une vente, une vente *a non domino*, et cela suffit pour que l'art. 1304 la gouverne seul [1].

Il en serait autrement de la vente d'un bien du mineur consentie par un tiers sans pouvoir pour le représenter. Telle serait la vente de biens indivis entre majeurs et mineurs consentie par les majeurs seuls, hors la présence des mineurs ou de leurs tuteurs. — Si le mineur ou le tuteur ratifiait non valablement cette vente, il interviendrait alors une vente *a domino* irrégulière, attaquable pendant dix ans.

— Ces dix ans ne commencent à courir contre le mineur que du jour de sa majorité. C'est ce que dit l'art. 1304 ; et ce qu'il dit s'applique, soit que l'action s'appuie sur un vice de forme, soit qu'elle s'appuie sur une lésion, c'est-à-dire soit qu'il s'agisse de l'acte du mineur entaché de lésion, soit qu'il s'agisse de l'acte irrégulier du tuteur ou du mineur.

1. Voyez page 188, note 3.

Fait régulièrement par le tuteur, l'acte lie le mineur comme un majeur, c'est-à-dire que s'il s'agit d'un partage, il ne peut y avoir ouverture à action que pour lésion de plus du quart [1]. Cette action alors ne commencera, elle aussi, à se prescrire que du jour de la majorité du mineur. Aucun texte ne le prive du droit commun de la suspension pour minorité.

Quand l'art. 1304, en effet, place à la majorité le point de départ de la prescription qui nous occupe, il ne fait qu'appliquer le principe écrit dans l'art. 2252 : que la minorité suspend les prescriptions. Nul raisonnement ne peut faire contester l'application de cette suspension à la prescription de l'action rescisoire pour lésion tant des mineurs que des majeurs, parce que nul raisonnement ne peut l'empêcher d'être une *prescription* et la forcer de se plier à la dénomination de *délai préfix*. Ce serait écarter l'esprit de sa route naturelle. Il est des prescriptions bien plus courtes et bien plus spéciales, que tout le monde avoue être des prescriptions, et auxquelles la loi donne ce nom. Comment le législateur aurait-il pu penser qu'on viendrait un jour le refuser à la prescription de l'art. 1304 [2]? Quelles raisons en donne-t-on? Que le législateur n'a pu consentir à ces suspensions, quand il venait justement abréger la durée de l'action, autrefois trentenaire pour l'interdit et la femme mariée. Mais le Code n'a-t-il pas atteint son but dans la proportion qu'il a marquée, dans la proportion d'un à trois, tout en laissant suspendre la prescription par les mêmes causes qui la suspendaient autrefois? — Cette prescription, quoique plus courte, est toujours une prescription, le Code n'ayant manifesté aucune intention d'innover en ce point.

Et si elle est une prescription, la minorité la suspend ; et il faut par exemple la déclarer suspendue, lorsqu'une action en rescision pour simple lésion ouverte au profit d'un mineur qui meurt, soit encore mineur, soit devenu majeur depuis moins de dix ans, vient à se transmettre à son héritier qui se trouve en ce moment mineur.

---

1. Il devrait aussi y en avoir une pour lésion de plus des 7⁄12 en cas de vente d'immeubles, si l'article 1684 ne l'excluait « en toutes ventes qui d'après la loi ne peuvent être faites que d'autorité de justice » comme est la vente des immeubles pupillaires.

2. Toullier, n° 615. — Duranton, n° 548.

Dix ans pouvant suffire pour valider l'acte, il ne peut y avoir lieu de la part du mineur devenu majeur à quelque autre ratification, expresse ou tacite, que pendant dix ans. Plus tard, il ne ferait que confirmer un acte qui l'est déjà.

Il me semble évident aussi qu'une fois la rescision prononcée sur sa demande par le tribunal, toute ratification de sa part serait non avenue, parce qu'à partir du jugement d'annulation il n'y a plus un germe de nullité que le mineur serait libre d'étouffer, mais une nullité véritable, absolue, appartenant aux deux parties et en général à tout intéressé, et douée d'une puissance spontanée, puisqu'à celui qui viendrait se prévaloir de l'acte annulé le juge répondrait qu'il est nul et n'aurait pas besoin de l'annuler de nouveau. Le *néant* ne peut se ratifier ; et l'acte annulé est un acte *anéanti*. — S'il y avait accord des deux parties pour se remettre mutuellement dans leurs droits, elles pourraient seulement faire un acte nouveau produisant effet à sa date sans rétroagir à la date de l'acte primitif.

Toute confirmation, en effet, est essentiellement rétroactive, puisqu'elle ne fait que soustraire à un danger de mort un acte existant *ab initio*, en enlevant, comme dit l'article 1338, « les moyens et exceptions que l'on pouvait opposer contre cet acte ».

Mais par ces mots : « sans préjudice néanmoins du droit des tiers », cet article pose une limite à la rétroactivité. Quelle est-elle? Le droit des tiers. Mais ces mots veulent être pesés. Ils veulent qu'on sacrifie l'effet (essentiellement rétroactif) de la ratification au *droit* qui peut appartenir... sur quoi ? Sans aucun doute, sur les *moyens* et exceptions que la ratification a pour but de faire tomber. Lorsqu'on possède *à soi seul*, sans partage avec personne, un droit, une voie de recours contre un acte qu'on a passé, on peut y renoncer et en produire ainsi l'extinction absolue. C'est ce qui arrive pour l'action en rescision ou en nullité du mineur, lorsqu'il ne l'a communiquée à personne : il peut alors par sa renonciation l'éteindre absolument, de façon à consolider *ab initio* à l'égard de tous, même de ceux à qui cela peut nuire, comme ses créanciers postérieurs ou non à l'acte ratifié, les droits que cet acte a conférés à l'autre partie. Ce n'est pas devant *l'intérêt* des tiers, c'est devant leurs *droits* que la loi s'arrête.

Aussi s'arrêtera-t-elle devant le droit conféré à un tiers par la cession formelle ou implicite de l'action en rescision.

Mineur, je vends ma maison à Primus; devenu majeur, je la vends à Secundus. Alors, — ou bien Secundus arrivera à faire transcrire son contrat avant Primus, et l'emportera ainsi sur lui sans le secours d'aucune rescision ; — ou bien le contrat de Primus a été transcrit avant le sien ; et alors pour faire une seconde vente utile, j'ai voulu céder implicitement à Secundus tous les droits de propriété ou de créance que j'ai sur la maison, et par suite le droit de la reprendre ou de la conserver en demandant la nullité : lui ayant cédé ce droit, je ne puis l'éteindre à son détriment.

Il faut raisonner de la même façon si j'ai consenti à Primus et à Secundus, non plus deux ventes, mais deux hypothèques successives, sauf qu'alors il n'y a pas besoin de supposer une cession implicite de l'action en rescision et de la faire survivre à ma ratification au profit de Secundus, si la créance hypothécaire de ce dernier peut trouver une garantie réelle dans l'excédant de valeur de l'immeuble sur la créance de Primus.

A part ces cas de cession, la ratification du mineur a effet rétro-actif *erga omnes.* Et c'est pour cela que je la rends opposable aux créanciers chirographaires; sauf toutefois si elle est postérieure à une saisie pratiquée par eux, car la saisie leur a transporté l'exer-cice de l'action qui existait encore dans le patrimoine de leur dé-biteur. Mais s'ils ne saisissent qu'après ratification, ils ne l'y trouvent plus, et ne peuvent l'y faire rentrer que s'il y a fraude, comme le veut l'art. 1167.

— Quant à la prescription, il n'y a pas de distinction à faire. Elle valide toujours l'acte *erga omnes.* Car, ou bien les tiers n'ont acquis aucun droit à l'exercice de l'action ; ou bien, s'ils y ont acquis des droits, ils n'ont pu les acquérir que limités à la durée qui leur restait entre les mains du mineur.

IV.— Connaissant les effets de la ratification et de la prescription, nous n'avons plus qu'à voir les effets de la rescision prononcée, le recours du mineur n'ayant vu sa marche entravée par aucune fin de non-recevoir.

La rescision prononcée efface le contrat rétroactivement, et a pour conséquence obligée, suivant ce qui est possible, la remise des choses en leur état primitif. Chacun doit rendre, y compris les fruits et les intérêts, tout ce qu'il a reçu à l'occasion du contrat, pourvu, du côté du majeur, qu'il ne l'ait pas consommé de bonne foi s'il s'agit de choses de consommation (art. 1238, 2°), et du côté du mineur qu'il en ait profité, ce qui a besoin d'être prouvé par son adversaire (art. 1312). — Tout cela était observé dans l'ancien droit, sauf quelques controverses sur cette dernière question de preuve [1].

Chez nous comme à Rome [2], la restitution peut être obtenue même contre un mineur, sauf à tenir compte des conséquences nécessaires de la minorité de cet adversaire. C'est ainsi qu'en cas d'argent prêté ou payé par l'un et dissipé par l'autre, les Romains donnent gain de cause à celui qui a dissipé et qui est défendeur, parce qu'il le faut ainsi pour que ce dernier ne soit pas lésé et pour étouffer dans sa naissance le conflit de deux demandes rivales en restitution qui ferait d'ailleurs préférer le défendeur *in pari causâ*. — Il est vrai qu'on pourrait peut-être y aller plus largement chez nous et partager la perte entre les deux rivaux. Mais l'article 1238-2° le défend. Car — si le défendeur a dissipé de mauvaise foi, il y a dol : le conflit de deux actions rivales en restitution n'est plus à craindre, et le demandeur gagnera pour le tout ; — si au contraire le défendeur mineur a consommé de *bonne foi* l'argent qu'il avait reçu, il peut assurément invoquer l'article 1238, qui en cas analogue protégerait un majeur. Cette solution du reste est celle de tous les auteurs, et c'était celle de Domat [3].

L'annulation de l'obligation du mineur ne peut en rien profiter à ceux qui ont cautionné, donné une hypothèque ou un gage pour l'obligation du mineur, ou qui se sont obligés solidairement avec

---

1. Comp. Papon, p. 642. — Louët et Brodeau, lettre M, n° 19. — Meslé, ch. XIV, p. 534. — Houard, v° *Lésion*, p. 143.
2. L. 11, § 6, l. 34, *De minor.*
3. Domat, Lois civ., liv. IV, tit. VI, sect. 2, § 18.

lui ; et elle peut encore moins être demandée par eux. Ils ont connu ou dû connaître l'âge de leur coobligé. Il faut pourtant tenir compte, comme le faisaient Cujas et Vinnius, d'un dol ou d'une juste erreur capable d'ouvrir pour eux une demande en rescision contre leur propre engagement.

Si nous prenons l'action au point de vue passif, nous la trouvons, tant dans l'ancien droit que dans le droit nouveau, une action personnelle qui doit être dirigée contre ceux avec qui le demandeur en rescision a contracté ou contre leurs héritiers, et qui doit par conséquent se porter devant le tribunal dans le ressort duquel ils habitent.

Mais il faut la qualifier d'action mixte, et donner au demandeur le choix entre la juridiction du domicile et celle du territoire, lorsqu'il s'agit du cas spécial d'action en nullité, de vente d'immeubles dirigée contre l'acheteur nanti. C'est en effet la cause de l'action qui lui donne son caractère ; et ici la demande s'appuie, tant sur le droit de propriété qu'on soutient devoir être déclaré rétroactivement, que sur un lien d'obligation né du contrat et du vice qu'il renferme.

Que s'il y a eu revente de l'immeuble, on peut, par une action qui unit dans son sein les deux éléments réel et personnel, et qui donne le choix entre le juge du domicile et celui du territoire, citer en cause les tiers détenteurs, « afin, comme dit Toullier, que le ju» gement à intervenir leur soit commun et contradictoire avec » eux ». — Mais si on le fait, c'est uniquement pour plus de célérité et pour fermer aux tiers détenteurs toute tierce opposition. Car l'on pourrait à la rigueur assigner seulement le premier acheteur, et faire prononcer, par une action personnelle contradictoire avec lui, une rescision à laquelle le droit donnerait effet contre les sous-acquéreurs, sauf tierce opposition de leur part. On ne peut en effet refuser d'appliquer aux aliénations ce que l'article 2125 dit des hypothèques : « Ceux qui n'ont sur l'immeuble qu'un droit sujet à » rescision ne peuvent consentir qu'une hypothèque soumise à la » même rescision. »

Nous verrons d'ailleurs plus bas, à propos de la vente d'immeubles entre majeurs et de sa rescision pour lésion de plus des sept douzièmes, toutes les règles anciennes et actuelles sur le caractère réel qui peut se mélanger à la personnalité de l'action rescisoire et influer sur la compétence et les parties en cause.

Ces règles mieux placées dans l'étude de la vente entre majeurs (toujours immobilière quand elle est rescindable) n'auront qu'à être appliquées à l'action en nullité des ventes immobilières concernant les mineurs.

Tels sont les effets de la lésion soufferte par les mineurs. J'ai peut-être étendu trop loin les limites de ces développements, me laissant parfois distraire par des actions en nullité étrangères à toute idée de lésion. Mais j'ai pour excuse la similitude des règles qui gouvernent les unes et les autres.

CHAPITRE III.

LÉSION SOUFFERTE PAR LES MAJEURS. — VENTE. — JUSTIFICATION ET ESPRIT DE LA LOI.

Le projet du Code, en permettant la rescision de la vente entre majeurs pour cause de lésion, revenait sur la loi de l'an III. Aussi la section relative à cette rescision n'arriva-t-elle au Corps législatif qu'après de vives discussions subies dans le Conseil d'État. Déjà dans la séance du 25 brumaire an XII à propos du titre des obligations, l'idée qu'elle consacre avait trouvé d'ardents défenseurs, mais aussi d'habiles adversaires. Restée infructueuse, la discussion s'éleva de nouveau les 30 frimaire, 9 et 21 nivose de l'an XIII, et l'on vit aux prises, — d'un côté Berlier, Regnaud de Saint-Jean-d'Angély, Défermon, Réal et Bérenger pour combattre le projet, — de l'autre Portalis, Cambacérès, Tronchet, et surtout le Premier Consul pour le défendre. Ceux-ci l'emportèrent. Ils avaient d'ailleurs pour eux tous les tribunaux de la France, excepté celui de Rouen.

Mais, vainqueurs sur le principe, ils furent pourtant contraints, par la persistance des attaques, de céder ou de transiger sur quelques points de détail. Bérenger élevait aux deux tiers le taux de la lésion. Berlier, animant d'un autre esprit la loi qu'il ne pouvait plus empêcher, voulait comme pis-aller que la lésion contînt une présomption légale d'erreur, présomption résultant, sans l'aide d'aucune expertise, d'actes ayant date certaine, et admise seulement : 1º au profit du vendeur, lorsque l'immeuble a été vendu le tiers de sa valeur ; 2º au profit de l'acheteur, quand il a été vendu trois fois sa valeur ou au-dessus. — On rejeta ces propositions, qui eussent fait de l'action un secours dérisoire. Mais on l'entoura d'un ensemble de restrictions et de mesures qui lui enlèvent ses dangers en la laissant utile. — Ainsi, l'esprit de la législation de l'an III mitigea tout au moins, s'il ne put réussir à le supplanter, le principe de l'ancienne jurisprudence.

Avant de voir le fruit de cette lutte, il faut bien se faire juge de la lutte elle-même en recherchant quelles raisons peuvent justifier la loi et de quelles critiques ; ce qui pourrait la rendre dangereuse et ce qui la rend nécessaire ; ce qu'elle peut avoir d'imperfections et d'inconvénients ; et quelle somme d'avantages les efface ou les fait oublier.

Résumons les critiques, et écoutons d'abord M. Berlier :

« Elle est contraire à l'intérêt public, puisqu'elle tient la pro-
» priété en suspens pendant le délai donné pour la rescision.

» Elle est contraire au crédit privé et à la foi publique, puisque
» les créanciers seront exposés à voir le gage échapper des mains
» de leur débiteur.

» Elle est injuste et inégale, en ce qu'on veut qu'elle n'existe
» que pour le vendeur qui vend à trop bon marché, et non pour
» l'acquéreur qui achète trop cher.

» Elle n'est qu'une funeste amorce pour les vendeurs considérés
» *en général*, car sur vingt individus qui espèrent réussir et se
» pourvoient, il en est dix-neuf qui succombent, et il reste
» fort douteux que le succès du vingtième soit fondé sur la
» justice.

» Elle est une source de tracasseries envers la masse des acqué-
» reurs, que l'on menacera d'un procès afin d'en arracher quel-
» ques sommes dont ils voudront bien faire le sacrifice à leur
» tranquillité.

» Enfin et surtout elle a pour inconvénient notable de faire dé-
» fendre le sort du contrat d'une périlleuse expertise.

» Avec de tels caractères, comment a-t-elle pu s'introduire
» parmi nous et s'y naturaliser, tandis que les peuples septen-
» trionaux de l'Europe et une grande partie de l'Allemagne ne
» l'ont point admise [1] ? »

Et Berlier en donne pour raison avec Thomasius l'influence des
théologiens. dont quelques-uns auraient voulu que *toute* lésion fût
atteinte, et qui, s'emparant au moins de la loi 2, firent si bien que
la loi positive fit prévaloir *un cas de conscience* sur le respect des
contrats, et les griefs individuels sur l'intérêt et la tranquillité de
la masse.

D'ailleurs on attaquait, dit M. Portalis, « l'action rescisoire
» jusque dans sa source, prétendant que le contrat fait tout ; que
» les hommes ne doivent pas être admis à revenir contre leur
» propre fait ; que la valeur des choses varie journellement ;
» qu'elle n'est souvent relative qu'à la situation et à la conve-
» nance des personnes qui vendent et qui achètent ; qu'il est im-
» possible d'avoir une mesure fixe et commune ; qu'il serait
» conséquemment déraisonnable de supposer et de chercher un
» *juste prix* autre que celui qui a été convenu entre contractants [2] ».

On entendit en effet dans la discussion professer les maximes
les plus audacieuses. On entendit ériger en une loi incorrigible
d'économie sociale la loi du malheur exploité par la convoitise. et
M. Bérenger prononça ces mots : « Si le vendeur étant pressé de
» vendre n'a pu trouver un acquéreur qui lui donnât un prix plus
» haut que celui qu'il a reçu, *il ne peut pas prétendre qu'il a été
» lésé*. Le bien a été vendu à la valeur qu'il pouvait avoir dans les
» circonstances : car le cours est la mesure la plus exacte de l'éva-
» luation. Autrement il faudrait également soumettre à la resci-
» sion les ventes qui sont faites par autorité publique. Mais on les
» en exempte, parce qu'il est évident que lorsque le domaine a
» été livré au concours des acheteurs, il a été vendu à son juste
» prix. Celui qui retire d'une vente les ressources dont il a besoin
» dans les circonstances où il se trouve, a obtenu tout l'avantage
» qu'il voulait s'assurer en vendant [3] ».

---

1. Berlier, *Discuss. au C. d'État*, Fenet, XIV, p. 51.
2. Portalis, *Exp. des mot.*, Fenet, XII, p. 130.
3. Bérenger, *Discuss. au C. d'État*, Fenet, XIV, p. 66 et 67.

Quel abus de la science économique! Et que ces arguments vont loin de la question, qui n'est pas assurément de savoir si la loi des rapports sociaux fait varier journellement le prix des choses, si l'*exacte valeur* des biens (dont on avoue l'existence par le seul fait d'en parler) est souvent méconnue dans les conventions humaines, mais bien plutôt s'il est conforme à la justice et bon pour la société que cette différence entre l'exacte valeur et le prix convenu, différence qui tient le plus souvent à des causes irrésistibles, atteigne sans remède d'énormes proportions! Ce n'est pas une question de loi d'équilibre à *substituer* à une loi de variation, puisqu'on respecte cette dernière s'il n'y a pas énormité, puisqu'on refuse à l'acheteur l'action qu'on veut donner au vendeur, puisqu'enfin on permet au premier, tout en le condamnant, de retenir le dixième du juste prix. C'est une question de justice à éclaircir; car, comme le disait le Premier Consul, « le Code civil doit être le » résultat le plus exact de la justice civile, et s'il repose sur cette » base ,il sera éternel ». C'est aussi une question d'avantages et d'inconvénients à peser : car en ce monde tout renferme un bien et un mal, « et nous nous résignons par nécessité, comme disait » M. Portalis, à chercher non un mieux idéal, mais le bien qu'il » est possible et qui nous paraît présenter le moins d'imperfec-» tions ».

On trouve une justification complète de la loi dans les paroles du Premier Consul et dans l'exposé des motifs de M. Portalis. Le meilleur est de s'y reporter. Et une fois ces documents parcourus, l'on peut, en se recueillant un peu, résumer en quelques traits le fondement, le but, les dangers et l'utilité de l'action rescisoire.

Les contrats font foi. C'est une vérité que Portalis pas plus qu'un autre n'a le pouvoir ni la volonté d'affaiblir. Mais de même qu'en toute chose la liberté ne peut dégénérer en licence, le respect des contrats non plus ne peut dégénérer en aveugle injustice. On les étouffe encore en germe quand ils ont l'audace de s'élever contre les bonnes mœurs. Les punissant ainsi du crime d'immoralité, les laissera-t-on sans frein commettre celui d'injustice tel que l'entend et le réprouve le bon sens vulgaire? N'est-il pas « des règles » de justice qui sont antérieures aux contrats mêmes et des-

» quelles les contrats tirent leur principale force? Les idées du
» juste et de l'injuste ne sont pas l'unique résultat des conventions
» humaines. Elles ont précédé ces conventions, et elles doivent en
» diriger les pactes [1] ».

La vente existe s'il y a chose, prix et consentement. Mais pourquoi ne vaut-elle rien en l'absence d'un prix? est-ce que je ne me
suis pas lié? est-ce que notre accord ne devait pas me servir de
loi? n'ai-je pas su ce que je faisais, moi qui suis majeur? Et pourtant cet accord, on le foule aux pieds, et l'on trouve cela très-bien.
Pourquoi? Parce que la cause, aussi bien que le consentement, est
l'âme des contrats. Cette cause sans doute est la bienfaisance dans
les uns, l'équivalent matériel dans les autres; mais si en vendant
pour rien j'ai été mû par la bienfaisance, mon acte est nul alors,
non pour défaut de cause, mais pour absence des formes solennelles, qui seules peuvent faire un lien d'une promesse gratuite,
parce qu'elles défendent le consentement contre la pression, la
surprise ou l'élan généreux qu'on peut regretter ensuite [2].

Or, ce qui se dit du tout ne peut-il pas se dire de la partie?
Quand je passe une vente et que j'y stipule un prix égal peut-être
au quart, au tiers de la chose, dans cette vente prise en bloc il y a
sans doute une chose, un prix et un consentement, et pour cela il
y a vente. Mais qu'on analyse : on voit qu'une portion notable de
la chose vendue, portion que je laisse indéterminée à cause de
l'incertitude des évaluations, est dénuée de tout équivalent matériel, est vendue pour rien, est aliénée sans cause, à moins de faire
intervenir là l'idée de bienfaisance, auquel cas on doit dire que
cette portion *non vendue* est *donnée*, mais donnée irrégulièrement.
Il n'y a pour elle, si on la prend à part, ni *vente* ni *donation*. Et la
loi doit tirer quelque conséquence de cela.

Elle le devrait pour toute infériorité du prix, si minime qu'il
soit, si deux raisons ici n'imposaient une limite à son pouvoir :
1º son devoir de passer outre en matière minime; 2º l'incertitude
qui plane sur l'exacte valeur des choses, incertitude qui mènerait

---

1. Portalis, *Exp. des mot.*, Fenct, XIV, p. 130.
2. Rien que cette théorie de la nullité pour absence de prix me semble suffire
pour faire annuler les donations déguisées, dont la validité pourtant « est de
jurisprudence », dit M. Dalloz.

souvent les juges à détruire l'équilibre, croyant le rétablir et qui forcerait tout acquéreur à acheter à dire d'experts (et si l'on veut même, sur sentence du juge) pour n'avoir pas à craindre un changement des clauses du contrat ; incertitude, en un mot, qui rend légitime le maintien de ces ventes inégales. — Mais quand on pose une limite comme une lésion de la moitié ou des sept douzièmes, qui pourra dire que l'on s'expose à croire lésionnaire une vente qui ne l'est pas, à priver les acquéreurs du droit de débattre leurs intérêts en sécurité, à poser enfin un remède sur un mal salutaire, non sur le résultat d'une injustice, d'une erreur, d'une pression, d'une surprise ? Qui pourra dire en un mot qu'il peut y avoir la moindre raison, pour empêcher de se développer ici les conséquences naturelles du défaut partiel de cause, et pour écarter les règles des donations déguisées ?

Remarquons, en effet, que l'énormité de la lésion (disons de la lésion *apparente*, pour ne pas trop heurter les convictions des économistes), cette énormité, outre qu'elle se met en dehors du cours régulier des choses et ne peut figurer dans la moyenne des fluctuations ordinaires, puisqu'on la juge par comparaison avec cette moyenne et ce cours régulier, cette énormité, qui pourrait en conséquence faire plier sans aveu compromettant les principes trop rigides de la science économique, est empreinte, aux yeux de la loi comme aux yeux du vulgaire, d'un caractère doublement accusateur. Elle accuse un défaut partiel de cause, ou tout au moins le déguisement d'une libéralité. Mais elle révèle en outre à l'œil du juge tous ces vices du consentement qui ne se laissent pas saisir, qui se cachent sous le voile d'une liberté apparente pour s'y développer plus à l'aise, qui se mettent sous l'abri d'une capacité civile trop tôt venue à un sujet tardif, trop longtemps unie à une intelligence affaiblie, mal à propos rendue ou conservée à un être incapable de réfléchir ce qu'il fait et de diriger lui-même ses affaires. Quand on est mineur, interdit ou femme mariée, l'incapacité est là qui remédie à tous ces périls, dans l'imminence desquels elle puise sa raison d'être. Mais l'incapacité disparue, en raison de présomptions ou de signes qui trompent souvent, reste la nature livrée à elle-même : le péril arrive, on y tombe ; et si alors on se trouve énormément lésé, on l'est par suite d'un vice qui affecte le consentement en le privant de lumière ou de liberté.

Ne consultons que la justice et le bien : si l'on brise la promesse d'un homme de vingt ans parce qu'il a pu se rendre victime de sa légèreté, de son inexpérience ou de ses passions, dirons-nous qu'il faut aveuglément respecter celle d'un homme de vingt-deux ou de vingt-cinq ans, celle d'un vieillard, celle d'une femme mise depuis peu à la tête de sa fortune, celle de mille autres enfin qu'on est forcé d'excuser et de plaindre quand on les voit perdre plus des sept douzièmes sur la vente de leur immeuble? Dira-t-on qu'on s'expose, en excusant et plaignant ceux qui se lèsent des sept douzièmes, à plaindre et à excuser des gens qui ne le méritent pas, et dont la demande n'est que l'effet du caprice et de l'inconstance? Mais outre qu'on ne ferait alors qu'effacer une donation déguisée, ne puis-je pas dire aussi qu'en secourant tous les mineurs, on s'expose à briser, pour une lésion légère, un acte auquel n'a poussé ni la passion ni l'inexpérience, le jugement du mineur s'étant trouvé, je suppose, aussi mûr à vingt ans qu'il l'est ordinairement à trente? Et s'il est vrai qu'alors la loi se justifie par l'avertissement qu'elle donne aux tiers et les moyens de sécurité qu'elle leur offre, n'est-il pas vrai aussi que le chiffre des sept douzièmes et la présomption qu'y attache la loi sont connus de tous, et que tous ont dû ou en *éviter* ou en *vouloir* les effets : car une pareille lésion ne peut être ni *inévitable* pour l'acheteur qui la *connaît*, ni *voulue* par celui qui l'*ignore*. On ne peut souffrir que ce dernier, qui sans le savoir achète à vil prix, veuille, *après* le contrat, ce qu'il n'a pas voulu dans le principe : s'enrichir aux dépens d'autrui.

Ainsi, on a beau s'ingénier, voici toujours ce qu'on trouve : ou une donation déguisée d'une grande importance, si la lésion vient du bon plaisir de chacun, ce qui est peu probable; — ou une indélicatesse de l'acheteur qui abuse sciemment (non pour faire une bonne affaire, ce qui s'excuserait encore, mais pour spolier le vendeur) d'une volonté esclave du malheur ou dépourvue de guide; — ou bien enfin un acheteur, dont l'intention est pure quand il achète à vil prix, mais qui, par une étrange inconséquence, se prévaudrait de sa loyauté pour demander qu'on lui laisse aux dépens du vendeur l'enrichissement qu'il n'avait pas désiré.

Toujours il y a en bonne justice quelque raison d'annuler. Mais

on conçoit d'abord que l'erreur des parties ne se concilie guère
avec l'énormité du dommage, qui fait au contraire supposer le
plus souvent l'abus d'une pression exercée par la détresse. Cet abus,
pour n'être pas une violence directe, n'en est pas pour cela plus
honnête, mais seulement plus sûr du succès. Il ressemble au dol,
et sans s'affirmer comme lui par des manœuvres personnelles, il
s'affirme par son résultat, qui reste sous les yeux comme une preuve
qu'on ne peut détruire, comme un témoin qu'on ne peut corrompre, qui s'appelait à Rome *dolus re·ipsá*, et chez nous *déception*[1],
et qui, subi par l'acheteur, ne peut être attribué à la même cause,
ni recevoir les mêmes qualifications, ni produire les mêmes effets;
car l'acheteur n'est jamais asservi au besoin d'acheter, mais obligé
de payer la convenance qui le pousse et celle qui retient le vendeur.

Mais comment peut-on dire qu'en présence du *dol réel* et de la
pression indirecte exercée sur le vendeur, la réparation du dommage énorme qui en est la suite est un pur cas de conscience qui
ne devait point passer du for intérieur dans la loi civile? Tout ce
qui est dans la loi est dans la conscience, et tout cri de la conscience doit avoir un écho dans la loi quand l'intérêt social le veut
bien. — Le veut-il ici? C'est ce qu'il faut voir.

« Quel est, disait M. Portalis [2], le véritable intérêt public et
» général? ne consiste-t-il pas à conserver un sage équilibre, à
» maintenir une juste proportion entre les choses et les signes qui
» les représentent? Un Etat est dans la prospérité quand l'argent
» y représente bien toutes choses, et que toutes choses y repré-
» sentent bien l'argent: ce qui ne se vérifie que lorsqu'avec une
» telle valeur en immeubles ou en marchandises l'on peut avoir
» sitôt qu'on le désire une valeur proportionnée ou équivalente en
» argent. Si les lois favorisent un acquéreur avide et injuste, les
» choses qui appartiennent au vendeur ne représentent pas bien
» l'argent, puisque celui-ci peut être dépouillé de tout en ne rece-
» vant pour les choses qu'il abandonne qu'un prix misérable et
» infiniment au-dessous de leur valeur. » L'excessive disproportion
des valeurs avait produit pendant la Révolution ses déplorables effets.

1. Voy. Dumoulin, *de Usuris.*
2. Portalis, *Exp. des mot.*, Fenet, XIV, p. 147 et 148.

Que dire de la disproportion des fortunes, à laquelle viennent concourir l'enrichissement des uns, l'appauvrissement des autres, et par conséquent les ventes à vil prix pour leur petite part d'influence? On a beaucoup discuté les théories socialistes, et ce n'est pas le cas de les discuter ici. Mais en rejetant leur niveau impitoyable et chimérique; en laissant les fortunes particulières trouver dans le travail, la sagesse et la destinée de chacun, la loi de leur progression, de leur abaissement, de ces mille inégalités inévitables et nécessaires dans ce monde tout composé de rouages divers qu'une fin commune anime d'un mouvement commun, quel devoir plus grand pour la loi, quel moyen plus efficace de paix et de tranquillité pour l'État, que de faire suivre quand on le peut à cette loi d'inégalité, sans la contredire en son principe, la loi du mérite et du démérite, la loi du juste et de l'injuste? Si l'enrichissement subit des uns aux dépens des autres peut troubler l'État par le murmure qu'il soulève, par l'envie et la convoitise qu'il excite ou qu'il entretient, par la révolte qu'il amène de chacun contre une condition qu'il voudrait comme d'autres améliorer sans effort, ce n'est pas quand il est le fruit de labeurs incessants, de longues études ou d'un talent précieux mis au service du bien général; c'est plutôt quand il procède du hasard ou d'une source déshonnête. Pourquoi méconnaître les dettes de jeu? Pourquoi prohiber l'usure? Parce qu'il est mauvais pour l'État que l'accord de deux folles passions ou que l'amour du plaisir exploité par l'avarice fasse tout à coup vaciller la balance de deux fortunes. Le même résultat serait-il meilleur ayant pour cause le malheur exploité par l'égoïsme?

La rescision est donc utile à l'État. Elle l'est manifestement pour les vendeurs en particulier. Cette utilité s'efface-t-elle devant un danger quelconque?

Nous avons vu en commençant les prétendus inconvénients signalés par Berlier : la propriété en suspens, ce qui nuit à l'intérêt public; le gage des créanciers compromis, ce qui nuit au crédit privé; les vendeurs tentés de faire aux acheteurs de mauvais procès; ceux-ci souvent obligés d'acheter leur tranquillité outre l'immeuble; enfin le sort du contrat dépendant d'une périlleuse expertise.

De toutes ces objections aucune n'est à considérer :

La propriété en suspens ? — Mais quand il y a dans un contrat translatif de propriété une cause quelconque capable de le vicier, la propriété qu'il confère n'est-elle pas résoluble, et cela fait-il reculer la loi ? Et les tiers qui à leur tour sont venus recueillir cette propriété ne sont-ils pas aussi menacés de la perdre ? La menace même n'est-elle pas moins sérieuse en cas de lésion, puisqu'on peut alors l'écarter en supplémentant le prix ? N'est-elle pas aussi de moins longue durée que partout ailleurs, puisqu'elle ne peut durer que deux ans sans que la minorité suspende ce délai ?

Mais l'agriculture souffrira ?... Comment souffrira-t-elle ? L'acheteur incertain, c'est-à-dire allant et venant de la crainte à l'espérance, négligera-t-il de s'assurer des revenus sur l'immeuble et de le faire produire ? Cela ne le compromet pas, puisque nul ne perçoit les fruits sans payer les frais de culture. — Mais il ne fera que cultiver sans améliorer ?... Mais quel grand malheur, s'il ne dure que deux ans ! Et quelle crainte chimérique d'ailleurs, puisqu'étant condamné il peut réclamer ses impenses ou les déduire du supplément de prix !

Le gage des créanciers sera exposé ?... Mais ils sont les premiers coupables d'avoir compté sur un droit dont la perpétuité devait être l'objet de doutes fort sérieux, vu le caractère nécessairement apparent de toute lésion grave !

Il naîtra plus de mauvais procès que de bons ?... Mais n'est-ce pas plutôt le vendeur qu'il faudrait en plaindre, si l'on pouvait l'en excuser ? Mais d'ailleurs cette crainte est-elle bien fondée ? et l'exemple de nombreuses réclamations repoussées par les juges n'aura-t-il pas pour effet de rendre les autres plus timides ?

Les acheteurs tracassés feront des sacrifices pour avoir la paix ?... Cela est-il bien sérieux ? S'il y a doute sur l'*existence* d'une lésion, quel acheteur se laissera intimider par la menace d'un procès qui exigera la preuve d'une lésion *énorme* ? Et s'il y a lésion certainement existante, lésion assez apparente et assez notable pour que l'acheteur puisse s'en effrayer et craindre que le juge ne la croie des sept douzièmes, n'y a-t-il pas là une preuve qu'en faisant un sacrifice l'acheteur ne fait que réparer une faute et remettre tout au plus les choses dans leur équilibre

Enfin les dangers de l'expertise ?... « Rien n'est moins sûr, dit-
» on, que ce genre de preuve. On sait comment des experts opè-
» rent : chaque partie a le sien, un tiers est appelé, et l'opinion de
» ce tiers fait la loi. Ainsi les propriétés se trouvent à la disposition
» d'un seul homme. » — Mais est-ce seulement au cas de lésion
qu'on juge sur expertise ? Et n'y soumet-on pas le sort de bien des
procès dont le but n'est pas moins grave ni la cause plus juste ? Les
procès en indemnité de gens expropriés pour cause d'utilité publique, les partages et les rescisions de partages, le remboursement
d'améliorations faites sur un fonds dont on est évincé ? — Et quand
on emploie la preuve testimoniale ? — « Avec des objections sem-
» blables il n'y aurait de sécurité que pour les hommes injustes et
» nuisants. S'agirait-il du dol personnel qui annule tous les con-
» trats? On dirait que la plainte n'en doit point être reçue, parce
» que le dol personnel ne peut être constaté que par la preuve tes-
» timoniale, la plus incertaine et la plus dangereuse de toutes les
» preuves. On renverserait bientôt tous les moyens de recours con-
» tre l'injustice, on assurerait l'impunité de tous les crimes, faute
» de trouver une preuve qui pût rassurer suffisamment l'inno-
» cence... On a fait plus d'attention aux dangers de l'impunité qu'à
» ceux de la preuve testimoniale.

» Dans les procès en lésion les preuves littérales ne sont point
» exclues... Mais si l'expertise est la véritable preuve en pareille
» occurrence, n'est-elle pas moins incertaine que celle par té-
» moins ?... Un témoin peut être corrompu ou suborné ; sa mémoire
» peut être infidèle ; les faits sur lesquels on rend ordinairement té-
» moignage sont pour la plupart fugitifs, ils ne laissent aucune
» trace après eux. Ainsi la nature des choses qui sont à prouver
» augmente les dangers de la preuve testimoniale.

» Les mêmes inconvénients ne sauraient accompagner l'estima-
» tion par experts. Des experts sont des espèces de magistrats qui
» ont l'habitude de leurs fonctions et qui ont besoin de conserver
» la confiance. Ils sont obligés de motiver leur décision. S'ils se
» trompent, ou s'ils veulent tromper, leur erreur ou leur fraude est
» à découvert. Ils ne peuvent s'égarer dans leurs opérations. Ayant
» à estimer s'il y a ou s'il n'y a pas lésion dans un contrat de vente,
» ils ont sous les yeux l'immeuble qui est l'objet de l'estimation,

» et ils peuvent le confronter facilement avec le prix qui a été sti-
» pulé dans le contrat et avec les circonstances qui établissent
» le juste prix et qui sont garanties par l'opinion commune étayée
» de tout ce que les localités peuvent offrir d'instruction et de
» lumières. Rien de plus rassurant[1].

» Le principal inconvénient de l'expertise était que chaque par-
» tie nommant son expert, chaque expert se croyait plutôt le dé-
» fenseur de la personne qui l'avait nommé que l'arbitre de
» l'affaire. Il y avait donc toujours partage d'opinions, et alors le
» tribunal nommait d'office un sur-expert qui en effet finissait par
» être le seul juge de l'évaluation. Le projet remédie à cet inconvé-
» nient en exigeant que les *trois* experts soient nommés *par les*
» *parties*, ou par le juge si les parties ne s'accordent point. Les par-
» ties demeurent sans influence ; car les experts ne doivent présen-
» ter qu'un avis commun sans que celui de chacun soit énoncé ni
» puisse être avec certitude connu de personne. Leur rapport d'ail-
» leurs ne lie point le juge, qui peut nommer d'office de nouveaux
» experts et chercher même la vérité par tout autre moyen[2]. »

Et puis, admettez qu'une erreur légère ait amené le gain du procès : il n'en est pas moins certain que la lésion est *presque* énorme.
L'acheteur condamné a la ressource de supplémenter et de retenir
le dixième du juste prix, qui fait contre-poids à l'erreur commise
et l'empêche de perdre en définitive.

Il faut avouer que les dangers qu'on prête à la rescision sont
bien imaginaires ou tout au moins palliés par de bien sûres garanties. Mais la futilité de toutes ces frayeurs apparaîtra bien mieux
si l'on considère l'esprit qui anime la loi et le but qui la dirige.
Sous une forme répressive, elle produit ici, comme par chacune de
ses sanctions, un effet salutaire qui est de prévenir le mal. La rescision qu'elle prononce est une menace qui prévient tout le monde. La
présomption qu'elle établit repose sur un fait auquel nul acheteur
n'est fatalement conduit. Il reste entre un prix des cinq douzièmes
et le juste prix un champ assez vaste assurément pour que l'intérêt
privé puisse se mouvoir et se débattre à l'aise au delà même de ce
que la conscience permet. Craint-on que les efforts de l'acheteur

---

1. Portalis, Fenet, XIV, p. 142, 143.
2. *Discuss. au Cons. d'État*, Fenet, XIV, p. 61, 62.

pour se tenir tout près de la limite légale ne lui procurent, malgré les précautions de la loi, un gain que la justice réprouve, mais sur lequel la loi n'aura aucune prise ? Que conclure de cette crainte ? C'est que si on ôte la limite, la cupidité aura encore plus beau jeu, et le fort faisant la loi au faible, il n'y aura plus, comme dit Portalis, de honte ni de pudeur dans les engagements publics. La loi fait ce qu'elle peut.

« Cette loi, disait le Premier Consul, pourra quelquefois être
» éludée, mais plus souvent elle retiendra l'injustice ; et précisé-
» ment parce qu'elle existera, il y aura moins d'occasions de l'in-
» voquer. Ce sera surtout l'avantage que les mœurs tireront de la
» loi : on craindra l'action en rescision, et l'on n'osera se permettre
» une lésion énorme ; si cette action n'existe pas, la fraude n'aura
» plus de frein et osera tout entreprendre. Mais au profit de qui
» tournerait donc l'exclusion de l'action en rescision, dans le cas
» d'une lésion énorme ? Au profit de quelques agioteurs. Et ce
» serait pour protéger un pareil intérêt qu'on foulerait aux pieds
» les mœurs et les principes de la justice civile [1] ! »

La part du Premier Consul dans cette discussion fut surtout d'abattre les controverses subtiles au pied de vérités grandes et simples.

Personne ne fit mieux ressortir que lui le but de cette loi : la jus-tice,—et son moyen pour l'atteindre : une salutaire menace. Il n'ima-ginait pas qu'il pût y avoir autre chose qu'un bien moral et social à mettre l'intérêt des hommes du côté de l'honnêteté, et à les détour-ner ainsi de gains illicites qu'ils préfèrent malheureusement si sou-vent à la satisfaction de leur conscience. La loi supplée les mœurs plus souvent encore que les mœurs ne la suppléent. Aussi ne craignait-il pas d'augmenter l'efficacité de cette menace en augmen-tant sa sévérité. « Il ne faut pas perdre de vue, disait-il, qu'en réta-
» blissant l'action en rescision on s'est surtout proposé de prévenir
» la lésion. Plus on multipliera les chances défavorables contre
» celui qui oserait se la permettre, plus on atteindra sûrement le
» but. On le manquera au contraire si l'on organise le principe de
» la lésion de manière que dans l'application il devienne illusoire. »

1. Fenet, XIV, p. 59.

Aussi tout en refusant la rescision au vendeur de meubles et à l'acheteur, tout en accordant et le droit de supplémenter, et celui de retenir le 10ᵉ du prix, et les formes exceptionnelles de la procédure, et l'élévation du taux jusqu'aux sept douzièmes, il voulait faire durer l'action quatre ans au lieu de deux, et sous ce rapport on eut raison d'être moins sévère que lui pour l'acheteur.

La loi ne pouvait guère mieux faire que ce qu'elle a fait. Elle eût eu grand tort de repousser, et elle fut sage d'adoucir une institution née de la justice, consacrée par de longs siècles à Rome et en France, et morte seulement par l'effet d'un désordre politique et social dont l'apaisement devait lui rendre la vie.

CHAPITRE IV.

VENTE ENTRE MAJEURS. (SUITE). — QUELLE LÉSION SERT DE CAUSE,
ET QUELLE VENTE SERT D'OBJET A L'ACTION EN RESCISION.

1. — L'action rescisoire de la vente entre majeurs doit avoir pour cause l'existence d'une lésion. Je vais voir successivement quel chiffre elle doit atteindre, en quoi elle doit consister, et comment elle se prouve devant les tribunaux.

Je n'ai pas à revenir sur les raisons de justice et d'intérêt social qui s'opposent à ce que *toute* lésion puisse amener ici la chute du contrat. Un champ plus ou moins vaste était nécessaire aux deux volontés qui veulent se lier dans le contrat, pour se débattre à l'aise, pour s'attirer l'une vers l'autre sans inquiétude, sinon toujours sans scrupule.

La lésion d'outre-moitié dans l'ancien droit devint la lésion de plus des sept douzièmes dans le Code. Il faut qu'elle dépasse les 7/12 du juste prix. Mais il suffit qu'elle les dépasse, ne fût-ce que d'un franc. Pourquoi n'avoir pas conservé l'ancien taux ultra-dimidiaire? Justement à cause de ce que je viens de dire, qu'une différence minime entre la lésion et le taux fixé doit emporter la balance. « C'était, dit M. Tronchet, établir une règle trop incertaine

» que de se borner à la moitié. La différence la plus légère, ne fût-elle
» que d'un franc, eût emporté la balance. » Beaucoup, faute de bien
saisir la véritable pensée que recouvrent ces paroles, s'étonnent de
voir Tronchet justifier la loi par un motif qu'ils appellent plaisant,
et toute une illustre assemblée écouter la justification avec une
gravité qu'ils trouvent digne d'une meilleure cause. Sous le système
actuel, disent-ils, est-ce qu'une différence d'un franc n'emporte
pas également la balance ? Évidemment oui; mais le conseil d'Etat
ne mérite pas pour cela qu'on le raille. Que voulait dire Tronchet?
Que le juge en se trompant d'un franc pouvait arriver à briser un
contrat dont la loi veut le maintien. Et lorsque MM. Berlier et
Bérenger proposaient d'exiger une lésion des deux tiers, il conve-
nait tout au moins d'assurer, en faisant la part des erreurs d'experts,
le maintien d'une vente qui n'est pas vile de plus de moitié. Pour
en être sûr, on exigera un douzième de plus. Grâce à ce 12ᵉ, on
n'empêche pas sans doute l'excès d'un franc sur les 7/12 d'avoir
son effet, mais on empêche une erreur légère de faire gagner celui
qui n'est pas lésé de moitié. En un mot, c'est une satisfaction
donnée aux répugnances qui s'élevaient contre la rescision en général et contre l'expertise en particulier.

La lésion doit consister en une différence entre le prix conventionnel et le juste prix. La loi, nous l'avons vu, ne pouvait sacrifier
le bon sens vulgaire, qui différencie ces deux prix, aux idées exa-
gérées d'économistes qui les confondent.

Qu'est-ce que le juste prix ? C'est cette moyenne dont j'ai parlé,
la moyenne formée des prix divers que différents acheteurs donne-
raient de l'immeuble, sans y comprendre le prix vil dont la loi
réprouve l'injustice. Ces prix divers, nos anciens auteurs savaient
les graduer, depuis l'*infimum* jusqu'au *summum*, en passant par le
medium pretium. Mais tous n'en tiraient pas la moyenne pour l'appeler juste prix. Domat évaluait la lésion par comparaison au *summum pretium*; d'autres ne voulaient comparer le prix conventionnel
qu'au *pretium infimum*. Mais Pothier donna la doctrine qui devait
passer dans le Code, celle du prix moyen, du juste milieu. — Portalis appelle juste prix « le résultat de l'opinion commune ».

De l'opinion commune, non des affections particulières et des convenances individuelles. « *Pretia rerum communiter finguntur.* »

On tiendra compte du lieu où est situé l'immeuble, du temps où il a été vendu. « Il faut, dit l'article 1675, estimer l'immeuble suivant son état et sa valeur au moment de la vente. » Peu importe donc le changement de valeur ou le changement d'état, c'est-à-dire de configuration matérielle, survenu depuis. C'est au moment de la vente que la propriété se transmet, que les droits et obligations des parties prennent leur fixité, et qu'à l'acheteur seul commencent à aller les accroissements et les diminutions de la chose vendue. — Les effets de cette fixité s'étendent à bon droit sur l'importance combinée des éléments d'où dépend la rescision du contrat. Le rescinder ou le maintenir à cause d'événements postérieurs, ce serait faire profiter ou nuire ces événements au vendeur, c'est-à-dire bouleverser la théorie des risques. — Il n'est pas bien difficile d'ailleurs de faire ce retour sur le passé; car il s'agit d'un passé bien proche, la vente ne pouvant pas être vieille de plus de deux ans. — Ce qui s'est passé durant ces deux ans doit être négligé, fût-ce la découverte d'un trésor ou d'une mine, fût-ce l'extension du terrain par alluvion. — Encore moins s'occupera-t-on des fruits : à moins qu'il ne s'agisse de fruits pendants par racines lors de la vente, auquel cas ils devaient former dans l'esprit du vendeur, non un simple revenu pour l'acheteur, mais un capital aliéné avec l'immeuble.

Voilà qui augmente l'avantage de l'acheteur dans le contrat. — Voici qui le diminue et doit préoccuper le juge en sens inverse : je veux parler de servitudes ou autres charges auxquelles l'immeuble est soumis. Je veux parler aussi d'une clause de réméré stipulée par le vendeur. Cette dernière clause était regardée comme indifférente par Pothier (nᵒ 340). C'est un tort évident du célèbre jurisconsulte : comment assimiler le juste prix d'une propriété provisoire au juste prix d'une propriété définitive? Permet-on à un vendeur de stipuler pour rien la clause de réméré?

Il n'y a pas d'ordinaire à combiner autant d'éléments pour connaître le prix conventionnel auquel s'est faite la vente attaquée. Il se compose de la somme payée au vendeur, augmentée des pots-de-vin, épingles et autres prestations accessoires dont l'acheteur a gratifié le vendeur. Doivent rester en dehors du compte les frais d'acte et droits d'enregistrement, qui, s'ajoutant aux déboursés de l'acheteur, n'augmentent pas le profit du vendeur.

Quid des sommes dont l'acheteur a libéré le vendeur, soit envers des particuliers ayant des droits réels sur l'immeuble, soit envers l'Etat créancier d'impôts arriérés? Je distingue. Ces sommes feront partie du prix conventionnel, mais seulement si le contrat de vente ou quelque autre acte qui s'y rapporte l'a voulu ainsi en obligeant l'acheteur à faire ces paiements et en lui refusant tout recours contre le vendeur. Autrement, comment dire que le vendeur en profite, puisqu'on a droit de répéter contre lui? Ce serait permettre à l'acheteur de modifier par un fait postérieur de sa part les droits ouverts en la personne du vendeur, et de rendre après coup la vente inattaquable en déboursant tout simplement une valeur destinée à égaler le prix aux 7/12 qu'il n'atteignait pas.

On le voit, c'est l'acte de vente et les conventions qui s'y rattachent, qui font connaître le prix conventionnel. L'acte de vente est quelquefois démenti par d'autres conventions. Qu'on y ait, par mensonge et pour éluder la loi de la rescision, mentionné un prix supérieur au prix convenu : le vendeur ne peut être victime de cette fraude, qu'il n'a laissé commettre que sous la loi de la nécessité. Peut-être lui sera-t-il difficile, mais au moins lui sera-t-il permis de la démasquer. On en a la preuve dans les paroles échangées entre M. Défermon et le Premier Consul au conseil d'État. (Fenet, XIV, p. 70 et 71.)

A l'aide de quels moyens va-t-on prouver la lésion qu'on allègue? Sera-t-on même admis *de plano* à en faire la preuve ? Non; il faut que cette preuve soit autorisée par un jugement qu'on obtient en articulant des faits « assez vraisemblables et assez graves pour faire » présumer la lésion » (art. 1677). Le demandeur la montrera par tous les titres qui sont en son pouvoir; il comparera le prix de vente avec les revenus de l'immeuble, avec le prix qu'il en avait donné lui-même, ou que les précédents acheteurs en avaient donné; enfin il se prévaudra des diminutions de valeur postérieures au contrat, pour montrer que le prix qui ne semble pas vil maintenant pouvait l'être alors. S'il parvient à faire admettre aux juges la possibilité d'une lésion, ceux-ci rendront un jugement interlocutoire, susceptible d'appel, mais non de cassation, puisqu'il vide une question de fait, ordonnant que la preuve se fasse par un rapport de trois experts (art. 1678) qu'il nomme d'office si les parties ne se sont pas accordées pour les nommer *conjointement* (art. 1680). Ce n'est plus comme autrefois le tiers expert arrivant pour vider le partage de deux autres experts pris chacun par l'une des parties. Nous avons vu quelle sécurité procure cette innovation. Elle tire aussi d'embarras sur les questions qui s'agitaient autrefois, de savoir si « le » tiers expert devait prononcer sans avoir égard à l'avis des deux » autres, ou s'il devait nécessairement suivre l'avis de l'un ou celui » de l'autre, ou s'il devait au moins pour sa tierce expertise se ren- » fermer dans le cercle de la plus forte et de la plus faible esti- » mation ». (Faure, Disc. au Trib.)

En vertu de l'art. 303 C. Proc., dont l'application ne peut être refusée aux parties qui la demandent, on leur permettra de se contenter d'un seul expert nommé d'un commun accord.

Les experts procéderont à l'estimation de la lésion par la comparaison du prix conventionnel et du juste prix suivant les règles posées plus haut. Ils peuvent pour cela s'aider de la preuve littérale. Ils sont « tenus de dresser un seul procès-verbal commun, et » de ne former qu'un seul avis à la pluralité des voix » (art. 1678). — « S'il y a des avis différents, le procès-verbal en contiendra les » motifs, sans qu'il soit permis de faire connaître de quel avis » chaque expert a été » (art. 1679). — Le rapport des experts ne lie pas les juges. Ils peuvent ou ordonner une nouvelle expertise, ou se contenter de celle qui est faite, sans la suivre si le résultat en est contraire à leurs convictions.

Voilà toute la marche de la procédure, quand un jugement interlocutoire ordonnant l'expertise a été rendu. Pourra-t-on quelquefois s'en passer ? Evidemment oui pour rejeter la demande, quand les faits allégués pour l'obtenir ne sont jugés ni assez graves ni assez vraisemblables. Mais si c'est l'inverse qui se produit, et si le juge, sur les preuves et présomptions qui lui sont soumises, trouve la lésion évidente et l'expertise inutile, que décider ? Si le projet n'eût pas été modifié, on dispenserait alors d'expertise : il portait en effet ces mots : « Pourront néanmoins les juges rescinder » un acte de vente sans qu'il soit besoin d'estimation d'experts, lors-

» qu'une lésion suffisante sera déjà établie par preuve littérale.
Cet article, dont l'avantage était de diminuer les frais en face de
l'évidence, ne trouva aucune opposition au Conseil d'État. Et s'il
fut renvoyé à la section, ce ne fut que pour recevoir une rédaction
plus méthodique réclamée par Cambacérès et par le Premier Consul en ces termes : « La loi doit donner aux juges une règle pour
» les trois cas suivants : celui où ils sont convaincus qu'il y a lé-
» sion ; celui où ils voient clairement qu'il n'en existe pas ; celui
» où ils croient que le fait articulé doit être vérifié par des ex-
» perts. » — L'article admis jusque-là fut critiqué par le Tribunat,
qui voulut que l'expertise fût obligatoire. « Il ne suffit pas, dit-il,
» que les juges puissent décider s'il y a lésion ou non ; quand on
» se déciderait pour l'affirmative, il faudrait encore connaître la
» juste valeur de l'objet vendu, afin que dans le cas où l'acquéreur
» voudrait user du droit de retenir l'objet en payant le supplément
» du juste prix, on sache à quelle somme s'élève ce supplément. »
Sans apprécier la valeur de cette critique, je me contente de la relever. Et quand je vois qu'après elle l'article a disparu du projet,
que nul ne s'est levé pour l'y faire remettre, et qu'au lieu du pouvoir du juge tel qu'on l'avait compris d'abord, on a voté sans restriction ces mots : « La preuve de la lésion ne pourra être admise
» que par jugement » (art. 1677) ; « Cette preuve ne pourra se faire
» que par un rapport de trois experts » (art. 1678), je dis que l'expertise est obligatoire, et que le juge, sans jamais être lié par elle,
doit s'éclairer d'elle et de ses motifs.

II. — Quelles ventes peuvent faire l'objet d'une action rescisoire
pour cause de lésion ?

Avant de répondre à cette question, il faut bien différencier *la
vente* de l'achat, l'acte où on est vendeur, de l'acte où on est acheteur, et dire que si le vendeur peut attaquer la vente à vil prix,
l'acheteur ne peut se plaindre du prix exorbitant de l'achat (art.
1683). — En consacrant cette différence, le Code s'est montré gardien plus scrupuleux de la foi des contrats que ne le voulait Portalis
et que ne l'était Pothier avec une grande partie de l'ancienne jurisprudence. Je crois avoir justifié la disposition du Code. Sans doute

l y a beaucoup de fous acheteurs. Mais bien peu sont excusables. Et s'il en est qui le soient, ils sont si rares qu'à moins de laisser aux juges un dangereux arbitraire, semblable à celui qu'ils s'arrogeaient autrefois quand la jurisprudence à cet égard était sans fixité, on eût vu sur vingt rescisions de ce genre, dix-neuf injustices sortir d'une présomption légale fondée sur un chiffre. Le chiffre en effet ne dénote jamais chez l'acheteur la pression d'une nécessité ; et de plus il exclut ordinairement l'idée d'erreur, qui, fort à tort, est regardée par le Code prussien comme le fondement de la rescision, d'où ce dernier Code conclut qu'il faut, en la donnant à l'acheteur, la refuser au vendeur, moins sujet à ignorer le juste prix de la chose qu'il vend.

La loi rescinde pour lésion les ventes *d'immeubles*, jamais les ventes de *meubles*. Les objets mobiliers courent davantage dans le commerce, et leur valeur est soumise à des fluctuations qui n'atteignent pas celle des immeubles. Ils se détériorent ; ils se déplacent ; ils suivent la mode. Comment retrouver le juste prix qu'ils ont eu lors du contrat, et discerner la vileté concomitante de la vileté postérieure à la vente ? Comment menacer ici d'une rescision sans troubler toutes les relations commerciales et tuer la liberté et la sécurité des transactions ? — Cette variation si facile de la valeur des meubles avait suffi à Cujas pour lui faire rejeter l'action. Les rédacteurs du Code y ajoutèrent d'autres motifs. Le Premier Consul surtout faisait prévaloir la raison politique. « On demande pourquoi la lésion ne serait d'aucun poids dans les ventes de meubles. Ne voit-on pas que la loi de la rescision est une loi de mœurs qui a pour objet le territoire ? Peu importe comment un individu dispose de quelques diamants, de quelques tableaux ; mais la manière dont il dispose de sa propriété territoriale n'est pas indifférente à la société. » (Fenet, XIV, p. 57.)

Le Code est absolu : il rejette l'exception que faisait l'ancien droit pour les meubles précieux. Cette exception eût multiplié les procès. On ne pourra donc attaquer ni la vente d'une coupe de bois-futaie, ni une vente de fruits, ni la vente d'un office.

Dans l'ancien droit, la vénalité des offices souleva la question quant à leur transmission, et elle fut controversée. Tout en ayant quelques partisans, entre autres Vaslin, qui trouvait aux offices un prix assez généralement connu sur lequel on pouvait se régler, malgré aussi quelques arrêts, entre autres un du 23 févr. 1596 rapporté par Automne [1], la rescision ici était généralement repoussée, témoin plusieurs arrêts de Bordeaux qu'on trouve dans Laperyère [2]. Et Loyseau la repoussait aussi « pour ce que le juste prix des offices » est incertain et sujet à changement continuel, comme consistant » de tout en l'opinion et affection, voire en folie des hommes » [3]. — A plus forte raison doit-on la repousser sous le Code Napoléon. Car ce qu'on appelle improprement la vente d'un office, c'est tout simplement la vente du droit de présentation, qui seul est dans le commerce et qui est une chose mobilière puisqu'il tend uniquement à une somme d'argent.

Remarquons aussi que, toute marchandise étant chose mobilière, il ne peut être question de rescinder une vente en matière commerciale.

La vente simultanée d'immeubles et de meubles pour un seul et même prix donne lieu à une ventilation, afin de connaître dans quelle proportion les uns et les autres sont représentés par le prix total. On compare ensuite au juste prix des immeubles la part du prix conventionnel qui leur correspond. On applique cela à la vente d'une maison meublée ; je l'applique aussi à la vente d'un domaine couvert de sa récolte. Cette récolte, ai-je dit, entre en ligne de compte dans l'estimation des juges; mais elle y entre en ce sens qu'il faut distraire du prix stipulé pour le tout, une portion de prix qui lui corresponde (dans le même rapport, bien entendu). Cette ventilation force à faire une estimation rétroactive des meubles compris dans la vente. C'est un malheur, mais un malheur nécessaire. Pouvait-on à cause de cela repousser pour le tout l'action rescisoire, et dire implicitement qu'il suffirait, pour éluder la loi, de faire abandonner au vendeur, outre son immeuble, une quantité plus ou moins grande d'objets mobiliers ?

Pas plus qu'on ne met les meubles précieux en dehors du refus de la rescision, on ne soustrait aucune vente *d'immeuble* aux con-

---

1. *Ad leg. 2 de resc. vend. C. Just.*
2. Rec. de décis. somm., *Lettre O*, déc. 35.
3. *Traité des offices* de Loyseau, Livre III, chap. II.

équences de la vileté du prix. Les ventes d'immeubles incorporels entrent sous cette loi commune : ainsi de la vente d'une servi-ıde; ainsi de la vente d'un droit d'emphytéose ou de superficie ; insi de la vente d'un droit d'usufruit, sauf pour celle-ci les effets e sa nature aléatoire, que j'étudierai tout à l'heure.

Les termes de la loi défendent encore de faire exception pour la ente à réméré (art. 1676).

Mais l'art. 1684 excepte formellement toutes les ventes « qui, d'après la loi, ne peuvent se faire que d'autorité de justice ». — uel en est le motif? C'est qu'après toutes les précautions prises, rocès-verbaux, affiches, etc.,... il faut croire que la chose a été endue à peu près la somme qu'il était possible d'en retirer. Com-ıent aurait-on pu en retirer plus, puisqu'on a publiquement ppelé les acheteurs et livré la chose à leur concours? Le motif ncore, c'est que la justice, quand elle intervient, écarte tout soupçon e surprise et de fraude; c'est surtout qu'elle doit une sûreté en-ère à ceux qui achètent sous sa protection, et cela, non-seulement our s'assurer le respect dont elle a besoin, mais pour sauver ncore, les intérêts qu'elle protége. Une fois la vente ouverte, on en remet à la lutte des enchérisseurs entre eux, pour donner de la hose qu'on vend tout ce qu'on en peut espérer. Que ferait ici une ıenace de rescision? Fera-t-elle accepter par les tiers des pré-entions plus élevées? Ou ne faut-il pas plutôt craindre qu'elle ne ıs éloigne? L'intérêt du vendeur, dans les cas de ventes judi-iaires, est avant tout de vendre, et ensuite de vendre au plus .aut prix possible. Qu'on s'assure donc des enchérisseurs pour tre sûr de vendre, et qu'on en attire beaucoup afin de vendre plus her.

L'homme en détresse qui vend à l'amiable et à vil prix, est au ontraire livré à un acheteur avide, que rend plus avide encore 'absence de toute concurrence. Et il est à présumer qu'avec des ormalités judiciaires, de la publicité et des enchères, il eût retiré le sa chose un prix plus élevé.

Mais, me dira-t-on, est-ce qu'en prenant *de son plein gré* les voies judiciaires, le vendeur que presse le besoin n'a pas pour premier intérêt de vendre et d'attirer les enchérisseurs pour toutes sortes de moyens? Et pourtant la menace de rescision ne subsiste-t-elle pas ici, et n'a-t-elle pas pour effet, si cet effet existe, d'écarter les acheteurs? Voyez comment est conçu l'art. 1684 : l'exception porte sur les ventes « qui, d'après la loi, *ne* peuvent être faites *que* d'autorité de justice ». Elle ne porte donc pas sur celles qui peuvent se faire autrement et qui ne se font ainsi que par le bon plaisir du vendeur. Ainsi, la vente des biens de mineurs et d'interdits, celle des fonds dotaux, les ventes sur saisie, celles des biens des faillis et les ventes sur surenchère échappent à la rescision ; elles y échappent quand même elles se seraient faites devant un notaire commis par le tribunal. Mais qu'un vendeur prenne *volontairement* les voies judiciaires et vende aux enchères après apposition d'affiches ; que des copropriétaires capables et présents vendent en justice un immeuble impartageable, alors que l'article 985 Pr. leur permet de s'abstenir des voies judiciaires ou de les abandonner en tout état de cause : jamais on ne refusera à ce vendeur, à ces copropriétaires, l'action rescisoire pour lésion de plus des 7/12. Et pourtant il y a ici besoin de nombreux acheteurs ! Il y a intervention de la justice? S'il y a rescision ici, pourquoi n'y en aurait-il pas pour la vente des biens de mineurs, d'interdits, de faillis, etc... ?

Je ne vois d'autre réponse à cette critique que de m'y associer, non pour demander l'admission de la rescision dans toutes les ventes judiciaires, mais pour demander son rejet dans toutes, et même dans les ventes faites seulement devant notaire aux enchères publiques. Je ne puis approuver les termes restrictifs de l'article 1684. Quel en peut être le motif? On n'en peut donner qu'un, savoir que c'est peut-être pour éviter la rescision et léser impunément le vendeur que l'acheteur a exigé ou accepté les formalités judiciaires. Mais quoi ! l'acheteur en exigeant ou acceptant cela ne met-il pas le vendeur dans une situation pareille à celle du mineur dont on vend les biens en justice? S'il n'achetait pas aux enchères, est-ce que les créanciers ne viendraient pas provoquer la vente sur saisie, vente qu'on ne rescinde pas parce qu'elle donne

sûrement tout ce qu'on pouvait avoir? Et si le vendeur consent à
ce mode d'aliénation, n'est-ce pas la preuve d'un besoin urgent,
besoin qui lui défend de se plaindre, puisque de cette façon, ayant
pour acheteur un homme qui a voulu la publicité et la concurrence, il ne pouvait encore, de cette façon, espérer tirer de sa chose
un prix plus élevé? Les formalités suivront leur cours; elles proté-
geront le vendeur bénévole, comme elles auraient protégé le vendeur saisi ou le vendeur mineur, et la cupidité de l'acheteur
n'aura pas plus beau jeu ici qu'elle ne l'aurait contre le mineur,
qui, au lieu de se protéger soi-même, serait protégé par un autre.
Peut-il faire en effet, cet acheteur, que les enchérisseurs ne
viennent pas le forcer à élever son prix? Mais s'il le peut ici, il
le peut dans une vente de biens pupillaires, et je ne vois pas
comment on pourrait donner au majeur plus de protection qu'au
pupille.

Mais la loi n'en est pas moins formelle, et jusqu'à ce qu'elle
change, les tribunaux devront distinguer les deux sortes de ventes
judiciaires.

— Quel était le sort des ventes judiciaires dans l'ancien droit?
A l'inverse du progrès que je voudrais voir introduire dans la loi,
le refus de la rescision y était encore plus restreint que dans le
Code. Ainsi la vente régulière de biens de mineurs était rescindable, comme on le voit dans Domat, non pas seulement pour
lésion d'outre-moitié, mais pour lésion si petite qu'elle fût.

En fait de ventes judiciaires, on déclarait non rescindables les
ventes faites par *décret forcé*, c'est-à-dire sur saisie. Il y avait à côté
d'elles les ventes par *décret volontaire*, sorte de saisie qu'un acheteur, dans le but de purger les hypothèques, laissait pratiquer sur
lui par un ami dont il s'était préalablement constitué débiteur
imaginaire afin de lui refuser paiement. C'était une procédure fic-
tive contenant toutes les formalités du décret forcé à l'exception du
bail judiciaire. Et on n'y voyait universellement qu'une vente
ordinaire susceptible d'être rescindée pour cause de lésion, parce
que les droits des parties naissaient plutôt du contrat qu'elles
avaient passé, que de l'adjudication.

Mais les ventes par décret forcé étaient inattaquables. On en a
une preuve dans les trois Coutumes qui prévoient seules la ques-

tion [1], dans une maxime de Loisel [2], et dans de nombreux arrêts [3]. On le décidait ainsi, malgré l'art. 164 de l'ordonnance de 1629, même pour le décret forcé rendu contre les mineurs, à moins qu'il n'y eût lésion *énormissime*.

Le refus de rescision était loin pourtant d'être approuvé de tous. De nombreux auteurs, sans pouvoir faire varier sur ce point la jurisprudence, la critiquaient avec force [4].

Mais tous les parlements, sauf celui de Besançon [5], y étaient fidèles. Un d'eux cependant, celui de Toulouse, donnait au débiteur, au lieu de la rescision refusée, un droit nommé *rabattement de décret*, lui permettant de rentrer dans les biens expropriés, en remboursant à l'adjudicataire le prix principal de la vente, les frais, droits seigneuriaux et loyaux coûts. Les enfants du débiteur pouvaient l'exercer sans être héritiers de leur père ; mais un tiers n'en pouvait être cessionnaire. La jurisprudence, peu uniforme sur l'exercice de ce droit, finit par se fixer par une déclaration du 16 janvier 1736 applicable au Languedoc et réduisant à dix ans dans tous les cas le délai autrefois trentenaire s'il y avait eu sentence, et décennal s'il y avait eu arrêt. — Les statuts de Bresse donnaient, mais pendant six mois, le même droit au débiteur exproprié [6].

Le rabattement de décret fut supprimé par la loi du 25 août 1792, art. 18, que confirma et développa la loi du 12 février 1793.

Des ventes judiciaires passons aux ventes aléatoires : nous serons sur un terrain fécond ; et là il nous sera permis de critiquer non plus la loi, mais un peu la jurisprudence.

Qu'est-ce qu'un contrat aléatoire ? C'est un contrat qui renferme

1. Auvergne, ch. 12, art. 22. — Bourbonnais, art. 427. — Marche, art. 122.

2. Loisel, Inst. Cont., liv. III, tit. IV, max. XI.

3. 1568. — 1611. — 2 avril 1760, et 7 mars 1781 du Parlement de Flandre. — Guyot, v° *Lésion*.

4. Dum., art. 122 Cout. de la Marche. — D'Héricourt, ventes par décret, t. I. p. 243. — Brodeau sur Louet, Lettre D, ch. 32, n° 3. 6. — Coquille, art. 54 Cout. de Nivern. — Lemaître, traité des Criées, ch. 29 *in fine*.

5. Arrêt du 19 fév. 1619. — Voy. Dunod, *Traité des Prescriptions*, Partie II, ch. VIII, p. 177.

6. D'Héricourt, ventes par décret, T. I, p. 286. — Voy. Ferrières, v° *Rabattement de décret*.

pour chacune des parties des chances de gain et des chances de
perte, en sorte que chacun pouvant perdre ou gagner, nul ne perd
ni ne gagne au jour du contrat. Il faut cela pour qu'il y ait *alea*,
soit dans la vente, soit ailleurs. Et il est à remarquer, s'il s'agit
d'une vente, que l'*alea*, c'est-à-dire la chance réciproque de gain
ou de perte, peut résulter : 1º de l'incertitude sur la valeur de
l'*objet* vendu, comme dans une vente de droits successifs non
liquidés, ou de droits litigieux, ou d'un usufruit; 2º de l'incertitude sur la consistance du *prix*, comme dans les ventes dites à
fonds perdu, qui se font moyennant un droit viager, usufruit ou
rente; 3º enfin de l'incertitude sur l'*objet* et sur le *prix*, comme
dans la vente à fonds perdu de droits eux-mêmes indéterminés,
droits successifs ou litigieux.

Quant à l'échange de deux droits viagers, d'un usufruit et d'une
rente viagère par exemple, je ne l'appelle aléatoire que si la durée
des deux droits est limitée à la vie de deux personnes différentes.
Autrement, ayant un nombre égal de prestations *égales*, on est sûr
de l'équilibre même pour l'avenir; — ou bien ayant un nombre
encore égal de prestations *inégales*, il y a dès le jour du contrat
une perte apparente fixée sur l'une ou l'autre partie. Resterait
seulement, dans le cas d'inégalité des prestations, sinon l'incertitude sur celui qui doit perdre, au moins l'incertitude sur l'importance de sa perte qui s'augmente avec la durée des échanges.

Cela posé, on peut affirmer sans crainte que la vente aléatoire
échappe à la rescision, puisqu'une chance de gain, y faisant contre-
poids à la chance de perte, en exclut pour le présent l'idée de
lésion [1].

Il faut même dire plus. Parmi les ventes où la perte est fixée
d'avance sur l'une des parties, il en est où cette perte est incertaine
dans sa quotité : seront-elles rescindables? Cela dépend : si l'*alea* qui
plane sur la quotité de la perte se meut en deçà des 7/12 de l'objet
qu'on abandonne, ou même si, chevauchant sur cette limite, il y a

---

1. Elle y échappait déjà dans l'ancien droit. Un arrêt du 25 mai 1589 refusa à
un batelier de Noyon la rescision du contrat par lequel il avait vendu 300 écus la
succession du bailli du palais valant 4,000 livres de rente (Brodeau, sur Louet,
Somm. VII, nº 1; Pothier, *Vente*). Il en était ainsi de toute vente d'hérédité faite
à un étranger (Loysel, Inst. Cout. Max. 413). De même pour les ventes à rente
viagère (Charondas, Liv. III, art 41.)

chance que la perte reste en deçà, alors pas de rescision : la vente, quel que soit le nom dont il faille l'appeler, ne contient pas une lésion actuelle de plus des 7/12.—Mais si c'est au delà des 7/12 que se meut l'*alea*, si le moins qu'on puisse perdre est sûrement plus fort que cette fraction, la vente est par contre-coup sûrement rescindable.

Voilà où conduisent les principes du droit. La rescision n'a de prise sur aucune vente capable de procurer au vendeur un prix équivalent aux 5/12 de ce qu'il abandonne, à moins toutefois que dans cette vente l'*alea* ne soit pas sérieuse.

Il y a en effet l'*alea* non sérieuse, et l'*alea* qui se meut entre un prix vil et un autre prix vil [1]. — Toutes deux sont indifférentes au point de vue de la rescision.

Parlons de la première. On la trouve dans les ventes où, au lieu d'une incertitude réelle, il n'y a qu'une incertitude apparente sur la valeur comparée des équivalents. Ainsi, les droits successifs que je vends sont-ils parfaitement connus et déterminés tant pour l'actif que pour le passif : il y aura place pour la rescision. De même pour la vente d'un droit non litigieux, mais faussement qualifié tel. De pareilles ventes ne sont pas aléatoires.

L'*alea* est sérieuse au contraire, mais se resserre entre deux prix vils, et laisse ouverture à la rescision, dans plusieurs hypothèses que nous allons examiner. Pour cela, supposons successivement que l'incertitude réside : 1º dans l'objet de la vente; 2º dans son prix; 3º dans les deux à la fois.

1º En vendant mes droits successifs non liquidés, je vends un objet incertain quant à sa valeur. Mais voici que dans le contrat je garantis mon acheteur de l'éviction des immeubles, et me charge des dettes. La chose ainsi réglée, je reçois en échange des biens que j'ai garantis un prix inférieur aux 5/12 de leur valeur. Qu'est-ce qu'un pareil contrat ? Je n'y ai aucune chance de gain : car mon acheteur ne court aucun risque. La perte est d'avance fixée sur moi; et si son importance est soumise à une *alea*, cette *alea* ne lui permet pourtant pas d'être inférieure ou simplement égale aux 7/12 de ce que j'abandonne. Je suis sûr de subir une lésion illé-

---

1. Je désigne par ce mot *vil* un prix vil selon la loi, un prix inférieur aux 5/12e.

gale. Elle consiste au *minimum* dans la différence entre le prix reçu et la valeur des biens garantis, différence déjà supérieure aux 7/12, et elle ne peut que monter plus haut s'il apparaît des dettes, puisque c'est moi qui devrai les payer. L'*alea* se meut d'un prix vil à un prix plus vil encore : il faut briser le contrat [1].

Mais il faut, comme M. Duvergier, exiger pour cela que l'héritier ait *tout à la fois* garanti les immeubles et pris les dettes à sa charge. Il ne peut suffire, quoi qu'en dise M. Troplong [2], de la seconde de ces deux choses : car si je n'ai pas garanti les immeubles, je puis sans doute voir ma lésion s'élever bien au delà des 7/12 par l'apparition de dettes ; mais je puis aussi la voir s'abaisser, disparaître et faire place au gain, si, des dettes n'apparaissant pas, les évictions subies par l'acheteur prouvent que l'actif était moins fort et mon prix moins vil qu'on pouvait le penser. L'*alea* se balance entre la perte et le gain ; il n'y a pas lésion, il n'y a pas rescision. Mais des évictions, dira-t-on, il n'y en a pas eu, et il était évident, lors du contrat, qu'il n'y en aurait pas ! C'est possible ; mais c'est là une allégation que le juge devra vérifier, et qu'il n'admettra pas facilement : car l'éviction arrive souvent lorsqu'on s'y attend le moins ; — si à l'inverse l'héritier a garanti les immeubles sans prendre les dettes à sa charge, la vente est encore à l'abri de la rescision : car des dettes pouvant surgir et rendre le vendeur heureux, malgré l'exiguïté de son prix, de s'en être déchargé sur un autre, l'*alea* va encore ici de la perte au gain.

L'*alea* suffisante subsisterait encore malgré la clause qui défendrait au vendeur d'exiger le prix stipulé en cas que *rien de liquide* ne se trouverait dans la succession. Car si cette clause destine au vendeur le risque d'une non-valeur *totale* en le privant alors du prix, elle lui laisse son prix intact en face d'une non-valeur *partielle* qui peut effacer ainsi la lésion. L'admission en ce cas de l'action rescisoire est encore une erreur de M. Troplong (n° 790).

2° Quand c'est le prix et non plus l'objet qui est incertain, quand par exemple il s'agit d'une vente d'immeuble moyennant usufruit ou rente viagère, il peut se faire, là encore, que l'*alea* se meuve

---

1. Duvergier, II, 75.
2. Troplong, *Vente*, II, 790.

entre deux prix vils, entre deux lésions énormes, et alors il faut rescinder. — Je vais prendre pour siége de mes développements la vente à rente viagère : ce que je dirai d'elle s'appliquera à la vente moyennant usufruit.

. Il y a un fait dont la certitude n'est pas le résultat de statistiques et d'estimations, mais de lois toutes mathématiques : c'est qu'une valeur qui revient perpétuellement est infiniment supérieure à la même valeur se répétant 50 fois, 100 fois, et même davantage. Si donc l'arrérage de la rente viagère donnée en prix n'est pas supérieur à l'intérêt légal de la valeur de l'immeuble, il y a entre le droit viager et le droit perpétuel une différence de plus des 7/12, parce qu'elle est *infinie*, différence qu'on ne saurait mieux fixer qu'à la valeur même du droit perpétuel, c'est-à-dire à la valeur de l'immeuble aliéné.

Cette manière d'évaluer ici la lésion semble au premier abord impliquer qu'il n'y a pas seulement lésion, mais absence de prix. Mais il n'en est rien, et il importe de le prouver. Car de cette preuve dépend et l'existence de la vente sauf annulation, et la prescription de l'action par deux ans, et le droit pour l'acheteur de rester nanti en supplémentant le prix.

Oui, il y a bien un prix dans la rente viagère dont l'arrérage ne dépasse point l'intérêt légal de la valeur de l'immeuble. Il y a bien des arrêts qui ont soutenu le contraire, et la jurisprudence s'est fort contredite sur ce point. Pour la *nullité faute de prix* : un arrêt de cassation du 2 juillet 1806 [1] confirmant un arrêt d'Aix; un autre du 28 déc. 1831 [2], confirmant un arrêt d'Orléans; un autre du 30 juin 1841 ; un autre du 7 août 1849 [3]. — Pour l'existence d'un prix (sans parler encore de sa vileté) : un arrêt de cassation du 1er avril 1829, confirmant un arrêt de Riom [5].

Ainsi la Cour de cassation, appelée à juger si une rente viagère inférieure ou seulement égale au revenu de ce qu'on vend mérite le nom de prix, a dit non en 1806, oui en 1829, non en 1831, 41

---

1. Dall. alph., *Vente*, p. 913.
2. D. P., 1832, I, 41.
3. Sans compter : Angers, 21 fév. 1828. — Douai, 30 nov. 1847, et 14 juin 1852
4. D. P., 29. I, 41.
5. D. P., 28, II, 40 sans compter : Toulouse, 22 nov. 1831 (Dall., rente viag., n° 74). — Agen, 5 mai 1829. — Grenoble, 1831.

et 49. Discutons ces arrêts et leurs motifs, avant de voir la Cour de cassation, le 13 nov. 1867, consacrer les principes que j'ai exposés.

Et comme parmi les arrêts qui ont reconnu l'existence d'un prix, quoique le revenu fût plus fort que l'arrérage de la rente viagère, il en est qui ont commis cependant l'erreur de refuser en pareil cas la rescision, il faut voir sur quoi l'on s'est appuyé, soit pour dire qu'il n'y avait pas de prix, soit pour repousser le moyen tiré de la lésion.

Pour nier qu'il y ait un prix, les arrêts ont qualifié de prix *non sérieux* la rente viagère inférieure au revenu, ce qui est injustifiable : car ce qui empêche le prix d'être sérieux, c'est uniquement l'intention manifeste où sont les parties que ce prix ne soit jamais payé. Tout prix qui n'est pas stipulé par manière de jeu, *nugatorie* [1], tout prix qu'on ne peut pas appeler un prix *de néant* comme cela arrive dans la vente d'un immeuble pour un écu [2], est un prix sérieux qui peut n'être pas le juste prix, mais qui, si bas qu'il descende, est toujours un prix, un prix conventionnel, un prix vil, qui permet à la vente d'exister, sauf rescision si la vileté est énorme. Or si je stipule une rente viagère de 1,000 fr. pour un immeuble qui en produit 2,000, je me propose sérieusement de recevoir tous les ans 1,000 fr. Ces 1,000 fr. vaudront la peine d'être exigés par moi, et s'il est vrai que je suis lésé, lésé de plus des 7/12, lésé même de tout le fonds et d'une portion du revenu, il n'est pas moins vrai que pour l'abandon que je fais du fonds et du revenu, je reçois un équivalent *sérieux*, quoique vil : 1,000 fr. par an tant que je vivrai.

Mais les arrêts se motivent encore ainsi : la rente que paye l'acheteur étant tout au plus égale au revenu qu'il perçoit, il peut la payer sur le revenu et recevoir ainsi l'immeuble sans bourse délier, c'est-à-dire sans prix. — C'est une erreur. Ce que je donne, c'est la propriété de l'immeuble, la propriété utile et productive, l'*usus*, le *fructus* et l'*abusus*; et l'acheteur, recevant cela, déliera tous les ans sa bourse pour me donner 1,000 fr. Il prend beaucoup d'une

---

1. L. 36, D, *De contr. empt.*
2. L. 46, *Locati conducti.*

main et donne un peu de l'autre; or c'est là ce qu'on fait toutes les fois qu'on achète à vil prix : car rien n'empêche de supposer qu'ayant acheté 5,000 fr. ce qui en vaut 20,000, je revende 20,000 fr. pour en garder 15,000, ce qui pourtant, d'après les arrêts que je critique, serait recevoir 15,000 fr. sans bourse délier.

Et il en est de même si je reçois en retour de l'immeuble un usufruit au lieu d'une rente viagère. Cet usufruit est-il inférieur ou seulement égal à ce que serait l'usufruit de l'immeuble abandonné? Il y a un prix vil, mais il y a un prix. — Et de même, il y aura forcément un prix si l'usufruit qu'on me promet est l'usufruit même de l'immeuble que j'abandonne. Je vends alors l'immeuble sous réserve d'usufruit. Sans doute c'est une donation de la nue-propriété. Mais ce n'est pas la nue-propriété que je déclare *vendre*, c'est la propriété pleine, et je me réserve comme prix l'usufruit. Et c'est un prix sérieux, parce que je prétends l'exiger; parce que c'est dans le patrimoine de l'acheteur grossi de l'immeuble vendu que j'irai le prendre; enfin parce que si l'acheteur voulait immédiatement revendre l'immeuble, il se ressentirait en définitive, par une déduction faite sur le prix de revente, du droit d'usufruit qu'il m'a donné comme prix. — Mais c'est évidemment un prix *vil*, vil de plus des 7/12, puisqu'il consiste en une jouissance éphémère qui doit différer autant de la valeur de l'immeuble que ce qui meurt diffère de ce qui ne meurt pas.

Aussi faut-il chercher une explication raisonnable aux arrêts qui, reconnaissant à la rente viagère égale ou inférieure au revenu le caractère de prix sérieux, ont pourtant refusé de rescinder la vente. On en trouve deux motifs dans les arrêts. L'un fondé sur la valeur incertaine du prix, sur le caractère aléatoire de la vente, caractère qu'on proclame un obstacle *absolu* à la rescision. Ce motif, si c'en était un, s'appliquerait tant à la vente moyennant usufruit qu'à la vente moyennant rente viagère. Mais son impuissance est manifeste, après tout ce que j'ai dit sur l'inefficacité d'une *alea* qui va d'une perte de plus des 7|12 à une perte plus grande encore.

L'autre motif, et celui-là ne peut être allégué que s'il s'agit de rente viagère, c'est le droit que donne sans restriction l'article 1976 de fixer à sa fantaisie le taux de la rente viagère. Mais quel est l'esprit de cette disposition? C'est de rendre inapplicables ici les lois sur l'usure. Il était évident qu'on ne pouvait empêcher les arrérages de s'élever ou de s'abaisser suivant le bon plaisir des parties qui calculent sur des données incertaines. Mais tout cela doit céder devant la loi qui régit la vente immobilière. Que la rente soit le prix d'un immeuble : l'*élévation* de l'arrérage, ne lésant que l'acheteur, doit rester indifférente; car la loi ne secourt pas l'acheteur. Mais si l'arrérage s'abaisse, je soutiens que l'article 1976 ne lui permet pas et n'a jamais pensé lui permettre de s'abaisser jusqu'à une violation des lois sur la rescision des ventes immobilières. Que la rente soit l'équivalent d'une somme d'argent : on pourra la fixer moindre que le revenu. Pourquoi? Parce qu'il n'y a pas là une vente, le nom de prix ne convenant pas plus à la rente qu'à la somme d'argent, et parce qu'alors même qu'il y aurait vente, il y aurait tout au moins vente *mobilière*. Mais si c'est un immeuble que j'aliène de cette façon, quelle raison y a-t-il de faire prévaloir les règles de la constitution de rente viagère sur les règles de la vente d'immeubles? Quelle raison y a-t-il de voir plutôt dans l'article 1976 une exception à l'article 1674 que dans celui-ci une exception à celui-là? Aucune. Et si je vends mon immeuble valant 24,000 fr. dont l'intérêt légal est 1.200 fr., pour une misérable rente viagère de 500 fr., je dois être aussi bien secouru par l'article 1674, auquel n'a point pensé l'auteur de la loi des rentes viagères, que si je l'avais vendu pour un capital de 9,000 fr.

L'application de la rescision est maintenant démontrée. Reste une question accessoire. Le juge peut-il comparer l'arrérage du droit viager à l'intérêt légal de la somme que vaut l'immeuble, au lieu de le comparer au revenu réel de l'immeuble, ce qui écarterait davantage la chance de la rescision? La Cour de cassation a répondu oui le 13 novembre 1867 (Dev. 1868. I. 23), comme elle l'avait fait déjà le 16 juillet 1856 (D. P. 1857, 1. 540); et avec grande raison, car la loi, en matière de rescision, n'impose aux tribunaux, pour l'évaluation des biens, aucune règle si ce n'est l'obligation d'en estimer la valeur *en se plaçant au jour de la vente*.

L'arrêt que je viens de citer, du 13 nov. 1867, est d'ailleurs la consécration des doctrines que je viens de développer. Comparé à l'arrêt de Montpellier qu'il vient confirmer, il dit tout à la fois : 1º que la rente viagère inférieure à l'intérêt de la valeur immobilière aliénée n'en est pas moins un prix véritable ; 2º qu'elle implique une lésion de plus des 7|12 ; 3º que c'est à l'intérêt de la somme représentative, non au revenu réel de l'immeuble, qu'il faut comparer la rente. Il s'agissait en effet de biens valant 30,000 fr. (intérêt légal : 1,500 fr.) aliénés pour une rente viagère de 1312 fr., taux que n'atteignait pourtant pas, d'après l'exposé des faits, le revenu *réel* des biens. Et la Cour suprême approuve la Cour de Montpellier d'avoir admis la rescision ; et elle se garde bien de faire mention de ce que cette Cour avait ajouté, savoir : que la vente était nulle en outre pour absence de prix. Le tribunal de Prades, en rescindant tout simplement pour lésion, avait mieux encore appliqué la loi que la Cour de Montpellier. Et c'est surtout son jugement que la Cour suprême a consacré.

Sommes-nous sorti des ventes aléatoires quant au prix ? — Point encore. Si nous savons en effet qu'il faut rescinder quand l'arrérage du droit viager qui forme le prix ne surpasse pas l'intérêt de la valeur immobilière aliénée, il reste à voir ce qui se passera quand cet arrérage lui sera *supérieur*. Y aura-t-il rescision ? N'y en aura-t-il pas ? Cela dépend de l'élévation de l'arrérage, qui peut, malgré sa supériorité sur l'intérêt légal, malgré l'accumulation possible de ces excédants annuels, laisser pourtant au vendeur pour *minimum* de perte, une perte supérieure aux 7|12 de ce qu'il abandonne. Tout dépendra donc de la durée possible de la vie du vendeur, laquelle n'est pas dépourvue même par avance d'un terme *maximum*. Si en supposant qu'il l'atteigne, l'*alea* se renferme entre une lésion de plus des 7|12 et une lésion plus énorme encore, on rescindera.

Je trouve à cette doctrine un sérieux appui dans un arrêt de Nancy du 2 août 1837 (Dall. *Vente*, nº 1576, 4º), surtout dans les motifs qu'il donne. La Cour de cassation elle-même dans l'arrêt du 16 juillet 1856, reconnaît aux tribunaux le droit de juger en fait, et selon les circonstances du procès, que la valeur réelle de l'immeuble dépasse de plus des 7|12 le prix représenté par la rente viagère.

Il est raisonnable de prendre cent ans pour terme *maximum* de la vie du vendeur. Reste à faire le calcul sur cette base, et ensuite la comparaison, et j'emprunte pour cela un exemple à Marcadé :

Qu'un vieillard de 80 ans vende à 1,200 fr. de rente viagère un immeuble de 50,000 fr. rapportant 1,000 fr. Il aura beau vivre 100 ou 110 ans, il sera lésé de plus des 7|12. Car dans l'espace de vingt ou trente ans qu'il peut vivre, il n'aura reçu à titre de prix que 4,000 ou 6,000 fr. composés de vingt ou trente fois les 200 fr. dont l'arrérage excède le revenu.

3° Pour nous débarrasser des ventes aléatoires, il reste une hypothèse à examiner : celle où il y a incertitude et dans la chose et dans le prix. On vend par exemple un usufruit moyennant une rente viagère. M. Troplong a tort de supposer qu'ici la rescision puisse en certains cas devenir possible. *Chacun* a chance de perdre, parce qu'il peut arriver que ce qu'il reçoit se trouve réduit à zéro (par sa mort, dans notre hypothèse). Si chacun peut perdre, chacun peut gagner. L'*alea* va de la perte au gain. Pas de rescision.

Voilà la théorie des ventes aléatoires. —Je n'ai pas parlé de la vente d'une nue-propriété. J'appelle ainsi le contrat par lequel on abandonne l'immeuble sous réserve d'usufruit et en stipulant en outre un prix quelconque en capital ou en viager. Ce contrat, qui est aléatoire dans son objet, puisque la nue-propriété est une valeur incertaine qui dépend de la durée de l'usufruit, peut aussi être regardée comme aléatoire seulement dans son prix si on fait de l'*immeuble* l'objet de la vente en appelant *prix* la réunion de l'usufruit et de la somme ou rente ou autre droit qui a été stipulé en sus. On doit alors lui faire l'application des principes posés plus haut.

On pourrait à la rigueur faire rentrer dans les ventes aléatoires les ventes dont le prix est laissé à l'arbitrage d'un tiers. J'y vois une *alea* suffisante pour écarter la rescision. Elle va de la perte au gain : car chacun peut au jour du contrat espérer de gagner ou craindre de perdre au prix que fixera l'arbitre. Et qu'on ne prétende pas qu'on peut tout au moins rescinder la fixation de ce dernier, sous prétexte que l'*alea* n'est point en elle, mais qu'elle est tout entière dans l'acte qui l'a précédée. Car cette fixation n'est pas une vente. La vente, c'est le contrat par lequel on s'en rapporte au tiers; elle est parfaite dès ce jour-là, parce que dès ce jour-là on s'est soumis à son arbitrage ; et si le prix n'est pas encore connu, il existe, et son importance plus ou moins grande ne dépend plus des parties.

Un mot maintenant sur les ventes à rente perpétuelle. Ce genre de prix n'est nullement aléatoire ; et la vente sera rescindée suivant les principes ordinaires. Toute rente perpétuelle, étant rachetable, peut être envisagée sous la forme d'un capital certain qui ne pourra être inférieur aux 5|12 de la valeur de l'immeuble. Il suffira pour la connaître de multiplier l'arrérage par le denier légal ou conventionnel du rachat : par 20 (denier légal) si on s'est abstenu de le fixer ; par 25 si on a stipulé la rente rachetable au denier 25, c'est-à-dire à 4 0|0 ; par 50 si on l'a stipulée rachetable au denier 50, c'est-à-dire à 2 0|0. — On le voit, le prix est toujours certain. De plus c'est une vente d'immeubles, et Pothier excédait ses pouvoirs d'interprète en refusant de rescinder cette vente sous prétexte qu'il y trouve en cas de lésion l'intention de gratifier l'acheteur.

Enfin peut-on rescinder une promesse de vente ? — A ne consulter que la rigueur des termes, la négative ne serait pas douteuse, encore bien qu'il s'agisse d'une promesse synallagmatique de vendre et d'acheter, car cette promesse n'est pas véritablement une vente. Elle ne transfère ni la propriété ni les risques. Il n'y aura vente parfaite qu'au jour où la promesse sera exécutée de gré ou de force. Et cette promesse n'équivaut même pas à une vente conditionnelle : car son exécution ne sera pas rétroactive, comme le serait la condition d'une vente véritable. — Aussi pourrait-on dire qu'elle ne donne pas matière à rescision.

Mais ce serait abuser d'une idée juste en faveur d'une solution absurde. Il ne serait pas supportable qu'ayant promis de vendre moins des 5/12, je puisse.malgré la lésion dont je me plains, être contraint par la justice d'exécuter mon obligation et de contracter une vente dont la justice me devrait aussitôt la rescision. S'il n'y a pas *vente*, il y a *germe de vente* ; et devant rescinder la vente aussitôt formée, on doit à plus forte raison étouffer le germe qui la contient.

Aussi, je ne fais pas comme beaucoup d'auteurs qui restreignent

cette solution à la promesse synallagmatique. Je l'étends aux promesses unilatérales de vendre (non pas, bien entendu, aux simples
pollicitations qu'on peut toujours retirer). Là aussi en effet il y a
un lien que la seule volonté de l'autre partie peut transformer en
vente. Là aussi il y a inconséquence et absurdité à repousser l'attaque que je dirige contre ma promesse, puisque, cette attaque contenant implicitement sommation à l'adversaire de prendre parti,
me repousser serait de la part des juges me contraindre à exécuter
et à vendre, c'est-à-dire à faire une chose que les mêmes juges devraient sur ma demande annuler tout aussitôt.

CHAPITRE V

VENTE ENTRE MAJEURS (SUITE). — EXTINCTION, NATURE ET EXERCICE
DE L'ACTION RESCISOIRE.

Voilà le vendeur muni de l'action rescisoire. Elle a pu naître en
sa personne, ayant trouvé une cause et un objet. Reste à étudier
son exercice devant les tribunaux, et ses effets au delà : deux
points qui se rattachent à sa nature. Est-elle divisible ? Est-elle
réelle, personnelle ou mixte ? Pour le savoir on étudie l'exercice de
l'action, les parties en cause, la compétence ; enfin on détermine
ses effets. — Mais ce qui rentre encore dans sa nature, c'est d'être
susceptible d'extinction. Il convient donc, avant d'aller plus loin,
de la dégager des fins de non-recevoir qui peuvent s'élever contre
elle, non pas en ce qu'elle n'est pas née, mais en ce qu'elle s'est
éteinte.

I. — Ces fins de non-recevoir tiennent à un abandon exprès ou
tacite de l'action par celui à qui elle appartient et qui prétend l'invoquer, abandon qui résulte soit expressément d'une ratification
écrite, soit tacitement d'un acte positif, soit tacitement encore d'une
prescription. — L'extinction de l'action peut résulter encore de la
perte fortuite de l'immeuble, perte qui rend sans intérêt la rescision
de la vente, et qui libère l'acheteur de la seule obligation qu'il
puisse avoir : celle de restituer.

A qui appartient d'exercer l'action ou de l'abandonner ?

— Peuvent l'exercer : 1º le vendeur (en personne ou par mandataire) ; — 2º ses héritiers ; — 3º ses cessionnaires, car c'est un droit pécuniaire, et par conséquent cessible ; — 4º ses créanciers, en vertu de l'article 1166, quand ils la trouvent dans son patrimoine.

Il peut y avoir plusieurs covendeurs de la même chose. — Ou ils sont solidaires, ou ils ne le sont pas. S'ils sont solidaires, chacun d'eux peut intenter seul l'action rescisoire pour le tout. S'ils ne sont pas solidaires (auquel cas ils ressemblent à plusieurs héritiers d'un vendeur unique), il faut voir si l'action est divisible ou non, ce qui se règle sur l'objet de la vente. Est-elle indivisible ? S'agit-il par exemple de la vente d'une servitude, chacun des cohéritiers ou covendeurs peut l'intenter seul et pour le tout, de façon à acquérir au profit du fonds commun et de tous ses communistes l'anéantissement de la servitude : car il est admis qu'un communiste peut stipuler une servitude au profit du fonds commun [1], et à plus forte raison le libérer d'une servitude passive. L'action est-elle au contraire divisible ? S'agit-il par exemple de la vente faite conjointement ou séparément d'un fonds de terre : chacun des covendeurs ou cohéritiers peut intenter seul l'action, mais seulement pour sa part de copropriété, comme le disent les articles 1668, 1669 et 1671 pour l'exercice du droit de réméré.

Mais il faut remarquer, pour le cas où la vente s'est faite conjointement et par un seul contrat de tout l'héritage ensemble, que l'acquéreur qui a acheté tout en bloc, ne pouvant être forcé de garder une fraction dont peut-être il n'aurait pas voulu, pourra exiger que les communistes se concilient pour l'exercice intégral de l'action (art. 1670). Il peut sans doute, en ne l'exigeant pas, consentir soit à un retrait partiel de l'immeuble soit à un supplément partiel du prix. Mais de ce que le supplément partiel du prix lui permet d'échapper au retrait partiel de l'immeuble, il ne faut pas conclure qu'il soit renfermé dans cette alternative, et ne puisse pas exiger, comme je viens de le dire, la mise en cause de tous les commu-

---

1. Dalloz alph., vº *Servitude*, nº 973.

nistes afin de subir un retrait total qu'il est en droit de préférer à tous les autres partis.

S'il l'exige, et si maintenant les autres communistes se refusent à concourir à l'exercice de l'action, celui qui est d'avis qu'on plaide devra-t-il par ce seul fait se résigner à l'inaction ? Non ; il lui reste un moyen : c'est d'offrir à l'acheteur le remboursement du prix entier et le retrait de la chose entière, de façon à se trouver seul exposé désormais aux attaques de ses communistes s'ils changent d'avis. L'acheteur ne peut en bonne justice résister à une pareille offre ; il ne le peut même pas selon la loi : car en disant à propos du réméré, que « s'ils ne se concilient pas, l'acheteur sera renvoyé » de la demande », l'article 1670 n'a point eu la pensée de repousser le communiste qui offre un retrait total, offre à laquelle cet article n'a pas songé.

L'action, quant à la divisibilité, est soumise aux mêmes règles au point de vue passif qu'au point de vue actif. C'est encore la nature de l'objet vendu qui rend l'action divisible ou non. Les héritiers de l'acheteur d'une chose divisible ne peuvent être assignés chacun que pour leur part, que la chose soit ou non déjà partagée (art. 1672). S'il s'agit de chose indivisible, comme une servitude, l'action est indivisible. Mais remarquons qu'ici cette indivisibilité, au lieu de rendre efficace contre tous la poursuite isolée contre un seul, comme elle rend efficace au profit de tous la demande faite par un seul, a pour effet au contraire de rendre inefficace pour le tout la poursuite dirigée contre un seul des héritiers de l'acheteur de la servitude. Car si l'on peut *acquérir*, on ne peut *perdre* à soi seul une servitude pour le fonds commun. Mais je crois que l'héritier poursuivi pourrait efficacement *retenir* la servitude au profit du fonds commun en offrant le supplément du prix, sauf son recours contre ses cohéritiers [1].

---

1. J'ai transporté du cas de réméré au cas de lésion, dans cette matière de la divisibilité de l'action, les articles 1668 à 1672 parce que, réglant le cas où plusieurs ont vendu conjointement ou séparément et celui où le vendeur ou l'acheteur a laissé plusieurs héritiers, ils rentrent dans le renvoi exprimé par l'article 1685. — Le même renvoi ne s'étend point à l'article 1667 ainsi conçu : « Si l'acquéreur à pacte de réméré d'une partie indivise d'un héritage s'est rendu » adjudicataire de la totalité sur une licitation provoquée contre lui, il peut » obliger le vendeur à retirer le tout lorsque celui-ci veut user du pacte. »

— Chacun de ceux qui peuvent exercer l'action peut en faire l'abandon exprès ou tacite dans la mesure de la part pour laquelle il pouvait l'exercer, et sans que cet abandon puisse éteindre le droit des autres. Il serait inutile de répéter ici tout ce que j'ai dit à propos des mineurs sur la manière dont il faut entendre en face du droit des tiers l'effet rétroactif de la confirmation.

Ce que j'ai dit en matière de minorité doit s'appliquer aussi aux ventes entre majeurs en ce qui touche soit les conditions d'efficacité de la ratification expresse, soit la question de savoir si tel ou tel acte emporte ratification tacite.

Les créanciers hypothécaires du vendeur ne sont pas censés renoncer pour leur part à l'action rescisoire pour n'avoir pas surenchéri sur les notifications que leur a faites l'acheteur à fin de purge.

A fortiori le vendeur n'est pas forclos de son action par l'existence d'une procédure suivie à la requête d'un de ses créanciers hypothécaires qui trouve le prix de vente insuffisant. Un arrêt de la Cour de Poitiers du 14 août 1833 a permis au vendeur de s'opposer à l'adjudication définitive et d'obtenir un sursis pour faire juger sa demande en rescision, demande qui ne peut guère du reste nuire aux créanciers hypothécaires.

Jamais la délivrance de l'immeuble et la réception du prix ne devront être pour le juge une ratification tacite suffisante. Ce sont des actes d'exécution volontaire, sans doute. Mais les termes de la loi prouvent qu'ils n'éteignent pas l'action : car elle parle pour l'acquéreur, une fois l'action admise, de *rendre* la chose en *retirant* le prix *payé*. De plus, la loi veut qu'on respecte son esprit ; et son esprit est surtout d'annuler la vente lésionnaire comme étant le fruit de la détresse. Or s'il est un acte auquel la détresse du vendeur peut le contraindre, c'est surtout la réception du prix de vente et la délivrance consentie pour l'obtenir. Ces actes sont forcément présumés contenir le même vice que la vente, et sont par suite incapables de la fortifier.

On ne peut en effet ratifier d'une façon ou d'une autre expressément ou tacitement que si on est à l'abri des influences qu'on présume avoir présidé à la formation du contrat. Ratifiez après que l'acheteur n'a plus les moyens matériels de vous y contraindre, ratifiez une fois le prix payé : vous étiez libre ; vous ne pourrez plus attaquer la vente. Mais si, avant de toucher le prix, vous ratifiez soit gratuitement soit pour une somme qui n'élève pas aux 5|12 le prix de la vente, c'est une clause nulle qu'on présume comme la vente avoir été faite par besoin d'obtenir le prix.

C'est encore moins douteux quand la clause de renonciation se trouve écrite dans le contrat même. « C'est alors, comme dit Por-
» talis, un désistement prématuré, arraché à l'infortune et à la
» misère. Autoriser dans les contrats de vente la renonciation à
» l'action rescisoire, c'eût été détruire cette action. Tout acquéreur
» eût exigé cette clause, et la loi n'eût prêté qu'un secours impuis-
» sant et illusoire au malheureux et à l'opprimé. »

L'ancienne jurisprudence l'entendait de la même manière. Peu lui importait qu'un serment accompagnât la clause de renoncia-tion [1]. Peu lui importait la forme donnée à cette clause. On avait cru lier irrévocablement le vendeur en insérant dans le contrat un don de la plus-value fait par lui en parfaite connaissance de la valeur de son héritage ; mais jurisprudence et doctrine avaient condamné cet artifice [2].

Le Code Napoléon le condamne aussi, donnant au vendeur la rescision « quand même il aurait expressément renoncé dans le
» contrat à la faculté de demander cette rescision, et qu'il aurait
» déclaré donner la plus-value » (Art. 1674). Toute clause des-tinée à fortifier le contrat est nulle comme sujette aux mêmes pré-somptions de contrainte et au danger de devenir de style. « Toutes
» ces énonciations, dit M. Troplong, sont présumées manquer de
» sincérité. »

Après ces paroles de M. Troplong, je trouve pourtant chez cet illustre auteur quelques lignes qui me paraissent erronées : « Si
» néanmoins, dit-il, les circonstances annonçaient que les parties
» ont plutôt stipulé dans un esprit de donation que dans un esprit
» de vente, la vileté du prix ne devrait être d'aucune considéra-
» tion. » Je prétends que cela viole le Code dans une foule de ses dispositions. Peut-être même cela se contredit-il soi-même.

---

1. Pothier, *Vente*, nos 353, 354.
2. Favre, Liv. IV, Tit. XXX, Déf. I. — Despeisses, I, p. 17, 3º.

Si M. Troplong (comme je ne puis le croire) restreint cette théorie au cas où la vente contient une clause renonçant à l'action ou donnant la plus-value, il se contredit lui-même. Car si sa théorie est vraie, elle doit être générale, et s'il faut avoir égard aux circonstances qui annoncent *dans la clause* l'esprit de donation, il faut avoir égard à celles qui, en l'absence de toute clause, manifestent le même esprit dans la vente elle-même. Si l'on peut à l'aide de preuves battre en brèche la présomption et l'ordre absolu de la loi pour faire valoir comme donation sincère le don de la plus-value, quelle raison y aurait-il de faire taire en l'absence de cette clause les preuves qui révèlent dans la vente à vil prix une donation déguisée inaccessible comme telle aux coups de la loi? — Aucune !

Mais alors où arrivons-nous ? A faire prévaloir sur la rescision des ventes à vil prix la validité des donations déguisées, c'est-à-dire des donations faites sans les formes de la donation ; à mettre auprès de l'art. 1674 une exception à cet article, et à la place de la présomption légale et de la prohibition résultant du seul chiffre des 7/12, le pouvoir arbitraire des tribunaux de refuser en s'inspirant *des circonstances* la rescision que la loi ordonne absolument et sans réserve aucune! On validera une vente à vil prix comme étant une donation déguisée, alors que le Code tout entier et les travaux préparatoires de notre section attestent la nullité de ces prétendues donations et montrent que la rescision des ventes à vil prix n'est qu'un corollaire de cette nullité. Les contrats veulent une cause, et leur forme varie suivant que leur cause est d'une nature différente : si la cause est l'équivalent matériel, la forme des contrats à titre onéreux suffit ; si la cause est la bienfaisance, si le but est la donation, il faut les formes protectrices de la donation, formes que la loi n'exige assurément pas pour permettre tout aussitôt de prouver la donation par d'autres moyens. — Et quant à la section du Code sur les ventes à vil prix, quel est son but, quel est son rôle? Poser une limite en deçà de laquelle le défaut partiel de cause importera peu parce qu'ainsi le veut la sécurité des transactions, mais au delà de laquelle il n'y a plus qu'une alternative : rescision pour défaut partiel de cause si la cause prétendue est l'équivalent matériel; rescision pour absence des formes solennelles de la donation, si la cause prétendue, vraie ou fausse, est la bienfaisance, si l'esprit de l'acte est la donation. Les formes des donations sont établies pour empêcher la surprise, la contrainte, l'irréflexion; il les faut exiger; et pour les exiger efficacement, il ne faut pas excepter de la nullité les donations irrégulières même exemptes de surprise, de contrainte ou d'irréflexion. De même, la loi rescinde la vente à vil prix, pour empêcher qu'on abuse du malheur, et surtout pour prévenir le mal, au lieu de le réparer. Comment y parviendrait-on, si l'on exceptait de la rescision les ventes qu'on prouverait exemptes de toute pression de ce genre, et faites en parfaite liberté et en connaissance de cause? Ce serait multiplier ces mêmes procès qu'on a voulu prévenir. Ce serait encourager cette même cupidité qu'on a voulu rendre timide et qu'enhardirait l'espérance de réussir à l'aide de fausses preuves.

Il me semble que si on a déclaré *rescindable* et non pas *nulle* de plein droit pour défaut de cause, la vente à vil prix, c'est qu'il n'y a là qu'un défaut *partiel* de cause, par conséquent qu'une nullité partielle, qui, ne pouvant porter ses effets sur telle partie de l'objet plus que sur telle autre, doit rester dans un état latent jusqu'à ce que le juge, par sa sentence, la fasse porter sur l'objet tout entier, en offrant à l'acheteur, par une juste réciprocité, d'y échapper entièrement en faisant disparaître par le supplément du prix le défaut partiel de cause.

C'est ainsi que la théorie du défaut de cause, combinée avec celle de l'omission des formes, rendait logique la rescision de la vente à vil prix, et ne demandait plus pour la rendre juste et utile que de se combiner encore avec la fixation d'un chiffre. Ce chiffre, la loi l'a fixé, et il ne manque plus rien dès lors à l'action rescisoire, quelle que soit l'intention des parties.

L'action se prescrit par deux ans (art. 1676). Il en fallait dix dans l'ancien droit [1]. Mais il fallait abréger ce délai, pour faire

---

1. Les Coutumes d'Anjou (art. 432) et du Maine (art. 447) la faisaient durer 30 ans.

durer moins longtemps l'incertitude de la propriété. Le projet le réduisait à deux ans. Le premier consul n'aurait pourtant pas reculé devant le maintien de la prescription décennale, imbu qu'il était de la pensée que la loi devait surtout faire de l'action rescisoire un épouvantail pour forcer les gens d'être honnêtes. Mais enfin il proposait de la réduire à quatre ans, et il était soutenu par M. Tronchet. D'un autre côté, MM. Crétet, Bérenger, Jollivet, et en général tous les adversaires du principe de la rescision, s'unissaient pour qu'on la resserrât dans les limites d'une année. C'eût été rendre le secours illusoire. Il faut, comme on le faisait remarquer, que le vendeur ait le temps de trouver quelques ressources et d'être en mesure d'offrir le remboursement du prix. Il est vrai qu'il n'est pas tenu de faire des offres réelles pour agir. Mais s'il est sans ressources, l'acheteur pourrait lui fermer la bouche à l'aide d'un acquiescement. Le projet triompha.

Le délai de deux ans court même contre les interdits, et les mineurs venant du chef d'un majeur qui a vendu (art. 1676).— Force est bien de supposer ici le mineur non pas vendeur-lui-même. mais héritier du vendeur ; car la vente d'un bien de mineur est ou régulière et inattaquable, comme ne pouvant se faire que d'autorité de justice (art. 1684), ou irrégulière et annulable pendant dix ans de majorité. Il n'y a donc lieu de parler de prescription par deux ans contre lui que s'il est héritier d'un vendeur majeur, et il ne peut alors invoquer aucune suspension, à cause de l'article 1676, et peut-être déjà à cause de la règle générale qui fait courir contre les mineurs les prescriptions inférieures à cinq ans. — En ce qui touche l'interdit, on peut le supposer vendeur lui-même en faisant remonter la vente à une époque où il n'y avait encore ni interdiction ni existence notoire de la cause de l'interdiction.

L'art. 1676 fait courir aussi les deux ans contre les absents et les femmes mariées, ce qui était inutile ; car c'est le droit commun de toutes les prescriptions.

Tous ces incapables ont, si la prescription s'achève, leur recours contre qui de droit (art. 1663).

Le délai stipulé pour le réméré ne suspend pas non plus le délai de l'action rescisoire (art. 1676). C'était une chose controversée dans l'ancien droit[1]. C'est une chose établie maintenant. Et c'est de toute justice. Est-ce le cas, lorsqu'on a eu un moyen de plus de rentrer dans l'immeuble, de prolonger encore les délais ? La faculté de rachat a-t-elle empêché d'agir en rescision ? Nullement. Elle laisse recevable cette dernière action. Il n'en pourrait être autrement que si l'exercice du réméré était plus avantageux au vendeur que celui de l'action rescisoire; et c'est tout le contraire qui a lieu quand ces droits se cumulent dans sa personne. Car, exerçant le droit de rachat, je suis forcé de rembourser les frais et loyaux coûts du contrat, dont l'acheteur n'a pas droit d'être indemnisé en cas d'action rescisoire. De plus l'exercice du réméré m'obligeait à des offres réelles préalables dont je suis dispensé quand j'agis en rescision. Ajoutez enfin que si l'objet vendu est une portion indivise d'un immeuble adjugé ensuite à mon acquéreur sur une licitation provoquée contre lui, je ne puis être contraint, comme je pourrais l'être en cas de réméré, à retirer tout l'immeuble licité (art. 1667).

N'y a-t-il donc aucune cause de suspension de cette prescription ? Absolument aucune. Les deux ans courent du jour de la vente, sans que ce jour-là puisse entrer dans le calcul, mais sans qu'il faille rien attendre de plus. On n'attend pas que le vice de l'acte ait cessé, comme on le fait en cas d'erreur, de dol ou de violence. Et on a bien raison. Car de quel vice attendrait-on la disparition ? De la lésion ? Ce serait absurde. Du vice qui a causé cette lésion ? Mais il est indéterminé, et le juge n'a pas à en connaître !

Quand je dis du jour de la vente, j'entends du jour de l'acte rescindable, encore bien qu'il ne contienne qu'un germe de vente. Telle est la promesse de vendre, soit synallagmatique, soit unilatérale. Nous avons vu que ces promesses par elles-mêmes prêtaient à la rescision, non pas comme équivalant à une vente, même à une vente conditionnelle, puisqu'on ne trouve pas ici d'effet rétroactif dans la vente qui doit suivre la promesse, mais comme renfermant un engagement qu'il serait absurde de contraindre à exécuter, pour briser aussitôt la vente qui en serait résultée. Si

1. Pour la suspension : Despeisses, Tit. I, Sect. IV, § 6, n° 13. — Arrêt 21 juillet 1601, rapporté par Louet, Lettre R, chap. 46. — Contre la suspension : Arrêté du Parlement de Rouen du 6 avril 1666, cité par Ferrières, v° *Lésion*.

donc la promesse de vendre est une matière suffisante à la rescision, la prescription court du jour même de cette promesse.

Je ne parle pas, bien entendu, d'une simple pollicitation qui, laissant libre même celui qui l'a faite, ne peut être confondue avec la promesse unilatérale, et ne comporte pas une rescision, mais un retrait volontaire.

L'action non abandonnée et non prescrite peut encore trouver une fin de non-recevoir dans la perte fortuite de la chose vendue, perte qui, libérant l'acheteur de l'obligation de restituer cette chose, la seule qui puisse naître de la lésion, ôte à l'action tout intérêt si elle ne l'éteint pas. — Mais je parle d'un cas fortuit; car s'il y a faute de l'acheteur, cette faute l'engage, et le vendeur doit être admis à prouver qu'il y avait lésion suffisante pour faire rescinder et pour rendre l'acheteur responsable envers lui de sa faute.

Mais, comme je l'ai dit, ce n'est que le défaut d'intérêt qui fait perdre l'action en cas de perte fortuite. Et si l'intérêt trouve moyen de reparaître, l'action reparaîtra. Ainsi, que l'acheteur revende mon immeuble avant qu'il vienne à périr; qu'il le revende à bon prix : si l'exercice de l'action peut me permettre de demander qu'on m'attribue le prix auquel il l'a vendu, au lieu de le lui attribuer à lui, qu'est-ce qui peut m'empêcher de l'exercer ? Or qu'on remarque que si j'exerce mon action et si j'obtiens ainsi, non pas la restitution de l'immeuble, puisqu'il a péri, non pas davantage le supplément de prix, puisqu'il n'est qu'*in facultate solutionis*, mais tout simplement la prononciation de la rescision du contrat et de cette vérité rétroactive que l'acheteur n'a jamais été propriétaire, je fais déclarer par là qu'il a vendu la chose d'autrui et que c'est moi qui dois recevoir le prix de cette vente en la ratifiant, sauf pour moi l'obligation de lui rendre le prix inférieur qu'il m'avait donné. Et l'on comprend que j'y ai avantage. — Dès lors, je ne vois aucune raison d'empêcher le vendeur d'exercer son action dans ce but et de poursuivre la rescision du contrat, en réclamant par suite le prix, la somme d'argent qui est venue remplacer l'immeuble dans le patrimoine de l'acheteur, sauf à rendre, lui vendeur, le prix vil qu'il a reçu à l'occasion de l'aliénation qu'on annule rétroactivement. Ainsi le vendeur lésé est remis dans ses droits et ne souffre pas des risques dont il s'était déchargé ; le premier acheteur ne perd rien ; le seul qui perd, c'est le second acheteur, lequel avait assumé les risques le dernier avant le cas fortuit qui a détruit l'immeuble.

Et ce résultat de toute justice, on n'est pas obligé pour l'atteindre de se fonder sur un prétendu caractère *alternatif* de l'obligation de l'acheteur, laquelle est au contraire *facultative* quant au supplément de prix. Ce résultat s'obtient seulement par l'application de cette idée qu'on peut rescinder un contrat quoique l'objet du contrat ait péri, et que la seule fin de non-recevoir qui puisse s'élever, c'est le défaut d'intérêt qu'il y a à agir lorsque la rescision prononcée ne laisse comme but de réclamation que l'immeuble détruit, lequel ne peut être dû, au lieu d'ouvrir des droits sur un objet parfaitement existant, sur un prix ou une créance de prix subrogé à l'immeuble dans le patrimoine de l'acheteur. On pourra répéter à satiété que la perte de l'immeuble libère de l'obligation de la restituer ; je répondrai ceci : Il est vrai que l'acheteur qui n'a pas revendu ne sera tenu par la rescision que de rendre l'immeuble, c'est-à-dire ne sera tenu de rien si l'immeuble a péri, ce qui laisse alors l'action sans intérêt et la rend non recevable. Mais s'il a revendu et reçu un prix à la place de l'immeuble, prix plus fort que le mien et que j'ai intérêt à recevoir à la place du mien, prix que j'aurai droit de réclamer une fois la rescision prononcée, parce qu'il représente l'immeuble que j'aurais pu poursuivre, et parce qu'il se trouve avoir été le prix de ma chose vendue par autrui, alors toute obligation de mon acheteur n'est pas éteinte, mon action n'est pas dénuée d'intérêt : elle a non-seulement un but immédiat : la rescision du contrat, mais elle a aussi un but médiat : la restitution d'un prix qui représente l'immeuble et que la rescision, si je l'obtiens, déclarera m'appartenir comme étant le prix de ma chose.

Notez bien d'ailleurs qu'en m'appuyant dans cette discussion sur la rescision rétroactive du droit de mon acheteur et sur le rétablissement rétroactif de mon droit de propriété, j'échappe au reproche de mettre l'équité à la place du droit. Quel est le but immédiat de l'action en rescision ? Le nom qu'elle porte le dit de lui-même : c'est la rescision du contrat. De cette rescision que résulte-t-il ? que la chose revendue était ma chose au moment de cette revente, et qu'on a revendu la chose d'autrui. Jusqu'ici en quoi la perte de la chose s'oppose-t-elle à ce qu'on fasse déclarer cela ? Elle ne s'y opposera que si l'intérêt fait défaut. Or l'intérêt existe, et l'on peut s'en convaincre en voyant ce qui se passe dans le cas de vente *à non domino* d'une chose qui périt ensuite, cas auquel l'action rescisoire tend à faire réduire le procès : Pierre vend ma chose à Paul qui la voit périr entre ses mains. Supporterai-je cette perte ? Pourquoi donc ? Ce serait permettre pour Pierre un enrichissement à mes dépens. Mais je ne puis pas revendiquer, direz-vous, ni provoquer ainsi un recours en garantie de Paul contre Pierre ? C'est fort bien ; mais si Pierre a été payé ou s'il est créancier du prix, est-ce qu'à défaut de la revendication de l'immeuble, je n'ai pas le droit de répéter le prix contre Pierre ou de me le faire payer par Paul, s'il est encore dû ? Si là loi ne le voulait pas ainsi (et elle ne peut le vouloir qu'en subrogeant à l'immeuble le prix payé ou la créance du prix), la loi serait coupable d'une odieuse injustice, puisqu'elle m'appauvrirait au profit de l'audacieux qui a vendu ma chose, alors qu'une seule personne doit être appauvrie, celle qui par la vente avait pris les risques sur elle. — Eh bien ! j'agis en rescision pour faire déclarer que l'immeuble en question n'a pas cessé de m'appartenir et que, revendu par mon acheteur, il a été revendu *à non domino;* et l'intérêt qui me pousse, c'est de pouvoir par l'effet du jugement réclamer selon le droit et la justice le prix stipulé dans cette revente de ma chose ainsi ratifiée par moi. Par une juste réciprocité, je devrai rembourser au premier acheteur le prix que j'avais reçu de lui à l'occasion de la vente rescindée. Ces deux prix se compenseront ensemble en me laissant créancier pour le surplus.

Et remarquons enfin qu'il n'est pas d'hypothèse où cette solution puisse se trouver illégale ou injuste. — Le prix de revente est-il inférieur au prix que j'ai reçu ? alors tout ce que j'ai dit est inapplicable, car mon action en ce cas est dépourvue d'intérêt. — Est-il supérieur ? l'intérêt se fait jour, et l'action fondée en justice et en droit rigoureux se fait accueillir des juges. — Et quand bien même ce prix de revente serait supérieur non-seulement au prix que j'ai reçu, mais à la juste valeur de l'immeuble, on ne pourrait pas crier à l'injustice. Car, en demandant ce prix une fois la vente rescindée, je ne fais que demander l'exécution de l'unique obligation de mon acheteur, qui est de me donner ou l'immeuble ou ce qui le représente dans son patrimoine, sans enlever le moins du monde à ce dernier l'exercice d'un droit corrélatif, le droit de me satisfaire en complétant le juste prix avec retenue du dixième.

II. — Je ne regrette pas la longueur de ces développements, car ils nous font connaître le véritable but de l'action rescisoire, question capitale dans la recherche où nous allons entrer, maintenant que l'action est dégagée de toute fin de non-recevoir, et qu'il s'agit de la suivre devant les tribunaux et d'en voir les effets au delà.

Devant quel tribunal la portera-t-on? Question de compétence délicate à résoudre et qui veut qu'on sache si cette action que nous savons déjà relative au vendeur et à ses ayants-cause, sujette à renonciation et à prescription, divisible enfin suivant la nature de l'objet vendu, si cette action est réelle, personnelle ou mixte. Ce point une fois connu, les conséquences relatives à la compétence en découleront d'elles-mêmes, grâce à l'article 59 du Code de Procédure.

A cette question se lie intimement celle-ci : Contre qui peut s'intenter l'action rescisoire? Contre l'acheteur et ses ayants-cause, ce n'est pas douteux, et elle se divise passivement contre eux s'ils sont plusieurs, de la même façon qu'elle se divise activement entre les vendeurs ou leurs ayants-cause. Mais un tiers acheteur peut-il être attaqué? S'il peut l'être, de quelle manière et à quel titre? Est-ce bien l'action rescisoire qui s'intente contre lui, ou bien plutôt la rescision prononcée qui permet de l'attaquer? Jusqu'à quel point est-il l'ayant-cause de son vendeur pour défendre à l'action rescisoire? Voilà autant de questions qui s'enchevêtrent et forment de leur union un sujet d'étude fécond, qui ne peut recevoir la lumière que des principes rigoureux et abstraits du droit, trop souvent relégués derrière les réalités concrètes qui devraient en subir l'application au lieu d'aspirer à les déterminer.

Une chose qu'on ne peut sérieusement contester, c'est que le but de l'action rescisoire, ce à quoi elle tend, c'est, comme je l'ai déjà dit, et comme le nom l'indique, la rescision du contrat, et par le fait même la déclaration rétroactive d'un droit de propriété sur l'immeuble. Tendant à la reconnaissance d'un droit immobilier, elle est une action immobilière ; et en vain alléguerait-on que l'issue du procès peut être purement pécuniaire ; car il n'en peut être ainsi que par l'exercice du droit de supplémenter, simple faculté qui ne peut être un but pour l'action, — ou par l'effet de la perte de l'immeuble entre les mains d'un sous-acquéreur, perte qui contraint la réclamation du vendeur lésé à se diriger sur le prix de revente, mais qui ne le fait que par une conséquence de son droit immobilier une fois déclaré.

Ainsi, le supplément du prix par l'acheteur, la subrogation du prix de revente à l'immeuble détruit, la reprise matérielle de l'immeuble elle-même, aucune de ces choses à elle seule ne constitue le but de l'action et n'en détermine la nature : ce sont autant de faits secondaires qui doivent ici s'effacer devant un fait unique et invariable : la reconnaissance rétroactive du droit immobilier du vendeur lésé, fait qui sert à l'action de but premier et immédiat, et qui lui communique une nature immobilière.

Ce même but, par hasard, ne lui communiquerait-il pas aussi la nature d'action réelle ? Pas tout à fait. Et voici pourquoi.

La nature d'action réelle, personnelle ou mixte, sur quoi se détermine-t-elle ? On dit qu'elle se détermine sur la nature de sa cause génératrice. Rien de plus vrai ; et j'ajoute après mûre réflexion qu'elle se détermine aussi bien par le but final que par la cause génératrice, attendu que ces deux choses se commandent l'une l'autre, et que là plus qu'ailleurs les deux mots *cause* et *fin* peuvent s'unir en l'expression de *cause finale*.

L'action qui a pour unique cause un droit de propriété actuellement susceptible de réclamer satisfaction, et pour unique fin la satisfaction de ce droit, cette action est réelle.

L'action qui a pour unique cause un droit d'obligation, de créance, et pour unique fin l'exécution de ce lien juridique tout personnel, est une action personnelle.

L'action qui peut se dédoubler en deux, l'une toute personnelle ayant pour cause l'obligation contractée, et pour fin son exécution, l'autre toute réelle ayant pour cause le droit de propriété qu'engendre rétroactivement la première, et pour fin la satisfaction de ce droit de propriété, cette action complexe est une action mixte.

Or prenons l'action rescisoire :

Quand je l'exerce contre l'acheteur nanti de l'immeuble, je joins deux actions en une : 1º l'action toute personnelle, ayant pour cause l'obligation contractuelle de l'acheteur de laisser rescinder la vente en cas de lésion, et pour fin l'exécution de cette obligation, c'est-à-dire la rupture rétroactive du contrat ; — 2º l'action toute réelle que cette rupture, si je l'obtiens, me permet d'exercer, action dont la cause est mon droit de propriété reconnu rétroactivement, et dont la fin est le libre exercice de ce droit par la reprise matérielle de l'immeuble. — Ainsi composée d'une action personnelle et d'une action réelle dont l'une engendre l'autre et qui se cumulent contre la même personne, mon action dite rescisoire est mixte. Elle s'intente devant le juge soit du domicile de l'acheteur, soit de l'assiette des biens.

Mais quand je l'exerce contre l'acheteur dessaisi, je n'y puis retrouver ces deux éléments de l'action mixte. Car si l'acheteur dessaisi peut être constitué défendeur au premier de ces deux éléments, à l'action personnelle née du contrat et tendant à la rescision, il ne peut l'être au second, à l'action réelle née ou à naître de ma propriété reconnue et tendant à la reprise de l'immeuble dont il n'est point détenteur. Rien ne vient altérer ici la pureté de l'action personnelle. C'est l'action rescisoire dans sa plus simple expression, ayant pour cause unique le lien contractuel, pour but unique la rescision, et rien au delà. Si bien que si je veux amener à effet la rescision ainsi obtenue et mon droit de propriété rétabli rétroactivement, j'aurai à attaquer isolément un autre défendeur, le tiers acquéreur dont le droit s'est résolu par la résolution du droit de son auteur; j'aurai à former isolément une autre action, l'action réelle en revendication qui n'est pas venue s'amalgamer à mon action rescisoire pour la rendre mixte, et qui maintenant, lui faisant suite, s'impose au tiers acheteur, sauf pour celui-ci la tierce-opposition au jugement de rescision, s'il prétend que son vendeur s'est mal défendu. — De ces deux actes séparés de la procédure, le premier, l'action rescisoire, ira devant le juge du domicile de l'acheteur; le second, la revendication, ira devant le juge de l'assiette des biens.

Mais quant à parler d'agir de *prime abord* contre le détenteur, d'exercer contre lui l'action *rescisoire*, de le poursuivre *en rescision*, cela est impossible. Car si son rôle est de défendre à la revendication qui suit la rescision, il n'a nulle qualité pour défendre à l'action personnelle qui y mène et qui a sa source dans le contrat. « Le détenteur, dit M. Duranton, n'a point personnellement à dé- » fendre le maintien d'un contrat qui lui est entièrement étranger. » — « Ce que je ne conçois pas, dit M. Troplong, c'est qu'on puisse » demander l'annulation d'un contrat contre le successeur à titre » singulier qui n'y a pas été partie. »

Car, notons-le bien, assigner directement le détenteur, l'assigner seul, équivaudrait à unifier contre lui l'action personnelle et l'action réelle, les deux éléments de l'action mixte, et à donner compétence aussi bien au juge du domicile qu'au juge de la situation de l'immeuble : chose de tout point inadmissible, nul n'ayant jamais songé à faire du tiers acheteur un ayant-cause semblable à l'héritier, ni à lui faire supporter aucune autre obligation que celle dont la chose achetée est elle-même débitrice, comme celle de se plier aux droits réels constitués sur elle.

Mais un des partisans de la poursuite dirigée *omisso medio* et isolément contre le tiers détenteur, M. Poncet [1], croit pouvoir pour la justifier en proscrire tout mélange de personnalité. Il n'y voit qu'une revendication toute pure, effaçant ainsi le point capital du débat, la rescision, pour s'occuper uniquement de sa mise à exécution. Sur quoi se fonde-t-il ? sur la rétroactivité de la sentence qui rescinde. Voici ses paroles : « On peut facilement feindre que » celui-là est déjà propriétaire qui est sur le point d'être déclaré » tel. » Mais il ne s'aperçoit pas du cercle vicieux dans lequel il tourne. Car je peux lui répondre que jamais le vendeur lésé ne pourra être déclaré rétroactivement propriétaire s'il agit seulement contre un simple détenteur qui n'a pas qualité pour entendre prononcer ce rétablissement juridique. C'est faire un étrange abus de l'idée de rétroactivité que de s'en servir pour se passer même des voies qui conduisent à l'acte rétroactif. Sans doute, on peut dès le début se feindre propriétaire afin d'unir dans une même action, quand la personne du défendeur le comporte, l'action personnelle qui fait rescinder et l'action réelle qui revendique. Mais comment de pareilles fictions produiraient-elles non plus la simultanéité et

1. Poncet, *Traité des actions*, p 173.

la jonction de ces deux actions qui en pure logique devraient se succéder, mais encore la suppression complète de la première, qui est pourtant la tête du procès et l'action rescisoire par excellence, — tout celaafin de constituer *unique* adversaire dans le procès de rescision une personne qui n'a qualité que pour défendre à l'action réelle qui en est la suite ?

Et l'équité, et l'intérêt même du tiers détenteur ne s'accordent-ils pas avec le droit tout pur, pour exiger que le débat qui tend à la rescision se fasse contradictoirement avec l'acheteur primitif ? Le détenteur est-il au courant ou en possession de tous les moyens qui existent dans la circonstance pour faire maintenir le contrat attaqué, pour prouver que le prix n'est pas vil, qu'il est simulé, ou bien que le vice de l'acte est couvert, je suppose, par une transaction ? Il est une foule d'armes qui lui manquent ou dont il ignore l'existence, et dont le premier acheteur saurait fort bien faire usage pour faire maintenir l'une et l'autre vente, et pour se préserver ainsi d'un recours en garantie.

Aussi faudrait-il en permettant même d'assigner directement le tiers, comme le permettaient dans l'ancien droit de graves jurisconsultes, Dumoulin [1], Charondas [2], Ferrières [3], admettre que ce tiers a le droit de faire mettre en cause son vendeur pour le soutenir. Mais ce n'est pas ce procédé qui me paraît légal. C'est le vendeur lésé qui pour joindre les actions doit opérer cette jonction des personnes, de façon à diriger chacune contre son défendeur naturel. Par ce moyen, quoique ne trouvant pas un adversaire unique auquel puisse convenir le rôle de défendeur dans les deux actions, il pourra néanmoins les joindre en joignant les personnes, ce qui de deux procès n'en fera qu'un seul, et de plus fermera la porte à la tierce-opposition du détenteur, libre d'ailleurs, quand même il ne serait pas mis en cause, d'intervenir dans l'instance en rescision.

Quand les deux défendeurs sont ainsi unis dans l'instance, l'action devient commune, et en outre redevient mixte, puisque la réalité et la personnalité s'y mélangent. Elle pourra donc se porter,

1. *Tract. contract. usus*, q. 6, nº 409.
2. *Rép. de droit fr.*, Liv. XII, chap. 35.
3. *Dict. de pratique*, vº *Rescindant*.

au choix du vendeur, devant le juge de la situation des biens ou devant celui du domicile du premier acquéreur. — Je ne compte pour rien dans cette option le domicile du tiers acheteur. Car en ce qui le concerne, c'est l'élément purement réel et la compétence purement territoriale qui dominent. L'élément personnel ne réside que du côté du premier acheteur : son domicile seul déterminera la compétence personnelle.

En résumé : — On peut agir en rescision contre l'acheteur nanti : c'est une action mixte. — On peut agir contre l'acheteur dessaisi : c'est une action personnelle. — On peut, une fois l'acheteur condamné sur l'action personnelle, qui est par excellence l'action rescisoire, agir contre le tiers par une action réelle en revendication. — Enfin on peut, par la même fiction qui fait joindre l'action personnelle et l'action réelle en une action mixte contre l'acheteur nanti, les joindre également dans une action commune où l'on met en cause à la fois l'acheteur dessaisi et le tiers détenteur [1].

Il n'est rien de plus simple et de plus facile à trouver que tout cela, étant connus les éléments qui composent l'action rescisoire, ou plutôt qui s'ajoutent à elle, et les signes qui font distinguer l'action personnelle de l'action réelle et de l'action mixte.

Les auteurs s'accordent à peu près pour enseigner les résultats auxquels vient de nous conduire l'analyse. Il n'y a guère à signaler que deux opinions divergentes : celle de M. Poncet, qui permet au procès tout entier de se dérouler uniquement contre le tiers détenteur avec la seule qualité d'action réelle, alors que ce procès, compliqué d'un élément personnel et d'un élément réel, exige la mise en cause, soit simultanée, soit successive, de l'acquéreur et du sous-acquéreur; — et en second lieu celle de M. Duvergier (II,

---

1. De tous ces principes combinés il résulte que lorsque mon vendeur a laissé plusieurs héritiers dont l'un a reçu dans son lot la totalité de l'immeuble, je ne puis l'assigner *isolément* que pour une portion de l'immeuble égale à sa part héréditaire ; car c'est seulement pour cette part qu'il a la qualité d'obligé personnel. Pour l'autre portion, il est simple détenteur et ne peut être assigné que cumulativement avec ses cohéritiers. Sans doute il est censé tenir cette portion du défunt lui-même. Mais il n'a pas reçu avec elle toutes les obligations *personnelles* de ce défunt, qui se sont divisées de plein droit entre les cohéritiers. Il faudra donc mettre en cause ces derniers pour que la procédure puisse produire ses effets quant à la totalité de l'immeuble. Ajoutons que la connexité de ces deux demandes relatives aux deux portions de l'immeuble devra influer sur la compétence.

nᵒ 94), qui, par une erreur inverse, méconnaît au procès, quand il se déroule contre l'acquéreur nanti, son caractère complexe et ce mélange de réalité qui en fait une action mixte.

M. Duvergier s'est trompé, faute de se renfermer dans l'analyse des éléments du procès, analyse qui lui aurait montré qu'outre l'action personnelle tendant à la rescision, il faut bien que l'acquéreur nanti, pour se voir condamné effectivement à restituer l'immeuble, se soit vu en même temps constitué défendeur à une action réelle en revendication, qui s'ajoute par avance à l'action personnelle proprement rescisoire, pour faire de ce mélange une action mixte. Elle est sans doute prématurée, cette action réelle. Elle est le fruit d'une fiction. Mais cette fiction, dont M. Poncet a tort d'exagérer les effets pour effacer, comme nous l'avons vu, la chose même qui l'autorise et qui la produit, cette fiction a pour effet légitime le mélange de l'action réelle, non ouverte encore, à l'action personnelle qui l'est déjà, et qui devrait l'engendrer, mélange qui peut s'opérer soit contre une personne unique, si cette personne (comme est l'acquéreur nanti) se trouve être défendeur naturel aux deux actions qui se joignent, soit par la mise en cause simultanée de ces deux défendeurs, savoir : l'acquéreur et le détenteur, si ces deux défendeurs sont distincts. L'efficacité de cette fiction, principale source des actions mixtes, est reconnue ici par presque tous les auteurs [1], et consacrée par beaucoup d'arrêts [2]. — Déjà elle était admise par l'ancienne jurisprudence [3].

On distinguait dans notre ancien droit le *rescindant* et le *rescisoire*. Le rescindant, c'était l'entérinement pur et simple des lettres de rescision ; le rescisoire, c'était l'exécution du rescindant. Le rescindant était purement personnel, le rescisoire était réel. Le premier ne trouvait d'autre défendeur naturel que l'acquéreur, seul obligé personnel ; le second se poursuivait contre le détenteur tenu à raison de la chose de tous les droits réels existant sur cette chose. Or, quand l'acquéreur était encore nanti, un seul et même jugement faisait l'office de rescindant et de rescisoire ; et par suite

---

1. Troplong, *Vente*, nᵒ 805. — Merlin, vᵒ *Rescision*. — Duranton, XVI, 452. — Delvincourt, t. III, p. 164. — Dalloz, vᵒ *Action*, nᵒ 148, et vᵒ *Vente*, nᵒ 1614.

2. Cass. 5 nov. 1806 et 13 fév. 1832. — Trib. civ. de la Seine, 9 mars 1828 — Paris, 13 mars 1817.

3. Pothier, *Vente*, nᵒ 331.

de cette fusion, il pouvait émaner soit du juge du domicile, soit du juge de l'assiette des biens [1]. Le concert sur ce point serait unanime, s'il n'était troublé par la voix de Favre [2] et de Bacquet [3]. C'est une faible dissonance, n'y faisons pas attention.

Mais il n'était pas nécessaire de supposer l'acheteur nanti pour voir se cumuler le rescindant et le rescisoire, et la compétence se régler sur ce cumul. Sans doute, autrefois comme maintenant, la poursuite *isolée* du rescindant contre l'acheteur dessaisi était une action personnelle réservée au juge du domicile. — Mais autrefois comme maintenant, on pouvait aussi, pour unir le rescindant et le rescisoire, mettre simultanément en cause l'acheteur et le détenteur, et prendre pour juge de cette action commune mélangée de réalité et de personnalité, indifféremment le juge du domicile de l'acheteur ou celui de la situation des biens. — Quant à assigner de prime abord le détenteur seul, sans s'occuper de l'acheteur, c'était autrefois aussi contraire aux principes du droit que cela l'est à présent; mais cela devint pourtant chose permise par l'opinion générale, témoins Balde, Tiraqueau, Covarruvias, Menochius, Bretonnier, Dumoulin, et surtout Charondas [4]. Ce dernier ne peut comprendre que sa doctrine ait pu trouver des adversaires [5], et pourtant, à part l'idée de rétroactivité dont j'ai tout à l'heure démontré l'abus en pareille matière, il n'a d'autre argument qu'un amour de simplicité et un dégoût des circuits d'actions, qui trouvent aussi bien à se satisfaire dans la doctrine contraire, grâce au droit qu'on a de faire un seul procès des deux par la mise en cause simultanée des deux défendeurs.

Je m'arrête là en ce qui touche ces questions de compétence et de parties défenderesses. Et je prie maintenant qu'on applique tous ces développements à l'action en nullité des ventes irrégulières d'immeubles pupillaires pour lesquelles j'avais fait un renvoi.

---

1. Ferrières, *Dict. de prat.* v° *Rescindant.* — Voët, *De in int. rest.*, n° 7. — Rebuffe. — Papon.

2. Cod. Lib. II, T. 31, Déf. 1.

3. Droits de justice, chap. 8, n° 29.

4. *Rép. du dr. fr.* Liv. 12, ch. 25.

5. Brunnemann, sur la loi 4 *de resc. rend.* — Fachinée, Cout., Lib. II, ch. 18. — Voët, *ad Pand.*, Lib. XVIII, T. V, n° 6.

La nature de l'action en rescision de la vente nous est parfaitement connue à présent. Elle est *relative* au vendeur et à ses ayants-cause. — Elle est *divisible* activement et passivement. — Elle est sujette à *renonciation* et à *prescription*. — Elle est *personnelle* et *mixte* suivant les cas; elle n'est jamais réelle, mais peut seulement engendrer une action réelle, ou devenir mixte au contact rétroactif de l'action réelle qu'elle a pour but immédiat d'engendrer. — Enfin elle est *immobilière* : d'où il suit que le mari ne peut pas l'exercer seul, qu'elle ne tombe pas dans la communauté, qu'elle ne peut être intentée par le tuteur sans l'autorisation du conseil de famille, si elle se trouve appartenir par voie de succession ou autrement à un mineur ou à un interdit. — Mais elle n'est pas susceptible d'hypothèque. Car : comment ferait-on pour exproprier ce droit litigieux, et pour en trouver un prix sérieux? comment les créanciers hypothécaires exerceraient-ils le droit de surenchère? comment un cessionnaire de l'action ferait-il pour en purger les hypothèques? On ne peut que frapper l'immeuble vendu d'une hypothèque subordonnée dans son efficacité à la reprise matérielle de l'immeuble par le vendeur qui l'a hypothéqué.

Ajoutons, pour compléter la nature de l'action rescisoire des ventes à vil prix, qu'elle est de *statut réel* et qu'on ne la refuserait pas à un étranger lésé par un Français dans la vente d'un immeuble situé en France. On l'avait déjà décidé ainsi dans l'ancien droit [1].

CHAPITRE VI.

VENTE ENTRE MAJEURS (SUITE). — EFFETS DE L'ACTION RESCISOIRE
ET DE LA RESCISION PRONONCÉE.

Quels sont les effets de l'action? Ils découlent des explications précédentes. — L'action est-elle formée isolément contre l'acheteur dessaisi? est-elle, en d'autres termes, réduite pour le moment au

---

1. Paris, 18 juillet 1616.

rescindant? Son effet tout pur, c'est la rescision du contrat et le rétablissement rétroactif de la propriété, seul objet de l'action personnelle ; c'est de rendre possible désormais l'exercice isolé de ce qu'on appelait autrefois le rescisoire, c'est-à-dire de l'action en revendication. — Si, au contraire, et c'est le cas le plus ordinaire, l'action intentée renferme à la fois l'élément personnel et l'élément réel, le rescindant et le rescisoire, unis entre eux, soit par l'unité du défendeur, soit par la mise en cause simultanée des deux défendeurs différents, elle produira non-seulement la rupture du contrat, mais aussi l'effet du rescisoire, qui est de contraindre le détenteur (qu'il soit ou non l'acheteur à vil prix) à restituer l'immeuble au vendeur lésé, qui doit rendre le prix payé.

I. — Telle est l'obligation que la loi lui impose en fin de compte. Il est vrai qu'acquéreur ou sous-acquéreur, il a le choix ou de restituer l'immeuble sur la sentence qui le condamne, ou de supplémenter le juste prix en retenant un dixième du prix total. Mais ce supplément du prix n'est pour lui qu'un moyen d'arrêter les effets de la rescision et d'acquitter son obligation, dont l'unique objet est l'immeuble. C'est une faculté qu'il peut exercer ou répudier, car elle est toute dans son intérêt. En un mot, il n'y a pas une obligation alternative, il y a une obligation *facultative :* la restitution de la chose est seule *in obligatione;* le supplément du prix est *in facultate solutionis.*

Le juge accorde un délai pour faire cette option, délai qui ne commence à courir que du jour où le jugement, s'il n'est pas exécutoire par provision, a force de chose jugée [1].

Du caractère facultatif de l'obligation finale née du jugement, il résulte qu'elle est immobilière, quelle qu'en soit l'issue, sauf à se voir pourtant remplacée par une obligation mobilière, portant sur le prix de revente, quand l'immeuble revendu a péri. Il en résulte aussi que l'acheteur ne doit rien, et que le vendeur reste sans intérêt à agir quand l'immeuble a péri sans avoir été revendu auparavant pour un prix qui le représente dans le patrimoine de

---

1. Cass., 12 juin 1810.

l'acheteur primitif et qui mérite d'être échangé contre le prix de la première vente.

Les juges, pour respecter le caractère facultatif du supplément de prix, ne doivent pas faire porter sur lui la condamnation, mais le faire figurer après les mots : Si mieux n'aime l'acheteur, etc..., ou autres équivalents, ou bien encore ne rien dire du tout.

La logique, l'équité, l'intérêt social, justifient ce droit donné à l'acheteur. Cela lui permet de consolider sa propriété en complétant la cause du contrat et en faisant par suite disparaître la cause de l'action.

Il n'est pas moins facile de justifier la retenue du dixième du prix total qui lui est permise. Cette faveur, inconnue dans l'ancien droit, fut ajoutée au projet sur l'initiative du Premier Consul pour rendre inoffensives les inexactitudes possibles et même probables de l'estimation en même temps que pour rendre hommage à la liberté de faire un gain honnête dans la vente. Cette dernière idée était surtout celle de Bonaparte : « Si le vendeur, dit-il, avait tenu exacte- » ment au juste prix, l'acquéreur n'aurait pas acheté. Il est donc » raisonnable de réduire le juste prix de dix pour cent. Rare- » ment on achète une chose à sa valeur exacte. L'acquéreur après » tout est venu au secours du vendeur, et celui-ci aurait certaine- » ment consenti à recevoir 90 pour cent de la valeur de son bien. » Quant à la proposition que faisait M. Treilhard, par haine sans doute de l'action rescisoire, « de ne contraindre l'acquéreur qu'à four- » nir la moitié du juste prix », elle ne pouvait pas n'être pas reje- tée. Elle eût donné beau jeu aux agioteurs qu'on voulait intimider. Mais, limitée au dixième, cette retenue est juste, outre qu'elle est utile en ce qu'elle engage l'acheteur à consolider ses droits sur l'immeuble au lieu d'effacer le passé. Elle ne trouva guère d'adversaires dans le Conseil que M. Bigot-Préameneu.

Le tiers détenteur aussi bien que l'acheteur peut offrir le supplé- ment de prix ; et ce droit peut encore être exercé par les créanciers de l'un ou de l'autre. Le même droit appartient aux titulaires de droits réels consentis par l'acheteur.

Quand l'action se divise passivement entre les héritiers de l'ache- teur, chacun d'eux peut pour sa part choisir entre la restitution de l'immeuble et le supplément du prix. Si le vendeur se trouve ainsi forcé de recevoir des parcelles du fonds, c'est une conséquence inévitable de la division de son action.

Les intérêts du supplément de prix sont dus, mais à partir seulement du jour où le tribunal a été saisi (art. 1682). Le Code consacre ainsi l'opinion de Domat, rejetant à la fois celle de Cujas qui exigeait l'intérêt corrélatif au temps de jouissance de l'acheteur, et celle de Pothier qui l'exigeait depuis le moment auquel on pouvait faire remonter sa mauvaise foi. Quant aux raisons qui justifient la décision du Code, ce sont celles qui m'ont déjà servi à justifier la décision analogue en droit romain. (Voy. page 118).

Le supplément de prix enfin donne lieu de payer au fisc un supplément de droit de mutation.

II. — Si ni l'acheteur ni le tiers possesseur ne veulent supplémenter, le contrat sera résolu, même pour le passé. Le vendeur exigera l'immeuble et le reprendra libre des droits réels, hypothèques et servitudes, consentis sur lui dans l'intervalle. Constitués par quelqu'un dont le droit était sujet à une rescision, ils subissent le contre-coup de cette rescision ; c'est une suite du rétablissement rétroactif du droit de propriété du vendeur, rétablissement qui consolide en même temps les droits réels consentis par lui. Mais les titulaires menacés de perdre leurs droits peuvent en prévenir la chute en supplémentant le prix, sauf déduction du dixième, pourvu qu'ils s'y prennent avant la restitution opérée et l'abandon fait par leur auteur du droit de supplémenter. Car c'est du chef seulement de leur auteur qu'ils peuvent le faire pour conserver leurs droits. C'est l'application à notre législation actuelle d'une longue phrase de Pothier qui nous révèle sur ce point l'ancienne jurisprudence et que j'ai déjà citée à la page 115. On peut d'ailleurs se reporter aux pages 113 et 114 pour connaître l'opinion des anciens auteurs sur l'extinction des droits réels par la restitution de l'immeuble.

Mais, comme toute condition résolutoire, la rescision respecte les baux faits de bonne foi, et en général les actes d'administration, pour lesquels il y a une sorte de mandat tacite ou plutôt un mandat légal. D'ailleurs ce que respecte l'exercice du droit de rachat, droit apparent pour tous dès le jour de la vente, *à fortiori* la rescision pour lésion doit le respecter. Or le vendeur qui use du réméré doit respecter les baux faits sans fraude (art. 1673).

L'acheteur doit rendre l'immeuble, et avec lui tout] ce qui en est un accessoire inséparable , l'alluvion, la portion de trésor qui lui a été attribuée *jure soli*; mais il ne doit que les fruits perçus depuis la demande (art. 1382, 2°). — De même le vendeur doit rendre le prix qu'il a reçu; mais il n'en doit les intérêts que du jour de la demande.

C'est à partir de la demande, et non pas pour le passé, que le contrat se trouve résolu, *quand il s'agit de la jouissance respective des parties.*

Cujas, pas plus pour les fruits de l'immeuble que pour les intérêts du prix payé (et que pour les intérêts du supplément de prix) n'arrêtait au jour de la demande la rétroactivité de la rescision. Il exigeait que fruits et intérêts vinssent se remettre en balance depuis le jour où l'acheteur avait commencé à recueillir les uns, et le vendeur à percevoir les autres. J'ai suffisamment réfuté cette doctrine contre Noodt (Voy. page 119). On la suit pourtant quand il s'agit d'annuler une vente en faveur d'un mineur. Mais on ne peut pas compter pour rien le privilége de la minorité; et il serait illégal autant qu'injuste de revenir au profit d'un majeur sur des faits de ce genre, accomplis surtout en vertu d'un titre qui, pour être résoluble, n'en est pas moins existant, et fait présumer la bonne foi.

Le Code a voulu faire abstraction, pour le temps antérieur à la demande, et des fruits et des intérêts. Et je ne crois même pas qu'il soit dans sa pensée que le vendeur rende les intérêts du prix avant la demande, dans le cas fort rare où la chose vendue est improductive. Sans doute en ce cas l'acheteur n'a jusqu'à la demande qu'une jouissance absolument nulle, à la place des intérêts qu'il aurait perçus sans la vente. Mais il faut bien qu'il en soit ainsi puisqu'il achète une chose non frugifère. Et cette situation que se sont faite les parties quant à la jouissance est aussi bien irrévocable que celle qu'elles se font par l'échange d'un intérêt moindre contre une jouissance plus forte. Tout cela repose sur un même principe : c'est qu'on règle la jouissance des deux parties jusqu'à la demande sur ce que veut la vente, et après la demande sur ce que voudra le jugement. — Au reste, il n'est nul besoin de s'occuper ici de chose non frugifère. Car si cette chose vaut (comme on le suppose) plus que le prix qu'on en a donné, c'est que réellement elle est susceptible d'être utilisée et de produire un revenu ou tout au moins un agrément qui est pour l'acheteur une jouissance réelle ; si au contraire elle ne rapporte absolument rien de ce genre, c'est qu'elle ne vaut rien ou presque rien, c'est qu'elle ne vaut pas le prix qu'on l'a payée, c'est enfin que la partie lésée n'est pas le vendeur, mais l'acheteur, et qu'il n'y a pas lieu de supposer une action rescisoire.

Quant aux fruits pendants par racines au jour de la demande, à qui devront-ils rester ? Cette question délicate a été controversée par nos anciens auteurs. Et aujourd'hui l'on s'accorde généralement à en donner la même solution qu'on donne de la question analogue s'élevant sur ces fruits lorsqu'il s'agit de l'exercice du droit de réméré.

Quand le droit de réméré s'exerce, on se demande ce qu'il faut faire des fruits pendants lors de la vente et des fruits pendants lors du rachat. Là-dessus trois systèmes : — Pothier (n⁰ˢ 407 et 408) les donne *tous* au vendeur, sans autre indemnité pour l'acheteur que ses frais de culture. — Troplong (n⁰ˢ 769, 770) laisse à l'acheteur les fruits pendants lors de la vente ; puis il partage entre les deux parties, au *prorata* de la jouissance de chacune pendant l'année qu'ils représentent, les fruits pendants lors du retrait. — Enfin d'autres, appliquant les règles de l'usufruit, donnent les premiers à l'acheteur, les seconds au vendeur, le tout sans aucune récompense pour les frais de culture (art. 585).

Marcadé réfute tous ces systèmes (art. 1673, III), et en admet un que professent aussi MM. Dalloz [1], Duvergier [2], Massé et Vergé [3], et que j'adopte sans réserve. C'est qu'à la différence de ce qui se passe entre le propriétaire et l'usufruitier qui ont réglé d'un commun accord aussi bien le *terme* que le commencement de l'usufruit, sans que ce terme puisse dépendre de la volonté d'un seul, il faut consi-

1. V⁰ *Vente*, n⁰ 1547.
2. Tome II, n⁰ 57.
3. Sur Zach., IV, p. 316, n⁰ 19.

dérer que le réméré (et cela peut se dire de l'action rescisoire) s'exerce le jour où il plaît au vendeur de l'exercer ; que ce vendeur serait maître, si on admettait ici l'*alea* de l'art. 585 de la faire tourner à son profit et de se ménager avec certitude, en choisissant bien son moment, la totalité d'une récolte qui doit en bonne justice rester en tout ou partie à l'acheteur comme son revenu régulier et la représentation de sa jouissance; que, par conséquent, il faut partager au *prorata* de la jouissance de chacun les fruits pendants lors du rachat, et par une juste réciprocité faire le même partage pour les fruits pendants lors de la vente.

Si telle est la vérité lorsqu'il s'agit de rachat, telle doit être aussi la vérité lorsqu'il s'agit d'action rescisoire, mais pourvu qu'on restreigne cette solution, c'est-à-dire le partage, aux fruits pendants lors de l'action et qu'on laisse à l'acheteur sans partage et sans indemnité les fruit pendants au jour de la vente.

Est-ce là se contredire? Est-ce là prendre deux poids et deux mesures? Nullement. Et je m'explique :

Quand j'ai vendu avec clause de rachat en 1860 un bien couvert de récoltes et que je le reprends en 1862 couvert de sa récolte également, je ne puis tout à la fois, comme le prétend Troplong, n'avoir dans la seconde récolte qu'une part correspondante à la fraction de l'année pendant laquelle je jouis de l'immeuble, et n'avoir rien du tout dans la première. Car s'il est vrai que cette première récolte a dû vraisemblablement se trouver payée au vendeur par une élévation du prix de vente, on peut répondre à cet argument de M. Troplong, que cet équivalent de la première récolte le vendeur s'en dépouille, étant forcé au jour du rachat de rembourser à l'acheteur le prix de vente *tout entier*.

Mais quand il s'agit d'action rescisoire, je prétends que le vendeur ne rembourse pas du tout l'équivalent qu'il a reçu ou qu'il est censé avoir reçu pour la première récolte abandonnée par lui. En effet, nous avons déjà vu qu'une ventilation doit faire connaître le prix *net* stipulé pour l'*immeuble*, déduction faite de ce qui est censé représenter dans le prix conventionnel total la récolte pendante. C'est ce prix *net* que l'on compare à la valeur (également *nette*) de l'*immeuble*, pour calculer la lésion subie dans la vente de cet *immeuble*, la vente de la récolte échappant comme vente mobilière à la rescision. Eh bien ! c'est également ce prix net, ce prix réduit par la ventilation, que le vendeur sera obligé de restituer, gardant ainsi, comme représentation de la récolte abandonnée par lui au jour de la vente, un prix vil sans doute, mais un prix déclaré suffisant par la loi qui n'admet pas de rescision contre les ventes mobilières. — Si donc le vendeur, malgré les remboursements qu'il doit faire, reste payé de la première récolte, il en faut faire complétement abstraction ; il ne peut être question ni de lui restituer cette récolte, ni de lui enlever ou de lui donner la récolte actuelle : celle-ci n'a rien qui lui fasse contre-poids dans un sens ou dans l'autre, et l'équité veut qu'on la partage en deux fractions proportionnées chacune à la fraction d'année pendant laquelle acheteur et vendeur ont la jouissance et la garde de l'immeuble : partage qui *ne* se fera *que* pour la seconde récolte, la première devant rester tout entière à l'acheteur qui se trouve la payer en définitive.

Jusqu'où s'étend la responsabilité de l'acheteur quant aux dégradations ? L'opinion qu'enseigne Pothier (n° 360), et qui sous le Code a rencontré une adhésion presque unanime [1], c'est qu'à part le profit qui représente dans son patrimoine la dégradation commise, à part aussi la preuve de sa mauvaise foi au jour de cette dégradation, l'acheteur n'est responsable ni de son fait ni de sa négligence. — Je trouve que c'est non-seulement fort juste, mais encore très-légal. Car en droit il n'y a point de faute au point de vue de la responsabilité lorsqu'on néglige une chose qu'on croit sienne. *Qui rem quasi suam neglexit nulli querelæ subjectus est.*

Ainsi la connaissance, ou plutôt l'appréhension certaine du droit d'autrui rend responsable de sa négligence l'acheteur à réméré. Mais c'est à tort que quelques personnes ont cru devoir appliquer la même règle à l'acheteur à vil prix. Car la clause de réméré est une menace de résolution évidente pour tous, menace qui oblige à des soins ; tandis que la lésion, est-on toujours instruit de son existence ? Surtout si c'est un tiers acheteur qui a négligé le fonds, est-ce qu'on peut croire qu'il a compté sur la plainte du vendeur et sur la résolution de son droit ?

<hr>

1. Voy. notamment : Troplong, n° 844 ; Duvergier, II, n° 121 ; Massé et Vergé sur Zach., IV, p. 321, note 14.

Mais on cite encore un autre exemple : on prétend assimiler le détenteur du fonds vendu à vil prix au détenteur d'un fonds hypothéqué, lequel au jour de la sommation qui lui est faite de payer ou de délaisser, garde bien, il est vrai, les fruits qu'il a perçus avant cette sommation, mais répond au contraire de toute dégradation. — Mais, répondrai-je, cette sommation vient-elle le surprendre ? Nullement. N'a-t-il pas dû jeter les yeux sur le registre du conservateur ? Et d'ailleurs, le premier soin d'un acquéreur n'est-il pas de purger les hypothèques ?

Donc, pas la moindre ressemblance entre l'acheteur à vil prix et ceux qui sont tenus de leur simple négligence. La quotité de la lésion ne porte pas avec elle, pour l'acheteur et surtout pour le tiers acheteur, des signes suffisamment certains pour qu'on puisse lui dire qu'en négligeant la chose il ne l'a pas négligée comme sienne. La mauvaise foi, il faudra la prouver, et alors on en tiendra compte. Mais il n'est pas permis de la présumer.

De même que l'acheteur peut garder les fruits, mais non pas tirer profit de la chose en la dégradant, de même, tenu sans retour des charges annuelles d'entretien, d'exploitation ou d'impôts, il ne peut être contraint de laisser au vendeur le profit des dépenses qu'il a faites pour améliorer le fonds. — Ce serait une hérésie de soutenir le contraire, comme Salicet et quelques autres docteurs, sous prétexte que l'acheteur peut en payant le supplément de prix retenir la chose améliorée : ce serait, de fait, changer une faculté en obligation. — On remboursera à l'acheteur ses impenses nécessaires intégralement, ses impenses utiles jusqu'à concurrence de la plus-value ; et quant à ses impenses voluptuaires, il pourra seulement enlever tout ce dont il a embelli le fonds et dont l'enlèvement ne peut pas le détériorer.

Les frais et loyaux coûts du contrat restent à la charge de l'acquéreur. Despeisses et Voët étaient d'un avis contraire. Mais, comme le remarque Troplong, la rescision ne peut contraindre le vendeur à restituer quelque chose qu'il n'a pas reçu.

Tout ce que peut réclamer l'acheteur (prix, impenses, etc.), lui est assuré par un droit de rétention qu'il a sur l'immeuble jusqu'à parfait payement (arg. de l'art. 1673). Tous les auteurs anciens et modernes lui donnent ce droit.

Mais une fois la rescision prononcée, faut-il, tout en refusant au vendeur la reprise matérielle de l'immeuble s'il ne paye pas, forcer l'acheteur à subir son inaction et l'empêcher de réclamer en vertu du jugement son prix et ses impenses en offrant l'immeuble au vendeur ? — Pothier (*Vente*, n° 369) refusait à l'acheteur toute espèce de droit de demander l'exécution du jugement contre le vendeur. Mais on peut citer en sens contraire un arrêt du 11 juin 1550, (Ferrières, Charondas. — Il y a des auteurs qui sous le Code enseignent la doctrine de Pothier. — Mais je crois que aussi bien sous le Code que dans l'ancien droit, elle est erronée.

Qu'on refuse à quelqu'un le droit de forcer autrui à l'exercice d'une faculté, par exemple au vendeur le droit de forcer l'acheteur à supplémenter le prix, la vente étant rescindée, je le comprends. Mais le jugement qui résout la vente, est-ce qu'il fait de la restitution de l'immeuble par l'acheteur, du remboursement du prix et des impenses par le vendeur, une simple faculté pour l'un ou pour l'autre ? Là est le nœud de la question. Et je n'hésite pas à dire que le jugement, s'il lie l'acheteur, lie le vendeur de la même façon. Une fois rendu, il opère un transport rétroactif de propriété que le vendeur pouvait empêcher en se désistant avant tout jugement, mais qui maintenant est un fait définitivement acquis (à moins que l'acheteur ne supplémente, ce qu'il ne fait pas dans notre hypothèse). Avec ce transport, ou plutôt cette reconnaissance de propriété, naissent des obligations réciproques. entre autres celle du vendeur de rendre le prix reçu, prix qu'il se trouve maintenant avoir reçu sans cause et qu'il ne pourrait garder en laissant l'immeuble à l'acheteur que si l'acheteur en faisait le prix d'une nouvelle vente faite *d'un commun accord*. Le vendeur à lui seul n'est pas libre de revendre ainsi sa chose à l'acheteur malgré ce dernier. Et c'est par un bienfait exorbitant du droit commun qu'il est permis à l'acheteur malgré le vendeur de consolider par un supplément de prix la vente que le juge a brisée. Il n'est pas besoin de longs développements pour montrer que le droit commun rend exécutoire contre chaque partie un jugement qui soumet chacune à des obligations.

L'équité répugne-t-elle à cette solution ? — Comment ! je demande qu'on rescinde une vente que je prétends inégale : on la trouve inégale et on la rescinde ; et je pourrais vouloir qu'elle soit maintenue ! Qu'est-ce qui peut m'inspirer cette prétention ? C'est le désir de profiter d'événements qui pendant le procès ou depuis le jugement sont venus déprécier l'immeuble au point de renverser le rôle des parties, et de rendre inégale *a mon profit* une vente auparavant inégale *à mes dépens*. Et l'on m'admettrait à vouloir le maintien d'une inégalité, moi qui réclamais contre elle ! et pour me satisfaire on me donnerait raison contre la chose jugée ! et l'on m'affranchirait des risques auxquels je me suis soumis depuis ma demande en écoutant la sentence ! et l'on chargerait de ces risques un homme qui par la sentence a cessé, même pour le passé, d'être propriétaire, et s'est trouvé simple débiteur de corps certain ! En vérité, cela ne se peut pas. Et l'équité comme les principes du droit permettent à l'acheteur, une fois le jugement rendu, de forcer le vendeur à exécuter son obligation en remboursement du prix, encore bien que ce vendeur veuille le *statu quo*, et que l'immeuble ait totalement péri depuis la demande en rescision.

Si tel est (quand il n'est pas arrêté par l'offre d'un supplément de prix) l'effet de la rescision prononcée, si cette rescision est rétroactive au point d'être plutôt la reconnaissance du droit de propriété non interrompu du vendeur que la constitution nouvelle de ce droit sur sa tête, cela ne peut être indifférent au point de vue fiscal.

La vente se trouvant légalement n'avoir point existé, il y aurait lieu, de la part de la régie, à restituer le droit de mutation perçu à son occasion, si l'on ne s'en tenait qu'aux principes. Mais la loi du 22 frimaire an VII, article 60, s'y oppose en déclarant qu'à moins d'exception écrite dans la loi, tout droit régulièrement perçu ne peut être restitué, quels que soient les événements ultérieurs.

Conservant le droit perçu pour la vente, que percevra le Trésor pour le jugement de rescision ? Deux dispositions faisant partie de la même loi du 22 frimaire an VII sont mises par les auteurs en lutte l'une contre l'autre, chacune ayant des partisans qui étendent son domaine sur le cas qui nous occupe. Ces deux textes sont : 1° l'article 68, § 3-7°, qui soumet à un droit fixe de 3 fr. les jugements portant *résolution de contrats pour cause de nullité radicale*;

2º l'article 69, § 7-1º, qui soumet au droit proportionnel de mutation les ventes, *reventes, cessions, rétrocessions,* etc..... Que décider maintenant pour la rescision de la vente à vil prix ? paiera-t-elle un droit fixe ou un droit proportionnel ? Ce qu'il y a de certain, c'est que n'étant ni une revente, ni une rétrocession (car le dire serait nier son effet rétroactif), elle échappe à l'application de l'article 69 et au droit proportionnel. Force est bien de la soumettre au droit fixe en la faisant rentrer dans l'article 68.

C'est pourtant le contraire que font plusieurs auteurs et deux arrêts de la Cour de Cassation [1], aimant mieux voir une *revente* dans la rescision que d'y voir une *nullité radicale.* Au contraire, MM. Toullier, Duvergier, Troplong, Championnière et Rigaud, considérant la lésion comme une nullité radicale, exigent un droit fixe. — Marcadé approuve leur décision. Mais il se met à blâmer leurs motifs et la qualification de nullité radicale qu'ils donnent à la lésion. C'est là, ce me semble, tirer un peu trop parti de leurs expressions et leur attribuer un sens que ces auteurs ne veulent assurément pas leur donner quand ils les appliquent au cas de lésion. Car *nullité radicale,* dit dans le sens de *nullité absolue existant sans que le juge ait besoin de la prononcer,* est une expression fort impropre en cas de lésion. Mais ce sens, je le répète, n'est ni dans la pensée de MM. Troplong et autres, ni dans celle du législateur de l'an VII quand il soumet au droit fixe les jugements portant résolution de contrats pour cause de nullité radicale. Avec ce sens, l'association de ces deux mots *résolution* et *nullité radicale* serait incompréhensible. Il est clair qu'on n'a pas voulu dire que la vente lésionnaire fût de prime abord un néant. On ne la considère que comme *annulable,* mais annulable rétroactivement, *ex causá antiquá et primævá,* ce qu'on exprime par l'application fort permise du mot *radical* au vice de lésion qui, sans rendre la vente spontanément nulle, permet de *l'annuler ab initio.* Le seul tort des auteurs est peut-être de parler de *nullité* au lieu de s'en tenir au mot *annulation ;* et encore peut-on le leur pardonner : bien des fois l'on parle de nullités contenues dans un acte, et l'on veut dire par là le

---

1. Merlin, Répert., vº *Enregistrement,* § 2. — Duranton, XII, 572. — Cass., 5 germ. an XIII. — Cass., 17 déc. 1811.

vice qui le fait annuler ; et la la loi de l'an VII, parlant de résolution causée par une nullité radicale, contiendrait un non-sens s'il ne fallait pas y mettre simplement le mot *vice* à la place du mot *nullité*.

En somme, donc, la régie ne peut percevoir qu'un droit de 3 francs.

Important au point de vue fiscal, l'effet du jugement de rescision a encore pour conséquence la nécessité de rendre ce jugement public suivant le mode réglé par la loi du 23 mars 1855 sur la transcription. Il doit dans l'intérêt des tiers être mentionné en marge de la transcription de la vente faite sur le registre (art. 4. loi de 1855). C'est l'avoué qui l'a obtenu qui doit, sous peine de 100 fr. d'amende, faire opérer cette mention dans le mois à dater du jour où le jugement a force de chose jugée.

Au reste, ce n'est pas là le seul cas de transcription en matière de lésion. L'action en rescision elle-même, lorsqu'on la cède, n'est réputée cédée vis-à-vis des tiers, soit cessionnaires postérieurs de la même action, soit titulaires de droits réels, hypothèques ou servitudes, consentis postérieurement sur l'immeuble par le cédant, que si la cession a été transcrite avant les cessions postérieures et les constitutions de droits réels. (Art. 1-1°, loi de 1855.) Car l'action cédée n'est autre chose qu'un droit conditionnel à la propriété de l'immeuble.

Que dire d'une *renonciation* à l'action rescisoire ? faut-il la transcrire ? Elle dépouille le vendeur du même droit conditionnel dont je viens de parler. Et de là il faut conclure à la nécessité d'une transcription (art. 1-2°). D'après quelques personnes, la renonciation en serait dispensée, sous prétexte que l'intérêt des tiers à la transcription fait absolument défaut dans ce cas. Mais c'est une erreur.

Voici comment on raisonne : si la renonciation dépouille le vendeur de son droit conditionnel, elle l'en dépouille au profit de l'acheteur ; c'est en quelque sorte une cession de l'action consentie à l'acheteur lui-même ; et comme il n'y a pour lui que consolidation d'un droit antérieur déjà rendu public, il n'y a pas besoin d'une transcription nouvelle. A qui pourrait nuire l'omission de cette nouvelle transcription? A ceux qui plus tard achèteraient le même bien du même vendeur? mais ils ont vu sur les registres la première vente déjà transcrite, et ils ont dû ou la croire irrévocable ne se doutant pas de la lésion, ou tout au moins compter qu'elle le deviendrait peut-être un jour par la ratification. Aux cessionnaires postérieurs de l'action rescisoire? mais en obtenant cette cession, ils doivent s'enquérir auprès de l'acheteur qui leur est parfaitement connu !

Tout cela ne prouve rien. Oui, la renonciation équivaut bien à une cession de l'action rescisoire faite entre les mains de l'acheteur. Mais c'est justement pour cela que s'il ne fallait pas la transcrire comme renonciation, il faudrait la transcrire comme cession. — Sans doute elle consolide un droit antérieur déjà rendu public. Mais ce qui n'est pas rendu public encore, c'est cette consolidation, et il importe qu'on la connaisse. — Les cessionnaires de l'action rescisoire, quand ils voient sur les registres le nom de l'acheteur, savent le nom de leur adversaire, mais ne savent pas si le droit qu'ils achètent contre lui n'est pas éteint par une renonciation. Leur sera-t-il toujours possible de s'en informer auprès de lui ? et la transcription n'est-elle pas instituée pour dispenser de démarches infructueuses et de renseignements trompeurs qui jettent souvent dans de vaines inquiétudes ou dans une fausse sécurité? — Et quant à ceux qui voudraient acheter le même bien du même vendeur, ne faut-il pas dire la même chose pour eux : car rien ne leur importe plus, lorsqu'ils connaissent le vice de la lésion, que de savoir si le vendeur, qui leur cède implicitement tous ses droits sur l'immeuble et par suite son action rescisoire, leur cède là quelque chose d'utile. Et la transcription des renonciations leur est le seul moyen d'en être sûrs et d'acheter sans crainte.

Il est vrai qu'il resterait encore à redouter l'effet des renonciations tacites résultant d'actes d'exécution volontaire. Mais, outre que ces actes se manifestent souvent eux-mêmes plus qu'une simple déclaration de ratification, c'est le propre des renonciations de ce genre d'échapper à toute transcription ; et de ce qu'elles y échappent on ne peut conclure qu'il faille y soustraire aussi les renonciations expresses. Ce serait critiquer et supprimer l'art. 1—2º de la loi de 1855.

CHAPITRE VII

LÉSION SOUFFERTE PAR LES MAJEURS (SUITE). — PARTAGE. — DES VOIES
DE RECOURS CONTRE LE PARTAGE, ET DE LEUR CUMUL.

I. — Jamais l'on ne s'avisa d'abolir ou même de critiquer la rescision pour lésion en matière de partage. Elle fut respectée par la loi de fructidor, et on trouve sa justification dans la bouche du tribun Siméon, qui soutenait le maintien de la réforme révolutionnaire. « Quoique les lois nouvelles aient proscrit la rescision en
» matière de vente, disait-il au Corps législatif, on a dû la main-
» tenir relativement aux partages, parce que les principes en sont
» différents.

» On est libre de ne pas vendre : on n'est pas libre de rester
» dans l'indivision. La base de la vente est l'avantage que chacun
» des contractants y cherche aux dépens de l'autre : celle du par-
» tage est au contraire l'égalité. Le partage est donc rescindable de
» sa nature : car il cesse d'être partage s'il n'est pas égal, sinon
» mathématiquement, du moins jusqu'à une certaine proportion. »
Voilà l'idée qui anime, on peut le dire, toute la législation relative aux partages. A la différence du vendeur et de l'acheteur, chaque copartageant a un *droit* à l'égalité, droit préexistant à la formation du contrat qui n'est en définitive qu'un règlement de comptes, et qui, loin de fixer à chacun sa mesure, doit se servir d'une mesure établie d'avance, pour faire à chacun sa part dans l'héritage commun. Tel est le rôle du partage : ne prendre pour aucun une mesure nouvelle, mais prendre pour tous la mesure que la loi et la justice donnent, la mesure de l'égalité. Autrement il n'est pas plus partage, que la vente sans prix n'est une vente.

Cette idée me paraît tellement l'âme et la vie de ce contrat, que je vais jusqu'à lui rattacher ce principe que le partage est rétroactif, qu'il *déclare* mais ne crée pas des droits : car si l'on fait ainsi remonter en arrière le droit du copartageant sur le lot qui lui est échu, c'est qu'avant le partage il ne manquait à ce droit qu'une matière fixe et certaine pour s'y attacher. Cette matière, on la lui donne; il s'y fixe alors, mais cela ne s'appelle pas *naître*. Or quels sont les droits des cohéritiers, lorsqu'une fois ouverts ils cherchent à se fixer? Ce sont des droits égaux, si bien égaux, qu'ils se pénètrent mutuellement au point de s'asseoir ensemble (chose de pure fiction) sur chaque molécule de l'héritage indivis. Eh bien! si la matière qu'on donne à l'un de ces droits rivaux n'est pas suffisante à le combler, il demeure, en une certaine mesure, le rival des autres sur le reste de l'héritage.

Et c'est pour cela que tous doivent garantir à chacun les objets qui composent son lot. Pourquoi répare-t-on ici l'effet d'une éviction? Parce qu'elle détruit l'égalité, et que l'égalité est due. Et si l'égalité est due, il faut réparer la lésion qui la détruit également. Au mot *garantie* répond dans le partage le mot *égalité*. S'il n'y répond pas dans la vente, c'est que là on vient pour commercer et s'enrichir en *échangeant* des droits, et qu'on ne doit garantir que le droit donné en échange. Mais on vient au partage avec son droit, non pour l'échanger contre un autre, mais pour le rendre divis, d'indivis qu'il était, pour le condenser en quelque sorte en le dégageant du voisinage si intime et si incommode du droit d'autrui, qui venait le heurter et le pénétrer même en ses plus petites parcelles.

Enfin, la lésion dans un partage, outre qu'elle peut venir de la position malaisée d'un des cohéritiers, impatient d'obtenir son lot pour se procurer de l'argent, ne fait-elle pas, comme disait M. Treilhard, présumer l'erreur, puisque nul de ceux qui viennent se partager les biens n'en a encore eu l'administration, et n'a pu par soi-même en apprécier la valeur? N'est-il pas facile que tous se trompent, et je dis même : n'est-il pas nécessaire, par respect pour cette famille, dont chaque membre a dû pour se bien conduire se restreindre en vue de l'égalité, d'attribuer sans examen à l'erreur tout ce qui vient la blesser? Et s'il est vrai qu'une erreur peut impunément porter sur la valeur d'un objet vendu, il est incontestable, au contraire, que l'erreur dans la valeur des lots veut être effacée parce qu'elle viole et modifie un droit dans un acte qui a pour essence d'en être une fidèle exécution.

Si le Code n'a pas pris soin de mentionner cette sorte d'erreur.

c'est qu'elle se confond avec la lésion ; que proscrire la seconde c'était proscrire la première, et que son intention était de les proscrire uniformément toutes deux lorsqu'elles vont au delà du quart, et de les laisser sans remède quand elles demeurent en deçà. Exiger un taux plus fort, c'était mettre entre le partage et la vente trop peu de distance. Exiger un taux moindre, c'était demander l'impossible et sacrifier à des intérêts trop minimes le repos et la sécurité des familles.

Outre l'erreur *dans la valeur* des biens, il est d'autres sortes d'erreurs possibles en matière de partage, et soit qu'elles en causent la nullité absolue et permettent *de plano* d'en demander un nouveau, soit qu'elles permettent de le faire rescinder, soit enfin qu'elles donnent droit seulement de demander un supplément à l'acte de partage ou de recourir en garantie contre ses cohéritiers, toutes ces erreurs trouvent leur remède. — Quelles sont-elles ? Il en est de plusieurs espèces : tantôt l'erreur porte sur les objets héréditaires, soit pour y faire compter des objets inexistants ou qui existent sans faire partie de la succession, soit pour faire omettre au contraire des biens qui en font réellement partie ; tantôt elle porte sur les droits héréditaires des copartageants, soit pour les faire exagérer ou amoindrir, soit pour en faire attribuer à des individus qui n'en ont pas ou refuser à des individus qui en ont. — Il n'entre pas dans mon sujet de chercher, avec démonstration à l'appui, quelle sorte de recours s'applique à chacune de ces erreurs : ce serait m'égarer sur un terrain qui n'est pas le mien. Qu'il me suffise de dire qu'à défaut d'autres remèdes de droit, et malgré le silence du Code sur l'erreur au titre du partage, il suffirait tout au moins à l'erreur, pour vicier le partage, d'y offrir les caractères qui en font en général une cause de rescision des conventions.

Je n'ai pas davantage à m'occuper du dol, ou de la violence, ou de l'incapacité, ou de l'inobservation des formalités requises [1]. Ces causes peuvent faire briser le partage ou le rendre provisionnel en vertu, soit de l'art. 887, soit d'autres dispositions du Code (art. 465, 466, 817 et suiv., 1314).

---

1. Les effets de l'incapacité et du vice de forme ont été partiellement et incidemment traités dans le chapitre consacré aux mineurs.

II. — Mais j'ai à me demander si les actions qu'elles produisent se cumulent avec l'action pour lésion de plus du quart, ou si elles ont le pouvoir de l'exclure. La même question pourrait se présenter pour la vente. Résolvons-la ici d'une façon générale. — Elle présente deux faces : 1° Peut-on lorsqu'il y a erreur, dol, violence, etc... et qu'il y a en même temps lésion illégale, fonder son premier recours sur la lésion ? — 2° Peut-on, lorsqu'on a fondé son premier recours sur l'erreur, le dol, la violence, etc... et qu'on a succombé, revenir par une action fondée sur la lésion ? — A ces deux questions je réponds affirmativement.

Avant d'aborder la seconde, qui touche aux effets de la chose jugée, prenons d'abord la première.

Si la seule prétention de prouver qu'il y a lieu à rescision pour lésion rendait nécessaire la preuve de l'autre vice, soit incapacité, soit omission de formes, comme cela arriverait s'il prenait fantaisie à un mineur d'attaquer pour *simple* lésion (et non pour lésion énorme) une vente immobilière qu'il a faite *seul*, alors, comme la lésion sans l'irrégularité serait impuissante à motiver un recours, et que pour y faire droit c'est toujours l'irrégularité qu'il faut considérer, alors il est vrai de dire que la question posée tout à l'heure est sans intérêt, ou plutôt qu'elle se résout manifestement dans le sens de l'exclusion : exclusion de l'action en nullité pour lésion par l'action en nullité pour vice de formes.

Elle serait sans intérêt encore quand le vice auquel se joint la lésion rend l'acte non pas *annulable* mais *nul* en l'empêchant de naître, comme cela arrive quand il y a défaut de consentement, folie, etc... Car on ne rescinde pas le néant ; et la recevabilité du recours pour lésion dépendra de la vérification par le juge du point de savoir en fait si l'acte est inexistant.

Mais écartons ces hypothèses. Prenons un contrat entaché de dol, ou de violence, en même temps que de lésion. Alors on aperçoit, se séparant nettement, d'une part l'action fondée sur le dol ou la violence sans idée de lésion, et d'autre part l'action fondée sur la lésion sans idée de dol ou de violence. — A-t-on le choix alors ? Je n'hésite pas à répondre oui. Me voilà en face d'un acte à la rescision duquel peuvent me conduire deux voies dont l'une me suffirait sans l'autre. Quelle subtilité pourrait me fermer l'une d'elles ? S'il y a un dol, outre la lésion, c'est un secours *ajouté*, et non pas *substitué* à l'autre. Quand je plaide en rescision pour lésion, qu'est-ce qui peut m'empêcher de prouver cette lésion à cause du dol que j'ai subi ? Est-ce l'adversaire ? Mais il ne peut exciper de son dol, et d'ailleurs il est peu probable qu'il en fasse ainsi l'aveu et abandonne les chances que lui laisse encore une estimation. Est-ce le juge lui-même ? Mais de quel droit peut-il tirer du dol une conséquence quelconque, puisqu'il est censé ignorer ce dol, nul ne l'ayant appelé à juger cette question, sinon mon adversaire qui est sans qualité et sans intérêt pour cela ?

— Reste la question de chose jugée, dans le cas où, ayant succombé dans l'action en nullité pour dol ou violence, je voudrais revenir devant le juge par l'action en nullité pour lésion.

L'équité milite bien en faveur de cette prétention. Car de ce qu'on a reconnu l'absence de manœuvres frauduleuses, il ne s'ensuit pas que je ne suis pas lésé. Je le suis bien mieux au contraire, puisque je le suis sans remède possible autre que l'action fondée sur la lésion elle-même. D'un autre côté, le juge n'a rien dit qui contredise cette allégation. L'action en nullité pour dol ou violence ne peut être renouvelée : elle a été jugée. Mais l'action rescisoire pour lésion ne l'a pas été, et si je l'intente ce sera pour la première fois.

Doit-on abandonner ce système pour entendre rigoureusement la théorie de la chose jugée ? Nullement. Il y a chose jugée quand on retrouve à l'action le même objet, les mêmes parties, la même cause : et c'est l'identité de cause qui manque totalement ici. Il est vrai, comme le dit Marcadé, qu'il ne faut pas en pareille matière confondre la *cause* de l'action avec les *moyens* qui la soutiennent ; qu'ayant agi en nullité pour vice de forme résultant de la minorité d'un témoin, il n'y a pas cause nouvelle, mais moyen nouveau quand je reviens demandant la nullité pour vice de forme résultant de la présence d'un témoin étranger : la cause est toujours la même, le vice de forme, et peu importe dès lors la nouveauté des moyens, parce qu'en déduisant une cause en justice on est présumé, dans l'intérêt de la paix publique, déduire ou abandonner d'un seul coup tous les moyens qui se rattachent à cette cause. Et Marcadé continue cette théorie en ce qui touche le vice de consentement, appelant cause, cause immédiate, prochaine, proprement dite, ce vice de consentement; et appelant moyens, causes médiates, causes éloignées les vices spéciaux (erreur, dol, violence) qui s'y rattachent, et dont la nouveauté ne suffit pas à constituer une demande nouvelle. — J'admets cette théorie, quoique exagérée peut-être en ce dernier point. Mais je prétends qu'en l'admettant et sans l'amoindrir, elle permet de voir une action nouvelle quand, vaincu sur le moyen de dol, je reviens armé du moyen de lésion. Car ces moyens sont loin de converger vers la même cause. La lésion ne rentre point dans le vice du consentement. C'est une cause d'action toute à part. J'avoue certes qu'il serait bien meilleur et bien plus utile, si on a ces deux moyens de dol et de lésion, de les joindre dans la même action; et c'est ce qui arrive ordinairement. Mais enfin on ne peut y être forcé.

Voilà donc le cumul de ces actions parfaitement permis, et l'exercice de l'une indépendant de l'exercice de l'autre.

Que dire du cumul de l'action en garantie et de l'action rescisoire quand la lésion de plus du quart se trouve être le résultat d'une éviction?

Ce cumul, je l'admets encore. Je trouve qu'on ne peut faire tourner les secours légaux à l'exclusion les uns des autres, et que celui qui les tient de la loi ne peut dans son choix subir la moindre contrainte. On me dira que précisément l'action en garantie exclut l'action rescisoire, parce qu'elle en tarit la source en empêchant qu'il y ait la moindre lésion ; parce que la lésion suppose des lots inégaux, et que grâce à la garantie le lot de l'héritier évincé reste égal à ceux des autres ; qu'au moment où le bien en est sorti une action y entrait pour lui conserver sa valeur en le laissant changer de nature. Tout cela est bien subtil. Est-ce qu'on ne pourrait pas dire aussi que le dol enlève l'action en rescision pour lésion, sous prétexte qu'il fait naître une action suffisante pour parer à toute sorte de préjudice ? Et pourtant il faut reconnaître que la victime d'un dol n'est nullement empêché d'appuyer son action sur la lésion en négligeant le moyen de dol.

La loi donne deux moyens de parer à l'inégalité des lots : le recours en garantie, quand l'inégalité, quelque faible qu'elle soit, vient d'une éviction ; — l'action en rescision, quand l'inégalité, de quelque source qu'elle vienne, excède le quart des droits du copartageant. Eh bien ! lorsqu'il se trouve tout à la fois que l'inégalité excède le quart et qu'elle vient d'une éviction, quelle raison y a-t-il de faire prédominer l'un sur l'autre et absorber l'un par l'autre ces deux remèdes légaux dont les sphères d'application se confondent ? Pourquoi ne pourrais-je pas dire à mon tour que la garantie n'a pas occasion de naître, l'inégalité se trouvant comblée d'avance par l'action en rescision que provoque toute lésion de plus du quart. Qu'on essaie d'être exclusif soit dans un sens soit dans l'autre, on parcourt toujours un cercle vicieux. Pourquoi ne pas essayer alors du système conciliateur ?

D'ailleurs on ne peut pas me dire dénué d'intérêt à plaider sur la lésion plutôt qu'à plaider sur la garantie; car ces deux manières d'agir ne mènent pas toujours au même résultat. Quoique meilleure et seule possible après un délai de dix ans puisqu'alors l'action rescisoire est prescrite et que l'action en garantie peut encore durer vingt ans; — quoique meilleure encore quand l'immeuble évincé valait plus au jour de l'éviction qu'au jour du partage, puisqu'elle le fera estimer au jour de l'éviction; — l'action en garantie est au contraire moins avantageuse que l'action rescisoire quand le jour du partage est le jour de la plus haute valeur de l'immeuble; et de plus elle a le tort de n'aboutir jamais qu'à une somme d'argent, tandis que l'action rescisoire (sauf le droit pour l'adversaire de supplémenter) procure un nouveau partage et reconstitue en biens héréditaires le lot de chacun.

CHAPITRE VIII.

PARTAGE ENTRE MAJEURS (SUITE). — QUELLE LÉSION FAIT NAÎTRE
L'ACTION RESCISOIRE? ET DANS QUELS PARTAGES?

I. — Il faut une lésion de plus du quart : c'est-à-dire qu'il faut que le partage ait fait perdre à celui qui se plaint plus du quart sur son droit héréditaire. Peu importe que cette perte subie par l'une des parties se soit *distribuée* au profit des autres de façon à ne procurer à personne un gain de plus du quart. Et peu importe en sens inverse un gain de plus du quart fait par l'une des parties si aucune des autres n'a perdu à elle seule une valeur supérieure au quart de ses droits.

Ajoutons de suite qu'en exigeant une lésion supérieure au quart, la loi n'a pu porter sa pensée sur les erreurs de calcul. Quelque minimes qu'elles soient, elles veulent être réparées. Les observer serait aller contre les dispositions de l'acte de partage, de même qu'on fausserait la pensée d'une personne en s'emparant de ses *lapsus linguæ*.

Comment constater le chiffre de la lésion soufferte? C'est bien simple : on se demande quel est le droit héréditaire du plaignant, s'il est de la moitié ou du quart de l'hérédité. Puis on estime, d'une part la masse de la succession, d'autre part les biens mis à son lot, et on cherche si ces biens valent le quart de son droit héréditaire, c'est-à-dire le huitième de la succession si son droit héréditaire est de la moitié de l'hérédité. Et dans cette recherche il faut recommencer tout aussi bien l'estimation des biens mis au lot des autres cohéritiers que celle des biens mis au lot du plaignant, car les uns comme les autres ont pu être mal estimés. On conçoit également qu'il faut que le plaignant ait été lésé de plus du quart sur l'ensemble de son lot, car une lésion de plus du quart, subie dans l'estimation d'un des biens dont son lot se compose, a pu être compensée par une estimation inférieure d'un autre bien mis dans le même lot [1]. — Inutile de dire qu'on écarte du calcul les dons précipu-

1. Nous verrons à propos des partages partiels si la lésion s'estime dans chacun d'eux pris isolément, ou au contraire dans l'ensemble qu'ils forment.

taires, même faits au demandeur, et qu'on y fait rentrer au contraire les dons rapportables, ne le fussent-ils qu'en moins prenant.

Enfin, un principe qui doit dominer cette recherche, ici comme pour la vente, c'est qu'il faut estimer les objets héréditaires suivant leur valeur à l'époque du partage (art. 690). Autrement on rescinderait des partages faits avec l'exactitude la plus scrupuleuse, et l'on blesserait d'ailleurs la maxime *Res perit domino*.

Quant à l'instruction de l'affaire, faut-il lui appliquer les articles 1677, 1678 et suivants, qui la déterminent pour la vente? Je ne le crois pas. Il n'y aura nécessité ni d'expertise ni de premier jugement interlocutoire admettant le demandeur à faire sa preuve. Le juge est libre de s'éclairer et de statuer suivant les règles du droit commun.

II. — La lésion reconnue suffisante peut faire rescinder tout partage ou tout acte équivalent à partage, et en général, pour parler comme l'article 888, *tout acte qui a pour objet de faire cesser l'indivision* entre cohéritiers. — Et si pour plus de commodité je me mets en face d'un partage entre cohéritiers, je n'entends soustraire à la rescision et à ses règles ni le partage de communauté entre les époux ou leurs ayants-cause (art. 1476), ni le partage entre associés (art. 1872), ni le partage d'ascendant [1] (art. 1079); la rescision d'ailleurs s'étend sur tous les partages entre communistes quelconques.

Peu importe aussi que le partage porte sur des immeubles ou sur des meubles, ou à la fois sur ces deux espèces de biens. Il n'y aurait de remarque spéciale à faire que si le partage portait sur des créances. La lésion alors n'a pas de taux à atteindre. Pourquoi? C'est que les créances sont divisées de plein droit et ne sont pas une matière à partage, et que si on reçoit moins que sa part, on n'est pas lésé par un partage, mais par un acte sans cause. Ajoutez que la lésion ici ne peut être attribuée à une erreur, et qu'il n'y a point dès lors à s'inquiéter du danger que peut causer une menace de rescision qu'il est facile de voir et tout aussi facile d'éviter.

Aussi la solution doit changer quand on fait des créances d'une

____

1. Nous aurons toutefois pour celui-ci une étude toute spéciale à faire.

succession un élément de la masse partageable, les mettant en balance avec des biens corporels. Car alors on ne sait pas à première vue si la balance est égale entre les divers lots diversement composés.

La rescision peut frapper le partage *fait en justice* comme le partage fait à l'amiable [1]. Cette nouvelle différence avec la vente est encore une conséquence du rôle essentiel que l'égalité joue dans le partage. Il n'y a pas ici de texte analogue à l'article 1684. Y a-t-il, pour le suppléer, l'effet général de la chose jugée, qui sans aucun doute échappe à la rescision ? Peut-on dire qu'ici le partage s'efface devant le jugement qui est venu déclarer souverainement le fait de l'égalité, de façon qu'on ne puisse plus le mettre en question ? Pas davantage. Le juge a fait ici acte de juridiction volontaire et gracieuse, non de juridiction contentieuse. Il n'a pas vidé un procès, mais accordé son homologation et son assistance. Il n'a pas *jugé* mais *supposé*, comme dit M. Demolombe, l'existence de l'égalité.

Aussi la solution changerait, et il y aurait chose jugée, pour tout ce qui n'est pas exécution et opération du partage, pour toutes les contestations relatives aux droits héréditaires sur lesquels doivent se modeler ces opérations. Ces points-là font faire au juge un acte de juridiction contentieuse. L'action en rescision ne pourrait s'élever contre l'ensemble du partage qu'à condition de ne pas les remettre en question.

A propos des partages faits par le juge, il importe de remarquer que les articles 826 et 832, qui ne sont qu'un *conseil* pour les parties elles-mêmes, libres de s'en écarter sans rescision possible, sont un *ordre* pour le juge appelé à composer les lots, et que les parties peuvent réclamer contre ce qu'on peut appeler une *lésion en nature*, c'est-à-dire contre une répartition dont l'inégalité résulterait de la nature différente des biens mis à chaque lot, *alors qu'il était possible de l'éviter.*

Le partage, ou l'acte équivalent à partage, peut être *partiel*, soit qu'il laisse dans l'indivision certains héritiers, soit qu'il y laisse

---

1. Il en était ainsi dans l'ancien droit (Pothier, *Succ.*, chap. IV, art. 6). *Facta prudentissimos fallunt*, disait-on.

certains biens de la succession. Le bon sens dit qu'on ne peut en divisant ainsi les partages les soustraire à la rescision.

S'il s'agit d'un partage partiel *quant aux personnes* seulement, aucune difficulté ne s'élève pour le calcul de la lésion ; il n'y a pas à se demander s'il faut réunir ou diviser les partages. Il suffit de voir si j'ai reçu par ce partage partiel les trois quarts de ce qui me revenait dans la succession, et de le rescinder si je suis lésé.

Mais, partiel *quant aux biens*, le partage me laisse des droits sur le reste de la succession, et je puis voir par un second partage s'effacer la lésion subie dans le premier. Doit-on admettre cette sorte de compensation entre les partages partiels? Doit-on refuser de rescinder un partage partiel qui me lèse, lorsque je reçois dans un autre partage partiel un avantage qui me fait avoir en définitive ma part héréditaire pour le tout ou pour les trois quarts?

J'adopte l'affirmative. Elle est consacrée par la jurisprudence [1] et par le plus grand nombre des auteurs; et, ce qui me touche plus encore, je la trouve dans la pensée de la loi. — Quand la loi se place en face de cohéritiers, c'est le partage *de la succession* qu'elle déclare rescindable pour cause de lésion. Si les cohéritiers font ce partage en plusieurs fois, par exemple s'ils partagent d'abord les meubles, puis les immeubles, il n'y a là que des éléments du partage qu'ils veulent faire.

On dit dans l'opinion contraire : Mais le partage partiel est *définitif* et se suffit à lui-même quant à ses conditions de validité! La preuve, c'est qu'on le rescinde pour dol ou pour violence sans regarder s'il y a eu dol ou violence dans le partage du reste des biens! — Il ne faut pas réfléchir longtemps pour voir qu'il n'y a pas là une objection. Le partage partiel n'a pas à puiser hors de lui ses conditions de validité *en tant qu'élément de partage*. Aussi, s'il renferme un dol, comme le dol vicie *toutes* les conventions, il viciera également cette sorte de convention qui doit former l'un des éléments du partage de la succession. Mais si c'est une lésion qu'il renferme, il faut se demander justement si la lésion comme le dol vicie un partage partiel pris isolément. Or la loi me paraît, pour le cas de succession, ne pas permettre que l'on rescinde quand on a reçu les 3/4 de sa

---

1. Cass., 27 avril 1841. (Dev., 41, 1, 388).

part héréditaire. Il faut établir une lésion de plus du quart *sur
ous ses droits de cohéritier.* — On comprend qu'une théorie analogue ne puisse pas se proposer pour le dol, fait indivisible qui ne
peut se prêter aux additions et aux soustractions, Mais la lésion est
un vice d'une nature particulière, qui, en face d'un tout composé
de plusieurs parties, peut se noyer dans le tout en quittant la partie qui le contenait d'abord. Au contraire la bonne foi qui règne
dans un partage partiel ne peut effacer ni atténuer le dol qui vicie
le partage du reste : en pareil cas, la justice commande de maintenir le premier et d'annuler le second. Elle veut au contraire le
maintien de l'ensemble quand l'ensemble est exempt de vice, sa
rescision quand il est vicié ; et si l'on peut apprécier la qualité de
l'ensemble en combinant les parties, ce n'est pas sous le rapport
du dol, c'est sous le rapport de la lésion.

Tout argument d'analogie cesse donc. Il mènerait, et malgré la loi,
à des inconvénients pratiques fort graves, ôtant aux parties le
moyen de faire plus commodément un partage égal à l'aide de deux
partages inégaux, et permettant par deux rescisions la remise de
toute l'hérédité dans l'indivision, alors que toute l'hérédité a été
également partagée.

Ce caractère particulier qu'a le vice de lésion de se prêter aux
combinaisons et aux calculs, commande aussi par les mêmes raisons
de justice de réunir au point de vue de la rescision deux successions
que les parties auraient unies dans un seul et unique partage.

Bien entendu qu'en cas de partage partiel, nulle action rescisoire
n'est ouverte pour lésion tant que la succession n'est pas entièrement partagée. C'est une conséquence nécessaire de la solution qui
précède en ce qui touche le mode de calcul. Cette conséquence est-
elle regrettable ? Assurément non. Car jusqu'à la clôture des opérations divisoires on ne peut pas se plaindre en connaissance de
cause.

Enfin, c'est à la date du *dernier* partage qu'on estimera la masse
héréditaire et le lot du demandeur.

Il faut voir maintenant l'effet que peut avoir sur le partage, au
point de vue de la rescision pour lésion, son caractère *aléatoire*.

Y a-t-il d'abord *alea* suffisante pour écarter l'action lorsque les lots ont été tirés au sort ? — Cette question fut controversée par nos vieux auteurs. Contrairement à l'avis de Chopin, de Despeisses et de Guy-Coquille [1], Lebrun [2]. Pothier [3] et la jurisprudence la plus générale admettaient la rescision malgré le tirage au sort ; et dans certaines Coutumes où il était admis que l'aîné lotit et que le puîné choisît [4], on permettait à l'aîné de se plaindre s'il était lésé, parce qu'on ne supposait pas que devant rester étranger au choix il eût fait par fraude les lots inégaux. Il n'avait pu être lésé que par son erreur. — Eh bien ! le tirage au sort exclut de même l'idée de fraude, et force de croire à une erreur. Pas plus sous le Code que dans l'ancienne jurisprudence. il ne sera donc un obstacle à la rescision.

Mais de même que nous avons vu qu'une vente de droit successif faite à un étranger. sans fraude et à ses risques et périls, est une vente aléatoire qui ne peut contenir une lésion ni donner lieu de ce chef à une rescision. — de même nous ne pouvons pas permettre de rescinder pour lésion la « *vente de droit successif faite sans fraude à l'un des cohéritiers à ses risques et périls par ses autres cohéritiers ou par l'un d'eux* ». C'est la disposition de l'article 889, disposition conforme à l'ancien droit [5]. — Cette vente est aléatoire [6]. parce qu'elle contient pour chaque partie une chance de perte et une chance de gain, l'actif net de la succession n'étant pas connu encore, et pouvant aussi bien être inférieur que supérieur au prix qu'on en donne. La cause de cette *alea*, c'est la double incertitude qui plane sur la consistance de l'actif et sur celle du passif (*incertum æris alieni*). Car c'est l'actif et le passif confondus dans le *nomen hereditarium*, que l'on vend lorsqu'on vend son droit successif.

En ce qui touche les causes qui peuvent effacer l'*alea* des ventes de droit successif entre cohéritiers. je n'ai qu'à renvoyer à ce que j'ai dit sur cette même vente faite à un étranger quand j'ai traité des ventes aléatoires.

---

1. Quest. sur les Cout., quest. 157.
2. Successions, nº 55.
3. Successions.
4. Loisel, Inst. Cout., Max. 350.
5. Pothier, Succ., chap. IV, art. 6.
6. Elle le serait bien mieux encore si le prix lui-même était une chose incertaine, une rente viagère par exemple.

Il faut y regarder comme indifférentes en matière de rescision : d'abord l'*alea* qui n'est pas sérieuse, ensuite celle qui se meut d'une lésion de plus du quart à une lésion plus forte encore.

Il faut pour que l'*alea* soit sérieuse, non pas, bien entendu, que les droits successifs vendus soient litigieux (ce serait une *alea* de plus), mais qu'ils ne soient pas liquidés ni connus d'avance par l'une des parties quant à leur produit net [1].

Il faut, pour que l'*alea* ne soit pas resserrée entre une lésion de plus du quart et une lésion plus forte encore, que l'héritier vendeur n'ait ni garanti l'éviction des objets héréditaires ni pris les dettes à sa charge, à moins toutefois qu'il n'ait stipulé un prix égal ou supérieur aux trois quarts de la valeur des biens qu'il a garantis. Car un prix de cette importance suffirait à lui seul, malgré la garantie de l'actif et la responsabilité des dettes, pour faire chevaucher l'*alea* en deçà et au delà d'une lésion du quart et pour empêcher la lésion de plus du quart d'être certaine au jour du contrat.

C'est à ces conditions seules que la vente de droits successifs faite à un cohéritier échappe à la rescision. Et ces conditions se trouvent résumées dans ces mots de l'article 889 : « faite *sans fraude* » à l'un des cohéritiers *à ses risques et périls* ».

Qu'il y ait *fraude*, il n'y a plus impossibilité de rescinder.

Qu'est-ce que cette fraude dont parle l'article ? Elle n'a pas toujours la même nature ni la même efficacité.

Il y a la fraude employée par l'une des parties pour tromper l'autre. Elle pourra faire rescinder, sans qu'il y ait à prouver une lésion de plus du quart, et sans même que cette lésion existe. Elle peut en effet, cette fraude, laisser la vente tout à fait aléatoire, car elle peut justement n'avoir eu d'autre objet que d'amorcer l'acheteur en dissimulant à ses yeux l'*alea* qui pouvait tourner et qui a tourné à sa perte. — Elle peut à l'inverse consister à faire croire à une *alea* qui n'existe pas, l'une des parties s'étant faussement donnée à l'autre comme ignorant le produit net des droits cédés. Dans ce dernier cas on peut faire rescinder la vente, soit pour lésion de plus du quart si le défaut d'*alea* a permis à cette lésion de se pro-

---

1. Pothier également ne rejetait la rescision que lorsque les deux contractants « n'étaient pas plus instruits l'un que l'autre des affaires de la succession ». (Succ. ch. IV, art. 6.)

duire, soit tout simplement pour dol, puisqu'on vous a trompé pour vous amener à contracter.

Mais il y a une autre espèce de fraude prévue par l'article 889, fraude dont l'objet n'est pas de tromper la personne, mais plutôt d'éluder la loi qui prohibe la lésion de plus du quart. C'est ce qui arrive quand *les deux* parties mentionnent faussement dans le contrat une ignorance qui n'existe ni pour l'une ni pour l'autre. Le seul remède à cette fraude, c'est de regarder le contrat pour ce qu'il est, pour non aléatoire, et de le rescinder *s'il lèse de plus de quart*.

C'est aux choses en effet qu'il faut s'attacher plus qu'aux mots. Peu importerait qu'on eût qualifié le contrat : vente de droit successif faite *aux risques et périls* de l'acheteur, si en réalité il n'y a eu de *risques* à courir pour personne. Et peu importerait qu'on eût omis cette mention si la vente est effectivement faite sans garantie et aux risques et périls de l'acheteur.

Que faut-il, en résumé, pour que la vente de droit successif faite aux cohéritiers ou à l'un d'eux soit à l'abri de la rescision ? Il faut qu'elle renferme une *alea* qui laisse incertaine toute lésion supérieure au quart.

C'est à l'aide de ce principe que je résous la question suivante : quand l'héritier, vendant à son cohéritier ses droits successifs, s'est réservé quelques objets héréditaires déterminés, la cession devient-elle susceptible de rescision ? Je dis non, comme M. Demolombe, et comme M. Cassini, rapporteur dans une affaire où la Cour de cassation a pourtant décidé le contraire (22 août 1831). C'est qu'en effet la réserve qui est faite laisse incertaine au jour du contrat la lésion supérieure au quart. Les évictions et les dettes peuvent surgir et se multiplier au point de rendre le contrat avantageux au vendeur malgré l'exiguïté du prix et de la valeur des biens réservés. Et quant à l'héritier acheteur, il ne peut se dire non plus lésé de plus du quart au jour du contrat ; car quelque énormes que soient le prix et la valeur des biens réservés, l'éviction possible de ces derniers, l'apparition possible de créances, etc., peuvent lui avoir fait faire une bonne affaire.

Mais je suppose, bien entendu, en ce qui concerne l'héritier vendeur, qu'il n'a ni garanti des évictions ni pris les dettes à sa charge. Autrement la cession, non rescindable encore si le prix est égal ou supérieur aux trois quarts de la valeur des biens garantis (*Vide supra*, p. 292), serait parfaitement rescindable si le prix joint à la valeur des biens réservés ne valait pas les trois quarts des biens garantis : alors en effet, en supposant les chances les plus favorables au vendeur, il n'en est pas moins certain au jour du contrat d'être lésé de plus du quart. — Quant à l'héritier acheteur, au contraire, il ne peut jamais en dire autant, quelle que soit l'énormité du prix stipulé et des biens réservés, à cause de l'apparition toujours possible à son profit de créances non prévues.

Une *alea* qui rende incertaine au jour du contrat toute lésion supérieure au quart, voilà ce qui exclut la rescision ; et il faut cela pour l'exclure aussi lorsqu'il s'agit d'une renonciation faite par l'un des cohéritiers à ses droits successifs en faveur de ses cohéritiers ou de l'un d'eux, moyennant une somme déterminée à forfait. Recevant un prix de l'hérédité, il en fait une vente, et cette vente équivaut à partage.

Il suffit d'ailleurs, pour que la rescision pour lésion *de plus du quart* s'applique sauf son exclusion par l'*alea*, que l'acte dont il s'agit (vente, licitation, renonciation à prix d'argent, échange, etc...) soit un acte équivalent à partage, c'est-à-dire *qu'il ait pour objet de faire cesser l'indivision*, soit entre tous les cohéritiers, soit entre quelques-uns, et qu'il ne soit pas fait en faveur d'un étranger [1].

De là deux conséquences : — 1° La renonciation gratuite et la donation de droit successif, ayant pour objet la bienfaisance et non le partage, échappe à toutes les règles du partage. On ne comprendrait pas, d'ailleurs, qu'on vînt se plaindre d'une lésion dans un acte à titre gratuit. Mais il en serait autrement d'un véritable partage déguisé sous la forme de donations réciproques afin d'éluder la loi. — 2° Les règles du partage ne s'appliquent pas non plus quand l'acte quel qu'il soit se produit après qu'il y a déjà eu partage et que l'indivision a cessé. Alors, quoique faite à un ci-devant

---

1. *Sic* dans l'ancien droit : Pothier, vente, 341. — Lebrun, succ., Liv., IV, ch. I, n° 60.

cohéritier, la vente de sa part héréditaire reste une pure vente, *une vente à l'ordinaire* comme disait Lebrun [1], une vente qui est bien rescindable à moins d'*alea*, mais pour lésion *de plus des sept douzièmes* et seulement en faveur du *vendeur*. Car au moment où elle s'est faite, il n'y avait plus de cohéritiers, plus de masse à partager, plus d'indivision à faire cesser, plus de droit successif dans le sens propre du mot.

Mais restons en face de la succession indivise. Quel que soit l'acte qui intervienne entre cohéritiers et qui ait pour objet de faire cesser l'indivision en tout ou en partie, entre tous ou entre quelques-uns, cet acte est à titre de partage soumis à la rescision pour lésion de plus du quart. Si la loi y soustrait la vente de droit successif, c'est que cette vente est un partage sans doute, mais un partage aléatoire, et nous avons vu qu'elle serait rescindable si l'*alea* n'était pas sérieuse ou était insuffisante pour empêcher la lésion de plus du quart d'être certaine au jour du contrat.

Aussi, que je vende à mon héritier non pas mes droits successifs (ce qui comprendrait les dettes et les créances les moins prévues), mais par exemple ma moitié indivise dans les biens corporels de la succession, biens que je désigne et que je garantis, cette vente n'a rien d'aléatoire, elle sera rescindable, mais rescindable comme partage pour lésion de plus *du quart*, et aussi bien en faveur de l'héritier acheteur que de l'héritier vendeur.

Mêmes règles pour la *licitation* suivie d'adjudication au profit d'un cohéritier.

Qu'au lieu de vendre pour de l'argent mes droits dans les biens communs, j'en fasse un *échange* contre des biens propres à mon cohéritier : Est-ce un échange ? Non ; si c'en était un, l'art. 1706 le mettrait à l'abri de toute attaque. Mais c'est un partage, rescindable au profit de l'une ou de l'autre partie pour lésion de plus du quart.

Enfin, qu'on fasse de la distribution de l'actif et du passif héréditaires l'objet d'une *transaction* : ce sera là un partage parfaitement rescindable.

Ainsi le veut l'art. 888 qui admet l'action « contre tout acte qui

---

1. Lebrun, Succ., Liv. IV, ch. I, n° 61.

» a pour objet de faire cesser l'indivision entre cohéritiers, encore
» qu'il fût qualifié de vente, d'échange et de transaction, ou de
» toute autre manière ».

Et quand cet article parle ainsi, il n'entend pas seulement soumettre aux règles des partages les partages qui n'auraient de la vente, de l'échange, ou de la transaction que le nom (ce qui allait parfaitement de soi), mais encore les actes qui ayant lieu entre communistes et ayant pour objet de mettre fin à l'indivision, satisferaient pleinement aux conditions de forme et de fond, et renfermeraient les caractères intrinsèques de la transaction, de l'échange, de la vente, etc... Il était d'ailleurs d'autant plus juste et d'autant plus nécessaire que la loi l'entendît ainsi, qu'il ne pouvait entrer dans sa pensée de permettre qu'on renonçât à l'action par le même acte qui lui donne naissance. Cette renonciation serait toujours extorquée par la même fraude ou la même pression, ou consentie par suite de la même erreur qui a permis à la lésion d'exister. Or, ne serait-il pas bien facile aux parties d'éluder la loi, non pas seulement en donnant à leur partage le faux nom de vente, d'échange ou de transaction, mais encore en sortant d'indivision par le moyen d'une vente, d'un échange, d'une transaction parfaitement réelle? Sans compter aussi qu'une renonciation obtenue ainsi tacitement et à l'aide de détours dont le but a pu échapper à la victime de la lésion, mérite encore bien plus d'être méconnue qu'une renonciation par clause expresse.

Aussi n'a-t-on pas à s'étonner de voir cette doctrine établie dans l'ancien droit, et Lebrun admettre la rescision pour lésion contre un partage *réglé par une transaction*. (Liv. IV, ch. I, n° 56. Comp. Pothier, *Succ.*, ch. IV, art. 6. — Bretonnier sur Henrys, liv. IV, quest. 173.)

CHAPITRE IX.

PARTAGE ENTRE MAJEURS (SUITE). — EXTINCTION DE L'ACTION RESCISOIRE.

Le déguisement du partage, qui sans les précautions de la loi serait devenu un moyen d'étouffer à sa naissance l'action rescisoire, nous conduit, on le voit, à étudier en général ses modes d'extinction, la renonciation expresse, la renonciation tacite, la prescription. Que la renonciation soit expresse ou tacite, il importe beaucoup de voir si elle est contemporaine ou postérieure au partage. — Nous nous placerons d'abord au moment du partage pour y étudier l'abandon exprès et l'abandon tacite (I). — Nous nous placerons ensuite après le partage pour étudier encore ces deux sortes d'abandon (II). — Enfin nous passerons à la prescription (III).

I. — Nulle renonciation expresse ne peut valoir si elle est mise dans l'acte même qui a pour objet de faire cesser l'indivision, ou bien encore si elle est mise dans un acte séparé mais contemporain du premier, ou bien à plus forte raison si elle lui est préalable.

Nulle renonciation tacite concomitante au partage ne peut non plus s'induire de l'emploi entre cohéritiers d'une transaction, d'un échange, ou d'un autre acte à la cessation de l'indivision. Cela est prouvé et justifié.

Mais avant de passer aux renonciations postérieures au partage, il me faut établir une chose. C'est que s'il est vrai que le partage ne peut échapper à la rescision en se réglant par une transaction, il est de toute justice et de toute vérité qu'une transaction préalable ou contemporaine au partage doit être inattaquable quand son objet n'est pas de régler le partage et de faire cesser l'indivision, mais bien de régler une difficulté qui pourrait être l'objet d'un procès, difficulté relative non pas aux opérations mêmes du partage, par exemple à la manière de composer les lots, au mode de répartition par la voie du tirage au sort ou par la voie d'attribu- tion, mais aux droits et aux obligations des cohéritiers, par exemple à l'existence ou à la quotité des droits héréditaires de l'un ou de quelques-uns d'entre eux, à des questions de parenté, de rapport, de préciput, de réduction.

N'est-ce pas de toute justice? La loi, dans un partage, protége contre la lésion, surtout à cause de l'erreur dans laquelle on peut être induit sur la valeur des biens et la consistance des lots. Mais il n'est pas question de cela! Les cohéritiers ont à juger chacun de l'étendue de leurs droits. S'ils se trompent à ce sujet, il n'y a pas de raison pour qu'on ne se trompe pas sur n'importe quel droit qui fera, en dehors des partages, l'objet d'une transaction. Cela pourra arriver partout comme dans le cas qui nous occupe; et pourtant la transaction est en règle générale soustraite à la resci- sion. Pourquoi cette règle aurait-elle fléchi pour des transactions relatives aux droits héréditaires, aux rapports, aux réductions, transactions qui sont, comme les autres, étrangères aux opérations du partage? Pourquoi cette menace de rescision sur les arrange- ments à l'amiable entre ceux qui doivent y être le plus encou- ragés, et alors qu'il s'agit non de régler la part de chacun sur son droit, mais de déterminer précisément ce droit qui est litigieux, sujet à procès?

Si la justice veut l'irrévocabilité de ces sortes de transactions, peut-on dire d'un autre côté que la loi la repousse? Est-ce qu'en limitant ses coups aux actes « qui ont pour objet de faire cesser l'indivision », l'art. 888 ne respecte pas tous ceux dont l'objet n'est pas la cessation de l'indivision, mais la détermination de la masse indivise et des droits indivis de chacun? S'il défend de s'attacher à la qualification de l'acte, c'est pour ordonner d'avoir égard à son objet. Et justement l'objet des transactions dont je parle est bien loin d'être la cessation de l'indivision, puisqu'une fois la transac- tion faite il faudra pour la faire cesser se livrer ensuite à toutes les opérations du partage.

Et d'ailleurs n'avons nous pas un critérium bien sûr? Les tran- sactions n'ont-elles pas entre les parties l'autorité de la chose jugée en dernier ressort? Si l'article 2052 les soustrait à la rescision, il ne présente cela que comme une conséquence de cette similitude

avec les jugements (sans compter que leur objet est un droit litigieux, ce qui les rend aléatoires). Or nous avons vu qu'un partage
fait en justice est rescindable, mais qu'on ne peut attaquer les
jugements rendus sur ces sortes de contestations qui n'entrent point
dans le cercle des opérations divisoires.

Aussi n'a-t-on même pas à objecter la difficulté de discerner ces
sortes de contestations d'avec les autres, puisqu'il faut bien les
discerner quand il s'agit de jugements rendus sur elles.

Mais l'objection la plus spécieuse est celle-ci : — L'art. 888,
après avoir mis au même rang la vente, l'échange et la transaction,
ne déclare inattaquable dans son second § que la transaction faite
sur des difficultés réelles *après le partage*. C'est donc qu'on peut
rescinder cette même transaction *contemporaine* du partage! — Je
réponds qu'autre chose est transiger sur l'*acte de partage* lui-même,
sur l'*action en rescision* à laquelle il peut donner lieu (car cela
emporte ratification des opérations divisoires elles-mêmes, et on
conçoit que cela ne puisse avoir lieu qu'après le partage), — autre
chose est transiger sur des questions relatives aux droits héréditaires de chacun (ce qui, ne ratifiant nullement les opérations de
partage faites sur cette base, peut se produire à quelque époque
que ce soit et sans rescision possible).

On poursuit toutefois l'objection, et on s'arme des travaux préparatoires. Dans le projet de l'an VIII de la Commission du Gou-
vernement, l'article 218 déclarait rescindable l'acte ayant pour
objet la fin de l'indivision, malgré la qualification de vente,
d'échange ou autre (sans dire un mot de la transaction). L'article 217 rendait inattaquable « le partage fait à titre de transac-
» tion, pourvu qu'il existât, lors de l'acte, des difficultés de nature à
» donner lieu à une contestation sérieuse », — ajoutant que « si la
» transaction contenue en l'acte de partage n'a porté que sur une
» difficulté ou question particulière, le partage n'est irrévo-
» cable que quant à ce; et il peut être attaqué pour le surplus des
» opérations s'il en est résulté une lésion de plus du quart [1]. »
Vous voyez! dit-on. Le projet distinguait, comme vous le faites, la
transaction de tous les autres actes, et le rendait irrévocable quand

____

1. Fenet, T. II, p. 158 et 159.

elle tranchait des difficultés sérieuses. On a supprimé cela, et l'article 888 assimile au contraire la transaction à la vente et à l'échange ! — La réponse est facile. Qu'a fait le Code par cette assimilation ? Soumettre à la rescision la transaction *dont l'objet est la cessation de l'indivision.* Il le dit en toutes lettres. Il ne se compromet donc pas quant à la transaction indépendante des opérations divisoires. — Quant à la suppression qu'on a faite de l'article 217 du projet, il n'y faut qu'applaudir ; car cet article 217 consacrait un excès aussi malheureux que l'excès contraire auquel je résiste. Pour rendre irrévocable la transaction, il exigeait, c'est vrai, une difficulté sérieuse ; mais il oubliait la chose principale qui était d'exiger que cette difficulté, objet de la transaction, ne portât pas sur l'exécution du partage et sur les opérations divisoires elles-mêmes ; et il ne craignait pas de déclarer inattaquable en cas de difficultés sérieuses *le partage* fait à titre de transaction, ce qui eût permis aux parties d'exploiter les difficultés existantes pour rendre irrémédiable une lésion résultant de la formation et de l'attribution des lots. Le Code s'est réformé à son avantage en rendant rescindables les transactions qui règlent le partage même, et en laissant dans le droit commun celles qui, réglant les droits héréditaires, ont un autre objet que la cessation de l'indivision.

Ces dernières transactions seront irrévocables, sauf, en les respectant, à faire tomber le partage s'il attribue à quelqu'un des cohéritiers moins des trois quarts de ce qui lui est dû d'après la transaction respectée.

Mais on ne peut ainsi donner un sort différent à la transaction d'une part, au partage, de l'autre, que si cette transaction et ce partage forment deux conventions distinctes. Je dis deux conventions, non deux actes instrumentaires séparés ; car encore bien qu'il y ait un acte unique pour elles deux, encore bien qu'elles soient contenues dans une seule et même phrase, il suffit, pour que l'une puisse tomber sans l'autre, que l'esprit puisse concevoir l'une ou l'autre isolément en regardant l'acte.

Mais qu'il s'agisse d'une convention impossible à diviser même intellectuellement, par exemple d'une convention qui ne règle les droits respectifs de chacun que par l'attribution de tel bien à l'un,

de tel bien à l'autre : tout étant confondu, que faire? Rescinder
la transaction pour rescinder le partage? ou maintenir le partage pour maintenir la transaction? — Je pencherais plutôt vers la
rescision. Car enfin s'il est vrai qu'on n'a pas dit : « Le droit héréditaire de tel vaut telle somme »,—mais bien : « Le droit héréditaire
de tel vaut tel lot composé de tels et tels biens qu'on n'évalue pas»,
— assurément l'on n'a pas mis ainsi en balance égale le droit et
le lot sans évaluer ce dernier et sans fixer le droit héréditaire à
cette même valeur. Cette fixation, si elle ne se révèle point par l'é-
criture, a dû se faire dans la pensée des parties. Qu'est-elle? On ne
le sait. Les parties se sont-elles trompées sur la valeur du lot?
Ont-elles estimé ce lot plus du quart au-dessus de sa valeur, de
telle façon qu'ayant reconnu au droit héréditaire une valeur égale
à cette estimation, elles se trouvent n'avoir pas rempli aux trois
quarts le droit reconnu par elles et avoir commis une lésion de
plus du quart, non pas dans la transaction sur le droit héréditaire (cela importe peu), mais dans l'opération divisoire destinée à mettre en œuvre cette transaction, et qui ne l'a mise
en œuvre qu'infidèlement? — Tout cela, on ne peut le savoir,
puisque les parties n'ont rien dit de la valeur pour laquelle
elles ont compté le lot. — On est entre deux chances d'illégalité.
Mais il vaut mieux s'exposer à rescinder le tout pour une lésion
contenue dans la fixation du droit héréditaire objet de la transaction, que de s'exposer à maintenir une lésion contenue dans l'estimation du lot et dans la mise en œuvre de la transaction, c'est-à-
dire dans ce qui est véritablement partage. Cela vaut mieux, dis-je ;
car le résultat contraire, qui serait tout aussi illégal, deviendrait en
outre la récompense du silence gardé touchant l'estimation du droit
héréditaire et du lot, silence bien facile à garder dans le but malhonnête d'éluder la loi et de spolier impunément le cohéritier
dans les opérations divisoires.

II. — Le partage une fois achevé, que dire des transactions qui
interviennent ensuite? ou plutôt que dire en général de la ratification qu'on voudrait faire de ce partage?

Il est d'abord une chose de toute impossibilité juridique : c'est
qu'un acte simplement annulable ne soit pas par cela même sus-

ceptible de ratification postérieure de la part de celui qui peut en demander la nullité. C'est le propre de l'annulabilité de pouvoir se couvrir ainsi.

Maintenant, qu'on proscrive toute ratification qui serait contenue dans l'acte annulable lui-même, c'est très-bien ; qu'on annule encore toute ratification postérieure qui serait entachée ou présumée entachée du même vice de consentement dont l'acte annulable et ratifiable est lui-même entaché ou présumé entaché, c'est encore très-bien. Mais tout cela n'est que la réglementation, la limitation, si je puis dire, d'un principe qui demeure debout : c'est qu'au mot *annulable* répond le mot *ratifiable*.

Il doit en être ainsi du partage lésionnaire. Le droit commun s'étend sur lui du moment qu'on n'y a pas dérogé expressément. Et il faut dire en vertu du droit commun que le partage inégal peut se ratifier, et que cette ratification ne sera sans effet que lorsqu'elle sera prouvée ou présumée entachée de la même erreur, de la même pression que la loi présume et répare dans le partage lui-même quand elle y voit une lésion de plus du quart.

Il serait peu juridique de faire de la lésion elle-même le vice dont la ratification doit être exempte pour être efficace [1]. — Exiger que la ratification rétablisse l'égalité dans le partage au moins jusqu'aux trois quarts, ce serait enlever toute utilité et toute raison d'être au mot ratification. Il y aurait alors, non pas volonté d'accepter *comme* valable *ce qui est vicieux* (et c'est là l'essence de la ratification), mais disparition réelle du vice lui-même ; il y aurait non pas un partage lésionnaire ratifié, mais un partage non lésionnaire et par conséquent valable. Et d'ailleurs s'il fallait proscrire la ratification gratuite d'un partage lésionnaire, il faudrait proscrire aussi par les mêmes motifs la ratification gratuite d'une vente à vil prix, et nous avons déjà vu combien cette seconde idée serait illégale et déraisonnable.

La ratification du partage peut être impunément gratuite, c'est-à-dire lésionnaire. Elle sera annulée pour erreur ou pour violence,

---

1. Cette théorie a pourtant trouvé des défenseurs. (Demante, t. III, n° 237 *bis*, I. — Comp. Marcadé, art. 892 ; Mourlon, Répét. écrites, II, p. 214 ; Massé et Vergé sur Zach., I , p. 387 et 388.)

sans doute, mais non pour lésion, à moins d'avoir avec le partage
une connexité telle, ou de se produire dans de telles circonstances
que cette erreur ou cette pression, si elle n'est pas prouvée, puisse
au moins s'y présumer comme cause de cette même lésion que la
loi corrige de plein droit dans le partage lui-même parce qu'elle
suppose de plein droit qu'elle y est le fruit de l'erreur, de la pression ou d'un vice de consentement quelconque. Hors de là, la ratification échappe à la loi de la rescision, parce qu'elle échappe à ses
motifs. Sans doute, parmi les motifs de la loi se place le rôle
essentiel que joue l'égalité dans le partage, indépendamment de
tout vice de consentement. Mais ce rôle ne survit pas au partage
consommé. Après lui, les cohéritiers sont libres de se donner
mutuellement tels biens qui leur sont échus, et de se faire des libéralités de toutes sortes, à moins, je le répète, qu'elles ne soient le
fruit d'un vice de consentement prouvé ou présumé.

Partons de cette idée. Nous arrivons aux conséquences suivantes :
— 1º La ratification expresse ou tacite contemporaine au partage
est nulle. C'est ce que nous avions déjà vu. — 2º Postérieure au
partage, elle est valable, à moins que les juges ne croient devoir
l'attribuer (sur des preuves ou sur des présomptions) à l'erreur ou
au besoin qu'on présume de plein droit avoir causé la lésion dans
le partage.

Les magistrats sont donc appréciateurs souverains des ratifications
postérieures au partage, ce qui est du reste le droit commun
de toutes les ratifications dans une mesure qui s'élargit ou se
restreint par les prescriptions de la loi suivant la nature des
actes.

Or il y a dans la loi en ce qui touche le partage une disposition
spéciale qui se rattache à l'idée suivante : c'est que les juges, libres
de voir ou non dans ce qu'on invoque comme ratification expresse
ou tacite du partage la volonté libre et éclairée de ratifier, sont forcés d'y voir le contraire, quand cette prétendue ratification se
couvre d'un déguisement et d'un mensonge dont on voudrait user
pour tromper le juge comme on a dû s'en servir pour tromper
l'héritier lésé.

Ainsi, je suis lésé de plus du quart. Puis mes copartageants et
moi, nous *imaginons* sur le partage des difficultés *qui n'ont rien de*

réel et que nous tranchons ou paraissons trancher par une transaction. Peu satisfait de mon lot, je demande la rescision du partage, et l'on me répond que je l'ai ratifié par une transaction, acte irrévocable de sa nature. Dans cette affaire la loi me donnera gain de cause ; car elle dit (article 888, § 2) : « Mais après le partage ou » l'acte qui en tient lieu, l'action en rescision n'est plus admis- » sible contre la transaction faite sur les difficultés *réelles* que pré- » sentait le premier acte, même quand il n'y aurait pas eu à ce » sujet de procès commencé. » S'il n'y a d'irrévocable que la transaction faite sur les difficultés *réelles*, il y a donc lieu de rescinder la transaction faite sur les difficultés *imaginaires* ! La loi ne peut s'interpréter autrement.

Pourquoi, s'est dit le législateur, viendrait-on forger à plaisir des difficultés pour en faire la matière d'une transaction qui, se substituant ou s'ajoutant au partage, pourrait soustraire aux remèdes légaux la lésion qu'il contient ? Dans quel but ce mensonge, alors qu'il est loisible à l'héritier lésé de dire franchement : « Je suis lésé, mais je ratifie le partage ? » Ce subterfuge, inconciliable avec l'intention réelle de l'héritier lésé d'abandonner une action qu'il sait lui appartenir, dénote au contraire la résistance qu'auraient rencontrée les copartageants s'ils avaient demandé nettement l'abandon libre et éclairé de l'action rescisoire. — Il y a même lieu de soupçonner cette transaction mensongère d'avoir été d'avance convenue par le contrat, soupçon qui paraissait à Pothier pouvoir également rendre nul tout acte de renonciation postérieur à une vente lésionnaire [1]. En somme, la transaction mensongère est regardée par la loi comme entachée des mêmes vices de consentement que le partage, dont elle n'est qu'un supplément fait en fraude de ses dispositions.

Mais cela ne prouve pas qu'on ne puisse pas ratifier. Au contraire, puisque la loi ne se plaint absolument que d'une chose : c'est qu'on se soit caché pour le faire. Et la preuve, c'est que si l'acte de partage renfermait des difficultés réelles, tranchant ces difficultés par une transaction, on se rendrait non recevable à les soulever de nouveau, encore bien qu'elles eussent pour effet de mettre en

---

1. Pothier, *Vente*, no 355.

question la rescision même du partage pour cause de lésion [1].

On le voit, autres sont les conditions d'irrévocabilité de la transaction *postérieure* et de la transaction *concomitante* au partage. Pour ce qui touche cette dernière, il faut, bien entendu, qu'elle soit sérieuse. Mais il faut en outre qu'elle n'ait pas le caractère d'opération *divisoire*. — Après le partage au contraire, il n'y a plus qu'à examiner si elle est sérieuse ; car lorsqu'elle survient, il n'y a plus d'opérations divisoires à faire ; et elle a beau porter sur une difficulté relative à cette sorte d'opérations, elle n'est pas pour cela opération divisoire, mais ratification parfaitement permise, étant postérieure à l'acte ratifié.

Au reste ce n'est pas seulement la ratification expresse que la loi permet. C'est encore la ratification tacite (bien différente de la ratification *mensongère* et *déguisée*), qu'elle permet d'induire de tout acte, soit transaction, soit exécution volontaire, ou autre, dans lequel (car il faut toujours en revenir là) le juge, arbitre souverain, reconnaîtra la volonté libre et éclairée de ratifier le partage.

Et en vérité, une fois ces principes posés, je suis bien à l'aise pour les appliquer au cas d'*aliénation* faite par l'héritier lésé de tout ou partie de son lot, et pour me tirer de tous les doutes et de toutes les controverses qu'a enfantés, bien à tort je trouve, le langage de l'article 892, qui, prévoyant le cas d'aliénation totale ou partielle du lot, n'en parle qu'à propos de l'action rescisoire fondée sur le dol ou sur la violence : d'où il suit que cet article doit demeurer comme une lettre morte et laisser le droit commun pur de toute altération quand le seul vice du partage est la lésion.

Quant à démontrer que réellement l'article 892 est étranger dans son esprit comme dans ses termes au cas de lésion, je laisse ce soin à l'évidence elle-même, en priant de considérer que cet article en suit immédiatement quatre autres uniquement relatifs à la lésion, et que, malgré ce rapprochement qui défend de croire à un oubli, il est conçu en ces termes : « Le cohéritier qui a aliéné son

---

1. L'ancien droit, lui aussi, rendait efficaces les transactions postérieures sérieuses, tendant à prévenir ou arrêter un procès en rescision (ord. de 1560). « L'on n'est point demeuré en ce cas, disait Lebrun, aux termes d'un simple par-« tage, mais l'on a fait un nouveau titre aux copartageants. » (Liv. IV, chap. I, n° 56) — Mais, à la différence du Code, Lebrun semblait exiger que le procès fût déjà commencé, que l'une des parties fût déjà pourvue de lettres de rescision.

» lot en tout ou partie n'est plus recevable à intenter l'action en
» rescision pour *dol* ou *violence* si l'aliénation qu'il a faite est pos-
» térieure à la découverte du dol ou à la cessation de la violence. »

Pour moi, cet article n'a d'autre utilité que de me faire savoir
que l'aliénation totale ou partielle du lot peut être mise au nombre
des modes tacites de ratification. Cela connu, je savais déjà et je
continue de penser que pour tout mode de ratification et pour celui-
là comme pour les autres, le juge apprécie souverainement s'il contient la volonté libre et éclairée de ratifier. Mais il peut arriver
qu'en certaines hypothèses l'appréciation du juge mérite de se res-
serrer en une règle précise et de s'asservir à un *criterium* donné par
la loi. C'est ce qui est arrivé pour le cas d'aliénation du lot (et en
général d'exécution volontaire du partage) quand le partage est le
fruit du dol ou de la violence. Et c'est au contraire ce qui ne pouvait pas arriver quand le vice du partage est la lésion de plus du
quart. Ce phénomène, que je me réserve d'expliquer tout à l'heure,
produisit dans le Code le résultat suivant : l'article 892 ordonna
au juge de rescinder ou de maintenir le partage entaché de dol ou
de violence suivant que l'aliénation du lot aurait précédé ou suivi
la découverte du dol ou la cessation de la violence. Pour le partage lésionnaire, aucun ordre, aucun *criterium* : le juge reste libre
d'apprécier l'efficacité de l'aliénation.

Tel est le sens de la loi. Mais reste à le justifier, et à expliquer
comment, traçant au juge une alternative si nette pour l'aliénation
d'un lot venant d'un partage mêlé de dol ou de crainte, la loi ne
pouvait pas lui en tracer une également nette pour l'aliénation du
lot venant d'un partage lésionnaire. — Il n'est pas besoin d'effort
pour trouver cette explication.

Qu'est-ce que le juge doit rechercher d'après le droit commun
quand une ratification, surtout une ratification tacite, est invoquée
devant lui ? Il doit voir si aucun vice de consentement ne l'entache,
et principalement si elle n'est pas infectée des mêmes vices pour
lesquels on demande l'annulation de l'acte prétendu ratifié. Eh
bien ! quand c'est le dol ou la violence qui est la cause du procès
contre cet acte, il lui suffit de voir si le demandeur, quand il a
exécuté l'acte, quand il a aliéné son lot, s'y est trouvé poussé par
ce même dol ou cette même violence, c'est-à-dire, comme le dit

précisément l'article 892, s'il avait ou non découvert le dol, si la violence avait ou non cessé. — On le voit donc, l'article 892 pour le cas de dol ou de violence reproduit dans ces deux mots tous les éléments de l'appréciation du juge.

Mais voici que le partage est infecté de lésion. On m'oppose que j'ai aliéné mon lot, que j'ai exécuté le partage. A quelle recherche devra se livrer le juge pour savoir si l'aliénation de mon lot, si l'acte d'exécution qu'on m'oppose est ou non entaché des mêmes vices de consentement que la loi présume dans le partage sur l'indice que renferme ou que lui paraît renfermer le seul fait d'une lésion de plus du quart? Mais ces vices, il est impossible de les fixer *a priori* et de les énumérer limitativement ! Il y a l'erreur, il y a là gêne et le besoin d'argent. Pour rester fidèle aux règles d'équité qni gouvernent en droit commun l'appréciation du juge dans ce cas de lésion, il eût été nécessaire à l'article de prévoir, pour en exiger la disparition, toutes ces situations diverses, multiples, impossibles à préciser, à saisir et à revêtir d'un nom, et que la loi n'a pu désigner que tacitement par le résultat qu'elles produisent, qui est la lésion. On ne pouvait demander à la loi ni d'exiger pour repousser le demandeur une aliénation postérieure à la cessation de la lésion (c'eût été absurde) ; — ni de se contenter d'une aliénation postérieure à la découverte de cette lésion (c'eût été ne s'occuper que du cas d'erreur en négligeant les autres vices nombreux qui infectent le contrat lésionnaire) ; — ni enfin de se mettre à énumérer tous ces vices pour en exiger la cessation au moment de l'aliénation (c'eût été une tâche impossible devant laquelle elle a reculé avec raison, laissant le droit commun applicable et le juge libre de toute règle précise et de tout *criterium*).

A présent, voilà l'article 892 dégagé de toute contradiction. Il précise en cas de dol ou de violence les éléments d'appréciation auxquels le juge doit se livrer au sujet des actes d'exécution volontaire. Ils ne les précise pas en cas de lésion [1]. La justice et la nature des choses le forçaient d'agir ainsi.

---

1. Cette doctrine est professée par MM. Demolombe, Aubry et Rau, Merlin, Duvergier, Duranton et d'autres encore. — Elle a pour elle de nombreux arrêts de la Cour de Cassation : Dev. 30, 1, 137 ; — 33, 1, 209 ; — 51, 1, 179 et 340 ; — 54, 1, 173 ; — 55, 1, 791 ; — et Nîmes, 22 avril 1858.

Et, dès lors, il n'est pas besoin, pour expliquer ce texte, ni de se réfugier, comme M. Demante, dans une prétendue impossibilité de ratifier tant que dure la lésion, c'est-à-dire, pour parler moins subtilement, dans l'impossibilité pure et simple de *ratifier* l'acte lésionnaire ;

Ni de croire au contraire que l'article a voulu, en cas de lésion, rendre efficace *a priori* toute aliénation du lot sans égard aux circonstances de cette aliénation, ce qui serait, en bien des cas, je ne dis pas sévère, mais inique et cruel pour l'héritier lésé, qui peut sans aucune faute avoir ignoré la lésion ou avoir vendu par le même besoin d'argent qui lui a fait accepter ce lot inégal. — On objecte en faveur de cette opinion l'impossibilité où s'est mis l'héritier de rapporter les objets dans le nouveau partage. Mais il y a d'aussi bonnes raisons pour le juge de permettre en certains cas à l'héritier lésé le rapport de son lot en moins-prenant, qu'il y en avait pour la loi de le permettre en cas analogue à l'héritier victime du dol ou de la crainte.

III. — Aucune ratification du partage lésionnaire n'aurait pu faire l'objet de notre examen, s'il n'eût été établi que le partage n'est pas nul, mais seulement *annulable*, chose qui découle avec évidence de principes connus et du mot rescision employé dans les textes qui parlent de la lésion dans le partage comme ailleurs.

De cette même vérité résulte la validation du partage par la prescription ordinaire des actions en rescision ou en nullité, et cette prescription est de dix ans (art. 1304). Si pour la vente à vil prix on l'a restreinte à deux ans, c'est une disposition exceptionnelle, due aux mêmes raisons qui avaient suscité à la rescision de la vente de si ardents adversaires, et qui tout au moins devaient la faire réduire à des limites plus étroites. Mais la rescision du partage, pour les mêmes raisons qui l'avaient fait admettre d'un commun accord, fut laissée quant à la durée de la prescription sous l'empire du droit commun.

Et non-seulement quant à la durée, mais encore quant aux causes de suspension. En matière de vente, les deux ans que dure l'action courent même contre les mineurs et les interdits ; sans même la disposition formelle de l'art. 1676 à cet égard, il en devrait être ainsi par l'application pure et simple du droit commun des courtes prescriptions (art. 2278). — Mais par le silence de la loi en matière de partage, la prescription de dix ans reste ici, d'après le droit commun des prescriptions de ce genre, suspendue par la minorité èt l'interdiction (art. 1304).

Ainsi, qu'un mineur soit lésé de plus du quart dans un partage (fait en justice, puisqu'autrement il ne serait que provisionnel), ou bien qu'un mineur succède à un majeur lésé de plus du quart dans un partage ordinaire. Nulle prescription ne courra contre ce mineur depuis le moment où l'action s'est ouverte en sa personne jusqu'à sa majorité.

Quelle objection peut s'élever contre cette solution? Aucune, sinon celle-ci qu'on trouve dans Toullier (*Successions*, II, nº 585) : d'après l'art. 1314, les mineurs et les interdits sont, relativement aux aliénations d'immeubles et aux partages *régulièrement faits*, « considérés comme s'ils les avaient faits *en majorité ou avant l'in-* » *terdiction* ». Or, si le mineur avait fait le partage en majorité, il n'y aurait pas eu de suspension pour minorité en sa faveur. Donc il n'y en aura pas pour un partage régulier fait en minorité. — Mais on doit convenir qu'un pareil raisonnement outre-passe la volonté de la loi, qui n'a point songé, dans cet article, à la prescription du recours ni aux modes de suspension de cette prescription, mais seulement à réduire le mineur aux seules voies d'attaque permises au majeur. Le partage régulier entre mineurs sera semblable à un partage entre majeurs, c'est-à-dire qu'il ne sera attaquable ni pour vice de forme, ni pour lésion simple, mais seulement pour lésion énorme, pour lésion de plus du quart. Et c'est tout ce qu'a dit la loi : autrement ne serait-il pas permis aussi de croire que la loi, assimilant le mineur à un majeur relativement à ce partage, lui donne pouvoir d'intenter, *seul et sans tuteur*, l'action en rescision pour lésion de plus du quart contre lui?

Toullier sans doute adresse à la loi une critique assez fondée, lorsqu'il dit : « S'il en était autrement, la condition des majeurs » qui ont des partages à faire avec des mineurs serait fort à » plaindre : l'action en rescision contre les partages les plus régu- » liers pourrait durer plus de trente ans. » Mais qu'on fasse de cela une critique, non une raison de décider contre des principes solidement établis par le Code, et nulle part abrogés par lui.—Toullier, d'ailleurs, devait se trouver amené, par la force du vrai, à contredire lui-même sa première solution (IV, 583).

Voilà de notables différences entre la prescription de l'action en matière de partage et celle de l'action en matière de vente.

Il est curieux encore de comparer la prescription de l'action rescisoire du partage *pour lésion de plus du quart*, avec la prescription de l'action fondée *sur le dol ou la violence*. Cette comparaison laisse voir une différence importante en ce qui touche le point de départ de la prescription, différence qui, d'ailleurs, se retrouve en matière de vente, lorsqu'on compare l'action rescisoire de la vente pour cause de lésion avec l'action rescisoire de cette vente pour cause de dol ou de crainte. En cas de dol ou de crainte, l'action contre la vente ou le partage ne commence à se prescrire que du jour de la découverte du dol ou de la cessation de la violence (art. 1304). En cas de lésion, au contraire, l'action se prescrit depuis le jour, soit de la vente, soit du partage. En un mot, c'est une cause de suspension de plus, qui existe en cas de violence ou de dol, et qui n'existe pas en cas de lésion.

Et il faut s'expliquer cela en se rappelant ce qui a été dit plus haut, sur l'époque à laquelle peut se ratifier valablement le partage entaché soit de dol ou de crainte, soit de lésion. S'il y a dol ou crainte, il n'y a pas de ratification possible tant que le dol ou la crainte n'a pas cessé, et le juge en ce cas se trouve enchaîné. S'il y a lésion, au contraire, il peut, à toute époque postérieure au partage, y avoir une ratification; et c'est au juge à voir souverainement si l'acte auquel on donne ce nom, en constitue réellement une. De tout cela nous connaissons les raisons. — Eh bien! la prescription n'étant qu'une ratification tacite, les mêmes raisons devaient entraîner la même différence quant au point de départ, et fixer, en cas de lésion, ce point de départ au jour du partage, sans rien attendre de plus.

Mais il faut remarquer ceci : c'est qu'en ce qui touche la prescription, elle court contre l'héritier lésé, du jour du partage, sans que le juge ici soit armé du pouvoir discrétionnaire qui lui appartient lorsqu'il s'agit de discerner l'efficacité, l'à-propos, le degré

de liberté de toute autre ratification tacite du partage lésionnaire.
— Pourquoi cette différence? C'est que la prescription est un genre
de ratification tout à part, que viennent gouverner avec leur rigueur
accoutumée les exigences de l'ordre public. Rien ne lui répugne
autant que l'incertitude. Et s'il lui est égal de se courber devant
une suspension nettement précisée par la loi, comme la persistance
du dol ou de la violence, il ne lui est pas indifférent d'attendre un
terme dont la fixation dépendrait de la libre appréciatiou du juge,
appréciation diverse à l'infini, comme les mille éléments dont elle
se compose.

CHAPITRE X.

**PARTAGE ENTRE MAJEURS (SUITE). — EXERCICE DE L'ACTION RESCISOIRE.
— EFFETS DE LA RESCISION.**

I. — L'action en rescision des partages ne soulève pas les mêmes
questions de compétence que l'action en rescision des autres contrats. C'est qu'il y a là une compétence d'attribution devant laquelle
s'effacent toutes les autres : c'est la compétence du tribunal dans
le ressort duquel s'est ouverte la succession, compétence proclamée
par l'art. 59 du Code de Procédure « pour les demandes entre
héritiers jusqu'au partage inclusivement ». Il est reconnu que cette
disposition embrasse la demande en rescision, parce que cette
demande tend précisément à faire reparaître l'indivision par l'a-
néantissement d'un partage primitif qu'on prétend vicieux. L'action implique chez le demandeur la pensée que le partage n'est
pas définitivement fait. Elle est, comme disait Lebrun, « une véritable demande en achèvement de partage ». Et d'ailleurs, telle
devrait être la pensée du législateur, car pas plus pour la demande
rescisoire que pour les autres demandes entre héritiers, il n'y a de
meilleur juge que celui du lieu de l'ouverture de la succession ,
lequel aura plus facilement connaissance des opérations qui ont
préparé ou consommé le partage.

Ce que je viens de dire du partage entre héritiers s'applique au partage d'ascendant qui, comme nous le verrons, n'est qu'un véritable partage de succession.

Pour un partage entre associés, il y aura lieu de porter l'action devant le juge du lieu où la société est établie. L'art. 59 du Code de Procédure ne donne compétence à ce juge que *tant que la société existe*. Mais il faut prolonger fictivement jusqu'au partage inclusivement l'existence de la société. La jurisprudence l'admet ainsi [1], et étend cette compétence d'attribution à la demande en partage. Cette décision, combinée avec cette idée que demander la rescision du partage c'est en demander l'achèvement, doit nous faire étendre la même compétence à l'action rescisoire.

Pour les autres sortes de partages, il n'y a pas attribution spéciale de compétence. Il faut se référer au droit commun et soumettre l'action soit au juge du domicile de l'un ou de l'autre des copartageants défendeurs, soit au juge de l'assiette des biens : car étant fondée à la fois sur l'obligation des défendeurs de subir la rescision, et sur le droit de copropriété que le demandeur veut faire rétablir rétroactivement, elle est mixte. On admet bien le caractère mixte de l'action en partage, parce qu'elle est fondée à la fois sur l'obligation de subir le partage et sur le droit de copropriété. Pourquoi ne pas admettre le caractère mixte de l'action en rescision, à laquelle vient se mêler par avance l'exercice d'un droit de copropriétaire et la demande d'un nouveau partage ?

S'il y a des immeubles aliénés et des tiers détenteurs à poursuivre après la rescision obtenue, on les poursuivra par des actions réelles en revendication devant le juge de l'assiette des biens.

Voilà le juge de l'action. Quelles sont les parties en cause ?

Au point de vue actif, c'est bien simple. L'exercice de l'action appartient au copartageant lésé, à ses héritiers, à ses cessionnaires, à ses créanciers et en général à tout ses ayants-cause. Car c'est un droit pécuniaire et non exclusivement attaché à la personne.

Au point de vue passif, c'est bien simple encore. Il faut mettre en cause tous ceux qui ont pris part à l'acte attaqué, c'est-à-dire tous les copartagents quels qu'ils soient, qu'ils aient eu au partage

---

1. Voy. Dalloz, v° *Compétence civ.*, n°ˢ 120 et suivants.

une part supérieure, égale. ou inférieure à leurs droits. Il faut bien que tous soient mis en cause pour que le jugement soit opposable à tous, et que tous soient contraints de se prêter à un nouveau partage.

Il est bien vrai que lorsqu'une vente a été consentie à plusieurs coacheteurs, ou lorsque l'acheteur a laissé plusieurs héritiers, le vendeur lésé peut agir contre l'un d'eux isolément et pour partie, de façon à retirer non pas tout l'immeuble, mais les droits que la vente a conférés à cet adversaire sur cet immeuble. Mais nous avons vu aussi que quand l'objet de la vente est indivisible, l'exercice de l'action l'est aussi. Eh bien ! il y a dans un partage une indivisibilité qui fait qu'on ne peut pas le rescinder ni l'attaquer pour partie. Comment chasser l'inégalité d'un partage qui embrasse tels et tels biens (ordinairement toute la succession), si l'on ne fait une nouvelle distribution des mêmes biens ou au moins de leur valeur ? Et comment faire cela, si l'on n'a pas un jugement qui contraigne *tous* les copartageants à consentir un nouveau partage de *toute* la masse divisée entre eux ? — C'est ce qui faisait dire à Lebrun que le partage ne peut pas subsister à l'égard de l'un , et être cassé à l'égard des autres, et peut passer pour une chose aussi individue qu'une servitude [1].

Voilà pour les parties contractantes. Mais les tiers détenteurs des biens de la succession, quel rôle jouent-ils dans l'action ? Leur mise en cause est purement facultative. On *peut* assigner les cohéritiers sans eux, sauf le risque d'une tierce opposition de leur part quand on viendra faire exécuter contre eux le jugement de rescision prononcé contre les cohéritiers. Et on *peut*, pour éviter cette tierce opposition, les joindre aux cohéritiers dans l'instance. — Mais leur mise en cause ne peut jamais dispenser d'assigner les cohéritiers.

Parler des tiers détenteurs des immeubles partagés, c'est parler à l'avance de l'effet que produit la rescision du partage. Avant de l'étudier, occupons-nous du supplément de lot par lequel on peut empêcher cet effet de se produire.

II. — « Le défendeur à la demande en rescision peut en arrêter

---

1. Lebrun, *Successions*, liv. IV, ch. I, nᵒ 64.

» le cours et empêcher un nouveau partage, en offrant et en four-
» nissant au demandeur le supplément de sa portion héréditaire,
» soit en numéraire, soit en nature. »

Ainsi parle l'article 891. Et il ne parle que pour le cas de lésion. Sa place l'indique, et aussi le bon sens lui-même. Car si on admet le supplément en cas de lésion, c'est que le supplément, en effaçant la lésion efface la cause de l'action, tandis qu'il n'efface pas le dol ou la violence quand c'est le dol ou la violence qui joue dans l'action le rôle de cause. Sans doute la lésion est un signe révélateur de certains vices de consentement insignifiants par eux-mêmes, mais de vices insaisissables et impuissants à motiver l'action quand la lésion n'est plus là pour leur donner un corps. Qu'il y ait dol au contraire, qu'il y ait violence, il importera peu qu'on supplémente et qu'on efface le dommage, puisque le juge n'a pas à se demander s'il existe un dommage ou non, mais seulement si un vice apparaît dans la volonté.

A l'inverse, il faut permettre au défendeur de supplémenter dès qu'il y a lésion de plus du quart, sans faire exception pour le cas de lésion *énorme*, par exemple d'outre-moitié. Maleville admettait pourtant cette exception : c'est la reproduction d'une opinion de Lebrun, qui n'avait guère de fondement dans l'ancien droit, et qui en a encore moins dans le nouveau en face des termes absolus de la loi. — Mais il faut faire une exception pour l'action fondée sur une lésion *en nature*, dans le cas où une lésion en nature peut rendre le partage rescindable, par exemple quand il s'agit d'un partage fait en justice.

Les tiers possesseurs, les créanciers, ceux qui ont reçu des droits réels sur les immeubles partagés, enfin tous les ayants-cause intéressés au maintien du partage, ont, comme le copartageant défendeur, le droit d'arrêter la rescision en fournissant le supplément du lot.

Ce supplément doit être complet. L'égalité était trop essentielle ici pour permettre la déduction d'un dixième. — *A fortiori*, ne suffirait-il pas de remettre le demandeur dans les trois quarts du lot qui lui était dû.

Le supplément peut être fourni soit en numéraire, soit en biens *héréditaires*. Car quand la loi dit « en nature », c'est en biens héréditaires qu'elle veut dire. Obliger le demandeur à recevoir de l'argent, passe encore, quoique tout le monde ne l'admît pas autrefois. Mais l'obliger à échanger l'objet de son droit héréditaire contre je ne sais quels biens étrangers à la succession , c'eût été tirer trop facilement le défendeur d'embarras.

Au reste, en comparant l'ancien droit au nouveau, on constate une réforme bien salutaire : celle qui consiste à permettre le supplément *en argent*. Nous verrons tout à l'heure les effets de la rescision : ces effets rejaillissent sur les tiers acheteurs des biens de l'hérédité. C'est un grand mal pour ces derniers, malgré leur recours en garantie. C'est même un plus grand mal pour eux que pour le sous-acheteur d'un bien vendu à vil prix. Car, dans la vente particulière d'un immeuble, il n'y a qu'à comparer le prix à la chose pour constater le vice de lésion ; tandis qu'il faudrait au sous-acheteur d'un bien héréditaire , pour constater ce même vice dans le titre de son vendeur, non pas faire simplement l'estimation du bien qu'il achète , mais rechercher les droits de tous les autres cohéritiers et y comparer la valeur de leurs lots, pour voir si l'un d'entre eux n'est pas lésé de plus du quart. C'est là une recherche impossible ; et l'acheteur n'aurait point de sécurité, si la résolution de son droit pouvait être la suite inévitable de l'action intentée plus tard. — Et comment cette résolution pourrait-elle être sûremen tévitée, si l'on ne pouvait supplémenter qu'en nature? Un refus de l'héritier défendeur, ou même son impuissance à fournir d'autres biens héréditaires parce qu'il s'en serait dépouillé, pourrait forcer le bien vendu à sortir des mains de son acheteur, s'il était impossible de le remettre au lot du même cohéritier (ce qui arrivera sûrement pour l'un des biens aliénés, quand ils l'ont tous été ou presque tous). — Permettez au contraire le supplément en argent : si l'héritier défendeur refuse de le fournir, le tiers possesseur au moins le fera à sa place, sauf à recourir ; et ainsi, sans rien perdre, il sera sûr de garder son immeuble, et concourra au maintien du partage, maintien qu'on doit voir d'un œil favorable.

Inutile de dire qu'entre le supplément en numéraire et le supplément en nature, de même qu'entre le supplément lui-même et la rescision du partage, c'est au défendeur qu'appartient l'option. Ce qui ne veut pas dire qu'ayant une fois pris le parti de supplémenter *en nature*, ce défendeur ait en outre un pouvoir discrétionnaire quant à la composition de ce supplément. Il aura le choix des biens, sans doute; mais il devra suivre alors les règles de bon sens qui président, dans les partages, à la composition des lots, éviter de morceler les héritages, et de diviser les exploitations, donner enfin au demandeur les objets qui forment le complément le plus naturel de son lot, et dont l'emploi à cet usage concilie le mieux les convenances des deux parties.

Si, pour constater la lésion, on estime les biens en se plaçant au jour du partage, on les compte au contraire pour leur valeur actuelle, lorsqu'il s'agit soit de les employer à un supplément de lot, soit d'en composer des lots dans un nouveau partage.

Cette proposition est certaine. Comment de propos délibéré viendrait-on consacrer une inégalité, alors que tout le monde est là pour la voir réparer ? Il est bien vrai que le nouveau partage remplace rétroactivement l'ancien, que le supplément qu'on donne le consolide *in præteritum;* et l'on pourrait dire qu'à cette époque de l'ancien partage, les biens dont il s'agit auraient été comptés à chacun pour la valeur qu'ils avaient alors, et qu'adjugés alors au cohéritier demandeur, par exemple, c'est pour lui qu'ils se seraient dépréciés ou améliorés. — Je l'avoue; mais c'est qu'à ce moment les deux chances opposées s'unissent dans une *alea* qui n'existera plus quand s'intentera l'action. Quand l'action s'intente, les faits survenus dans l'intervalle sont connus ; l'avenir seul est aléatoire, et c'est de la valeur actuelle qu'il faut se préoccuper. Autrement je demanderais au système contraire pourquoi il n'exigerait pas que dans tout partage les biens fussent comptés pour ce qu'ils valaient *à la mort du de cujus*, puisque c'est à cette mort que le partage rétroagit, et qu'adjugés à ce moment au copartageant, ils se seraient améliorés ou détériorés pour lui !

Étant prouvé qu'il faut attribuer les biens suivant leur valeur actuelle, tant dans le supplément ou dans le nouveau partage que dans l'ancien, certains docteurs en font ressortir ceci : c'est que si le lot du défendeur s'est déprécié, il a intérêt à indemniser *en nature* plutôt qu'en numéraire, et que si au contraire son lot a augmenté de valeur, c'est le supplément *en numéraire* qui lui est le plus avantageux. — Cela me semble une erreur. Qu'importe la plus-value ou la dépréciation de mon lot ? J'ai toujours le même vide à combler : la lésion estimée selon l'époque du partage ; et quel que soit le parti que je prenne, c'est toujours la même valeur actuelle que j'abandonnerai pour le combler : soit une valeur en argent, soit une valeur *absolument égale* en objets héréditaires.

Le seul intérêt qui s'attache à la dépréciation de mon lot au point de vue du parti que j'ai à prendre, c'est de me rendre un *nouveau partage* plus avantageux qu'un *supplément*, quand la valeur des autres lots n'a pas baissé dans la même proportion que la valeur du mien. Et, à l'inverse, un supplément me serait plus avantageux qu'un nouveau partage, s'il y avait eu plus-value pour mon lot, dépréciation pour le lot des autres.

Et sans supposer une fluctuation de valeur, j'aurais encore avantage à supplémenter, si le supplément fourni me laissait encore un gain, résultat de lésions légalement insignifiantes, subies par d'autres cohéritiers.

Mais supposer ainsi des gens lésés parmi les défendeurs à l'action, c'est supposer qu'au moment de prendre parti il s'élèvera des voix en faveur de la rescision. Que sortira-t-il de cette lutte ? Il n'en peut sortir le maintien pour l'une, la rescision pour les autres, à cause de l'indivisibilité que nous avons reconnue au partage. — Eh bien ! ce qui triomphera, c'est le maintien du partage et le supplément du lot. Seulement, au lieu de se répartir sur tous les défendeurs, comme cela fût arrivé si tous fussent tombés d'accord, l'obligation de le fournir incombera tout entière, et sans recours, à celui-là seul qui a voulu le maintien du partage.

Je dis *sans recours*, et c'est de toute justice : car ceux qui ont résisté à l'offre du supplément ont témoigné par là du préjudice qu'ils éprouveraient en y contribuant, et de l'avantage qu'ils auraient à un nouveau partage. Et quant à celui qui s'est prononcé pour le supplément, son avis, rapproché de l'avis contraire de ses cohéritiers, prouve que lui seul a profité de la lésion subie par le demandeur.

Il est très-juridique aussi que le maintien du partage sorte de la lutte, et non sa rescision : car, du moment que l'un s'offre à effacer par un supplément la cause de l'action, les autres cohéritiers, quelque intérêt qu'ils aient à un nouveau partage, n'ont pas qualité pour le demander, n'ayant pas (on le suppose) subi une lésion supérieure au quart.

D'où il suit qu'à subir une lésion, il vaut mieux en subir une énorme qu'une petite. Mais c'est à quoi l'on arrive quand on subordonne à un chiffre l'action en rescision.

Les fruits ou les intérêts du supplément ne sont dûs au demandeur que depuis le jour de sa demande, pour les mêmes motifs qui imposent la solution analogue en matière de vente.

Jusqu'à quel moment pourra-t-on ainsi, par l'offre du supplément, empêcher un nouveau partage? — Tant que la sentence n'est pas rendue, et même tant qu'elle n'est point passée en force de chose jugée, on le peut évidemment, tout le monde est d'accord. Mais voici qu'on ne peut plus faire appel du jugement, ou que sur l'appel il est confirmé ; enfin le voici irrévocable. Un vendeur aurait encore le droit de supplémenter. Un cohéritier l'aura-t-il ? C'est la loi qui doit nous répondre. Il faut voir ses termes, et il faut voir son esprit. — Elle dit que le défendeur peut arrêter le cours de la demande *et empêcher un nouveau partage*. Donc ses termes se prêtent à la persistance de ce droit même après le jugement jusqu'au partage. Mais quel est son esprit? Est-ce d'empêcher cette persistance, et de faire de ces mots : *empêcher un nouveau partage*, un pur corollaire de ceux-ci : *arrêter le cours de la demande?* ou bien est-ce de laisser à chacune de ces propositions sa portée spéciale, de façon à permettre le supplément au cohéritier comme elle le promet au vendeur, c'est-à-dire même après le jugement ?

C'est cette dernière pensée qu'il faut lui prêter. Il y a, non pas mêmes motifs, mais des motifs plus graves encore pour le permettre au cohéritier qu'au vendeur : car la rescision du partage entraîne une bien plus grande perturbation que celle de la vente dans les droits acquis aux tiers, puisqu'il s'agirait peut-être de remettre en partage *toute une masse* déjà aliénée. — Et, sans faire de comparaison avec la vente, il y a les mêmes motifs après qu'avant le jugement pour empêcher cette perturbation. — Enfin, qu'on réfléchisse que la loi, si favorable au maintien du partage, eût fait de ce maintien une chose bien rare, si elle eût eu la pensée qu'on lui prête : car le droit du demandeur à la rescision est un droit litigieux et contestable, il faut croire ; s'il ne l'est pas réellement, tout au moins l'est-il dans la pensée du défendeur. Or quel défendeur se croyant sûr de son droit se résignerait, tant que le jugement n'est pas venu lui ouvrir les yeux, à débourser au demandeur ce que le demandeur réclame ? Aucun plaideur ne peut être ainsi contraint d'acquiescer.

Toute l'utilité du droit de supplémenter réside, on peut le dire, dans sa persistance après le jugement qui a fait la lumière sur les droits respectifs des parties. — Et quant au moment précis qui doit éteindre ce droit, je le place non au jour où le second partage serait *consommé*, mais, comme M. Demolombe, au jour où, laissant *commencer* un nouveau partage, le défendeur aurait témoigné de la volonté d'en faire l'abandon, abandon éclairé maintenant, puisqu'il y a jugement passé en force de chose jugée.

III. — Quel est au juste l'effet du jugement, quand l'offre d'un supplément ne vient pas l'arrêter ?

C'est de rescinder le partage ; de le rescinder vis-à-vis de tous ceux qui y ont pris part, soit contre ceux qui y ont reçu quelque avantage, soit au profit de ceux qui y ont subi quelque lésion, et alors même que ces derniers se trouveraient sans droit pour *demander* la rescision, n'étant pas lésés de plus du quart, ou bien ayant perdu par prescription l'action qu'une lésion de plus du quart avait ouverte en leur personne [1].

C'est de rescinder le partage dans son entier, et de rescinder avec lui tout ce qui en est une dépendance, comme les partages *secondaires* auxquels il a donné lieu [2].

1. Lebrun, liv. IV, ch. I, n° 64

2. Un partage *secondaire* n'est pas au partage *principal* ce qu'est un partage partiel à un autre partage partiel. Voici un exemple de partage secondaire : on partage l'hérédité entre la ligne paternelle et la ligne maternelle. : c'est le partage principal. Puis on partage entre les ascendants de la ligne paternelle, les biens échus à cette ligne : c'est le partage secondaire — De même, si au lieu de monter l'on descend : Est principal le partage fait entre deux souches. Est secondaire le partage du lot de la souche entre les individus qui la représentent. — La rescision du premier entraîne celle du second. Mais l'inverse n'est pas vrai.

Enfin c'est de le rescinder, et de rétablir l'indivision, *rétroacti-vement*.

Pour étudier d'abord les effets de la rescision *entre les coparta-geants*, supposons qu'il n'y ait pas eu d'aliénation des biens partagés ni de droits réels consentis sur eux.

On recomposera alors toute la masse. On fera un nouveau partage, en y comptant les biens sur le pied de leur valeur actuelle. (V. *suprà*, p. 316.)

Les jouissances jusqu'au jour de la demande se compenseront de plein droit, de part et d'autre. Ce sont des faits accomplis vala-blement, en vertu d'un titre réel quoique résoluble, et qui, n'ayant que la durée du fait, non la persistance du droit, et ayant de plus donné lieu à une consommation présumée de bonne foi, ne peuvent subir le contre-coup de la résolution du partage, quelque rétroac-tive qu'elle soit.

Quant aux fruits pendants par racines, soit au jour du premier partage, soit au jour du second, point de difficultés. Les premiers ont dû figurer dans l'estimation faite lors du premier partage, ou tout au moins dans celle qu'a faite le juge pour constater la lésion. Et les seconds figureront de même dans l'estimation qu'on va faire pour former de nouveaux lots.

Enfin les impenses nécessaires, utiles ou voluptuaires, ainsi que les dégradations dont chaque bien a été l'objet dans l'intervalle des deux partages, doivent être réglées de la même façon que dans la vente à vil prix. — On ne peut pas ici argumenter de l'art. 863, qui demande compte de sa négligence au donataire obligé de rap-porter. La situation n'est pas la même : ce donataire sait ordinai-rement qu'il est successible et qu'il rapportera ; l'héritier coparta-geant est au contraire censé ignorer la cause qui viendra un jour anéantir son titre.

Les pertes par cas fortuit, les risques, en d'autres termes, sont à la charge de la masse entière. C'est pour cela qu'on comptera les biens pour leur valeur actuelle, et qu'on fera abstraction des biens qui ont péri ; sauf, il me semble, à remettre à la masse le prix ou la créance du prix qui leur sert d'équivalent dans le patrimoine des cohéri-tiers, quand ces biens ont péri entre les mains de tiers acquéreurs.

Il faut dire en effet avec M. Demolombe que les cohéritiers ont toujours le droit de prendre à leur compte la vente que leur cohéritier a faite. La résolution du partage fait que la vente du bien partagé est une vente de la chose d'autrui. Or, s'il est vrai que « la vente de la chose d'autrui est *nulle* » (art. 1599), il me semble néanmoins certain que la ratification du vrai propriétaire lui donne la force d'une vente nouvelle.

A plus forte raison, la vente serait-elle *consolidée* si le bien vendu était mis au lot du cohéritier vendeur. Il n'y aurait même plus là une vente de la chose d'autrui : le même vendeur qui a été déclaré par le jugement vendeur de la chose d'autrui se trouve déclaré par le nouveau partage, et d'une façon non moins rétroactive, vendeur de sa propre chose.

Nous avons été conduit, presque à notre insu, à voir l'effet du jugement sur les tiers acquéreurs. — Ses effets devraient s'étendre aux acquéreurs des meubles corporels héréditaires, si ces derniers, non comme acheteurs, puisque leur achat est nul, mais comme bénéficiaires d'une prescription instantanée en cas de bonne foi, n'étaient mis en ce cas à l'abri de toute réclamation, ce qui force les cohéritiers vendeurs à rapporter en moins prenant les meubles ainsi vendus.

Quant aux meubles corporels vendus à des tiers de mauvaise foi, il y a, sauf les prescriptions spéciales, une action pour les faire rendre au vendeur, action que ce vendeur exercera au profit de la masse.

Bien plus évidente encore est la remise à cette masse des biens incorporels et immeubles aliénés, ainsi que l'anéantissement des droits réels, usufruit, servitudes, hypothèques, consentis à des tiers par les cohéritiers défendeurs au procès (sauf consolidation de ces aliénations et concessions de droits réels, si le bien sur lequel elles portent revient au lot de celui qui l'en a grevé).

Je dis par les cohéritiers *défendeurs*, et je le dis à dessein, parce que c'est là une chose à remarquer que lorsque les aliénations ou droits réels ont été consentis par le cohéritier demandeur sur les biens mis à son lot dans le partage qu'il attaque, les droits ainsi concédés doivent être maintenus, encore bien qu'il s'agisse d'une aliénation d'immeuble. Car il ne peut avoir le droit, ce demandeur, d'évincer lui-même, en attaquant le partage, ceux auxquels il doit garantie.

Et s'il est vrai que les cohéritiers défendeurs, intéressés au rapport des biens aliénés par le demandeur, ne doivent pas cette même garantie à ceux qui les ont achetés, il faut dire aussi que c'est moins à eux qu'au demandeur que remonterait l'éviction, et qu'attribuer de pareilles suites à l'action du demandeur serait autoriser les acheteurs à le réduire au silence par une suite naturelle de son obligation de garantie. Il vaut mieux laisser l'action libre et les tiers à l'abri du fait de leur garant, en n'obligeant ce dernier à faire des biens par lui vendus qu'un rapport en moins prenant sur le pied de leur valeur actuelle.

Parmi les droits que les cohéritiers ont pu consentir à des tiers sur les biens mis dans leur lot, il en est qui ne sont qu'une suite de l'administration nécessaire de ces biens. Tels sont les droits de locataire ou fermier consentis pour une durée normale. Ces droits et tous ceux du même genre sont maintenus, parce que les actes où ils prennent naissance rentrent dans un mandat tacite donné entre cohéritiers pour administrer chacun les biens qu'ils ont reçus.

Voilà les effets de la rescision du partage.

Reste une question à se poser : n'y a-t-il pas, à l'occasion de cette rescision, quelque transcription ou mention à faire sur les registres publics, en vertu de la loi du 23 mars 1855 ? Nous l'avons vu, la rescision du partage est une chose importante pour les tiers. La leur fera-t-on connaître ? — Le partage rescindé n'a jamais pu être transcrit. Car nul acte opérant translation de propriété *par suite de décès* n'est soumis à la transcription. Et d'ailleurs le partage ne *transfère* pas, il *déclare* la propriété : la *translation* de propriété ne vient pas du partage : elle remonte au décès qui la manifeste au public. Et puis dans quel but transcrirait-on le partage ? Il n'y a pas à craindre les aliénations postérieures du ci-devant propriétaire : il est mort. Quant aux aliénations antérieures non transcrites, représentant leur auteur, on doit les respecter. Et quant aux aliénations antérieures ou postérieures des copartageants, on n'a pas à s'en occuper, nul n'étant l'ayant cause de ses copartageants. — On ne peut donc mentionner le jugement en marge de la transcription du partage, puisque le partage n'est pas transcrit

Mais la loi de 1855 ne sera pas, je crois, pour cela sans application. Non pas que je pense qu'il faille faire une transcription spéciale du jugement : la loi ne parle de cela nulle part. Mais elle a un article 4 ainsi conçu : « Tout jugement prononçant la résolu-
» tion, nullité ou rescision d'un acte transcrit, doit, dans le mois
» à dater du jour où il acquis l'autorité de la chose jugée, être
» mentionné en marge de la transcription faite sur le registre. —
» L'avoué qui a obtenu ce jugement est tenu, sous peine de cent
» francs d'amende, de faire opérer cette mention en remettant un
» bordereau, rédigé et signé par lui, au conservateur, qui lui en
» donne récépissé. » — Or cet article est conçu de manière à protéger contre l'ignorance de la rescision d'un partage les tiers intéressés à la connaître.

Quels sont ces tiers? Primus, sur le vu de l'acte de partage, dont il ne peut connaître le vice ni prévoir la chute, achète d'un copartageant un immeuble mis à son lot. Il fait transcrire l'acte de vente, et le voilà propriétaire, aux yeux du public. Des tiers se présente-ront pour traiter avec lui, et ils traiteront sans défiance; et pourtant, si l'on ne soumet à aucune transcription le jugement qui peut à chaque instant anéantir le droit de Primus, on laisse ces tiers sans défense en face du danger d'acheter *à non domino*. — C'est un mal nécessaire, inévitable, tant que le jugement de rescision n'est pas arrivé: car jusque-là on ne saurait le rendre public, et la menace de résolution reste forcément inconnue. Mais la résolution survenant, ne serait-il pas désirable, en la publiant, d'éviter pour l'avenir cette confiance des tiers dans un titre privé d'existence?

Et ce but désirable, n'y a-t-il pas un moyen légal et facile de l'atteindre dans l'article 4 de la loi de 1855? On dit non, parce que cet article n'ordonne de rendre publics que les jugements portant rescision d'un acte transcrit, et ici l'acte rescindé qui est le partage n'est pas un acte transcrit. — Mais il faut aller un peu plus loin que le partage : le jugement rescinde, non-seulement le partage, mais les aliénations des biens partagés ; et ces aliénations, ce sont des actes transcrits. L'article permet donc d'exiger que le jugement soit mentionné en marge de la transcription de ces aliénations, transcription qui sans cela exposerait les tiers qu'elle veut protéger.

Et peut-on dire que c'est trop exiger de l'avoué que d'exiger cette mention? Non, assurément. Car il sait bien quels sont les immeubles partagés, lui qui a manié les pièces du procès; il sait même quels sont ceux d'entre eux qui ont été aliénés; et il lui est facile de requérir du conservateur dans le ressort duquel ces biens sont situés la mention du jugement en marge de la transcription de leur aliénation.

On serait dispensé, si l'acte principal était un acte transcrit, de faire ainsi porter la mention sur chacun des actes secondaires auxquels il a donné lieu.

CHAPITRE XI.

LÉSION SOUFFERTE PAR LES MAJEURS (SUITE). — PARTAGE D'ASCENDANT.

Le principe de la rescision pour lésion de plus du quart, principe applicable à tout partage entre communistes, quels qu'ils soient, se généralise encore à un autre point de vue : son application n'exige pas que le partage soit l'œuvre exclusive des parties, ni même que leur volonté y ait eu quelque influence pour la composition et l'attribution des lots. D'ailleurs. on ne comprendrait pas que la loi l'eût exigé : on comprend au contraire que l'on doive encore moins pouvoir être lésé par autrui que par soi-même.

Aussi avons-nous vu qu'un partage émané du juge n'est pas seulement rescindable pour lésion de plus du quart dans la valeur des lots, comme un partage amiable, mais qu'en outre les parties peuvent réclamer contre lui, quand il viole les prescriptions des articles 826 et 832, et produit sans nécessité au préjudice d'une ou de quelques-unes d'entre elles une lésion en nature qui serait irréparable dans le partage amiable.

Si, au lieu d'émaner du juge, il est, comme la loi le permet (article 1075), l'œuvre de l'ascendant à qui appartenaient les biens partagés entre ses descendants, le partage est encore rescindable pour lésion de plus du quart dans la valeur des lots. Et quant à la lésion en nature, la solution admise pour le partage judiciaire y est l'objet de controverses que nous examinerons plus tard.

Tout en effet dans cette matière du partage d'ascendant, toutes les difficultés sans nombre dont elle se hérisse, tout ce qu'il y faut dire de spécial sur la lésion, tout ce qui lui vaut un chapitre à part, une fois l'étude des partages finie, tout cela tient à des notions premières qu'il faut solidement établir, et surtout scrupuleusement respecter dans l'application. — Quelle est la nature de cet acte juridique ? Est-elle simple, est-elle composée ? Et dans ce dernier cas, quelle est sur l'acte entier la part d'influence de chacune des deux natures qu'il revêt ? Laquelle prévaut sur l'autre ? Et comment la loi a-t-elle réglé sa préférence suivant qu'on se trouve dans telle ou telle hypothèse ? Enfin quelles sont les conséquences de cette préférence, une fois connue ? Tels sont les points fondamentaux de cette matière. Et pour les bien connaître, il faut une étude patiente ; car les six articles du Code sont loin de suffire pour dispenser l'interprète de se créer à l'aide de la logique, son seul instrument, une législation complète sur les partages d'ascendants. — Quand je dis l'interprète, je dis la jurisprudence et la doctrine : l'une et l'autre ont eu une rude tâche. Et la difficulté a fait jaillir à chaque pas la controverse, et par conséquent l'erreur.

I. — Le partage d'ascendants se fait, soit dans un testament, soit dans une donation entre-vifs.

Si l'on s'abstient de désunir la forme et le fond de l'acte et qu'on se pose cette question : sa nature est-elle unique ou double ? — il faut répondre qu'elle est double. Car l'acte est à la fois *donation ou testament* pour la forme, et *partage* pour le fond. — Mais qu'on prenne uniquement la forme : on trouve uniquement un testament ou une donation. Qu'on prenne uniquement le fond : on trouve uniquement un partage. — La forme nous intéresse peu. Etudions le fond même de l'acte, et prouvons qu'il est un pur partage.

Thèse qui peut paraître absolue au premier abord, et qui en effet recevrait un démenti dans la suite de nos explications, si elle ne recevait pas préalablement une limitation précise. Quand je dis que l'acte est un pur partage, j'entends dire que de la lutte une fois ouverte entre son caractère de partage et son caractère de disposition gratuite, c'est le premier qui sort vainqueur. Je me place donc, pour le dire, à une époque où l'on puisse supposer la coexistence et la lutte de ces deux caractères, c'est-à-dire après la mort de l'ascendant et avant qu'une rescision quelconque empêche l'acte d'exister comme partage. C'est dans cet intervalle seulement, comme nous le verrons plus tard, que l'acte peut se placer sous deux titres, et qu'il y a lieu par conséquent de dire que le titre de partage *prédomine sur l'autre*. — Démontrons maintenant cette prédominance.

Le testament-partage est un ensemble de legs, la donation-partage un ensemble de donations, que la loi revêt, non pas seulement du nom, mais de la nature et des effets du partage. C'est l'intention de l'ascendant qu'il en soit ainsi. Et d'ailleurs, si cet acte n'a pas pour objet de faire *cesser* l'indivision, n'a-t-il pas pour objet de la *prévenir* ?

Et il faut même dire, pour être exact, que si cettesorte de partage doit se plier aux formes des testaments ou des donations, le contraire se produit, quant au fond même de l'acte, et que le caractère intrinsèque du partage y absorbe et fait disparaître en lui le caractère du legs et de la donation. Impossible de nier cela, puisque la loi annule ce partage, quand il n'est pas fait entre tous les enfants existants au jour du décès et les descendants de ceux prédécédés (art. 1078) ; — puisqu'elle le rescinde pour lésion de plus du quart (art. 1079) ; — puisqu'enfin elle ne le soumet en rien (à part un cas spécial qui va nous occuper assez longtemps) aux règles de la quotité disponible et de la réserve, et qu'un père qui a donné *tout* son disponible à un étranger peut, sans crainte de réduction, faire à l'un de ses enfants, dans le partage entre-vifs de ses biens, un avantage qui ne lèse pas les autres de plus du quart. Cela prouve bien qu'il n'y a pas là un legs ou une donation soumise aux règles de la réserve, mais un partage soumis comme tel aux règles de la lésion, et que le caractère de partage ne vient pas *s'ajouter* à celui de donation ou de legs, mais le *remplacer*.

Il faut donc (à part la question de formes, où l'on efface le nom de partage) effacer le nom de testament ou de donation, et dire simplement : partage entre-vifs ou à cause de mort; de telle façon qu'il n'y ait plus réellement dans le *fond* de l'acte aucune dualité.

Mais il est un cas tout spécial où la loi, trouvant quelque part la preuve d'une préférence pour l'enfant avantagé au partage, préférence qui fait présumer volontaire toute lésion au profit du même enfant, et qui révèle le désir d'éluder les lois sur la réserve, en usant pour les violer d'un acte qui leur échappe à titre de pur partage, déjoue ce calcul, en s'abstenant justement, dans cette)circonstance, d'appeler l'acte uniquement partage, quant au fond, et en lui attribuant tout à la fois la nature de partage et celle de disposition à titre gratuit, la première pour y prohiber la lésion de plus du quart ou l'exclusion d'un enfant existant au jour du décès, la seconde pour y assurer l'observation des lois sur le disponible, à l'encontre d'une préférence déjà manifestée par ailleurs.

Lisons dans son entier l'article 1079 : « Le partage fait par l'as-» cendant pourra être attaqué pour lésion de plus du quart ; il » pourra l'être aussi dans le cas où il résulterait du partage et des » dispositions faites par préciput, que l'un des copartagés aurait un » avantage plus grand que la loi ne le permet. »

Ainsi l'acte est un pur partage, excepté quand il se combine avec une ou plusieurs dispositions par préciput pour faire à l'un des enfants un **avantage plus grand** que le permet la loi du disponible. — En ce dernier cas, on peut l'attaquer, quoiqu'il ne lèse pas de plus du quart. Et assurément on ne peut l'attaquer ainsi que comme donation, puisqu'un partage n'est en rien limité par les lois de la réserve. Dire que la loi par exception a soumis cet acte *comme partage* aux lois sur la réserve qui n'atteignent jamais les partages, mais seulement les dispositions gratuites, c'est aller au rebours de la simplicité ; — surtout quand on réfléchit que le partage d'ascendant, en réalité aussi bien qu'*in formâ*, n'est qu'un ensemble de dispositions gratuites que la loi, nous l'avons vu, revêt ordinairement du caractère de partage, mais sans s'ôter le droit de l'en dépouiller.

On dira qu'à cet égard une exception au droit commun était rationnelle, et qu'on pouvait bien soumettre aux lois de la réserve un partage qui est l'œuvre du *de cujus*, au lieu d'être l'œuvre des copartagés eux-mêmes, comme cela a lieu d'ordinaire. — Mais je réponds que lorsqu'on revêt l'acte en question du caractère de partage, c'est justement parce qu'on y ferme les yeux sur la main qui l'a dressé, et parce qu'on assimile l'œuvre du *de cujus* à l'œuvre de copartageants ordinaires. La preuve, c'est qu'à part le cas spécial prévu par la seconde phrase de l'article 1079, on y laisse indifférente une atteinte à la réserve. Mais quand on dit, dans un cas spécial, que la réserve y sera respectée, c'est qu'on fait cesser à ce point de vue, l'assimilation de l'œuvre du *de cujus* à l'œuvre de copartageants ordinaires, et qu'on s'attache uniquement au caractère qui appartient *en propre* à l'œuvre du *de cujus*, au caractère de libéralité.

La seconde phrase de l'article 1079 est une conséquence de cette façon d'envisager l'acte.

L'article non pas semblable, mais correspondant, du projet primitif donna lieu au Conseil d'Etat à une discussion dans laquelle M. Berlier prononça ces mots : « Comment pourrait-on croire » que celui qui a déjà gratifié un de ses enfants au préjudice des » autres par une disposition directe, ne le fera pas encore par la » voie du partage, si cette voie lui est ouverte? Loin que le don fait » par préciput doive faire présumer que la libéralité s'arrêtera là, » l'inégalité déjà introduite entre les enfants doit faire craindre » qu'on ne l'étende davantage : voilà la crainte naturelle et la pré- » somption naissante de la préférence même qui a déjà été accordée » à l'un des enfants..... Rien de plus louable que le partage entre » enfants non avantagés ; rien de plus dangereux, rien de plus » odieux entre enfants dont la condition a déjà cessé d'être égale, » parce que ce serait presque toujours un moyen de tromper la na- » ture et la loi. — Quand celle-ci a posé la limite, elle aurait fait » une chose inutile, si elle admettait en même temps des dispo- » sitions propres à l'éluder. » (Fenet, XII, p. 411.)

Et de là, Berlier concluait, comme le projet, à la nullité du partage précédé d'une disposition préciputaire, sans même y exiger la preuve d'une lésion quelconque. La loi fut changée. On exigea la preuve d'une atteinte à la réserve des autres enfants. Mais l'esprit et les motifs mêmes de la loi restèrent ce qu'ils étaient : l'intention manifestée de l'ascendant de colorer du nom de partage, pour la rendre non réductible, une libéralité excessive. La loi déjoue cette ruse : au lieu de voir dans l'acte un partage, comme se l'était promis l'ascendant, elle y voit ce qui y est réellement, une libéralité dépassant la quotité disponible ; elle l'y *voit* parce que cela s'y trouve, au lieu de l'y *présumer* impitoyablement, comme faisait le projet.

S'il est certain que l'article 1079 — 2º voit dans l'acte non pas un partage, mais un ensemble de libéralités par préciput dont l'une, s'adressant à l'enfant déjà préciputaire, entame à son profit la réserve des autres, il me paraît par là même certain que l'action qu'il donne en ce cas n'a point pour objet la rescision du prétendu partage, mais la réduction du prétendu lot qui n'est qu'une libéralité excessive ; — que par conséquent cette action, comme toute action en réduction, n'a besoin d'être dirigée que contre l'enfant qui a reçu la libéralité ainsi attaquée ; — qu'elle ne peut être arrêtée par l'offre d'un supplément de lot ; — qu'elle ne peut être censée abandonnée par une confirmation tacite du prétendu partage ; — enfin qu'elle a toujours une durée de trente ans [1].

Si de telles conséquences s'attachent à l'interprétation que je donne de l'article 1079-2º, il importe de la bien prouver, et, après l'avoir déduite des principes ordinaires du droit, de réfuter toutes les objections qui peuvent s'appuyer soit sur le texte de l'article, soit sur les travaux préparatoires.

L'article, arrivant au cas qui nous occupe, dit, en parlant du *partage*, qu'*il* pourra être *attaqué ;* et l'on se fait une arme de ces mots. — Cela force-t-il de croire qu'il a en vue une action en rescision ? Point du tout. L'action en rescision est un mode d'attaque, et l'on dit ordinairement *attaquer* une donation en *réduction*, alors même que le résultat de l'attaque ne serait pas de la faire tomber tout entière. Il est vrai que la loi parle ici d'attaquer, non pas la donation ou le legs contenu dans l'acte au profit du préciputaire,

____

1. Telle est la jurisprudence de la Cour de cassation, comme l'attestent ses arrêts des 6 juin 1834 (Dev. 33, 1, 58), 20 déc. 1847, 30 juin 1852 (Dev. 52, 1, 735), 1er mai 1861 (Dev. 61, 1, 481), 17 août 1863 (Dev. 63, 1, 529). - Celui de 1861 pourtant, tout en admettant qu'il s'agit d'une réduction, commet une singulière inconséquence en limitant l'action à dix ans.

Ma doctrine a aussi parmi les auteurs de nombreux et graves partisans : Aubry et Rau sur Zach., IV, p. 238, 239 ; Massé et Vergé, III, p. 314 ; Labbé, Journ. du Pal. 1863, p. 934 et suiv. ; Réquier, Revue historique de dr. fr. et étr. 1866. — Elle est combattue par MM. Demolombe, XXIII, 189 *bis ;* Delvincourt, III, p. 161 ; Grenier, III, 401 ; Duranton, IX, nos 644, 650, 651 ; Genty, Traité des part. d'asc., p. 310 et 311. Elle l'était par notre éminent et regretté professeur, Abel Pervinquière.

mais le partage. Mais cela ne prouve rien. Car on ne pouvait exiger du législateur une rédaction assez analytique pour éviter en cette matière délicate la moindre équivoque. La loi, s'occupant toujours du même acte, continue de l'appeler partage, parce qu'il serait incommode de l'appeler autrement et de changer tout à coup l'expression adoptée par elle. Et quand elle permet d'attaquer le partage, elle permet de l'attaquer autant que le souffrent les lois de la réduction dont elle veut tout simplement exiger ici l'observation: c'est-à-dire qu'on attaquera le partage pour celle de ses parties qui viole ces sortes de loi et qui entame au profit d'un enfant la réserve des autres.

Si les termes de la loi laissent intacts les principes ordinaires de la réduction, il en est de même des travaux préparatoires. — Invoquera-t-on les termes du projet primitif, qui déclarait *nul* le partage en cas de préciput fait en dehors de lui à l'un de ses enfants? C'est impossible, et par une bonne raison : car le projet primitif, annulant le partage même le plus égal pour le seul fait d'un préciput antérieur, sans exiger ni lésion, ni atteinte à la réserve, ne pouvait parler ni de rescision pour lésion, ni de réduction aux limites du disponible. Il s'agissait d'une nullité toute à part, fondée sur une sorte d'incapacité où se serait mis l'ascendant de pouvoir partager ses biens entre ses enfants, ayant manifesté pour eux une affection inégale.

Aussi ne peut-on s'autoriser d'aucune portion de la discussion qui eut lieu au Conseil d'Etat, pas même de ces mots de Berlier : « Il » faudrait, en admettant le partage, décider *qu'il pourrait être rescindé pour la plus petite lésion* », mots qui traduisent une pensée dans laquelle n'entre pour rien encore l'atteinte à la réserve, mais seulement l'idée de lésion, à la différence de la pensée du projet qui n'exigeait ni l'une ni l'autre pour annuler le partage.

Le projet fut bien transformé avant d'arriver à sa rédaction actuelle.

Une seconde rédaction dénatura même tout à fait la pensée première des rédacteurs, n'exigeant plus que le partage lésionnaire se combinât avec une disposition par préciput, et permettant de l'attaquer « dans le cas où il résulterait, *soit du partage même*, soit du » partage et des dispositions faites par préciput, que l'un des co-

» partagés aurait un avantage plus grand que la loi ne le permet » [1]. Cette rédaction, d'une part faisait du respect de la réserve son unique objet, et d'autre part condamnait le partage à respecter la réserve, non-seulement dans le cas spécial d'un préciput s'ajoutant au partage, mais encore dans tous les cas possibles. Et il me semble que si la rédaction fût demeurée telle, elle eût eu pour effet de soumettre *en général* les partages d'ascendants tout à la fois à une rescision pour lésion de plus du quart et à une réduction pour atteinte à la réserve : elle eût ainsi tantôt assimilé l'œuvre du *de cujus* à l'œuvre de copartageants ordinaires, tantôt séparé, pour s'y attacher uniquement, le caractère de libéralité, caractère propre à l'œuvre du défunt ; elle eût, en un mot, introduit dans la nature de l'acte quant au fond cette dualité dont je parlais en commençant, et donné satisfaction en même temps aux deux caractères de partage et de disposition gratuite, au lieu de les faire lutter jusqu'à ce que l'un ait absorbé l'autre.

Mais ces mots : *soit du partage même...* qui eussent consacré cette théorie, s'effacèrent du projet définitif, comme on le voit à la lecture de l'article actuel. Et l'assujettissement du partage aux règles de la réserve, c'est-à-dire la persistance de son titre de libéralité en même temps que de partage, se restreignit au seul cas où le partage entamerait au profit de l'un la réserve des autres par suite d'une préférence manifestée ouvertement *dans une disposition par préciput.*

Après toutes ces transformations, après l'exposé des motifs qui, dans un sens ni dans l'autre, ne dit rien de plus que la loi sur la question [2], parut le rapport de Jaubert au Tribunat. — Lui non plus ne peut fournir aucune objection sérieuse. Voici ce qu'on y trouve de plus compromettant en apparence pour ma thèse : « Le » partage pourrait être attaqué pour cause de lésion. — On ne » peut prévoir que deux cas. (Suit leur énumération.) — Dans le » second cas, la loi veut que, quoiqu'il n'y ait pas une lésion de plus

---

1. Fenet, XII, p. 438.

2. Il se prête même parfaitement à ma doctrine : « *L'opération* pourra être « *attaquée* par les autres intéressés », dit-il. Comment pouvait-il être plus vague ? Il s'abstient d'appeler l'acte soit partage, soit libéralité : il l'appelle *opération !* Puis il emploie le mot *attaquée,* qui peut fort bien vouloir dire *attaquée en réduction.*

» du quart dans le partage, il y ait lieu à l'attaquer, si en cumulant.
» etc..... » [1]. — Qu'est-ce à dire? C'est que le partage peut être
attaqué, expression déjà conciliée avec la nature d'action en réduction. C'est aussi que Jaubert fait rentrer ces deux cas sous ces
mots : le partage pourrait être attaqué pour cause de *lésion*. Mais
ce mot de *lésion* peut fort bien embrasser ces deux hypothèses et
leur être un trait d'union, sans exclure pour cela dans la seconde
l'idée de réserve entamée et l'idée de réduction qu'elle engendre
suivant le droit commun. Car toute atteinte à la réserve suppose
une lésion assurément, et devrait comme telle rentrer dans le sujet
que nous étudions, si elle était l'œuvre de celui-là même qui la
subit. Jaubert n'a pas fait cette distinction : il a vu avec raison
dans les deux cas une lésion qui motive l'attaque, mais sans pré-
juger en rien (ce n'était pas sa mission) la nature de l'arme avec
laquelle il faut attaquer, lorsque la lésion revêt la forme d'une atteinte à la réserve. — Sur ce point, lui et la loi laissent agir le droit
commun. Quel est-il? C'est que le partage d'ascendant, comme le
partage ordinaire, soit rescindable pour lésion de plus du quart;
mais qu'entamant seulement la réserve il soit — ou inattaquable.
(comme cela a lieu en général) à cause de la prédominance ordinaire du caractère de partage, — ou sujet à *réduction* (comme cela
a lieu dans le cas de l'article 1079-2º) à cause de la nécessité où
l'on est, pour y ordonner le respect de la réserve, de le différencier
d'un partage ordinaire et d'y voir un ensemble de libéralités.

La lecture de la loi montre qu'en cas de préciput s'ajoutant au
partage pour entamer au profit de l'un la réserve des autres, on
ramène au respect de cette réserve; ce qui prouve qu'en ce cas
l'acte obtient. outre la nature de partage qui le rend rescindable si
la lésion dépasse le quart, la nature de disposition gratuite qui le
rend réductible aux limites du disponible.

D'où il suit que si l'inégalité avait le double tort de dépasser le
quart et d'entamer la réserve dans le cas de l'article 1079-2º, les
enfants lésés auraient le choix entre l'action en *rescision* et l'action
en *réduction*.

Maintenant limitons bien le cas dans lequel s'applique le § 2

---

1. Fenet, XII, p. 617 et 618.

de l'article 1079. Il faut et il suffit que l'ascendant ait, pour la réunion du partage et d'une disposition par préciput, attribué à l'un des enfants plus que le disponible et sa part de réserve. Peu importent les dispositions faites à des étrangers ou aux autres enfants *non avantagés* dans le partage. En sorte que le § 2 ne s'applique ni quand, un étranger ayant reçu tout le disponible, un enfant reçoit un avantage sur les autres, mais seulement par le résultat du partage; — ni quand, l'étranger ayant eu une partie du disponible, on donne à l'enfant, mais seulement par le partage, un avantage entamant la réserve de ses frères. — Mais il s'applique toutes les fois que, par la réunion d'un don préciputaire avec le partage, un enfant a reçu en plus de sa réserve un avantage supérieur à ce qui était libre en ce moment pour lui dans le disponible.

Et lorsque la loi s'applique, il s'agit tout simplement, je le répète, de mettre en jeu les règles ordinaires de la réduction, soit par ordre de dates, soit proportionnelle en cas de date unique, comme cela arrive entre des dispositions faites par le même acte ou par testament.

Pour opérer cette réduction, comment faire ? Obéir à la loi, dont le vœu est qu'on efface (quant à ce) le nom de partage, pour voir dans l'acte un ensemble parfaitement divisible de libéralités. — Les cohéritiers de l'enfant avantagé pourront donc demander contre lui la réduction de la libéralité mise à son profit dans ce prétendu partage. Seulement les demandeurs en réduction y étant eux-mêmes donataires par préciput, et réciproquement le défendeur étant lui-même réservataire, il faut imputer sur la réserve de chacun les dons qu'il a reçus, et l'action en réduction ne sera efficace que pour ce qui manque à la réserve des demandeurs, c'est-à-dire pour ce qui excède la réserve du défendeur jointe à ce qui était libre en sa faveur dans le disponible [1].

Mais s'étendre sur ces détails serait une digression, du moment qu'il est prouvé que l'article 1079-2°, dans les cas qu'il prévoit, n'a fait qu'ordonner le respect de la réserve, sans déroger en rien aux principes du droit commun, qui veulent que ce but s'atteigne par une action en *réduction*.

---

1. Montpellier, 5 juillet 1853 (D. P. 55, II, 63.)

II. — Laissons donc cette hypothèse de côté, et occupons-nous seulement de l'action en rescision pour lésion de plus du quart dirigée contre le partage d'ascendants qui à ce point de vue est bien revêtu par la loi de la nature de partage.

Cette étude est impossible tant qu'on reste indécis sur une question bien importante encore, qui est celle-ci : *Quand s'ouvre pour les copartagés lésés de plus du quart l'action en rescision? A quel moment l'acte prend-il le caractère de partage rescindable?*

Pour un testament-partage, la question cesse : une seule date peut s'offrir à l'esprit : celle du décès, qui est en même temps celle de l'acte.

Mais s'il s'agit d'une donation-partage, on peut se poser (non pour l'action en réduction, qu'on ne peut avoir qu'au décès à titre d'héritier, mais pour l'action en rescision fondée sur la lésion de plus du quart) la question suivante : Peut-on agir dès le jour où l'on est allé devant le notaire? Où faut-il attendre que l'ascendant meure? Lequel de ces deux jours ouvre l'action, sert de point de départ à la prescription, et doit guider le juge dans l'estimation nécessaire pour savoir s'il y a lésion? — Toutes questions qui dépendent de celle-ci : A quel moment la donation-partage devient-elle partage?

Je laisse en dehors de cette question le cas où les enfants *ont fait eux-mêmes* entre eux le partage d'une donation faite collectivement à tous. C'est là un partage de choses communes, revêtu dès qu'il est fait du caractère de partage, et rescindable dès ce moment s'il contient une lésion; partage entièrement distinct de la donation collective, qui serait, elle, réductible si elle entamait la réserve de quelque enfant resté étranger à l'acte. — Mais il faut bien faire attention à ne pas se laisser prendre à la tournure de la rédaction, et rechercher en fait s'il y a réellement donation collective distincte et indépendante du partage.

Prenons donc un véritable partage d'ascendant. — Il me semble certain qu'il ne devient partage qu'au jour du décès de l'ascendant, décès qui ouvre en effet la succession objet du partage.

L'ascendant fait un ensemble de donations par préciput. Je dis *par préciput*, parce qu'il les dispense tacitement du rapport. Comment les en dispense t-il? En manifestant l'intention que cette attribution remplace pour ses enfants le partage qu'ils feraient de la succession ; qu'elle le remplace, non pas actuellement, puisque ce n'est pas actuellement qu'il y aurait lieu au partage, mais au jour de son décès. Ce qu'il veut, c'est prévenir l'indivision. Et l'indivision n'est pas à craindre à présent. Elle n'est à craindre qu'à sa mort, et il la prévient en donnant à ses enfants un acte accepté par eux et qui vaudra partage au jour de sa mort, de façon à diviser leurs droits héréditaires dès leur naissance. Telle est l'intention de l'ascendant ; et c'est ainsi que la loi l'a comprise.

La preuve, c'est que le partage d'ascendant qui omet l'un des enfants existants *au jour du décès* est nul. Pourtant l'obligation de comprendre tous les enfants existants au jour du décès est inhérente au caractère de partage. D'où il suit que cette obligation n'étant possible à remplir qu'au jour du décès, au jour du décès seulement peut naître le caractère de partage auquel elle est attachée.

La preuve encore, c'est que la donation-partage où l'un des enfants est omis doit être respectée tant que l'ascendant n'est pas mort. Donc jusque-là le caractère de partage lui manque, puisque ce caractère de partage ne pourrait pas s'allier avec l'omission d'un enfant.

L'enfant omis doit se taire jusqu'au décès, parce que jusque-là il n'y a ni succession ni partage, et que jusque-là personne n'a aucun droit en dehors du bon vouloir de l'ascendant.

Si du vivant de ce dernier la loi ne peut exiger l'extension du partage à tous les enfants, c'est que justement il n'y a pas un partage, mais des donations. Et la loi ne pouvait pas davantage exiger de son vivant l'égalité des dons entre les donataires. Les enfants ne sont pas encore *lotis* : ils sont *gratifiés*. L'acte n'est point partage : il est libéralité pure et simple.

Ceux qui ouvrent immédiatement l'action rescisoire ne pourraient soutenir leur système d'une façon spécieuse qu'en faisant le raisonnement suivant : « Vous ne voulez pas, pourraient-ils dire, que l'acte soit un partage de succession avant l'ouverture de la succession qui en est l'objet; soit. Mais il est dès à présent, sinon partage de succession, au moins partage de copropriété ordinaire conférée par une donation collective. L'ascendant, qu'il l'exprime ou non, n'a d'autre intention que de donner d'abord à ses enfants par portions égales l'ensemble indivis de ses biens et d'en faire immédiatement le partage entre eux. Leur ayant ainsi par la pensée conféré irrévocablement un droit de copropriété indivise, il use du droit que lui donne la loi d'en faire le partage ; mais dans ce partage (non de succession, puisqu'il n'y en a pas encore, mais de copropriété ordinaire) l'article 1079 lui défend de commettre une lésion de plus du quart, sous peine d'action rescisoire immédiate, née de cette lésion dès à présent illégale. — Vous invoquez l'article 1078 ? diraient-ils encore. Sans doute il laisse indifférente du vivant de l'ascendant l'omission de l'un des enfants; mais c'est que cet enfant n'a jusqu'au décès ni titre d'héritier, *ni titre de copropriétaire pur et simple.* L'ascendant de son vivant n'aurait pas pu le léser de plus du quart dans le partage, après l'avoir compris dans sa donation collective. Mais pour l'exclure de cette dernière, pour n'y comprendre que tels et tels de ses enfants, il est parfaitement libre ; car il ne doit rien à personne quand il s'agit, non de partager une masse entre ceux-à qui il l'a donnée, mais de conférer un droit indivis sur la masse elle-même. Vienne sa mort : alors l'enfant omis, et dénué jusque-là tout à la fois du titre d'héritier et de donataire, pourra se plaindre comme héritier. Mais les autres enfants donataires par indivis au jour de l'acte peuvent, du vivant de l'ascendant faire briser le partage inégal de leur donation, de façon à se partager à leur guise la masse de biens qui leur a été irrévocablement donnée. »

Cette manière de raisonner ne me semble être qu'une généralisation de la doctrine de M. Dubernet de Boscq, aux yeux duquel l'acte est immédiatement partage quand l'ascendant y a d'abord donné à ses enfants par portions égales l'ensemble indivis de ses biens et y a ensuite opéré entre eux le partage : — doctrine qui n'aurait d'autre tort, aux yeux de ceux qui la généraliseraient, que de s'arrêter devant l'absence d'une clause qu'elle devrait sousentendre, savoir : la clause de donation collective préalable.

Je crois en effet que M. Dubernet de Boscq a tort d'induire d'une rédaction différente une intention différente aussi chez l'ascendant·

Mais l'intention que je lui prête, et que la loi lui prête aussi, ce n'est pas l'intention de faire un partage actuel d'une donation indivise, de façon que la donation pût subsister, le partage tombant.

Comment croire que la loi ait établi toutes ces règles, notamment celle de la rescision, en considérant l'acte comme un partage actuel de copropriété ordinaire, non de succession? C'eût été bien subtil de sa part, et il est clair que partout elle s'anime de l'idée de *succession* et du droit *héréditaire* des copartagés.

C'est entre ses *héritiers* seulement que l'ascendant a le droit de faire lui-même de ses biens une répartition jouissant de la nature du partage. — Supposez qu'un grand-père *ayant encore son fils* fasse entre ses petits-fils le partage de sa quotité disponible : ils sont des donataires; s'ils étaient en outre des *copartagés*, ils pourraient attaquer l'acte en cas de lésion. Le leur permet-on cependant? Non ; et on les repousse parce qu'ils n'ont pas à présent le titre d'héritiers, et qu'il est probable qu'ils ne l'auront jamais, leur père étant plus proche qu'eux. On les repousse parce que l'acte ne leur tient pas lieu et né leur tiendra probablement jamais lieu de *partage d'hérédité*, et par conséquent de *partage*. Eh bien ! en supposant même les donataires copartagés héritiers présomptifs de l'ascendant, ils n'en ont pas davantage un titre actuel d'héritier. On peut d'ailleurs leur répondre que leur titre n'est pas assuré pour l'avenir. Car ils peuvent, au décès de l'ascendant, renoncer à sa succession, ou en être déclarés indignes, ou être déjà morts eux-mêmes sans postérité pouvant les représenter.

Et puis, reprenons l'art. 1078. Si l'on veut voir dans la donation-partage un partage immédiat non de succession, mais de choses communes, il faut y voir un acte valable (au moins actuellement) malgré l'omission d'un enfant. C'est reconnu. Mais alors de deux choses l'une : ou bien il reste tel sans se transformer quand l'ascendant meurt en partage *de succession;* et alors l'enfant omis n'a contre lui ce jour-là que le droit d'un réservataire contre une donation, le droit de *le faire réduire*, ce qui est faux d'après l'article 1078 qui déclare le partage *nul pour le tout.* — Ou bien au contraire, il devient partage *de succession*. Mais alors, qu'est-ce que c'est que cet acte, qui revêt successivement trois caractères différents : — *donation indivise* dans la pensée première de l'ascendant ; — puis partage *de choses communes* entre codonataires, — puis, au jour de sa mort, partage *de succession* entre cohéritiers ? N'est-il pas plus simple, et surtout plus conforme à la pensée du législateur, ordinairement exempte de pareilles subtilités, que l'acte soit pour le moment un ensemble de donations individuelles et juxtaposées pour tenir lieu de partage de succession *le jour où la succession s'ouvrira ?*

C'est parce qu'il est partage *de succession* qu'il ne doit omettre aucun enfant existant au jour du décès, et c'est parce qu'il n'est jusque-là qu'un ensemble de donations qu'il doit faire loi jusque-là malgré cette omission. — De même, c'est parce qu'il est partage de succession, que l'art. 1079 le rescinde pour lésion : le rescindant *comme tel*, il ne peut le rescinder qu'une fois la succession ouverte et l'ascendant mort.

Comment en effet, du vivant de l'ascendant, l'appeler partage de succession, partage entre cohéritiers ? Quelle que soit à cet égard la volonté de l'ascendant, le titre d'héritier peut-il naître et la succession s'ouvrir avant le décès ? Qui donc peut avancer le droit héréditaire de ses héritiers ? N'est-ce pas la loi qui règle cela ? Et quand elle permet de changer par testament l'ordre de succession établi par elle, n'a-t-elle pas soin de faire que le testament soit censé daté du décès ? Tant que je ne suis pas mort, ma personne existe encore et ne peut avoir de successeur ; c'est même naïf à dire, et il serait donc naïf de s'arrêter à réfuter le système qui fait de l'acte, au jour de sa date, un partage de succession.

Et il est curieux de constater les contradictions dans lesquelles se jette M. Labbé, l'un des partisans du système de l'action rescisoire immédiate. Il a publié une dissertation [1] sur l'époque à laquelle on doit s'attacher dans les actions en rescision et en réduction que font naître les partages d'ascendants, dissertation d'une exactitude parfaite en ce qui touche l'action en réduction, mais illogique et contradictoire en ce qui touche l'action rescisoire. Voici ce qu'il dit en effet à propos de cette dernière : « Ce que l'art. 1075 » C. Nap., autorise un ascendant à réaliser entre ses descendants,

_____

1. *Journal du Palais*, 1863, p. 934 et suiv.

» c'est un partage anticipé ; l'acte a dès l'origine le caractère de
» partage... La date de l'acte entre-vifs est donc à nos yeux et le
» moment auquel l'estimation doit se référer et le point de départ
» de la prescription. » — Et puis il se trouve pourtant qu'il avait
dit en commençant : « Il a été conclu que l'action en rescision
» pour lésion s'ouvrait au jour de l'accomplissement de l'acte ;
» que la lésion devait s'estimer d'après la valeur des biens à la
» même époque....; enfin, que la prescription des actions en resci-
» sion et en réduction courait à partir de l'acte de partage... Il
» résultait de ce système qu'une personne avait plusieurs patri-
» moines, plusieurs réserves, plusieurs quotités disponibles : elle
» mourait en quelque sorte plusieurs fois et transmettait plusieurs
» hérédités. C'était une violation manifeste de l'art. 922 C. Nap.,
» et des principes : l'unité de la personne entraîne de son vivant
» l'unité du patrimoine, après sa mort l'unité de la masse sur
» laquelle se calculent la réserve et la portion disponible. » —
Est-ce bien le même homme qui parle en ces deux endroits, et qui
affirme un peu plus bas le système qu'il vient de critiquer? Peut-
être dira-t-on qu'il le critique seulement pour la question de
réserve. Mais s'il l'entend ainsi, je réponds qu'il a tort : car l'ouverture de la succession est anticipée ou elle ne l'est pas ; si elle ne
l'est pas pour la question de réserve et l'exercice de l'action en
réduction, comment le serait-elle pour l'exercice de l'action rescisoire, autre droit également héréditaire?

Du vivant de l'ascendant, chaque enfant n'est qu'un donataire et,
ne pouvant agir que comme tel, ne peut aucunement réclamer l'é-
galité. Sans doute un enfant qui aurait antérieurement, dans une
institution contractuelle, reçu de l'ascendant une promesse d'égalité,
pourrait la réclamer, même du vivant de ce dernier, dès le jour où
elle est violée par le partage d'ascendant. Mais a-t-il besoin pour
cela de prouver que l'acte est investi déjà du caractère de partage?
Non, car il n'a même pas besoin de prouver que la lésion est du
quart : son titre est tout entier dans la promesse d'égalité qui lui a
été faite.

Enfin, ce qui achève de reculer au décès l'exercice de l'action
rescisoire par l'enfant qui ne peut faire valoir aucune promesse
d'égalité, c'est qu'en supposant même chez l'ascendant la pensée

de faire de son acte un partage, non pour le jour de sa mort, comme cela est vrai, mais immédiatement, comme je le conteste, il faudrait convenir que, libre de concéder ou non sur ses biens le droit de donataire, il ne le concède que sous la condition de maintenir son apportionnement, que par conséquent l'attaque dirigée contre l'apportionnement devrait faire tomber la donation elle-même et mettre les demandeurs dans une situation pire que la première. Je tiens pour erroné l'avis contraire de M. Duranton, quoique adopté par un arrêt de la Cour de Toulouse du 12 août 1854.

Ma doctrine, en résumé, se réduit à ceci : On ne peut attaquer l'acte pour lésion qu'en l'attaquant comme partage; or il ne peut, d'après le vœu de la loi et du disposant, être partage qu'en étant partage de succession; or la succession ne s'ouvre et n'est partageable qu'au décès de l'ascendant; donc à ce décès seulement on pourra demander la rescision. — L'action intentée du vivant de l'ascendant serait non recevable, et cela encore bien que l'ascendant fût mort depuis l'introduction de l'instance (Paris, 8 avr. 1850; Limoges, 25 juin 1855) [1].

1. Ce système est-il ou non conforme à l'ancien droit ? — Sur ce point, une chose est certaine : c'est la controverse des anciens auteurs, controverse pourtant d'où se dégage la théorie actuelle. En l'étudiant, nous ferons l'étude des règles spéciales aux *démissions de biens*, étude qui a fait plus haut l'objet d'un renvoi.

La démission de biens était un acte par lequel toute personne ayant des héritiers présomptifs (ne fussent-ils que collatéraux) leur abandonnait l'universalité de ses biens. — Elle n'était ni soumise aux formes des donations entre-vifs, ni irrévocable comme elles. — Et elle devait comprendre tous les héritiers présomptifs du démettant et tous ses biens.

Si dans cet acte l'ascendant ne faisait pas lui-même le partage de ses biens, il y avait lieu pour les démissionnaires de faire eux-mêmes un partage soumis aux règles ordinaires de la rescision et de plus aux conséquences possibles de la révocation de la démission.

Mais le démettant pouvait faire lui-même ce partage. — Etait-il partage dès à présent ? Les démissionnaires étaient-ils de suite héritiers ? — C'est là ce qui ne peut se concilier avec ces paroles de Pothier : « Il implique contradiction qu'on puisse être héritier d'un homme qui est jouissant de son état civil. *Nulla est viventis hæreditas.* » (Introd. au tit. 17 de la Cout. d'Orléans ; Appendice.) Ce n'est qu'à la mort du démettant qu'on pouvait apprécier les droits de chacun comme héritiers et la validité de l'acte comme partage. La preuve c'est que l'enfant d'un démissionnaire prédécédé ne recevait son lot que par représentation, et que ce lot devait accroître aux démissionnaires survivants, si le démissionnaire prédécédé n'avait pas laissé d'enfants. (Comp. Nouveau-Denizart, v° *Démiss. de biens* ; — Duparc-Poullain sur la Cout. de Bretagne, art. 537 ; Ferrières, Dict., v° *Dém. de biens;* Boullenois, p. 238.) — Aussi rejetait-on à la mort du démettant l'action rescisoire pour lésion dans les Coutumes d'égalité où elle était admise.

Mais tirait-on conséquence de cela en ce qui touche l'estimation des biens pour

III. — Veut-on juger ce système par ses conséquences? — J'y consens. Je vais donc les exposer dans leur entier, en me demandant quel mal elles contiennent; et je le ferai cumulativement pour le testament-partage et pour la donation-partage, puisque l'un aussi bien que l'autre ne devient partage qu'au jour du décès.

Le partage d'ascendant devant tenir lieu de partage *entre cohéritiers*, il faudra, au jour du décès, faire de lui ce qu'on en ferait s'il avait à ce moment été fait par les cohéritiers. C'est l'œuvre du *de cujus* sans doute ; mais, nous l'avons vu, autant la loi s'attache à cette circonstance quand il s'agit du respect de la réserve et du caractère de disposition gratuite, autant elle en fait abstraction quand elle y corrige la lésion de plus du quart, et qu'elle le traite comme un partage. — Point de différence à ce point de vue entre l'œuvre de l'ascendant et l'œuvre des descendants. On voit la seconde dans la première. En sorte que :

1º Si l'acte ne laisse en dehors de lui, dans la succession, aucun bien héréditaire et indivis, les cohéritiers seront réputés avoir fait ainsi, le jour même du décès, le partage total de la succession ; et on réglera sur cette fiction l'application des règles que nous connaissons sur la lésion dans un partage total de succession entre cohéritiers, en se plaçant, au jour du décès, partout où la loi ordonne de se mettre au jour du partage. — Ainsi on cherchera une lésion de plus du quart, en estimant, au jour du décès, d'une part toute la masse partagée, c'est-à-dire toute la succession, et d'autre part le lot de chaque enfant. — Le jour du décès fera courir la prescription de l'action rescisoire, et rendra seul possible une ratification expresse ou tacite. (Si le partage était fait par testament, il faudrait, bien entendu, suspendre la prescription jusqu'à la découverte de ce testament.)

2º Si, en dehors de l'apportionnement et des libéralités ou por-

---

constater la lésion? C'est là ce qui était controversé, parce qu'il y avait des auteurs qui, voyant la démission translative des risques, ne voyaient pas qu'il fallait s'abstenir d'étendre sur l'acte considéré comme partage l'application de ces risques (Boullenois, Quest. sur les dém. de biens, quest. VII; Nouveau-Denizart, *loc. cit.*). Mais on trouve dans Ferrières (*loc. cit.*) l'expression d'un sentiment opposé, et sa doctrine découlait de principes certains.

tions de libéralités non frappées de réduction, il reste, à la mort de l'ascendant, quelques biens indivis dans sa succession, on fera de cet apportionnement partiel ce qu'on ferait de lui s'il eût été fait par les cohéritiers eux-mêmes au jour du décès : on ne le séparera pas du partage qu'auront eu à faire les cohéritiers du reste de la succession. Tous deux tomberont d'une même chute, ou, au contraire, se soutiendront mutuellement, selon que leur réunion offrira, en définitive, une lésion de plus du quart, ou qu'en définitive la lésion soufferte dans l'un se trouvera effacée par l'autre. De sorte qu'à vrai dire, ce n'est pas à la date du décès qu'il faut considérer l'apportionnement partiel, mais à la date du partage définitif du reste des biens. On cherchera une lésion de plus du quart en estimant à cette date, d'une part toute la masse des biens partagés par l'ascendant et des biens partagés par les enfants, d'autre part le lot que le demandeur se trouve avoir par la réunion des deux partages, ou plutôt de ces deux éléments d'un partage unique [1]. — A cette date de la clôture du partage commencera aussi à courir la prescription de l'action rescisoire, et à être possible une ratification expresse ou tacite.

3° Si l'ascendant a fait successivement *plusieurs* apportionnements *partiels*, il faut les traiter comme on traiterait plusieurs partages partiels faits par les enfants le jour du décès, de façon à les confondre tous dans une même date : — celle du décès, s'il n'y a eu pour les enfants aucun partage postérieur à faire; — celle de la clôture du partage, dans le cas contraire.

Voilà l'ensemble du système. Analysons-le. — Prenons-le d'abord en ce qui touche l'estimation des biens.

On trouve à ce sujet, dans la jurisprudence, le spectacle d'une lutte très-vive. Le jour à prendre pour l'estimation est aussi le jour à prendre pour l'ouverture de l'action rescisoire et pour tout ce qui peut résulter de cette ouverture. Aussi la lutte des arrêts entre eux a-t-elle une portée générale à toute la théorie des partages d'ascendants. Cette lutte subsiste encore entre la Cour de cassation et la Cour d'Angers. Si d'ailleurs on prend isolément la jurisprudence

1. Cass. 18 déc. 1854.

de la Cour de Cassation, on la voit, après deux arrêts contraires de la Chambre des requêtes du 12 juillet 1836 et du 4 février 1845, répudier la doctrine de ces arrêts et s'attacher constamment, quant à l'action rescisoire, au jour du décès de l'ascendant. En ce sens les arrêts pullulent [1]. — Quant à la Cour d'Agen, elle s'est bien conformée à cette doctrine jusqu'à il y a quelques ·années [2]. Mais, dès 1861, elle s'est mise en lutte ouverte avec la Cour de Cassation [3]. Elle ne paraît pas s'en fatiguer. On trouve d'ailleurs dans son sein des magistrats animés de convictions peu propres à la faire cesser : M. Réquier, auteur d'un traité des partages d'ascendants; M. Sorbier, qui a écrit également sur cette matière; M. Dubernet de Boscq, auteur de plusieurs articles dans la Revue critique de Jurisprudence, 1859 et 1861. — Les autres Cours d'appel ont jugé tantôt pour et tantôt contre la Cour suprême. On peut citer contre elle un arrêt de Poitiers du 5 mars 1862. Mais la doctrine de la Cour de Cassation tend à dominer maintenant [4].

Cette doctrine, après n'avoir eu longtemps qu'un seul auteur pour la défendre [5], a maintenant pour elle des autorités imposantes : Demolombe, Troplong, Genty, Saint-Espès-Lescot, Bertauld, Massé et Vergé, Aubry et Rau et Marcadé; ces trois derniers sont des convertis du parti contraire.

La lutte n'a pas offert seulement deux systèmes opposés, l'un prenant les biens au jour du décès [6], l'autre au jour de la donation. On trouve en outre des arrêts qui distinguent, et qui estiment les biens suivant leur *état* au jour de la donation, et leur *valeur* au jour du décès [7]. — De quel texte ont-ils pu s'inspirer ? Ce ne peut être que de l'article 922, qui règle ainsi l'estimation en matière de réserve et de quotité disponible. Mais, en transportant cette règle au

---

1. 30 juin 1847 ; 2 août 1848 ; 18 déc. 1848 ; 16 juillet 1849 ; 14 juillet 1852 ; 18 déc. 1854 ; 13 févr. 1860 ; 4 juin 1862 ; 7 janvier 1863 ; 28 juin 1864 ; 29 août 1864 ; 18 juin 1867 ; 24 juin 1868 ; 25 août 1869.

2. 6 juillet 1825 ; 28 mai 1850 ; 30 déc. 1856 ; 21 juin 1858 ; 30 juillet 1862.

3. 7 juin 1861 ; 11 juillet 1861 ; 11 mai 1866 ; 8 juillet 1868 ; 31 déc. 1868 ; 12 fév. 1869.

4. Bordeaux, 5 mai 1865 ; Limoges, 3 déc. 1868.

5. Solon, *Des nullités*, t. II, n° 490.

6. Et c'est à ce jour-là qu'il faut les prendre (en supposant que l'ascendant n'ait laissé rien de plus à partager dans sa succession).

7. Cass. 28 juin 1864 et 29 août 1864.

cas de lésion, ils ont certainement violé l'esprit de la loi. Car l'article 922 n'attribue à l'acte qu'il régit d'autre caractère que celui de donation : il la prend comme tel, et il est tel dès le jour où il est fait. Mais quand on cherche une lésion dans un partage d'ascendant, on prend l'acte comme partage, faisant abstraction de son caractère de donation ; et par suite il faut le prendre à la date où il devient partage, comme s'il n'avait jamais existé à une époque antérieure.

Mais il ne faudrait pas de même repousser la distinction faite par M. Genty et admise par M. Demolombe, d'après laquelle on estime les immeubles au jour du décès, mais les meubles au jour de la donation, d'après l'état estimatif annexé à l'acte. En effet, le rapport du mobilier se fait en moins prenant, sur le pied de cette valeur (art. 868). Sans doute on pourrait dire que lorsqu'on recherche la lésion, on ne s'occupe pas de la manière d'effectuer le rapport, mais de voir justement s'il y aura lieu à rapport et si l'acte qui, pour le moment est partage, devra par une rescision se transformer en un ensemble de dons rapportables. — Mais il faut bien remarquer que la règle de l'article 868, ayant été jugée par la loi assez bonne pour prévaloir sur les règles ordinaires du rapport, qui veulent une estimation au jour du décès, doit, par analogie de motifs, s'appliquer à l'estimation nécessaire pour reconnaître la lésion.

Ainsi la lésion provenant (à part les meubles) de cas fortuits antérieurs au décès est à considérer pour le juge. En vain dirait-on que la donation met les choses aux risques du donataire. Rien de plus vrai. Aussi l'on ne pourra traiter un copartagé comme donataire, sans mettre à sa charge la perte postérieure à la donation. Mais le traitant comme héritier, ce n'est pas à sa charge, mais à celle de la succession, qu'il faut mettre les cas fortuits survenus avant l'ouverture de la succession, et même depuis cette ouverture jusqu'au jour où les opérations divisoires sont closes, quand par hasard un intervalle sépare ces deux époques. C'est tellement vrai qu'un bien compris dans une donation rapportable devrait (quoique la donation soit translative des risques) périr pour la succession, lorsqu'il s'agit de le considérer au point de vue du rapport, c'est-à-dire comme bien héréditaire, et non plus comme bien donné (article 855).

Et maintenant faut-il se désoler que cette doctrine soit vraie? Ou, au contraire, ne faut-il pas s'étonner qu'elle ait trouvé de si ardents adversaires? On parle d'ascendant qui, malgré l'impartialité la plus parfaite, n'aura pu (grâce au hasard tout pur) préserver de contestations le partage de sa fortune ; on parle de ce magistrat domestique obligé, pour que sa sentence soit respectable, non de connaître le présent, mais de prévoir l'avenir ; on parle de mille variations de valeur qui peuvent survenir pendant les dix ou quinze ans et plus que le père peut survivre à la distribution qu'il a faite ; enfin de l'incertitude prolongée de la propriété et de la défiance des acquéreurs [1]. — Rien de tout cela ne pouvait faire impression sur un législateur. L'ascendant veut régler le partage de sa succession ; il veut tout au moins le régler aussi également que le régleraient ses enfants : s'il ne le veut pas. il doit le vouloir, puisque la loi y corrige la lésion. Avec ce désir d'égalité qui l'anime, ne sera-t-il pas heureux de penser que si de purs hasards, trompant ses prévisions, rendent son intervention regrettable pour l'un de ses enfants, la loi sera là pour empêcher une injustice qu'il n'a pas voulue, et pour proscrire de son œuvre une inégalité qui ne pourrait pas entacher l'œuvre de ses enfants ? Un père aime ses enfants d'une même affection ; il leur fait des lots égaux ; puis il voit brûler une maison mise dans le lot de l'un d'eux. S'il pouvait, il modifierait les clauses du contrat ; il le révoquerait. si c'était un testament ; mais il y a, de son vivant. des droits de donataires qui l'obligent. Sur ces entrefaites, la succession s'ouvre ; le titre d'héritier prend naissance : faudra-t-il que l'émolument qu'il procure soit moins bon uniquement parce que le père a voulu d'avance y mettre l'égalité? Sans doute . il eût pu faire cela par un testament qui ne produit aucun effet actuel et ne lie pas son auteur. Mais de ce qu'il a voulu procurer actuellement à ses enfants la jouissance de ce qu'il croit leur être un lot suffisant. faut-il conclure qu'il se soucie peu que ces enfants. au jour de sa mort. aient dans leurs lots la même égalité qu'ils auront à ce moment dans leurs droits ? Non ; et c'est pour cela que la loi suppose au père l'intention de faire quelque chose qui tienne lieu à ses enfants du partage qu'ils feraient à sa mort. Et franchement je

1. Voy. M. Labbé, *Journ. du Pal.* 1863, p. 935 ; et M. Dubernet de **Boscq**, *Revue crit. de urispr.* 1859, p. 255.

pourrais retourner contre les adversaires leurs propres expressions, et leur dire qu'ils obligent le père à lire dans l'avenir pour faire un partage entre-vifs, sans crainte de laisser à sa mort les droits héréditaires de ses enfants inégalement satisfaits. Je lui permets au contraire de faire son partage suivant la connaissance qu'il a du présent, et de se reposer sûr la loi pour remédier aux éventualités de l'avenir. C'est à cela qu'il faut s'attacher, et non à une prétendue sentence de ce magistrat domestique. sentence qu'on voudrait faire inviolable contre le vœu même de son auteur et contre la justice des partages.

Cela rend, dit-on, la propriété plus incertaine et pendant plus longtemps ? — Mais un donataire ordinaire n'est-il pas encore plus incertain sur la durée de son titre, lui qui, pendant trente ans après l'ouverture de l'hérédité, peut être en butte aux attaques d'un réservataire qu'il ne soupçonnait pas lors de la donation, ou dont il a pu n'entamer les droits qu'à cause d'une plus-value fortuite du bien donné ou d'une dépréciation fortuite des biens gardés par le donateur ? — Et pourtant la réduction est chose grave, puisqu'elle résout les droits réels, hypothèques et servitudes, consentis sur les immeubles qu'elle frappe. Si cela n'a point fait reculer le législateur, comment reculerait-on quand il s'agit de lésion dans un partage qui ne devient tel qu'à l'ouverture de la succession, et qui de plus peut être maintenu à l'aide d'un supplément de lot ? L'enfant qui voit baisser la valeur du lot de ses frères, ou monter la valeur du sien, doit penser que cela comptera quand son titre de donataire deviendra titre d'héritier. — Et cela diminue-t-il son crédit ? Nullement. Ceux qui acquièrent des droits réels sur les immeubles acquièrent le droit d'empêcher la chute du partage par l'offre d'un supplément. Quant à ceux qui voudraient acheter ces immeubles, ils le peuvent en toute sécurité ; jamais on ne les inquiétera ; car, supposant le partage rescindé sans offre de supplément, on doit, comme nous le verrons, transformer chaque lot en un don rapportable suivant les règles ordinaires qui ne soumettent l'immeuble aliéné avant l'ouverture de la succession qu'à un rapport en moins prenant sur le pied de sa valeur à l'époque de l'ouverture (art. 860).

Sont-elles donc si funestes les conséquences de l'estimation au jour du décès? Et ne doit-on pas trouver plus sérieux les reproches que j'adressais au système contraire? Ajoutons-en un autre : quand on estime au jour de la donation, de deux choses l'une : ou bien de ce même jour s'ouvre et se prescrit l'action rescisoire (c'est même là une conséquence logique du système) : et alors on permet et on force même d'attaquer du vivant du père l'acte auquel il a voulu conférer la stabilité. Ou bien l'on ne fait courir la prescription qu'au décès; mais on force alors le juge à remonter souvent bien haut pour chercher la valeur des biens partagés, ce qui aggrave les dangers de la rétroactivité des estimations.

Au reste, il est une certaine doctrine qui, une fois admise sur un point relatif à la validité des partages, entraînerait, en ce qui touche la perte *totale* d'un bien partagé avant le décès de l'ascendant, un système bien plus tranché que celui que je viens de défendre. Ainsi M. Demolombe, qui enseigne qu'un partage est nul et n'a même pas pu naître s'il a compris des biens inexistants (xvii, 398), devrait, à mon avis, raisonner de la manière suivante : tout bien qui périt avant le décès est inexistant le jour où l'acte entre-vifs prend le caractère de partage : or l'acte entre-vifs le comprend; donc il ne peut valoir comme partage, et il n'y a pas à examiner, pour faire remettre chaque donation à la masse, si la lésion dépasse le quart, ni s'il y a dix ans écoulés depuis le décès : on pourra pendant 30 ans demander un nouveau partage... Le partage d'ascendant subit en effet comme partage toutes les causes de nullité des partages ordinaires. L'article 1078, en ce qui touche l'omission d'un enfant ayant des droits héréditaires au jour du décès, n'en est qu'un exemple. Aussi j'admettrais pour lui cette nouvelle cause de nullité résultant de l'inexistence d'un bien partagé, si je l'admettais en matière ordinaire. Mais je crois que le partage, forcément nul *quant aux biens qui n'existent pas* (nul pour le tout, si ces biens forment son *unique* objet), est au contraire un vrai partage pour les autres biens, sauf rescision pour lésion de plus du quart.

Outre qu'il prend pour date du partage la date du décès, le système que nous appliquons prend le partage d'ascendant pour l'œuvre des enfants eux-mêmes. D'où la conséquence que, s'il n'a pas compris toute la masse héréditaire, il faut encore attendre le jour de l'achèvement du partage par les enfants pour estimer les biens à cette date et pour comprendre dans la masse estimée tous les biens partagés par eux. C'est, en effet, ce que nous avons vu pour les partages partiels ordinaires entre cohéritiers. Autrement il n'y aurait pas d'intérêt à les appeler *partiels*. Cette doctrine, justifiée plus haut dans son ensemble, se justifie bien mieux encore au cas de partage d'ascendant. Un ascendant a fait entre-vifs un partage partiel de ses biens en y lésant de plus du quart un de ses enfants : n'est-il pas bon d'assurer la stabilité de cet acte en défendant à l'enfant lésé de se plaindre, si le partage du reste des biens, fait par l'ascendant ou par les enfants eux-mêmes, le favorise et l'empêche d'être atteint de plus du quart ? Vaut-il mieux, quand l'ascendant a fait entre-vifs plusieurs partages partiels successifs, les faire tomber tous, alors qu'une combinaison de leur auteur leur fait atteindre finalement l'égalité la plus parfaite ?

La masse à estimer ne se restreint donc pas aux seuls biens partagés par l'ascendant, et encore moins aux biens partagés par un seul et même acte. Il est même faux de dire qu'il y ait plusieurs actes : il y en a plusieurs si l'on cherche en eux des dispositions gratuites ; mais ce ne sont que des *éléments* imparfaits d'un partage unique de succession.

Mais par suite il ne faudrait pas, comme on le fait en matière de réduction, réunir fictivement à la masse estimée les biens qui ont fait l'objet, non de partages, mais de pures dispositions gratuites exemptes tout à la fois et de rapport et de réduction. Et je donne à cette décision une portée sans limites. Du moment qu'un bien donné à un enfant ou à un étranger, — soit avant le partage d'ascendants, soit en même temps, soit après, — soit entre-vifs, soit par testament, — n'est pas remis à la masse commune par les lois du rapport ou de la réduction, il doit, pour être compris dans l'estimation qu'entraîne le partage, offrir lui-même le caractère de bien *partagé*. — Quand l'offrira-t-il ? Cela sort de mon sujet et rentre dans l'étude des conditions de forme ou de fond nécessaires pour constituer un partage d'ascendant. Néanmoins on ne peut pas s'abstenir ici de tout développement.

Il me semble impossible qu'un acte de disposition quelconque puisse revêtir le caractère de partage d'ascendant, s'il omet un seul

des enfants existants au jour du décès. Par conséquent, une donation ou un legs fait par préciput à l'*un* d'eux isolément ne peut
être regardé comme un lot et compris dans l'estimation de la
masse partagée (s'il n'y est remis par l'effet d'une réduction). —
Mais c'est là un principe qu'il faut appliquer prudemment : car si
le préciput en question ne peut, quand on l'isole, constituer un
partage d'ascendant, il peut fort bien compter comme supplément
ou appendice à un partage d'ascendant déjà fait. Supposez un partage testamentaire : comme ce partage est révocable, tout legs par
préciput concomitant ou postérieur devra, si le testateur en té-
moigne l'intention expresse ou tacite, être réuni au partage et
compter pour un apportionnement. Si l'on suppose un partage
entre-vifs, on n'attribuera ce même caractère qu'à une donation
par préciput concomitante ou postérieure qui aurait été acceptée
par tous les enfants : car on ne peut, sans leur concours, modifier
un apportionnement qui ne pouvait lui-même valoir qu'avec leur
assentiment.

Il peut se faire, à l'inverse, qu'une disposition par préciput faisant
matériellement corps avec le partage d'ascendant, mise, par
exemple, dans le même testament ou dans le même acte entre-vifs,
doive pourtant en être distraite par la pensée et ne point obtenir le
caractère d'apportionnement qui la ferait comprendre dans l'estimation. Tout cela dépend de l'intention manifestée par l'ascendant.
Si ce préciput était fait dans un testament différent, on ne le relie-
rait au partage testamentaire que sur l'intention conforme, manifestée expressément ou tacitement par le testateur. S'il était fait
par une donation différente, on verrait dans le concours de tous
les enfants à cette donation une intention suffisante du disposant
d'en faire un apportionnement supplémentaire. Mais que ce préciput soit compris dans le même acte que le partage d'ascendant :
il faudra, pour n'y point voir un des éléments du partage, que
l'ascendant ait *manifesté* l'intention *de l'en séparer*; s'il l'avait fait,
cette disposition préciputaire ne serait sujette qu'aux règles de la
réduction, et il ne faudrait la comprendre dans l'estimation relative au partage que pour ce dont elle excède la quotité disponible.

Quant à la dispense de rapport, elle doit être formellement exprimée, à moins que la disposition gratuite dont il s'agit n'ait été

faite par le même acte que le partage d'ascendant : car, en ce cas, il est bien clair que l'ascendant n'a pu en vouloir le rapport, ayant voulu partager d'avance tout ce qui serait rapportable.

Telles sont les règles d'interprétation qu'il faut suivre; et du moment qu'une disposition par préciput est faite de telle façon qu'il faille lui refuser le caractère de *lot*, elle aurait beau indemniser celui à qui elle s'adresse de la lésion qu'il souffre comme copartagé, celui-ci n'en serait pas moins recevable à demander la rescision de l'acte qui tient lieu de partage. Cela est indubitable, dès qu'on empêche le préciput en question d'être un supplément au partage. Et cela est juste, puisque le caractère de la disposition se règle sur l'intention expresse ou tacite de l'ascendant et sur l'assentiment de ceux qui ont concouru à l'acte principal de partage.

— On a pu écrire dans le partage une clause expresse donnant ou léguant par préciput, à celui des enfants qui aurait un lot plus fort que les autres, la différence en plus. Alors cette différence est impuissante à procurer la rescision du partage : car elle est en quelque sorte détachée de l'opération divisoire pour faire l'objet d'un don préciputaire, et il se trouve que pour ce qui est *partagé*, le partage est parfaitement égal.—On ne sera pas pourtant absolument dispensé d'estimer la masse et les lots : il le faudra pour connaître la consistance même du don préciputaire, si on prétend qu'il entame la réserve : car la différence des lots ne cesse d'être une lésion viciant le partage, que pour tomber à titre de don sous la loi du disponible.

On a contesté la légalité de cette décision. On a dit qu'une pareille clause doit être impuissante à priver les copartageants d'une action en rescision que la loi et la nature leur donnent contre un acte qualifié *partage*. Cette critique n'est pas fondée. C'est bon pour les communistes eux-mêmes, de ne pouvoir déroger par les clauses d'un partage à la loi de la rescision. Mais ici tout procède de l'ascendant, maître des droits de ses enfants jusqu'à leur réserve. Si l'ascendant avait déclaré ne vouloir point faire un partage, mais des dons préciputaires à chacun de ses enfants, la loi de la rescision serait-elle applicable ici? Assurément non ; elle est faite pour l'ascendant qui veut faire un partage de sa succession, ou qui tout au moins ne dit pas le contraire : s'il disait le contraire, on reprendrait la loi commune, la loi de la réserve. Eh bien ! si j'ai dit en faisant des lots : Ce sera *partage* jusqu'à l'égalité, *donation par préciput* au delà, qu'ai-je fait autre chose qu'user de mon pouvoir de disposition ? Qu'on sépare les deux actes : je n'ai violé ni l'égalité dans le premier, ni la réserve dans le second. Qu'on les réunisse : cette réunion ne viole pas la réserve, elle viole l'égalité; mais justement j'ai déclaré que cette *réunion* ne serait point un partage [1].

— Quant aux donations ou legs faits *à des tiers* dans l'acte de partage de la même façon que si ces tiers eussent été des enfants, faut-il leur donner le titre d'apportionnement et les comprendre comme tels dans la masse sur laquelle se calculera la lésion ? Je n'hésite pas à le nier, et je vais jusqu'à dire qu'en vain l'ascendant manifesterait l'intention contraire. C'est le titre d'*héritier* et de *descendant* qui permet de puiser dans l'acte du père de famille un droit quelconque de *copartagé*, comme est le droit à la rescision. Hors de là, on n'y puise qu'un droit de donataire ou de légataire par qui et contre qui la lésion ne peut être invoquée, mais contre qui l'on peut seulement invoquer les lois sur la réserve. — Sans doute un légataire universel ou à titre universel, que des héritiers auraient compris pour la quotité disponible dans le partage d'une succession, aurait l'action rescisoire pour lésion à titre de copartageant, et par conséquent son lot serait compté dans la masse partagée, sur laquelle se calculerait la lésion invoquée par les héritiers. Cela est bien vrai; c'est bien un *lot* que le légataire à titre universel reçoit dans un partage ordinaire. Mais, dans un partage d'ascendant, ce qu'un légataire peut recevoir, ce n'est pas un *lot*, c'est un legs pur et simple, un legs particulier portant sur les choses que lui attribue le père de famille. Et il doit en être ainsi malgré le père de famille lui-même, parce que son pouvoir de faire un vrai partage ne s'étend que sur ses descendants. J'ai trois héritiers *collatéraux :* il me plaît de leur partager mes biens dans mon testament; la loi ne regarde pas cela comme un partage, mais comme un ensemble de legs; il n'y a pas de rescision pour lésion. Comment, dès lors, pourrais-je attribuer aux biens que je donne ou que

1. Sic : Dijon, 11 mai 1844 (Dev. 44. II, 669). — Troplong, IV, n° 2306. — Demolombe, XXIII, 44.

je lègue à un étranger le caractère d'un lot? C'est impossible, et par conséquent le legs ou la donation faite à cet étranger, dans quelques termes que ce soit, ne peut jamais faire partie de la masse à estimer pour calculer la lésion dans l'acte qu'on appelle *partage d'ascendant*.

— Enfin, que l'un des enfants copartagés renonce à la succession de l'ascendant; qu'il soit déclaré indigne. Il sera, en vertu de l'article 785, mis sur la même ligne que l'étranger donataire dont je viens de parler. Il ne recevra pas un *lot*, mais une disposition à titre gratuit, d'où ne naîtra pour lui ni droit ni obligation quant à la lésion, mais seulement l'obligation de respecter la réserve, et qui ne pourra compter dans la masse à estimer sur l'action rescisoire exercée par l'un des enfants acceptants [1].

Ici pourtant, une objection pourrait s'élever, tendant non pas à maintenir à l'héritier indigne ou renonçant son titre de *copartagé*, mais au contraire à le priver même du titre de donataire ou de légataire, sous prétexte que l'ascendant ne le lui a conféré que dans la pensée qu'il serait son héritier. Quand le père de famille gratifie un étranger dans l'acte de partage, pourrait-on dire : il est bien clair que ce n'est pas comme héritier qu'il le gratifie. Mais quand c'est son enfant, c'est uniquement comme héritier qu'il lui donne une place dans le partage de sa succession. — Ce serait là une erreur. C'est bien en vue de son titre d'héritier qu'il lui donne tels biens *à titre de lot*. Mais la pensée de les lui *donner* n'est subordonnée à aucune éventualité de ce genre. Est-ce indivisible, ces deux choses : titre d'héritier copartagé, et titre de donataire? Non certes; elles s'excluent au contraire, et ne peuvent exister ensemble au profit d'une même personne, sur une même chose et sous un même rapport. — Sans doute, à propos d'une autre controverse, j'ai dit qu'une rescision du vivant de l'ascendant aurait le singulier effet de faire tomber l'acte et comme partage et comme donation. Mais pourquoi? Parce qu'on ne peut supposer de rescision *avant* l'ouverture de la succession qu'en voyant dans l'acte rescindé un

---

1. Je ne parle pas de l'enfant prédécédé. Car de deux choses l'une : ou il laisse des enfants qui obtiennent à sa place et par représentation les droits d'héritier *copartagé;* — ou il meurt sans postérité, et alors son lot rentre dans la succession de l'ascendant donateur, pour se partager entre les enfants acceptants.

partage immédiat de donation collective et indivise, ce qui lie le titre de donataire au titre de copartageant par le lien de cause à effet, sans intervention aucune du titre d'héritier. Mais faites intervenir ce dernier titre : il ne faut pas l'unir au titre de donataire, mais l'en séparer soigneusement, ainsi que le titre de copartageant auquel il donne naissance.

Et quant à l'intention qu'on prête à l'ascendant, de ne donner comme il donne que si l'on est héritier, est-elle bien réelle? Est-ce que c'est le titre d'héritier qui me force à donner à mon enfant? ou bien est-ce l'affection qu'il m'inspire? Consultant mon cœur, je lui *donne;* et pensant à son titre d'héritier, je lui fais de cela *son lot.* Mais de même que ma tendresse ne dépend pas des chances qui l'appellent à me succéder légalement; de même, le titre d'héritier manquant, il reste la donation ou le legs, c'est-à-dire la propriété irrévocablement transférée dans les limites de la quotité disponible. — Qu'on suppose, si l'on veut, le cas d'indignité : du moment qu'on admet (comme on y est forcé) qu'à défaut de partage l'ascendant a fait une donation ou un legs, il ne faut refuser à l'enfant indigne le titre de donataire ou de légataire que là où un donataire ou légataire ordinaire pourrait être dépouillé du legs ou de la donation. On ne peut transporter à la révocation d'une libéralité les règles relatives à l'indignité de succéder.

— S'il faut comprendre à titre de lot dans la masse *partagée* les biens donnés aux enfants dans l'acte de partage (à moins de volonté contraire) [1], il ne faut le faire que pour les biens donnés à des enfants *légitimes.* L'enfant naturel compris au partage n'est pas regardé comme recevant un lot. Et il y a, pour le décider ainsi, une double raison. Nous venons de voir qu'il faut être tout à la fois *enfant* et *héritier* pour recevoir à titre de *lot* des biens dans le partage d'ascendant. Eh bien! l'enfant naturel n'est pas *héritier* (art. 756). Il tient seulement de la loi des droits irréguliers sur la succession de ses père et mère décédés. Et de plus, lors même qu'on pourrait lui reconnaître un droit héréditaire, on ne pourrait pas, à mon sens, le faire rentrer parmi les enfants entre lesquels la loi permet le partage d'ascendant. Le législateur n'a point pensé

---

1. Et à moins de renonciation ou d'indignité.

à lui dans les art. 1075 et suivants; et s'il y eût pensé, il l'eût mis en dehors de cette institution, ne pouvant permettre au père d'élever ainsi au niveau de sa famille légitime un enfant né d'une atteinte aux lois mêmes de la famille. Il sera considéré comme un simple donataire ou légataire par préciput, sujet à réduction aux limites de ce qu'il peut recevoir d'après les art. 757 et 908.

Ne s'ouvrant qu'au décès de l'ascendant (ou au jour de la clôture des opérations divisoires, s'il y a lieu), l'action en rescision est *alors seulement* susceptible de s'éteindre.

Comment s'éteint-elle? Par la ratification expresse ou tacite, et par la prescription.

Voir une fin de non-recevoir dans l'*acceptation* même du partage entre-vifs, serait illégal, même de la part de ceux qui font naître l'action au jour de cet acte. Ce serait nier le principe même de l'action rescisoire.

En voir une dans le fait d'avoir *conservé* son lot après le décès de l'ascendant, serait encore une faute. Ce serait nier l'utilité de la prescription.

Mais le fait d'avoir *aliéné* son lot en tout ou en partie, si ce fait est l'œuvre d'une volonté libre et éclairée, *peut* être regardé par le juge comme une renonciation tacite à l'action rescisoire. Mais il faut évidemment que ce fait soit postérieur au décès aussi bien que toute renonciation expresse ou tacite [1].

— La prescription ne court qu'au décès, ou au jour de l'achèvement du partage s'il y a lieu, ou au jour de la découverte du testament. — Mais quel en est le délai? Dix ans évidemment pour une donation-partage, puisqu'alors on rentre dans les termes de l'article 1304, qui parle de « l'action en nullité ou en rescision d'une *convention* ». — Mais il y a controverse pour le testament-partage. Ce n'est pas une convention, dit-on : il est l'œuvre d'une seule volonté. — On peut réfuter cette objection ; car, nous l'avons vu,

---

1. Dans l'ancien droit, les enfants ne pouvaient attaquer un partage testamentaire qu'ils avaient signé ou exécuté (Furgole, *Des Test.*, ch. VIII, sect. I, n° 157), à moins que ce ne fût par crainte, par exemple quelques instants avant le décès. — Dans tous les cas, l'acceptation ou exécution du partage ne pouvait nuire au droit d'aînesse. (Ferrières, v° *Partages faits par les père et mère.*)

quand on s'occupe de rescinder le partage d'ascendant, on le prend non comme testament ou donation, mais comme *partage*, fermant les yeux sur son origine, et faisant de lui tout ce qu'on en ferait s'il émanait des enfants eux-mêmes.

L'action en rescision du partage d'ascendant est soumise à la même procédure que celle des parties ordinaires, sauf une disposition spéciale, l'article 1080.

Elle est spéciale en ce qu'elle fait supporter à l'enfant demandeur, s'il succombe, tous les frais et tous les dépens de l'instance, au lieu de les compenser entre lui et ses frères, comme le veut en général l'article 131 du Code de Procédure. A la témérité du plaideur se mêle ici une rébellion contre la volonté paternelle.

Est-elle spéciale encore lorsqu'elle dit que l'enfant demandeur « devra faire l'avance des frais, de l'estimation » ? — La réponse est subordonnée au sens que l'on donne à ces mots. S'ils ne font qu'exiger que le demandeur avance les salaires des experts quand ceux-ci les réclament, ils ne changent en rien pour lui l'obligation des demandeurs ordinaires. — Mais c'est tout différent s'ils exigent de lui un *dépôt* par avance, une *consignation*, Et c'est ainsi, je crois, qu'il faut entendre l'article 1080. Pourquoi eût-il pris la peine de dire une chose qui n'est que le droit commun ? Et d'ailleurs ne voit-on pas dans l'article 1080 la pensée d'assurer le plus possible le maintien des partages d'ascendants et de retenir les mécontents par des conditions qu'ils n'auraient pas à remplir dans d'autres procès ? — Mais le dépôt exigé de l'enfant demandeur est un simple dépôt au *greffe*, non un dépôt à la caisse des consignations, qui ne reçoit ordinairement ainsi que les sommes litigieuses. La loi d'ailleurs eût spécifié davantage, si elle eût voulu un pareil dépôt.

Passons aux effets de la rescision prononcée. — Ils peuvent être entravés, comme ceux de la rescision d'un partage ordinaire, par l'offre que feraient les enfants défendeurs, ou l'un deux, ou leurs ayants cause, ou les tiers détenteurs ou titulaires de droits réels, de supplémenter le lot soit en numéraire, soit en objets héréditaires, sur le pied de leur valeur actuelle. — Les intérêts ou fruits du supplément de lot ne sont dus que du jour de la demande seulement.

S'il n'y a pas de supplément offert, la rescision produira ses effets. Quels sont-ils? C'est de dépouiller l'acte de son caractère de partage et de tout ce qui pouvait y être attaché. Expliquons-nous.—Il y avait dans l'acte un ensemble de legs ou de donations revêtu du caractère du partage : il reste, après le jugement, de simples legs ou de simples donations. — Le caractère de partage équivalait à une dispense de rapport : les legs ou donations, dépouillés par le jugement du caractère de lot, deviennent rapportables comme simples avancements d'hoirie. — Et c'est à cause de ce mélange de deux caractères, dont l'un reparaît quand l'autre s'efface, que la rescision du partage d'ascendant n'aura pas les mêmes effets que celle d'un partage ordinaire. On est donataire et l'on rapportera comme tel. On rapportera les meubles en moins prenant sur le pied de la valeur que leur donne l'état estimatif annexé à l'acte de donation (art. 868). Et quant aux immeubles, on ne les rapportera encore qu'en moins prenant, mais suivant leur valeur à l'ouverture de la succession, quand on les a aliénés avant cette ouverture (art. 860), ou quand il y a dans la succession des immeubles de même nature, valeur et bonté dont on puisse former des lots à peu près égaux pour les autres cohéritiers (art. 859). Mais les droits réels consentis à quelque époque que ce soit sur les immeubles s'évanouiront par l'effet du jugement. Et les tiers acquéreurs eux-mêmes seraient poursuivis en revendication, si l'aliénation faite par le donataire était postérieure à l'ouverture de la succession. Le tout sauf consolidation de ces aliénations ou de ces droits réels, si l'immeuble aliéné ou grevé de ces droits était remis dans le lot du même donataire ; sans oublier que l'article 865 permet aux « créanciers ayant hypothèque » d'intervenir au partage « pour s'opposer à ce que le rapport se fasse en » fraude de leurs droits ».

Quant aux fruits, ils se compensent de plein droit jusqu'au jour de la demande.

Quant aux impenses et aux dégradations, on en fait le règlement conformément aux règles qui les gouvernent dans les partages ordinaires et dans la vente. Sans doute on pourrait dire que, devenant donataire en avancement d'hoirie, l'enfant tombe sous le coup de l'article 863, qui demande compte à un pareil donataire de sa *simple négligence*. Mais nous avons vu quelle raison rend cet article inapplicable en cas de rescision d'un partage ordinaire : cette raison, c'est l'ignorance présumée du vice qui infecte le partage. Et elle subsiste ici. Car c'est justement de l'existence de ce vice de lésion, présumé ignoré des parties, que dépend la transformation des copartagés en donataires obligés au rapport. Jusqu'à la demande en rescision, chacun néglige *quasi suam* la chose mise à son lot.

Inutile de dire que la rescision n'a aucun effet sur les donations ou legs faits à des étrangers ou aux enfants, quand ces dispositions ne constituent pas légalement un *apportionnement*.

— Le partage d'ascendant n'est sujet comme partage à aucune transcription. Sa rescision n'y pourrait être sujette davantage, s'il n'y avait à faire ici de l'article 4 de la loi de 1855 la même application que nous en avons faite à propos de la rescision des partages ordinaires. Dans l'un et dans l'autre il faut dire : Tout jugement rescindant un acte transcrit doit être mentionné en marge de la transcription de cet acte. Or le jugement qui rescinde le partage rescinde avec lui des droits réels et des aliénations. Donc il faut le mentionner en marge de la transcription des aliénations et des constitutions de droits réels qu'il rescinde.

IV. — Nous pourrions maintenant sortir de cette matière ardue des partages d'ascendants, s'il ne nous restait trois points à examiner : — 1º Comment doivent s'appliquer les principes relatifs à la date d'ouverture de l'action rescisoire, quand le partage a été fait cumulativement par les père et mère, de biens appartenant à l'un et de biens appartenant à l'autre, confondus en une seule masse, sans distinction d'origine. — 2º Ce qu'il faut penser d'une lésion en nature, c'est-à-dire d'une violation des articles 826 et 832 dans le partage d'ascendant. — 3º S'il faut donner effet à une clause pénale privant de toute part dans la quotité disponible celui des enfants qui ferait rescinder le partage.

Quand un père et une mère font *cumulativement* le partage de leurs deux successions réunies en une seule masse (ce qui ne peut se faire qu'entre-vifs, puisqu'on ne peut se réunir deux dans un testament), il résulte de ce qu'ils en font une seule masse et un seul partage, que l'acte qu'ils font ne peut devenir partage qu'à condition de le devenir pour le tout. L'acte qui ne serait pas indivisible considéré comme un pur ensemble de donations, l'est au contraire si on le considère comme partage. Il lui est impossible de valoir comme tel ou d'être brisé comme tel seulement pour partie. D'où cette conséquence évidente qu'il ne peut apparaître aucun caractère de partage, aucune action en rescision, avant le décès du dernier mourant des père et mère, décès qui permet en effet à *tous* les biens partagés d'être des biens de succession. — Un partage ne peut pas d'ailleurs être brisé quant à certains biens, maintenu quant à certains autres. Il est vrai que l'inexécution des conditions envers un seul des deux ascendants n'entraînerait révocation de la donation-partage que relativement aux biens par lui donnés. Mais pourquoi ? Parce qu'il y a deux donations, et qu'il s'agit, en cas d'inexécution, de révoquer l'acte comme donation. Mais il n'y a qu'un seul partage, et ce n'est que comme partage qu'on peut rescinder l'acte pour lésion.

J'admets tellement l'indivisibilité de ce partage, que la lésion en nature, que nous allons étudier maintenant, doit, à mon avis, se calculer, aussi bien que la lésion en valeur, sur l'ensemble des deux successions, de même qu'une fois reconnue de cette manière elle doit amener la chute totale du partage. — M. Demolombe n'admet pas pour la lésion en nature ce mode de calcul. Pourquoi, dit-il, la lésion en valeur subie quant à la succession paternelle peut-elle dans ce partage être effacée par un avantage reçu quant aux biens maternels ? *C'est par application de l'article* 891, *lequel est inapplicable au cas de lésion en nature.* — J'avoue que je ne puis comprendre la nécessité de faire intervenir ici l'article 891. Si la lésion en valeur s'estime sur l'ensemble des deux successions, c'est qu'elles ne font qu'une masse, objet d'un partage unique. Et s'il y a unité, elle existe pour le calcul de la lésion en nature. — Qu'on ajoute à cette raison de logique la raison d'utilité, et l'on sera bien à l'aise pour repousser une théorie qui soumettrait à un nouveau partage les biens de l'une et de l'autre succession, sous prétexte que, dans l'une et dans l'autre, il y a lésion en nature, alors qu'il n'y en a aucune dans l'ensemble et que les père et mère ont tout fait pour le

mieux. Que dirait-on donc si, ayant deux enfants, ils avaient attribué
à l'un tous les biens paternels, à l'autre tous les biens maternels
(en supposant les deux successions d'égale nature et d'égale valeur)? Si l'on prend à part la succession paternelle, on trouve alors
que l'un des enfants y a reçu tout et que l'autre n'y a reçu rien ;
c'est bien par excellence une lésion en nature, tout en même temps
qu'une lésion en valeur. Et pourtant la raison veut qu'on main-
tienne le partage, parce qu'il est cumulatif et que l'égalité y règne.

Mais la lésion *en nature*, c'est-à-dire la violation de l'article 832,
est donc capable de vicier un partage d'ascendant ? — C'est ce qui
me paraît certain. Sans doute elle ne peut vicier un partage fait
par les enfants eux-mêmes. Mais on assimile comme partage
l'œuvre de l'ascendant à celle des enfants, de la même façon qu'on
assimile au partage amiable le partage judiciaire; et ce dernier peut
être attaqué pour lésion en nature. A ce point de vue, on ne peut
faire abstraction de la main étrangère qui a divisé les biens, et qui
ne l'a fait que par une sorte de mandat des parties elles-mêmes,
mandat qui lui prescrit, comme la loi, l'égalité en nature autant
que possible. — Il y a pourtant des auteurs et des arrêts qui refusent ici toute action rescisoire. Il y en a d'autres qui, l'accordant
au cas de testament-partage, la refusent au cas de partage entre-
vifs, sous prétexte qu'il y a dans ce dernier l'œuvre commune de
l'ascendant et des enfants. Mais à quelle date l'acte entre-vifs ou
testamentaire prend-il le caractère de partage ? Voilà ce qu'il faut
se demander. Et s'il prend ce caractère seulement au jour du décès,
ce jour-là seulement il est susceptible comme partage d'une acceptation quelconque. Sans doute, au jour de la donation, les enfants
donnent un consentement dont on ne peut suspecter la liberté.
Mais ce consentement ne s'applique qu'à la donation. Concourir au
partage, c'est exercer ses droits héréditaires ; et les droits héréditaires des enfants ne sont pas nés tant que l'ascendant vit.

La seule chose qu'on puisse dire, c'est qu'une ratification tacite
sera plus facilement reconnue dans les actes d'exécution volontaire
postérieurs au décès, en cas de lésion en nature qu'en cas de lésion
en valeur. Car il est bien plus aisé pour chacun des héritiers d'avoir
une connaissance exacte de la nature des lots que de leur valeur.

Reste à nous occuper de la clause pénale par laquelle un ascendant priverait de toute part dans la quotité disponible celui de ses enfants qui ferait tomber le partage.

Cette clause, à mes yeux, est parfaitement valable. Elle ne va contre aucune loi et n'excède en rien les pouvoirs de l'ascendant. Quels sont ces pouvoirs? C'est de faire un acte valable comme partage, sauf rescision pour lésion de plus du quart. Mais c'est aussi de faire un acte valable comme legs ou donation, sans autre limite que la réserve. Or que résulte-t-il de la clause pénale en question? Il en résulte que l'ascendant, qui prévoit et ne peut empêcher la chute de son partage à cause de la lésion qu'il contient, use en ce cas du pouvoir que la loi lui donne sur sa quotité disponible. — S'il avait dit sans alternative : Je donne tout mon disponible à tels de mes enfants, à l'exclusion de celui-ci, ne faudrait-il pas respecter sa volonté? Pourquoi la mépriser quand elle devient le second terme d'une option ? — Si l'ascendant avait la prétention de faire un partage inattaquable quoique lésionnaire, cette prétention contraire à la loi devrait céder devant elle. Mais l'ascendant laisse ses enfants libres ; il n'entend pas faire un *partage lésionnaire malgré* ses enfants ; il dit seulement : quand ce partage lésionnaire sera tombé, mes enfants auront à respecter dans le nouveau partage qu'ils feront eux-mêmes telles et telles dispositions par préciput que je limite à mon disponible. Cela est parfaitement légal ; et s'il se trouve que l'enfant lésé aime mieux laisser subsister le partage de l'ascendant, il fait là ce que son intérêt lui conseille, et c'est lui qui néglige une voie de recours dont l'ascendant n'a point voulu le priver.

Il n'y a donc dans la clause en question rien de contraire aux lois, et l'on ne peut invoquer contre elle l'article 900.

Mais l'article 1227, qui dit que la nullité de l'obligation principale entraîne celle de la clause pénale? — On ne peut l'invoquer davantage. De quelle clause pénale parle-t-il? D'une obligation accessoire *consentie* par celui qui a l'action en nullité contre l'obligation principale ; d'une clause pénale qui ne puise sa force que dans le *consentement* de celui qui doit la subir. Assurément l'article 1227 ne peut faire annuler un testament par lequel je lègue mon disponible à Pierre pour le cas où mes héritiers attaqueraient un legs antérieur fait en sa faveur. Pourquoi? Parce que ce second testament puise sa force dans mon droit de disposition, sans l'assentiment de ceux qu'il oblige, et que j'aurais pu sans leur consentement léguer de prime abord tout mon disponible à Pierre. Prenons maintenant le partage d'ascendant. La prétendue clause pénale qu'il contient échappe de même à l'article 1227. Car j'aurais pu de prime abord, sans consulter personne, faire le don contenu dans cette clause pénale. Cette clause pénale n'est qu'un *acte de disposition* sur *mes* biens en prévision du cas où mes biens seraient affranchis de l'attribution divisoire que j'en ai faite.

Aussi Vaslin disait-il : Une telle clause, quoique pénale, a toujours été reconnue valable parmi nous [1].

CHAPITRE XII.

LÉSION SOUFFERTE PAR LES MAJEURS (SUITE).
ACCEPTATION DE SUCCESSION.

I. — Nous n'avons pas encore vu tous les actes juridiques rescindables pour lésion. En voici un qui possède la nature de quasi-contrat. C'est l'acceptation de succession. Il engendre une obligation entre l'acceptant d'une part et les créanciers et légataires de l'autre; et il peut léser suivant l'étendue que prend cette obligation.

Sera-t-il rescindé à cause de cette lésion? Sera-t-il rescindé si l'actif est diminué par des aliénations sur lesquelles on ne comptait pas, ou par la résolution de titres sur lesquels on comptait? Sera-t-il rescindé si le passif s'élève par l'apparition de dettes inconnues? Non. « *Jamais*, dit la loi, l'héritier ne peut réclamer » sous prétexte de lésion, excepté seulement dans le cas où la suc- » cession se trouverait absorbée ou diminuée de plus de moitié » par la découverte d'un testament inconnu au moment de l'ac- » ceptation » (art. 783). — Ainsi il faut que ce soit un testament, et un testament inconnu lors de l'acceptation, qui diminue

____

1. Sur l'art. 42 de la Cout. de la Rochelle.

l'actif de la succession. (J'entends l'actif brut. Car on ne peut parler d'actif net qu'après avoir mis justement les dettes et legs en comparaison avec l'actif brut.)

On le voit, cette sorte de lésion est intimement liée à l'erreur, erreur qui n'est pas substantielle, qui, d'après le droit commun, ne ferait pas annuler le quasi-contrat, mais qui a été considérée par le législateur comme plus invincible quand elle porte sur l'existence d'un testament que lorsqu'elle porte sur l'existence d'une dette ou d'une aliénation, et comme méritant, dans le premier cas, un secours qu'elle ne mérite pas dans le second.

Mais voici que le jurisconsulte, pour qui ce serait folie d'espérer trouver en quelque coin de la science du droit l'abri, le calme de l'évidence et un accord unanime, voit encore ici s'élever les difficultés et la controverse. Les auteurs sont en lutte très-vive au sujet de l'explication qu'il faut donner de l'article 783 et du point de savoir de quelle lésion il entend parler.

Les uns disent : C'est tout simple : l'héritier acceptant est tenu des legs *ultrà vires emolumenti*. Il sera donc lésé par l'apparition d'un testament. Comment supposer que cet événement puisse léser l'héritier, si cet héritier n'en peut être tenu sur ses propres biens. N'y aurait-il que l'art. 783, il prouverait suffisamment que les legs sont dus *ultra vires*. Car on n'en peut donner d'autre explication, à moins d'aller chercher des combinaisons et des circonstances exceptionnelles que le législateur n'a certainement pas prévues.

D'autres expliquent l'article uniquement par l'obligation du rapport, et disent : soit une succession de 100,000 fr. et deux héritiers dont l'un a reçu par préciput 50.000 fr. Ce dernier accepte, et il y a intérêt, puisqu'en rapportant 50 il retirera 75. Mais voilà qu'on découvre un testament contenant des legs pour 80,000 fr., ce qui réduit l'actif à 20.000 fr. L'héritier qui a rapporté 50 ne retirera que 35 : il est lésé par la découverte d'un testament qui diminue de plus de moitié l'actif brut de la succession. Tel est le cas de lésion dont veut parler l'article 783, qui se concilie ainsi avec cette vérité que les legs n'obligent pas *ultrà vires*.

D'autres enfin, sans admettre davantage l'obligation aux legs *ultrà vires*, expliquent autrement l'article 783. « Un héritier, voyant » une succession de 50,000 fr. chargée de 15,000 fr. de dettes,

» l'accepte et paye ces dettes ; il découvre ensuite un legs de
» 30,000 fr. Il est vrai qu'il a encore de quoi payer ce legs, puis-
» qu'il possède encore 35,000 fr., et qu'il lui resterait encore
» 5,000 fr. après l'avoir acquitté. Il est vrai aussi que, dans le cas
» où il viendrait encore 10, 12 ou 15,000 fr. de dettes dont l'exis-
» tence lui paraît probable, il pourrait agir contre le légataire pour
» se faire rembourser par lui tout ce qu'il paierait de ses deniers,
» attendu que les legs ne sont dus que sur ce qui reste des biens
» après l'acquittement des dettes. Mais ce légataire pourrait être
» devenu insolvable ; et cette seule éventualité a déterminé le
» législateur à permettre l'annulation de l'acceptation. En un mot,
» dès là qu'on découvre un testament inconnu lors de l'acceptation,
» et qui fait perdre à l'héritier plus de la moitié de la succession, par
» cela seul, et quoique l'héritier n'en subisse aucun préjudice, la res-
» titution est possible. La loi a pensé que cet héritier ne s'est sou-
» mis aux chances d'une acceptation pure et simple, ou même
» aux embarras et aux obligations résultant d'une acceptation
» bénéficiaire, que parce qu'il comptait sur la totalité de l'actif [1] ».

De ces trois partis lequel prendre ?

Le premier me semble erroné. Je crois que l'héritier, même
pur et simple, ne peut être tenu des legs *ultrà vires*. Ce serait
faire une pétition de principe que de donner pour unique argument du contraire l'article 783. et pour unique explication de cet
article l'obligation *ultrà vires*, tant qu'on n'a pas jugé s'il y a ou
non une autre explication raisonnable. Or comment prouver, sans
l'aide de l'article 783, que les legs sont dus *ultrà vires*? Aucun texte
ne le dit. Opposera-t-on les textes qui, parlant de l'objet de l'obligation de l'héritier, emploient pour le désigner le mot *charges* soit
à la place, soit à côté du mot *dettes ?* Mais de ces textes, l'un (l'article 724) parle d'obligation, sans indiquer une obligation personnelle et *ultrà vires* ; — les autres (art. 1009 et 1012) réfutent l'argument par leur texte même ou par le texte d'un article immédiatement postérieur qui vient résoudre pour les *legs* les mêmes
questions qui venaient d'être résolues pour les *dettes et charges.*

---

1. Marcadé, sur l'art. 783, III.

Mais, sans dire tout cela, il suffirait de regarder les mots *dettes et charges* comme une redondance destinée à comprendre les dettes *de toute nature*.

Ce qui d'ailleurs refute victorieusement l'opinion contraire, c'est l'article 802 : « L'effet du bénéfice d'inventaire, dit-il, est de don- » ner à l'héritier l'avantage : 1° de n'être tenu du paiement *des* » *dettes* de la succession que jusqu'à concurrence de la valeur des » biens qu'il a recueillis, même de pouvoir se décharger du paie- » ment des *dettes* en abandonnant tous les biens de la succession *aux* » *créanciers et aux légataires* ». Le dernier mot de cette phrase prouve que son auteur n'a pas omis le legs par suite d'un oubli. Si donc il y a pensé, comment expliquer qu'il ait dit que le béné- fice d'inventaire restreint l'obligation aux *dettes*, permet de se décharger du paiement *des dettes* en abandonnant tous les biens de la succession..., tout cela sans rien dire des *legs?* Sans doute on voit bien que l'héritier bénéficiaire n'est tenu des legs qu'à raison des biens de la succession, puisqu'on parle de l'abandon de ces biens *aux créanciers et aux légataires*. Mais on voit bien aussi que ce n'est pas là un effet du bénéfice d'inventaire, puisqu'on parle de la restriction de l'obligation aux dettes, sans rien dire de pareil pour les legs. Quoi de plus décisif?

D'ailleurs il suffirait du silence du Code. Car comme successeur aux biens, l'héritier n'est tenu que jusqu'aux biens; et comme successeur à la personne, il ne prend que les obligations qui pesaient sur la personne du défunt, et jamais le défunt n'a été tenu de ses legs. Il serait bien commode de faire des largesses avec le bien d'autrui!—On dira peut-être que c'est là un pacte accepté librement par l'héritier. En acceptant la succession, dira-t-on, je me soumets à payer les legs qui la dépasseraient. — Est-il possible de croire à un tel pacte? On n'y peut croire pour les dettes qu'à cause de la représentation de la personne, qui vous lie des mêmes *liens* qu'elle, représentation impuissante ici, puisqu'ici il n'y avait aucun lien, et qu'il n'a pu se transmettre plus qu'il n'y avait. D'ailleurs qu'on admette ce pacte : y a-t-il là un legs du défunt? Non; il y a une libéralité de l'héritier. Le legs est essentiellement un acte de dispo- sition, et il doit porter sur les biens de celui qui dispose. On peut devoir plus qu'on n'a ; mais on ne peut pas se faire généreux au delà. Et l'héritier ne peut être tenu des legs que comme détenant des biens qui par la volonté du testateur sont devenus les biens des légataires.

Il était donc fort illogique d'obliger l'héritier aux legs sur ses propres biens ; et ce n'est pas non plus l'article 783 qui a commis cette faute. Comment faut-il l'expliquer ?

Il en est qui l'expliquent par la combinaison possible du testament découvert avec le rapport fait par le cohéritier, combinaison qui rend son acceptation moins avantageuse que le don qu'il aurait gardé en renonçant. — Je veux bien admettre cela comme un des cas de lésion auxquels remédie l'article 783. Mais en faire son seul cas d'application, c'est impossible. Car le législateur n'a sans doute point pensé à cette hypothèse. Et puis comment restreindre à ce point les termes généraux de l'article? Il suffit d'après lui qu'un testament d'abord inconnu diminue de plus de moitié l'actif brut de la succession : tout héritier qui se plaindra en montrant un testament de cette sorte sera restitué !

Mais, dit-on, c'est *pour cause de lésion* que cette restitution s'opère ! Il faut donc que l'acceptation vous lèse! Or, s'il est vrai qu'un testament qu'on découvre est toujours par lui-même un événement fâcheux, il laisse, dira-t-on (à part le cas de rapport dont il vient d'être parlé) l'acceptation parfaitement inoffensive, du moment qu'on ne doit les legs que sur les biens de la succession et toutes créances payées. De sorte qu'avec tous les testaments du monde, l'acceptation ne lèse que si les *dettes* dépassent l'actif, et c'est alors aux dettes seulement qu'il faut attribuer la lésion.

Cela serait vrai si les recours de droit étaient toujours sûrement efficaces. Mais l'insolvabilité qui les rend impuissants rend possible, en dehors du cas de rapport, l'hypothèse d'une succession avantageuse même avec ses dettes et qui deviendrait mauvaise par l'effet d'un testament. On paye les légataires ; puis les créanciers se présentent : il leur faut les trois quarts de la succession ; n'en ayant plus que la moitié, on les paye pour un quart sur ses biens personnels, sauf à recourir contre des légataires insolvables. C'est l'espèce dont j'ai fait la troisième application de l'article. Je me garde bien de l'y restreindre pas plus qu'au cas de rapport; mais elle contribue, comme le cas de rapport, à me le rendre explicable.

Il n'a été fait en vue d'aucune espèce précise de ce genre. Le législateur instinctivement a reconnu qu'un testament peut rendre une acceptation mauvaise ou dangereuse. Et je ne crois pas même qu'il soit besoin d'attendre, après l'apparition du testament, l'apparition de nouvelles dettes et l'événement de l'insolvabilité des légataires. Le simple danger qui résulte du testament constitue une lésion suffisante pour que le texte s'applique : il est trop général pour qu'il en soit autrement. Le testament, s'il ne réalise pas immédiatement la perte, réalise un danger : l'héritier peut se plaindre. — Mais, dira-t-on, il n'y a pas de dettes ! il ne s'en est pas présenté, et il ne s'en présentera pas ! de façon que le testament prenant les deux tiers de la succession, il en reste un tiers assuré à l'héritier ! — Cela ne fait rien. La loi veut qu'on rescinde ; et quant à l'existence réelle du danger, elle n'en a voulu d'autre juge que l'intérêt de l'héritier, qui ne se plaindra assurément pas s'il ne croit pas avoir un titre dangereux dans les mains. Si la succession est réellement bonne, un autre l'acceptera en pleine connaissance du testament qui a trompé les prévisions du premier.

Voilà le but et l'esprit de la loi. Et l'on peut voir maintenant que son application ne se restreint même pas au seul cas d'acceptation pure et simple. Car s'il est vrai que le bénéfice d'inventaire dégage l'héritier envers les créanciers qui se présenteraient après l'abandon de la masse aux créanciers et légataires connus, et l'empêche ainsi de se trouver réduit à des recours inefficaces contre les légataires payés, elle n'empêche pas de même l'obligation du rapport d'être une charge plus lourde quand il y a plus de legs.

Et si le bénéfice d'inventaire ne fait pas toujours reculer l'application de l'article, elle ne reculera donc pas toujours devant l'hypothèse de l'héritier mineur incapable d'accepter autrement. — Peu importe que l'article commence par ces mots : « *Le majeur* » ne peut attaquer.... que, etc... ». On ne peut de ces mots tirer d'autre *à contrario* pour le mineur que celui-ci : Le mineur peut attaquer son acceptation pour d'autres causes encore ; — et en effet il peut l'attaquer pour vice de forme. Si elle est régulière, il l'attaquera comme le peut un majeur (mais comme le peut, bien entendu, un majeur qui a accepté sous bénéfice d'inventaire).

Enfin notre article peut s'appliquer non-seulement dans le cas de legs particuliers, mais encore dans celui de legs universel ou à titre universel. Cela ne peut faire de doute en ce qui touche le legs *à titre universel* qui vient aggraver l'obligation du rapport au point de rendre l'acceptation désavantageuse. En ce cas l'héritier, réservataire ou non, peut se faire restituer. On est restituable aussi quand ce même genre de lésion résulte d'un legs *universel*, en remarquant toutefois qu'elle n'en peut résulter que pour un héritier réservataire ; car tout autre qu'un réservataire se trouve mis par le legs universel au rang d'un successible dont la vocation est tenue en échec et dont on ne peut exiger aucun rapport.

Quant à la lésion qui consiste dans l'inefficacité possible d'un recours contre les légataires en cas de dettes nouvelles, il faut faire les mêmes distinctions. — S'agit-il d'un légataire *à titre universel?* l'héritier réservataire, ou non est tenu comme héritier des dettes qui apparaissent ensuite, sauf son recours contre le légataire pour sa part de contribution et en outre pour ce qu'il a payé sur ses propres biens dans la mesure du legs, recours qui peut le trouver insolvable malgré la délivrance qui lui a été faite de son legs. — S'agit-il d'un légataire *universel ?* l'héritier réservataire seul peut, en vertu de ce titre d'héritier, se trouver tenu des dettes qui surgissent, et courir le risque de l'insolvabilité. Le non-réservataire n'a pas à se plaindre ; car il n'a pas à souffrir, n'étant pour le moment chargé d'aucun rôle à l'égard des choses de la succession.

Il est facile de voir aussi, après les explications qui précèdent, que la découverte de legs même particuliers ne saurait donner ouverture à aucune restitution, si elle a lieu quand tout l'actif héréditaire est épuisé par les dettes connues. Car à ce moment-là tout legs est caduc : il n'y a plus à donner aux légataires aucune parcelle de l'actif héréditaire.

Maintenant l'on peut se demander pourquoi la loi n'a pas protégé l'héritier contre la découverte de dettes imprévues, comme elle le protége contre la découverte d'un testament. Le tribunal de cassation, parmi les cas de rescision qu'il proposait d'admettre, avait placé le cas de diminution de plus de moitié de l'actif héréditaire par l'annulation d'actes non attaqués au moment de l'acceptation [1] :

1. Fenet, II, p. 569.

On élimina cette cause de rescision. Au Conseil d'Etat, M. Réal demanda qu'on secourût l'héritier contre l'apparition d'une créance diminuant la succession de plus de moitié : on refusa d'ajouter ici au bénéfice d'inventaire, un secours qui entraverait la marche des affaires [1]. On ne protége pas davantage contre une donation entre-vifs inconnue de l'héritier. Pourquoi donc? C'est que, pour les donations d'immeubles, la transcription, si elle a été faite, rend inexcusable l'ignorance de l'héritier ; que si elle a été omise, l'héritier peut sans doute se voir opposer la donation (malgré l'avis contraire de certains auteurs); mais, dans tous les cas, elle n'est pas pour cela assez secrète pour motiver une restitution comme le testament. Le même raisonnement a guidé le législateur pour l'annulation d'actes non attaqués, car ces actes étant connus, on peut en rechercher les vices et en prévoir la chute, — et pour l'apparition de créances, car ces droits nés de l'accord mutuel de deux parties ne sont pas, comme un legs, le secret du défunt.

L'erreur au contraire peut être invincible quand il s'agit d'un testament, et c'est là ce qui a fait écrire l'article 783. Ces motifs, fondés ou non, doivent avoir été ceux du législateur : on n'en peut trouver d'autres, et on les devine sans peine, quelque peu développés qu'ils soient dans les travaux préparatoires.

C'est au tribunal de cassation qu'on doit cette cause de rescision; et il faut bien croire qu'il y avait quelque chose d'analogue dans l'ancien droit, car il invoquait en la proposant l'appui d'une jurisprudence constante [2]. Tout au moins trouve-t-on dans Lebrun l'admission implicite de cette rescision, car il admettait qu'on peut être relevé d'une renonciation « par une ignorance de fait, comme » s'il a paru un faux testament, lequel, s'il eût été valable, eût absorbé » ou extrêmement diminué la succession [3] ». — Or il assimilait en général quant aux causes de rescision l'acceptation et la renonciation.

Quant à l'apparition de dettes, elle ne faisait pas restituer [4]. Le parlement d'Aix avait seul admis le contraire, généralisant les fa-

<hr>

1. Fenet, XII, p. 45, 46.
2. Fenet, II, p. 569.
3. Lebr., Succ., liv. III, chap. VIII, sect. II, n° 42.
4. Poth., Succ., ch. III, sect. III, § 4.

veurs individuelles contenues à cet égard dans les rescrits d'empereurs romains que nous avons déjà vus [1].

II. — L'action rescisoire dont nous nous occupons s'éteint par la renonciation expresse ou tacite et par la prescription.

La renonciation doit être postérieure à la découverte du testament, et c'est de ce jour-là seulement que la prescription peut courir.

Le juge doit apprécier en fait et d'après l'article 1338 s'il y a renonciation tacite ou renonciation expresse valable. — Il y a renonciation tacite dans tout ce qui constitue un acte d'héritier : cela suffirait pour faire une acceptation nouvelle.

Quant à la prescription. quelle est sa durée ? Cette question n'en serait pas une si l'acceptation de succession était une *convention*. Car il faudrait alors appliquer sans hésiter l'article 1304 et la prescription décennale. Mais nous nous occupons ici d'un quasi-contrat, d'un engagement qui se forme sans convention. La question est donc de savoir si l'article 1304 doit s'étendre à ces sortes d'engagements. J'admets l'affirmative ; et en effet. outre qu'on peut alléguer l'identité de la cause de l'action, du vice à reconnaître et des preuves à fournir. on peut dire que le législateur n'a parlé de *convention* que parce qu'il était au titre des *obligations conventionnelles*, mais qu'il entendait leur appliquer une règle aussi générale que les ordonnances de juin 1510 et d'octobre 1535, qui appliquaient cette prescription de dix ans à toutes rescisions « de contracts, distracts » ou d'autres actes quelconques ».

L'héritier qui demande la rescision. soit par voie d'action, soit par voie d'exception sur l'attaque formée par des créanciers ou légataires. ou par des cohéritiers, devrait. d'après nos anciens auteurs. faire assigner, outre les légataires ou cohéritiers, tous les créanciers du défunt et faire prononcer sa restitution contradictoirement avec eux [2]. Il conviendrait de le faire encore aujourd'hui, afin d'échapper à la règle qui n'admet qu'entre les parties l'auto

---

1. Montvallon, *Des succ.*, ch. III, art. 18.
2. Denizart, v° *Adition d'hérédité*, § 13, n° 9.

rité de la chose jugée. Ce serait donc mieux. Mais ce n'est pas nécessaire, car on comprend que les créanciers peuvent être fort nombreux et n'être pas tous connus.

Il n'y aurait pas lieu de parler de créanciers si l'on adoptait la doctrine soutenue par Duranton et Delvincourt, qui n'admettent dans le cas de testament découvert d'autre remède que la chute *du testament*, laissant au demandeur le titre d'héritier vis-à-vis des créanciers. Cela me semble trop injuste pour les légataires. Car on applique souvent l'article 783 pour un simple danger de lésion, et l'équité veut alors qu'au lieu d'enlever aux légataires des droits qui sont *peut-être* fondés, on laisse la succession libre pour l'héritier subséquent qui peut-être n'en redoutera pas les dangers.—D'ailleurs le titre d'héritier est indivisible, et l'on ne peut l'avoir envers les uns, non envers les autres. — Enfin l'on ne peut se prévaloir de la manière dont est conçu l'article 783. Car s'il dit tout simplement « réclamer sous prétexte de lésion », au lieu de dire, comme pour le dol et la violence. « attaquer l'acceptation », c'est uniquement pour varier sa formule. et c'est aussi contre l'acceptation qu'il permet de réclamer. Le tribunal de cassation, qui eut l'initiative de l'article, demandait qu'on permît à l'héritier, dans l'un et l'autre cas, « de répudier la succession ainsi acceptée ». Les rédacteurs n'ont certainement pas dénaturé sa pensée.

La demande de l'héritier, si elle est fondée. amène donc *erga omnes* la rescision rétroactive de l'acceptation même de la succession. L'acceptant redevient successible ; il n'est plus ni acceptant ni renonçant ; il est libre de choisir entre les trois partis que peut prendre tout héritier. On croirait au premier abord que le seul fait d'exercer l'action, surtout contre une acceptation bénéficiaire, doit constituer le demandeur dans l'état d'héritier *renonçant*. Mais ce serait une erreur : la loi rejette les renonciations tacites ; et de plus, il arrive souvent qu'on n'attaque pour lésion une acceptation pure et simple que pour prendre le bénéfice d'inventaire, qui dégage l'héritier par l'abandon de l'actif aux créanciers et légataires connus. Mais il faut même regarder l'héritier comme libre. après la rescision, d'accepter purement et simplement.

Combien de temps cette faculté dure-t-elle ? Il n'y a, pour nous le dire que l'article 789, qui la soumet à la prescription la plus longue des droits immobiliers. Elle dure donc 30 ans. — A partir de quel jour ? On pourrait dire que l'acceptation étant rescindée *rétroactivement*, il faut se reporter au jour de l'ouverture de la succession. Mais il faut songer que souvent l'acceptation sera rescindée dix, vingt, trente ans même après cette ouverture, les legs ayant pu rester cachés pendant dix ou vingt ans : autant d'années pendant lesquelles l'héritier s'est trouvé dans l'impuissance d'agir, et qui pourtant compteraient pour la prescription avec ce point de départ rétroactif ! Il faut donc prendre un autre parti, et considérer la rescision comme faisant naître l'option et comme étant le premier jour des 30 ans qu'elle dure.

La rescision remet donc les choses au même état qu'au jour de l'ouverture de la succession. Tout est en suspens jusqu'à ce que l'héritier abdique de nouveau sa liberté.

S'il renonce, on appliquera l'article 785, et il sera censé n'avoir jamais été héritier. Il devra remettre dans l'hérédité tout ce qu'il a reçu *jure heredis*. Mais je refuse à la rescision de l'acceptation, comme à toute rescision, tout effet sur les perceptions de fruits opérées depuis l'acte rescindable, qui est l'acceptation, jusqu'à la demande de rescision par voie d'action ou d'exception. Il n'y a rien d'injuste à cela : car depuis l'acceptation jusqu'à la découverte du testament, on ne peut pas plus lui demander de mettre les fruits de côté que de s'abstenir d'actes d'héritier ; — et quand le testament est découvert, il dépend des légataires et des créanciers non payés de former contre lui des actions, qui entraînent la cessation immédiate de sa jouissance, soit qu'il veuille rester héritier, ce qui l'oblige à payer et emporte abandon de la rescision, soit qu'il veuille demander cette rescision, ce qui le rend dès ce moment comptable des fruits.

Quant aux impenses et dégradations, on lui restituera les premières selon les distinctions que nous connaissons ; — et on ne lui demandera compte des secondes que s'il en a profité ou s'il les a commises de mauvaise foi, lorsqu'elles ont eu lieu entre l'acceptation et la demande, car alors sa simple négligence n'est pas une faute. Mais, depuis la demande, il est responsable de sa simple négligence.

La renonciation aura aussi pour effet de faire renaître au profit de la succession contre l'héritier ou de l'héritier contre la succession les droits personnels ou réels que la confusion ou la consolidation avait éteints.

Les cohéritiers. s'il y en a. lui restitueront les biens qu'il avait rapportés à la succession. avec les fruits. mais seulement du jour de la demande : car si la demande a été tardive. ç'a été la faute de l'héritier renonçant. — Mêmes règles que tout à l'heure pour les impenses et dégradations faites sur les biens rapportés.

— Ces mêmes cohéritiers, par la renonciation, voient s'ouvrir pour eux le droit d'accroissement. Ils en peuvent profiter ; doivent-ils le subir? Question bien simple à mon avis. et que je me garderai d'enfler par amour de la controverse au delà de ce qu'elle mérite. — Je crois inébranlable ce principe. qu'en vertu de l'indivisibilité du droit héréditaire l'accroissement (qui n'est en effet qu'un non-décroissement) est forcé même pour celui des héritiers qui a accepté le dernier. On ne peut donc, pour le déclarer forcé ou facultatif dans le cas qui nous occupe. faire de distinction entre le cas où l'acceptation des cohéritiers a précédé l'acceptation de l'héritier restitué et le cas où elle l'a suivie ou accompagnée. Donc les cohéritiers. s'ils restent héritiers. doivent remplir la succession *ab intestat* et subir le droit d'accroissement.

Mais si. *restant héritiers*. ils sont forcés de subir l'accroissement. ils ne sont pas pour cela dépourvus du droit d'invoquer l'art. 783. quand ils peuvent dire eux aussi que la découverte du testament inconnu lors de leur acceptation la leur rend nuisible ou dangereuse. Ils ont accepté. et cela *pour le tout* sans doute; mais quand, à cause du testament. cette vocation totale. d'abord sans danger. est devenue pour eux dangereuse ou nuisible. ils ont droit au bénéfice de l'article 783 contre leur acceptation.

Et, ce qui est important à remarquer, c'est qu'en fait une seule. chose est à considérer : le testament lèse-t-il les cohéritiers ? et qu'il n'y a ni à rechercher la date respective de leurs acceptations. ni à se demander si la lésion que le testament leur cause vient uniquement de l'ouverture du droit d'accroissement par la rescision. ou est au contraire indépendante de ce droit d'accroissement. Car si. indépendamment du droit d'accroissement. le testament ne devait leur causer aucune lésion, le droit d'accroissement lui-même ne leur en causerait aucune. C'est ce qu'il importe de démontrer.

Ainsi, prenons l'hypothèse la plus douteuse : celle où l'héritier non restitué avait accepté *le premier*. On suppose une acceptation pure et simple ; car autrement le droit d'accroissement ne peut pas faire de tort. En cet état, lorsque le testament se découvre, ou bien l'actif héréditaire est épuisé par les dettes connues, et alors les legs étant caducs le testament n'a pu causer pour personne aucun danger ni aucune rescision, ni par conséquent aucun droit d'accroissement ; — ou bien au contraire il y a, quand ce testament se découvre, une partie libre dans l'actif après les dettes connues, et alors ce n'est pas seulement *un* héritier qui peut obtenir rescision ; *tous* le peuvent par crainte des dettes inconnues qui, se présentant après le paiement des legs, obligeraient les héritiers à payer encore sauf secours contre des légataires peut-être insolvables. Sans doute, il peut se faire que ces dettes inconnues ne soient pas à craindre, et que l'un des héritiers n'ait obtenu la rescision pour sa part qu'à cause du rapport qu'il avait effectué ; mais s'il en est ainsi, c'est donc que l'hérédité n'est pas désavantageuse aux cohéritiers ; et ne l'étant pas pour partie, elle ne peut l'être pour le tout, de sorte que l'accroissement lui-même ne serait pas plus préjudiciable que le testament seul. — En un mot, l'accroissement ne peut rendre l'acceptation préjudiciable que si le testament par lui-même est une cause suffisante de lésion et de rescision pour le cohéritier du restitué. Donc, dans la matière qui nous occupe, on doit accorder au cohéritier qui *se plaint* de l'accroissement, le bénéfice personnel de l'article 783, parce qu'il est impossible que le droit d'accroissement rende l'acceptation mauvaise, si elle ne l'est déjà par l'effet seul du testament, toute idée d'accroissement étant mise à part.

Dans un cas seulement, le cohéritier du restitué serait tout à la fois privé du bénéfice de l'article 783, et *lésé* par le testament et par le droit d'accroissement résultant de la rescision obtenue par l'autre. C'est le cas où il a accepté la succession à une époque où le testament n'était plus inconnu pour lui. Et il n'y a pas d'injustice à le laisser alors sans secours, puisqu'en parfaite connaissance du testament, il a accepté une succession qui ne peut être mauvaise pour le tout que si elle est mauvaise pour partie, onéreuse avec le droit d'accroissement que si elle l'est déjà sans lui et par le fait seul de l'existence du testament. L'accroissement en effet, je le répète, ne crée pas plus les charges d'une succession qu'il n'en crée les avantages : il ne fait qu'en empêcher la division.

Bien entendu, quand le cohéritier se trouve lui-même lésé par *la combinaison du testament avec un rapport* par lui fait à la succession, il peut invoquer l'article 783. Là plus que jamais le testament rend l'acceptation nuisible, indépendamment de toute idée d'accroissement.

— Les créanciers et légataires aussi bien que les cohéritiers doivent considérer l'héritier restitué, qui renonce ensuite, comme étranger à la succession. Ils n'ont rien à lui demander; et ils peuvent même être poursuivis par lui en répétition, si déjà il leur avait payé quelque chose.

— Et maintenant les tiers avec qui l'héritier restitué a passé des actes relativement aux biens de la succession, verront-ils ces actes s'anéantir sous le coup de cette maxime : *soluto jure dantis, solvitur jus accipientis?* — Je ne parle pas des actes de simple administration ordinaire : ils doivent être maintenus par l'effet d'un mandat légal que personne ne conteste. — Mais les autres? Ceux qui sont gratuits doivent évidemment tomber : je ne vois pas quelle raison pourrait les protéger. La question ne peut s'élever que pour les actes *à titre onéreux*.

Mais comment peut-elle s'élever? Car la règle: *soluto jure dantis...* paraît bien absolue !.... C'est une erreur : on a souvent pouvoir de conférer des droits qu'on n'a pas ; — ou, pour mieux dire, la règle *soluto jure dantis* est bien absolue, et nul n'a pouvoir de conférer que les droits qu'il a. Mais il est essentiel de s'entendre sur le point de savoir qui est-ce qui confère des droits aux yeux de la loi. Quand j'ai donné mandat de vendre, mon mandataire ne vend pas sa chose sans doute, mais c'est moi qui vends la mienne; et la vente vaut, sans nier le principe : *nemo dat quod non habet.* Le mandat relie l'acte à la volonté de celui qui possède les droits à transmettre. Or ce lien peut être établi non-seulement par la convention, mais par la loi. Il y a des mandats légaux. Il y a un mandat légal d'administrer pour les cohéritiers entre eux; il y en a un pour tous ceux qui ont sur la chose un droit résoluble ou apparent.

Y a-t-il de même un mandat légal de vendre et de consentir à titre onéreux des droits réels dans certains cas, notamment dans celui d'acceptation rescindée? C'est là une chose qui me paraît certaine. Il y a, de l'avis de tous, un mandat légal de cette nature pour l'envoyé en possession définitive des biens d'un absent (art. 132). Il y en a un à mon avis, et il serait trop funeste qu'il n'y en eût pas, pour l'héritier apparent. Et à plus forte raison il doit y en avoir un pour l'héritier restitué, lequel n'a pas seulement un titre apparent, mais un titre réel sujet à résolution. — On dira peut-être : Mais le vendeur à vil prix? Mais le copartageant? Ils n'ont pas un mandat de cette sorte! C'est vrai. Mais justement cette objection nous amène à découvrir l'esprit de la loi. Cette objection s'appuie sur des hypothèses où il s'agit de biens spécialement déterminés et isolés les uns des autres. Une aliénation de ces biens isolés ou de ce bien unique ne pouvait être regardée par la loi comme un acte à maintenir. Mais voici que sur une succession, sur une universalité composée de biens et de dettes, sur un patrimoine enfin, se trouve régner aux yeux du public le droit apparent ou résoluble d'un individu. Il agira sur ce patrimoine comme propriétaire, et les tiers le prendront comme tel ; et il y aura des aliénations, des concessions de droits réels, qui dénaturent sans doute, mais laissent subsister entre les mains de celui qui les consent ce qu'on appelle l'*universalité.* Puis le titre apparent s'efface ; le droit résoluble est brisé ; c'est un autre qui va prendre l'universalité en question. Il la prendra telle qu'elle est; tout ce qui s'est fait de transactions relatives aux choses de l'universalité est réputé fait par lui-même, c'est-à-dire en vertu d'un mandat consenti par lui. Il y a eu enfin un mandat légal d'administration *cum liberâ administratione,* mandat qu'on ne peut présumer sur un immeuble pris *specialiter,* car ce n'est pas *l*'administrer que *le* vendre, mais qu'on présume très-bien sur une masse complexe, telle qu'une hérédité, dont l'administration peut exiger la vente de certains biens qu'elle contient.

Aussi ce mandat ne pourra-t-il pas valider l'aliénation de *toute l'universalité.*

Ajoutons aussi que ce mandat recule devant la fraude, et ne peut valider que les aliénations ou concessions de droits réels faites de bonne foi.

CHAPITRE XIII.

LÉSION SOUFFERTE PAR LES MAJEURS. (SUITE.)
SOCIÉTÉ. PRÊT A INTÉRÊT, DOT, ÉCHANGE. LOUAGE ET AUTRES CONTRATS.

La vente, le partage, l'acceptation de succession pouvaient former le siége d'une étude approfondie. Mais il n'y a qu'un coup d'œil rapide à jeter sur les autres contrats.

I. — Commençons par la *société*. La lésion qu'elle peut contenir est dans le Code l'objet de deux articles :

Il y a nullité d'après l'article 1855 : 1º pour « la convention qui » donnerait à l'un des associés la totalité des bénéfices », convention qui rend la société *léonine*, et qui ne peut valoir même comme libéralité déguisée. quelle que soit l'intention des parties à cet égard et malgré l'avis contraire de la jurisprudence; — 2º pour la stipula- » tion qui affranchirait de toute contribution aux pertes les sommes » ou effets mis dans le fonds de la société par un ou plusieurs » associés ». nullité moins facile à justifier que la précédente. et qui ne saurait être étendue au delà des termes de la loi, par exemple au cas où l'associé mis en dehors des pertes a apporté à la société non pas des sommes ou effets. mais son travail et son industrie.

L'article 1854 ajoute à ces deux causes de nullité : « Si les asso- » ciés sont convenus de s'en rapporter à l'un d'eux ou à un tiers » pour le règlement des parts. ce règlement ne peut être attaqué » s'il n'est évidemment contraire à l'équité. — Nulle réclamation » n'est admise à ce sujet, s'il s'est écoulé plus de trois mois depuis » que la partie qui se prétend lésée a eu connaissance du règle- » ment. ou si ce règlement a reçu de sa part un commencement » d'exécution ». Ainsi le règlement injuste fait par l'arbitre convenu peut être attaqué. sauf ratification tacite. et sauf prescription par trois mois depuis le jour où on en a eu connaissance.

Au reste. parmi ces trois nullités, les deux dernières n'ont d'effet qu'en ce qui touche la clause illégale. et laissent subsister la société elle-même. Mais la première. celle qui est fondée sur le caractère léonin de la société. fait tomber la société tout entière. Les termes de la loi, sans le commander, s'y prêtent; car elle annule en ce cas la *convention*. Mais les principes du droit l'exigent formellement. Car pour qu'une société subsiste. encore faut-il qu'on y trouve ses caractères essentiels. Or un caractère essentiel à la société est une vue de bénéfices communs. et ce caractère disparaît, et avec lui la société elle-même. quand on donne à un associé tous les bénéfices.

II. — La société n'est pas le dernier contrat où la loi corrige la lésion. Le *prêt d'argent, de denrées ou autres choses mobilières*, est peut-être celui où elle le poursuit avec le plus de rigueur. L'*usure* en effet n'est qu'une lésion (j'entends l'usure par opposition à l'intérêt permis).

Les Romains permettaient le prêt à intérêt jusqu'à un taux fixé par la loi. Un seul empereur l'interdit absolument : ce fut Basile ; mais son fils Léon le Philosophe revint au droit de Justinien.

L'Église au contraire s'était formellement prononcée contre le prêt à intérêt. et ses prohibitions canoniques furent confirmées par les ordonnances de nos rois : Ordonnances de Blois de 1579, article 202 , — de Melun. en 1211, — de saint Louis en 1254, — de Philippe III. en 1273, — de Philippe le Bel en 1311 et 1312, — de Philippe de Valois. en 1349. — de Louis XII, en 1510. — de Charles IX. en 1567, — de Henri III, en 1576 et 1580, 1581, 1582. — de Henri IV. en 1605, — de Louis XIII, en 1629, — de Louis XIV, en 1675.

Il y avait pourtant, à côté de ces prohibitions, certaines combinaisons permises, ou du moins certains efforts tentés pour échapper à une situation qui paralysait le capital dans les mains de ceux qui le possédaient. efforts d'où vint, selon M. Troplong, » l'impulsion donnée au contrat de change. au contrat d'assurance, » au contrat de constitution de rente. à la rente viagère, aux » monts de piété. aux sociétés en commandite, etc... » On fit valoir ses capitaux à l'aide des rentes foncières, dont le taux resta longtemps fixé à 10 0/0 [1].

____

1. Thomassin, De l'usure, p. 477, nº 7 ; — Coquille. Quest. et rép , ch. 123.

Mais l'expérience montrait que ce n'était pas assez. La nature des choses était plus forte que la loi, et la jurisprudence, à l'époque de Turgot, avait dû en venir à tolérer ouvertement le prêt par billet, l'escompte, et toute espèce de négociations d'argent entre commerçants. Dans certaines parties de la France, on exerçait publiquement le prêt à intérêt.

L'Assemblée constituante le permit, en réservant à l'État le droit d'en fixer le taux [1]. Il est vrai que tout commerce de l'argent fut interdit à l'époque des assignats. Mais cela ne put pas durer. Le 5 thermidor an IV, le prêt à intérêt fut de nouveau permis, et il le fut aussi par le Code Napoléon (art. 1705). Le taux légal fut fixé par la loi du 3 septembre 1807 à 5 0/0 en matière civile, à 6 0/0 en matière commerciale. — Au delà, l'intérêt devient usure, et le prêteur est condamné « à restituer ce qui excède l'intérêt légal » s'il l'a reçu, ou à souffrir la réduction sur le capital de la » créance [2] ».

Il peut même, s'il n'y a pas simple usure, mais habitude d'usure, subir des peines correctionnelles.

L'usure a une foule de moyens de se déguiser. Mais le juge a un pouvoir discrétionnaire pour la reconnaître et l'atteindre sous son déguisement. On peut la rechercher dans presque tous les contrats, dans une vente à réméré, ou dans une vente de marchandises consentie comme condition du prêt et pour masquer l'usure; dans une transaction [3]; dans une donation accompagnant le prêt [4]; dans un contrat de mariage; dans une cession de créance faite pour un prix inférieur à la somme cédée avec garantie du paiement intégral de la créance [5]. Enfin les rentes constituées sont assujetties comme le prêt ordinaire à l'intérêt légal.

Le caractère aléatoire de la rente quant à la durée des prestations la fait échapper à l'application des lois sur l'usure. Ainsi les rentes viagères peuvent être constituées à n'importe quel taux (art. 1676). — C'est là un principe général. Mais il ne peut servir

1. Loi du 3-12 oct. 1789.
2. Loi du 3 sept. 1807, art. 3.
3. Req. 22 juin 1830.
4. Pau, 17 janv. 1824.
5. Agen, 28 janvier 1824.

de refuge à la fraude, et l'on peut juger en fait qu'un contrat de rente viagère déguise un prêt usuraire [1].

C'est par la rente viagère que je termine ces quelques mots sur l'usure ; et puisque nous sommes à la rente viagère, citons la disposition de l'art. 1675, qui secourt encore le crédi-rentier contre un genre particulier de lésion qui ne peut être que le fruit d'une erreur, et qui équivaut presque à l'absence de cause, ou plutôt d'objet, dans le contrat de rente viagère. Constituée sur la tête d'une personne décédée, la rente est nulle ; et à cela l'art. 1975 ajoute qu'il en est de même « du contrat par lequel la rente a été créée » sur la tête d'une personne atteinte de la maladie dont elle est » décédée dans les vingt jours de la date du contrat ». Là encore on voit la loi procéder par des fixations mathématiques et des présomptions absolues.

Il ne nous reste plus maintenant que des contrats où la loi, par ses déclarations formelles ou par son silence, regarde la lésion comme *indifférente*. Tels sont la dot, l'échange, le louage, la transaction et tous les autres contrats.

III. — Comment une *constitution de dot* peut-elle léser ? est-ce que le mari n'est pas obligé de restituer l'objet qui lui est donné en dot ? Pas toujours. Il peut n'avoir à restituer qu'une estimation, et cette estimation peut être ou exagérée ou au contraire inférieure au juste prix. De là une lésion pour le mari ou pour la femme.

Quand ce sont des meubles qui sont donnés en dot, l'estimation suffit pour en rendre le mari propriétaire en le rendant purement débiteur de l'estimation. Quand il s'agit d'immeubles, il faut pour cela, outre l'estimation, une déclaration expresse que l'estimation vaut vente. — Dans les deux cas, l'ancien droit permettait de rectifier l'estimation. On argumentait des lois 6, § 2, Dig. *de jure dot.*, et 6, Code *soluto matrimonio*. Mais la loi actuelle est muette : on ne pourrait donc corriger l'estimation vile ou excessive que par application des règles de la vente, et comme on n'admet dans la vente la rescision ni en matière *mobilière*, ni pour l'*acheteur* d'un immeuble, il faudrait, en appliquant ces règles, ne

1. Cass. 31 déc. 1833.

poser la question de la rescision que pour la *femme* qui a estimé à moins des 5/12 de sa valeur l'*immeuble* dont elle a déclaré transférer la propriété. Mais, même en ce cas, il ne peut y avoir rescision, parce qu'il ne peut y avoir en cette matière application des règles de la vente. Estimation vaut vente quant au transport de la propriété et des risques. Et c'est de toute justice : c'est l'intention des parties. Mais une foule de motifs s'opposent à ce qu'on étende l'assimilation aux effets de la lésion de plus des 7/12, qui ne vicie la vente que parce qu'on la présume le fruit de la contrainte et de la pression, choses impossibles à supposer dans un contrat de mariage. Dans un contrat de mariage, d'ailleurs, les donations sont permises, et l'on peut y admettre une estimation vile faite dans un but de libéralité. On ne risque rien en présumant une pareille intention : le contrat de mariage appelle à lui toutes sortes de libéralités, ou plutôt bien peu des libéralités qu'il contient sont véritablement gratuites, à cause des mille charges auxquelles les époux s'obligent l'un envers l'autre, charges auxquelles il faudrait comparer l'avantage fait au mari par l'estimation vile, dans la recherche de la lésion. Ajoutez enfin que cette estimation qui nous occupe n'est pas une clause isolée, et qu'elle peut trouver un contre-poids dans les autres clauses du contrat de mariage.

Quand l'estimation n'opère pas vente, il n'y a plus une libéralité tacite à respecter, puisque dans l'esprit des parties c'est l'objet lui-même qui doit être restitué. L'inexactitude ne peut être alors que l'effet de l'erreur. Elle ne doit donc pas pouvoir léser l'un ou l'autre des époux. Ainsi, l'immeuble estimé périt par la faute du mari : si l'estimation est vile, la femme pourra demander qu'on la rectifie. — Ainsi encore, les meubles dotaux mal estimés (avec déclaration que l'estimation ne vaut pas vente) ont été aliénés par le mari à leur juste valeur; la femme pourra faire élever l'estimation, autrement le mari aurait un moyen facile de frauder la femme en vendant ces meubles. — Il ne s'agit ici que de réparer une erreur. Si ce n'est pas une erreur, ce ne peut être qu'un mensonge fait pour frauder le Trésor si l'estimation est trop basse, ou pour satisfaire un sentiment de vanité si elle est trop haute.

IV. — L'*échange* est formellement soustrait par la loi à la rescision pour cause de lésion (art. 1706). L'argent ne joue ici aucun rôle; et si l'on est lésé par un échange, on l'est aussi justement qu'un fol acheteur.

Mais ce serait permettre d'éluder la loi sur la vente que de déclarer absolue cette loi sur l'échange, sans prendre en considération l'importance des soultes qui peuvent s'y trouver stipulées. Voulant acheter à vil prix un immeuble considérable, on n'aurait qu'à faire consister le prix en une somme d'argent et un hectare de terre, dont la réunion ne vaudrait pas les 5/12 de l'immeuble aliéné, et à décorer cette opération du nom d'échange, et le prix en argent du nom de soulte.

Mais on ne peut permettre pareille chose. En somme, la vente n'est qu'un échange dont un équivalent consiste en argent. C'est la présence de l'argent qui fait de l'échange une vente. Il devrait donc rigoureusement, lorsqu'il y a une soulte dans un échange, y avoir vente dans la mesure de la soulte, puisque dans cette mesure l'équivalent consiste en argent. — Mais il peut être contraire à l'intention des parties qu'on décompose ainsi leur opération. Quand la soulte ne vaut pas l'immeuble qu'elle accompagne, on est convenu de faire prédominer pour le tout le caractère d'échange. Mais alors il faut bien convenir de l'inverse, quand c'est l'immeuble qui, par son infériorité, sert d'accessoire à la soulte; il y aura alors vente pour le tout, et c'est ainsi qu'on pourra déjouer certaines ruses ayant pour but d'éluder la loi sur la rescision de la vente. Enfin, quand la soulte et l'immeuble se valent, force est bien de diviser l'opération et de la traiter moitié comme vente, moitié comme échange, en lui appliquant pour la première de ces deux moitiés la loi de la rescision.

Ce sont là du reste des règles analogues à celles que l'on suit quand il s'agit de déterminer, au point de vue de la communauté, la nature de l'immeuble acquis pendant le mariage à titre d'échange et avec soulte contre l'immeuble appartenant à l'un des époux.

Et l'on ne peut, dans cette matière de l'échange, se prévaloir contre la solution qui précède du refus que j'ai fait d'assimiler au point de vue de la lésion l'estimation de dot à la vente : il n'y a plus ici ces mille raisons de différence qui découlent de la présence d'un contrat de mariage.

V. — Le *louage* pas plus que l'échange n'est rescindable pour cause de lésion. On a beau promettre un prix de ferme bien supérieur au revenu normal de la propriété affermée : on est lésé, mais on l'est sans remède.

Le bailleur ne contracte jamais d'autre obligation que celle de la garantie : garantie de la libre possession et jouissance du fonds, garantie de récoltes annuelles quand le fonds est frugifère. Cette dernière garantie existe réellement : car louer une chose frugifère, c'est vendre le produit, l'*usus* et le *fructus* pendant tant d'années, vente qui se trouverait sans objet quant aux années de produit non existantes. Aussi, quand la totalité d'une récolte est enlevée par des cas fortuits, le fermier (s'il n'est pas indemnisé par les récoltes précédentes) peut demander remise du prix de sa location. Le paiement de cette année du bail serait un paiement sans cause. — Il y aurait encore un défaut de cause, mais plus restreint, si les cas fortuits n'avaient enlevé qu'une partie de la récolte. Mais la loi n'admet de remise partielle du prix de location que si la moitié au moins de la récolte a été enlevée. En deçà de la moitié, la loi compense l'une avec l'autre la chance de forte récolte et celle de récolte faible.

Tels sont les secours donnés au preneur par les art. 1769 et 1770. Le premier ajoute que si le bail est de plusieurs années, « l'estima- » tion de la remise ne peut avoir lieu qu'à la fin du bail, auquel » temps il se fait une compensation de toutes les années de jouis- » sance », et que « cependant le juge peut provisoirement dispenser » le preneur de payer une partie du prix en raison de la perte » soufferte ».

Ajoutons qu'il n'est pas question ici des cas fortuits qui détrui- sent la récolte *après* qu'elle a été faite ; car à ce moment le fermier en est devenu propriétaire et l'a eue à ses risques.

Le secours des art. 1769 et 1770 est d'accord sans doute avec l'humanité et l'intérêt de l'agriculture, qui s'unissent pour demander qu'on ne fasse pas tourner un désastre à la ruine soudaine du fermier. Mais ce n'est pas seulement sur ces motifs-là qu'il repose. Il découle des règles naturelles du contrat de louage et des contrats en général : c'est ainsi que l'ont pensé les rédacteurs du Code [1], et avant eux nos anciens auteurs [2] et les jurisconsultes romains [3].

Le fondement de ce secours, c'est l'inexistence totale ou partielle de la cause de la dette du preneur. Remontant à cette source, il ne contredit en rien ce principe que la lésion ne peut vicier le louage; car il ne rentre pas dans l'étude de la lésion proprement dite. Autrement il nous aurait fallu y comprendre les effets de l'inexistence totale ou partielle de la chose vendue au jour de la vente; — et il n'y aurait pas eu de raison non plus pour n'y pas comprendre la théorie de l'éviction totale ou partielle, et bien d'autres sujets encore qui ne sont que voisins du nôtre.

VI. — Le nôtre est épuisé maintenant. Dans tous les contrats que nous n'avons pas étudiés, la lésion est indifférente. Telle est la transaction, contrat aléatoire que le Code prend la peine bien inutile de soustraire à l'action en rescision pour cause de lésion (article 2052).

Peine inutile : car l'indifférence de la lésion dans les contrats est le droit commun. A chacun la charge de veiller à ses intérêts. A chacun le devoir de respecter sa promesse. Maximes qui nous auraient dispensé d'étudier les effets juridiques de la lésion. par cette raison bien simple qu'elles les auraient empêchés de naître, si elles avaient dû rester absolues. Mais la loi est une protectrice, parce que l'homme est une créature pleine d'infirmités : Égoïsme et cupidité d'une part, — ignorance, faiblesse et impuissance de l'autre. En voyant la complication des règles du droit, l'on est forcé de faire un acte d'humilité. C'est le miroir de nos misères. C'est ailleurs qu'il faut chercher un reflet de nos grandeurs, à moins de dire avec Pascal « que la grandeur de l'homme est grande » en ce qu'il se connaît misérable ».

1. Fenet, XIV, p. 336 et 337.
2. Pothier, n° 153.
3. L. 15, §§ 25 et 26, ff. 25, 2 6, Locati cond.

TABLE DES MATIÈRES

INTRODUCTION.   I

PREMIÈRE PARTIE

DE LA LÉSION EN DROIT ROMAIN.

CHAP. 1er. — Histoire des protections données au mineur contre la lésion.   2

CHAP. II. — Nature, procédure et effets de la restitution des mineurs. .   13

CHAP. III. — Conditions d'application de la restitution des mineurs. — Minorité.   43

CHAP. IV. — Conditions d'application de la restitution des mineurs (suite). — Lésion.   55

CHAP. V — Cas exceptionnels où le mineur lésé n'est pas restituable. .   68

CHAP. VI. — Renonciation expresse ou tacite au droit de restitution. — Prescription.   79

CHAP. VII. — Protections données aux majeurs contre la lésion. . . .   86

CHAP. VIII. — De la lésion entre majeurs dans la vente.   102

CHAP. IX. — De la lésion entre majeurs dans les autres contrats.   129

SECONDE PARTIE

DE LA LÉSION EN DROIT FRANÇAIS.

CHAP. Ier. — Histoire de la lésion en France. 134

CHAP. II. — Lésion soufferte par les mineurs. 173

CHAP. III. — Lésion soufferte par les majeurs. — Vente. — Justification et esprit de la loi. 210

CHAP. IV. — Vente entre majeurs (suite). — Quelle lésion sert de cause et quelle vente sert d'objet à l'action en rescision ? 223

CHAP. V. — Vente entre majeurs (suite). — Extinction, nature et exercice de l'action rescisoire. 245

CHAP. VI. — Vente entre majeurs (suite). — Effets de l'action rescisoire et de la rescision prononcée. 265

CHAP. VII. — Lésion soufferte par les majeurs (suite). — Partage. — Des voies de recours contre le partage, et de leur cumul. 279

CHAP. VIII. — Partage entre majeurs (suite). — Quelle lésion fait naître l'action rescisoire ? — Et dans quels partages ? 286

CHAP. IX. — Partage entre majeurs (suite). — Extinction de l'action rescisoire. 297

CHAP. X. — Partage entre majeurs (suite). — Exercice de l'action rescisoire. — Effets de la rescision. 311

CHAP. XI. — Lésion soufferte par les majeurs (suite). — Partage d'ascendant. 324

CHAP. XII. — Lésion soufferte par les majeurs (suite). — Acceptation de succession. 361

CHAP. XIII. — Lésion soufferte par les majeurs (suite). — Société, prêt à intérêt, dot, échange, louage et autres contrats. 376

FIN DE LA TABLE DES MATIÈRES.

POITIERS. — TYPOGRAPHIE DE HENRI OUDIN.

www.ingramcontent.com/pod-product-compliance
Lightning Source LLC
Chambersburg PA
CBHW061259030726
47595CB00001B/120